中国政法大学
优秀博士学位论文丛书

张莹莹 / 著

行政权作用于民事关系研究

RESEARCH ON THE OPERATION OF ADMINISTRATIVE
POWER IN CIVIL RELATION

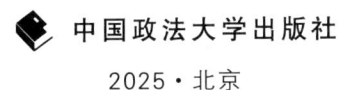

中国政法大学出版社
2025·北京

声 明	1. 版权所有，侵权必究。
	2. 如有缺页、倒装问题，由出版社负责退换。

图书在版编目（CIP）数据

行政权作用于民事关系研究 / 张莹莹著. -- 北京：中国政法大学出版社, 2025. 1. -- ISBN 978-7-5764-1967-2

Ⅰ. D035；D082

中国国家版本馆 CIP 数据核字第 202501U65L 号

出 版 者	中国政法大学出版社
地　　址	北京市海淀区西土城路 25 号
邮寄地址	北京 100088 信箱 8034 分箱　邮编 100088
网　　址	http://www.cuplpress.com（网络实名：中国政法大学出版社）
电　　话	010-58908586(编辑部) 58908334(邮购部)
编辑邮箱	zhengfadch@126.com
承　　印	固安华明印业有限公司
开　　本	880mm×1230mm　1/32
印　　张	16.75
字　　数	450 千字
版　　次	2025 年 1 月第 1 版
印　　次	2025 年 1 月第 1 次印刷
定　　价	96.00 元

总 序

博士研究生教育是我国国民教育的顶端，肩负着培养高层次人才的重要使命，在国民教育体系中具有非常重要的地位。相应的，博士学位是我国学位制度中的最高学位。根据《中华人民共和国学位条例》的规定，在我国，要获得博士学位需要完成相应学科博士研究生教育阶段的各项学习任务和培养环节，特别是要完成一篇高水平的博士学位论文并通过博士学位论文答辩。

博士学位论文是高层次人才培养质量的集中体现。要写出好的博士论文，需要作者定位高端，富有思想；需要作者畅游书海，博览群书；需要作者术业专攻，精深阅读；需要作者缜密思考，敏于创新。一位优秀的博士生应该在宽广的学术视野和扎实的本学科知识的基础上，聚焦选题、开阔眼界、深耕细作、孜孜以求，提出自己独到、深刻、创新、系统的见解。

为提高中国政法大学博士学位论文的整体质量，鼓励广大博士研究生锐意创新，多出成果，中国政法大学研究生院设立校级优秀博士学位论文奖，每年通过严格的审评程序，从当年授予的200多篇博士学位论文中择优评选出10篇博士论文作为学校优秀博士学位论文，并对论文作者和其指导教师予以表彰。

优秀博士学位论文凝聚着作者多年研究思考的智慧和指导

教师的思想，是学校博士研究生教育质量的主要载体，是衡量一所大学学术研究和创新能力的重要指标。好的哲学社会科学博士论文，选题上要聚焦国内外学术前沿问题，聚焦国家经济社会发展基础命题和重大问题，形式上要符合学术规范，内容上要富有创新，敢于提出新的思想观点，言而有物，论而有据，文字流畅。中国政法大学评出的优秀博士学位论文都体现了这些特点。将中国政法大学优秀博士学位论文结集，冠名"中国政法大学优秀博士学位论文丛书"连续出版，是展示中国政法大学博士研究生的学术风采，累积法学原创成果，促进我国法学学术交流和繁荣法学研究的重要举措。

青年学子最具创造热情和学术活力。从中国政法大学优秀博士学位论文丛书上可以看到中国政法大学博士研究生的理性睿智，沉着坚定，矢志精进的理想追求；可以看到中国政法大学博士研究生的关注前沿，锐意进取，不断创新的学术勇气；可以看到中国政法大学博士研究生的心系家国，热血担当，拼搏奋进的壮志豪情。

愿中国政法大学优秀博士学位论文丛书成为法学英才脱颖而出的培育平台，成为繁荣法学学术的厚重沃土，成为全面推进依法治国的一块思想园地。

李曙光

中国政法大学研究生院院长、教授、博士生导师

前　言

行政权频繁作用于民事关系是一个不可回避的现实话题，《民法典》的颁布实施进一步丰盈了相关制度安排，其中为数不少的行政权介入条款也给行政权作用于民事关系打上了时代的烙印。《民法典》是典型的私法与私法领域的基础性法律，这些行政权介入条款的设计促使我们重新审视行政权作用于民事关系的正当性基础与合法性限度所在。本书拟综合运用文献分析、规范分析、比较分析、案例分析、成本效益分析等研究方法，从行政权的样态与行政权和私权利的关系入手，系统研究行政权作用于民事关系的基础理论、制度表现与界限设置，并最后升华至政府的角色转型问题。本书分为四个部分，共六章：

第一部分即第一章，意在提出问题。行政权不仅作用于公法关系也作用于私法关系，《民法典》即设计了大量的行政权介入条款，涉及多种作用于民事关系的行政权样态。行政权作用于民事关系最大的隐患在于极易对私权利造成限制和戕害，厘清行政权与私权利的关系才能对作用于民事关系的行政权进行合理定位与界限设定。在应然意义上，行政权与私权利应当既相互促进又相互制约，前者体现为行政权以私权利为基础并服务于私权利，后者体现为私权利对行政权的天然排斥与行政权对私权利的必要限制。在实然意义上，行政权常常趋向于滥用，并异化为私权利的危害源，作用于民事关系的行政权尤甚。

第二部分即第二章，意在架构行政权作用于民事关系的基础理论。首先，就理论前提而言，私法公法化是行政权作用于民事关系的上位概念，其打破了公私法二元论的僵硬划分，标志着私法自治原则的相对化，并以行政权作用于民事关系为主要表现形式。其次，就理论基础而言，行政权作用于民事关系的理论正当性，一方面源于纯粹私法自治的有限性与法律价值的多元化追求，另一方面则是因为纯粹民法观的治理困境与整体法学观的客观需要。由此可推断出，行政权作用于民事关系的本质是原则上的自主化与公共性的必要回归，最终实现私人利益与公共利益的调和。最后，就必要性而言，在理论层面，积极面向的辅助性原则要求行政权积极作用于民事关系并对其进行干预与管制，服务于公共利益以及对弱者的权益保护；在实践层面，面对风险社会的时代特征，行政权必须作用于民事关系以满足风险防控的现实需要；在意义层面，对私权利的更优保障客观上也需要行政权的积极介入。

第三部分即第三、四、五章，意在透视行政权作用于民事关系的典型性制度安排与运行现状。行政权有行政立法权、行政执法权与行政司法权之分，第三章集中研究民事关系中的行政立法权，第四章集中研究民事关系中的行政执法权，第五章集中研究民事关系中的行政司法权。行政立法权作用于民事关系：一是作为私主体的义务来源，为私主体设置行为规则；二是作为民事活动的评价尺度，为私主体设置责任规则。行政执法权作用于民事关系可被区分为刚性介入、柔性介入与中性介入三个层次：刚性介入的典型制度是公用征收，应当恪守公共利益要素、征收主体资格限制与征收权的过程控制三个要求；中性介入的典型制度是不动产登记，登记机关必须严守审查强度界限，区分不同的审查事项，选择不同的审查强度；柔性介入的典型制度是侵权调查，公安机关在高空抛坠物侵权案件中的调查权具有服务和保护性质，公安机关应当全面、及时履行调查义务，谨防调查不作为。行政司法权作用于民事关系以行政裁决权为典型，行政裁决在凭借化解民事纠纷等法律功能与专业性等制度优势获得正当基础的同时，也不可忽视行政裁决权的滥用问题，应当从事前的适用范围限制、事中的程序控制与事后的合理救济三个层面予以规制。

第四部分即第六章，意在明确行政权作用于民事关系的制度困境及其界限。行政权对民事关系的介入实践并非全部出于对公共利益与社会公平正义之考量，它同时是行政权滥用的导火索，会滋生过度行政化、政府失灵、牺牲自由与自治等一系列问题，使行政权沦为名副其实的达摩克利斯之剑。对此，行政权对民事关系的介入首先应当奉行民法优位与忍无可忍原则，即作为备位选择；其次应当遵循法律保留原则，即以法律授权为前提；再次应接受合比例性原则审查，严格控制干预程度；最后应当遵循正当程序原则，充分尊重私主体的意见。就行政权作用于民事关系的具体限度而言，宜引入负面清单管理模式：权力清单侧重于对限制性涉私行政权的控制，行政机关既不可自行设定又必须严格按照权力清单的要求行使权力；责任清单仅纳入保护性涉私行政权且辅以严格的追责路径；负面清单则从反向规制的角度为涉私行政权廓定外部边界，谨防涉私行政权溢出负面清单的管理范围。作为行政权行使主体的政府则应当从行政职能转变与自身角色重塑的角度作出努力,以中政府规模定位与担保者和服务者角色划定为依托,实现有限政府与有为政府的有机统一,即有效政府之塑造。

目录 CONTENTS

引　言 ··· 001
　一、选题依据 ·· 001
　二、研究内容 ·· 016
　三、研究方法 ·· 020
　四、创新之处 ·· 023

第一章　行政权的样态及与私权利的关系 ················ 028
　第一节　行政权的范围与样态 ································ 028
　　一、行政权的内涵界定 ·· 029
　　二、行政权的边界划定 ·· 036
　　三、行政权的存在样态 ·· 041
　第二节　《民法典》中的行政权观察 ······················· 045
　　一、《民法典》中的行政法规范爬梳 ···················· 046
　　二、《民法典》中的行政权样态 ··························· 056
　　三、《民法典》设计行政权介入条款的意义 ·········· 064
　第三节　行政权与私权利的关系 ······························ 072

一、公权力与私权利关系的历史演进 …………… 072
二、行政权与私权利的应然关系 ………………… 076
三、行政权与私权利的实然关系 ………………… 083

第二章　行政权何以作用于民事关系 …………… 089
第一节　行政权作用于民事关系的理论前提：
　　　　私法公法化 …………………………… 089
一、公私法二元论及其式微 ……………………… 090
二、私法公法化的兴起：在自治与管制之间 …… 103
第二节　行政权作用于民事关系的理论基础 …… 113
一、私法自治的有限性与法律价值的多元化 …… 113
二、纯粹民法观的治理困境与整体法学观的提出 … 123
三、行政权作用于民事关系的本质 ……………… 134
第三节　行政权作用于民事关系的必要性证成 … 142
一、理论层面：积极面向的辅助性原则 ………… 142
二、现实层面：风险防控的现实需要 …………… 151
三、价值层面：私权利的更优保障 ……………… 163

第三章　行政立法权作用于民事关系的机理与表现 …… 169
第一节　行政立法权作用于民事关系的机理 …… 169
一、行政立法权作用于民事关系的原理 ………… 170
二、行政立法权作用于民事关系的方式 ………… 176
三、行政立法权作用于民事关系的路径 ………… 180
第二节　作为私主体义务来源的行政立法权 …… 181
一、行政立法权作为私主体义务来源的现实基础 ……… 181
二、行政立法权作为私主体义务来源的内容表现 ……… 189

三、行政立法权作为私主体义务来源的
风险与范围限定 ………………………… 195
第三节 作为民事活动评价尺度的行政立法权 ………… 201
一、行政立法权作为评价尺度的工具 ………… 201
二、行政立法权作为评价尺度的表现 ………… 205
三、行政立法权作为评价尺度的尺度 ………… 208

第四章 行政执法权作用于民事关系的方式与表现 …… 214

第一节 刚性涉私行政执法权：公用征收权 ………… 214
一、公用征收权的实质：对民事关系的刚性介入 …… 215
二、公用征收权的合法性基础 ………………… 220
三、公用征收权的合法性限度 ………………… 222
第二节 中性涉私行政执法权：不动产登记权 ……… 229
一、结果层面：不动产登记的属性与功能 ……… 230
二、过程层面：登记机关审查义务的本质 ……… 236
三、不动产登记审查强度的限定 ……………… 246
第三节 柔性涉私行政执法权：侵权调查权 ………… 261
一、调查权的行政权属性：侵权调查权 ………… 261
二、侵权调查权的正当性证成 ………………… 265
三、调查不作为的认定 ………………………… 271

第五章 行政司法权作用于民事关系的
典型制度安排：行政裁决 ………………… 276

第一节 行政裁决的属性：行政司法权介入民事
关系的活动 ……………………………… 276
一、表面属性：民事纠纷解决机制 …………… 277

二、实质属性：行政权作用于民事关系的活动 ………… 286
三、行政裁决的服务属性与服务型政府建设 ………… 301
第二节 行政裁决运行现状考察与行政裁决权的滥用 …… 308
一、行政裁决的立法现状与适用范围廓定 …………… 308
二、行政裁决的正当基础：法律功能与制度优势 …… 316
三、行政裁决权滥用问题透视 ………………………… 325
第三节 防范行政权滥用视角下行政裁决的必要规制 …… 336
一、有限的适用范围 …………………………………… 337
二、公正的程序设计 …………………………………… 345
三、救济途径重塑 ……………………………………… 353

第六章 行政权作用于民事关系的制度困境与破解 …… 364
第一节 行政权作用于民事关系的制度困境 …………… 364
一、过度行政化 ………………………………………… 365
二、政府失灵 …………………………………………… 373
三、自由与自治价值的牺牲 …………………………… 381
第二节 行政权作用于民事关系的界限设定原则 ……… 389
一、自治优先与忍无可忍原则 ………………………… 389
二、法律保留原则 ……………………………………… 398
三、合比例性原则审查 ………………………………… 406
四、正当程序原则 ……………………………………… 419
第三节 行政权作用于民事关系的具体限度：负面清单
管理模式 ………………………………………… 426
一、权力清单下的限制性涉私行政权 ………………… 427
二、责任清单下的保护性涉私行政权 ………………… 435

三、负面清单下的涉私行政权 …………………………… 441
第四节 因应涉私行政权困局破解的政府转型 …………… 450
一、政府规模：中政府 ………………………………… 451
二、政府定位：既有限又有为的有效政府 …………… 460
三、政府角色：担保者+服务者 ……………………… 471
结　论 …………………………………………………… 478
参考文献 ………………………………………………… 481

引 言

一、选题依据

(一) 研究缘起

行政权是行政法上的核心概念,行政权不仅作用于传统的公法领域,亦作用于民事关系,并对私权自治形成了某种干预。实践中,行政权对民事关系的介入广泛存在,小到单一的行政许可、大到政府对市场经济的统一调控,无不彰显私主体的不自由。为了公共利益目标之实现与公平正义之追求,在很多情形下行政权介入民事关系不可避免,例如,驾驶汽车事关公共安全,私主体必须获得驾照才有驾驶汽车的合法性资格。但现实往往是,行政机关在行使这类行政权时总是趋向于滥用,或体现为行政权的过度行使,或体现为行政权行使不足,尤以前者为甚,并最终导致偏离依法行政的基本方向。因此,从依法行政实践与政府治理现代化建设角度出发,系统性地研究民事关系中的行政权并为其设定合理的界限显得尤为重要。而与实践需求极不匹配的则是,既有研究趋向于碎片化与零散化,尤其是缺乏整体视角的系统性分析。

另一方面,《民法典》[1]的颁布实施也把行政权介入民事关系问题推到了风口浪尖。《民法典》作为典型的私法与私法领域的基础性法律,却在《物权法》等单行法的基础上进一步丰盈了行政权介入民事关系的制度安排,集合了行政法规、行政登记、行政征收、行政调查、行政审批等一系列行政权介入条款,可以说是给"行政权作用于民事关系"深深打上了时代的烙印。尤其是行政调查权等非限制性涉私行政权的介入促使我们重新审视行政权介入民事关系的制度表现、正当性基础与合法性限度所在。与此同时,《民法典》以权利本位为核心理念,保障行政权对民事关系的介入不偏离权利本位理念应为《民法典》时代研究民事关系中的行政权的指导思想。

再一方面,从当下时兴的治理视角观察,对民事关系中行政权的研究也是充实、完善公私协同治理的路径选择。在传统的公私法二元分立理论之下,私法领域奉行自治原则,以私权自治为主要治理手段;公法领域以行政化为主要特征,以高权行政为主要治理手段。但自人类社会进入20世纪以来,公私法的分野被两者的相互融合所取代,公私协同治理作为一种新的治理模式和路径顺势而出。公私协同治理一方面体现为私主体参与行政任务,既有研究并不鲜见,且涉及理论与实践、宏观与微观的方方面面;另一方面还体现为行政权对民事关系的介入,既有研究多聚焦于对微观制度的考察(如不动产登记),宏观研究尚付阙如,且行政权介入民事关系的研究仅占微观具体制度考察的一隅,未得深入展开。基于此,本书借《民法典》实施之机,重点对行政权介入民事关系这类公私协同治理模式进行理论与实践解读,并结合具体的制度安排明确行政权作用

---

[1]《民法典》,即《中华人民共和国民法典》。为表述方便,本书中涉及我国法律文件,直接使用简称,省去"中华人民共和国"字样,全书统一,后不赘述。

于民事关系的界限所在,最后升华至政府的角色定位与功能转型。本书的目的在于,搭建起行政权作用于民事关系制度的基本框架,冲破学科之间的固有壁垒,推动公私法之间的交流融合。

(二) 研究现状

自 2020 年 5 月 28 日《民法典》发布以来,学界掀起了《民法典》的研究热潮。以"民法典"为关键词在中国知网的学术期刊栏目进行检索,共查找到 1.89 万条结果。《民法典》中规定了大量的行政法规范,很多行政法学者都以《民法典》为时代背景,展开了对行政法如何变革与回应的研究。总体来看,行政法学者的回应不可谓不及时,但大都停留在宏观指导与抽象概括层面,较少能够结合具体制度进行整体理论架构,也缺乏以具体条文和制度为例进行的深入分析,因而整体上呈现出碎片化与抽象化两个核心特征。关于公私协同治理的研究虽多,但多集中于私主体参与行政任务层面,对行政权介入民事关系的研究不多。总体而言,目前有关《民法典》与民事关系中行政权的研究主要围绕以下几个方面展开:

1. 民法学者对《民法典》本身的研究

(1)《民法典》的精神和时代特征。有学者研究了《民法典》的立法思想,从《民法典》如何看待人、家、社会、国家、人类、自然六个方面具体展开。(王轶,2020 年) 有学者提出,《民法典》遵循无救济就无权利原则,既全面确认了民事主体的权利类型和内容,又规定了完备的权利保护制度。(张平华,2020 年) 有学者研究了《民法典》"私法自治"的理念衍义与制度构建,提出私法自治是贯穿《民法典》始终的核心理念和建构、解释民法规范制度的价值尺度。(陈荣文,2020 年) 此外,王利明专题研究了《民法典》的民本性,(王利明,2020

年）孙永兴研究了《民法典》的权利保障功能，（孙永兴，2020年）张文显提出中国《民法典》彰显以人民为中心之根本法理和以权利为本位之制度要义，（张文显，2020年）等。总的来说，《民法典》的私法自治理念与权利本位精神已成共识。

（2）《民法典》的定位和意义。有学者从国家治理的角度，提出《民法典》是国家治理的基本遵循与保障，对于我国治理体系完善和治理能力的提升具有重要作用。（王利明，2020年；孙宪忠，2020年）还有学者主张，《民法典》是社会生活的百科全书，也是社会治理的大宪章。（黄文艺，2020年）有学者将《民法典》的法理定位概括为社会、经济、制度和人权四个方面：社会生活的百科全书、市场经济的基本法律、经国序民的良法重器、人民主体的权利宝典。（郭晔，2020年）总的来说，学界关于《民法典》意义和定位的研究并不局限于私权利保障本身，而是升级到了国家治理角度，将其作为国家治理体系和治理能力现代化的重要组成部分。

（3）《民法典》中的行政法要素梳理。早在《民法典》发布之前，李永军教授就系统研究了《民法典》编纂中的行政法因素：一方面，行政法是民法的法源，对《民法典》的内部体系有重要影响；另一方面，《民法典》的许多地方都体现出了行政法色彩。（李永军，2019年）有学者研究了《民法典》中的国家形象，包括践履保护义务的保护者、与私主体合作的合作者、享有民事权利的权利人、教化私主体的教化者、配置分配资源的再分配者。（谢鸿飞，2020年）有学者研究了行政许可与合同效力的关系，认为行政机关基于行政许可准予公民、法人或者其他组织从事的特定活动，分别属于准予实施事实行为、准予实施合同行为以及二者兼而有之。（王轶，2020年）由此可见，民法学者也不再将研究视角局限于民法领域，而是逐渐注意到了民法与行政法的交叉关系。

2. 行政法学者对行政法如何回应《民法典》的研究

（1）《民法典》对行政法的意义。有学者研究了《民法典》中行政法规范的意义：一方面，行政法规范是《民法典》的重要法源，充实了《民法典》的内容，扩大了《民法典》对相关行政性事项进行调整的范围，有利于建立统一的公共秩序；另一方面，行政法规范能够有效约束公权力，维护公共秩序和公共利益，保护公民的个人权利和利益，保障《民法典》的完整和有效实施。（马怀德，2020年）还有学者指出，《民法典》不仅是作为平等主体的公民、法人或者非法人组织从事民事活动的法律依据，也是作为行使公权力主体的政府机关依法行政的法律依据；划定政府机关公权力边界的法律依据；对某些行政行为直接提出了要求；为政府机关对民事权利的保护和确认提供了法律依据；直接阻却政府机关行政行为对民事权利可能产生的不法侵害；直接为民事主体从事民事活动设定了行政法义务。（胡建淼，2020年）由此可见，公私法的相互融合是现代法律制度和法学理论的发展方向，《民法典》不仅是作为平等主体的公民、法人或者非法人组织从事民事活动的法律依据，也是作为行使公权力主体的政府机关依法行政的法律依据，更是对行政法学科的发展完善提出了新的要求。

（2）《民法典》对法治政府建设的影响。习近平总书记提出，各级政府要以保证《民法典》有效实施为重要抓手推进法治政府建设，把《民法典》作为行政决策、行政管理、行政监督的重要标尺，不得违背法律法规随意作出减损公民、法人和其他组织合法权益或增加其义务的决定。有学者亦提出，《民法典》为政府依法行政提供了基本遵循，要以保证《民法典》有效实施为重要抓手推进法治政府建设，推动政府治理进入良法善治的轨道,促进政府严格规范、公正文明执法,全面提升政府的治理能力和水平,实现政府治理现代化,更好地保障公民权益。(石佑启,2020年)有学者对法治政府建设加以具体化,提出在行政决策、行政管理、行政监督中贯彻实施《民法典》。(程琥,2020年)马怀德教授主张,以实施《民法典》为契机大力推进法治政府建设,在《民法典》实施过程中,行政机关具有两种角色。一是作为《民法典》规范的义务主体;二是作为国家行政管理主体。各级行政机关要把《民法典》作为行政决策、行政管理、行政监督的重要标尺。(马怀德,2020年)尽管既有研究未直接提及作用于民事关系中的行政权如何行使,但共识是,在《民法典》的时代背景之下,行政机关行使这类行政权须以法治政府建设为基本遵循,严守《民法典》的相关规定。

(3)《民法典》对行政法的新要求。《民法典》中的行政法律规范留下了一个立法接口,更对行政法提出了新的要求。有学者指出,行政法要回应好《民法典》的要求。一方面,立法机关必须及时作出回应,进一步细化、改革和完善相关制度;另一方面,即使《民法典》只保留相关原则规定,没有明确的行政法制度安排,行政法也可以主动调整。(马怀德,2020年)有学者主张,面对《民法典》时代的到来,行政法无论是在基本立场、观念上还是在未来发展趋势上,都必须作出积极回应和深刻的变革。在基本立场上,行政法应更加关注公民权保护、强化权利保障;在基本观念上,行政法应更加注重服务行政,强调积极为民服务;在未来发展上,行政法应当更加关注公私合作,推动民行交叉融合发展。(周佑勇,2020年)有学者宏观研究了《民法典》的贯彻实施对行政法提出的主要任务和基本要求,主要任务包括:以《民法典》贯彻实施推动行政法良法善治,以《民法典》贯彻实施推进法治政府建设,以《民法典》贯彻实施推进行政审判体系和审判能力现代化,以《民法典》贯彻实施推动行政法治宣传教育。基本要求包括:加强党对完善行政法律制度的领导,完善与《民法典》相协调的行政法律制度,完善行政诉讼一并解决民事争议制度,加强公私法学科交流互鉴。(程琥,2020年)有学者专门研究了《民法典》对行政执法的新要求:一是行政执法人员要有权利意识,把握好侵益性行政行为的界限,维护私法自治原则;二是《民法典》是行政执法的依据,包括许可、确认、征收、征用、收费、备案、救助、奖励、检查、赔偿等;三是《民法典》新设了行政执法机关的义务,这些义务是行政机关积极作为的法定依据,如果行政执法人员不作为,将承担相应的法律后果。(袁雪石,2020年)孟鸿志教授也专门研究了《民法典》时代行政执法的创新与发展,提出树立人民至上的行政执法理念,重点保护人格权乃至人格利益,创新和发展行政执法方式,厘清行政执法权的范围和边界。(孟鸿志,2020年)此外,周佑勇、胡建淼等学者也有相关的论述。总的来说,当前行政法学者对于《民法典》时代行政法发展方向的研究主要停留于宏观的方向把握层面,较少从具象层面结合具体的制度加以展开,也未关注到行政权作用于民事关系这一话题。

(4)《民法典》对行政法法典化的启示。有学者主张,将行政法律规范编纂成行政法典可行并向着体系化方向发展,可以先制定一部行政法通则或行政法总则,建立整体性的实体和程序规则,为各类行政活动确立最低标准,也为最终实现行政法法典化奠定基础。(马怀德,2020年)有学者提出,参照《民法典》编纂的进路,我国行政法典编纂宜超越制定行政程序法和行政基本法之争,坚持"制定行政法总则+编纂行政法典各分编"的两步走模式。行政法总则制定宜参酌民法典总则提取公因式的立法技术，确立"行政法主体+行政活动+行政救济"的体例结构，彰显其内在的公法特质。（章志远，2020年）但也有学者表示反对，认为行政行为性质的差异性会给公因式的提取增加难度，行政法典最终可能只是以一种汇编的形式面世。（刘启川，2020年）

此外，还有学者研究了《民法典》规定行政法规范的正当性。从国家治理的角度来看，民法、行政法、刑法是学理上的划分，物权制度乃至《民法典》是国家治理的工具，真正的法律事务或者社会纠纷往往不是单纯的民法、行政法、刑法所能解决的，国家治理的要义之一是及时妥善解决现实问题。《民法典》中同时规定公私法条款，是时代发展的需求，也是我国立法现状的要求。（袁雪石，2019年）

3. 关于治理的研究

（1）行政学、管理学等非法学学科的研究。国内的代表性学者如俞可平、顾昕、胡家勇，国外的代表性学者如斯科特、彼得斯、凯特尔、斯蒂芬、罗兹，研究成果非常丰硕。《中国如何治理——通向国家治理现代化的中国之路》着重回答"中国是如何进行治理的""中国治理模式的特征是什么"和"未来中国治理改革的重点是什么"等重大问题。（俞可平，2018年）《政府职能转变与政府治理转型》提出，建立有效的政府治理结构，实现政府治理体系和治理能力的现代化；推进公共服务领域改革，充分利用市场机制和私人积极性来提高公共服务效率。（胡家勇，2015年）《政府未来的治理模式》梳理了四种未来的政府治理模式：市场式政府、参与性政府、弹性化政府与解制性政府。（彼得斯，2013年）《规制、治理与法律：前沿问题研究》一书聚焦于规制、治理与法律的结合部，勾勒规制与治理理论的新发展，提出了新治理的概念，研究了治理中的可问责性问题。(斯科特,2018年)《权力共享:公共治理与私人市场》一书通过委托代理理论探讨私有化的适用范围和政府对于私有化的管理能力,运用了美国私有化的不同层次的具体案例。(凯特尔,2009年)《新公共治理?——公共治理理论和实践方面的新观点》探讨了西方公共治理理论与实践,努力探索公共治理的本质:组织间合作、契约关系、服务提供的组织间网络、公共政策网络等。(斯蒂芬,2016年)《理解治理:政策网络、治理、反思与问责》对英国政治的传统研究视角——议会政治模式发起挑战,提出了差异化政体研究视角,其核心思想是政策网络、核心行政部门、国家空心化和治理。(罗兹,2020年)奥斯本、登哈特等学者则从政府改革的角度广义探讨了治理的方向。如《改革政府:企业家精神如何改革着公共部门》一书描述了美国官僚主义的弊端,提出政府不应成为一个庞大的、无效率的机构,通过挖掘企业家精神和自由市场的力量,实现真正的重大改革。(奥斯本,2006年)《新公共服务:服务,而不是掌舵》在对传统理论特别是新公共管理理论进行反思和批判的基础上,系统阐述了新公共服务的7个理论内涵:一是服务于公民而非顾客;二是追求公共利益;三是重视公民权胜过企业家精神;四是思考要有战略性,行动要有民主性;五是承认责任并不简单;六是服务而非掌舵;七是重视人而不是生产率。(登哈特,2016年)总的来说,学界普遍认为应该引入民主、参与等理念,对治理模式进行变革成了不可逆转的趋势。

(2)法学学科的研究。在行政学、管理学、经济学等学科之外,近年来有学者开始从法学的视角研究治理的相关问题。如《合作治理与新行政法》从不同角度、不同侧面对美国自20世纪中后期以来蓬勃兴起的以私人参与、公私合作为基本特征的公共治理模式以及与这种公共治理模式相适应的新行政法的内容、产生背景、实践效果和人们对之的不同评价进行了全面、深入、具体、细致的梳理、描述和阐释。(弗里曼,2010年)《论政府规制中的合作治理》提出从政府规制走向公共治理,探求多中心、多主体、多层次的合作治理。合作治理有赖于政府内的协同治理体系、社会主体的参与、企业责任的践行、行业协会的自我规制以及公众参与。(宋华琳,2016年)《政府治理变革与公法发展》试图在行政关系与行政法之间建立起有效的理论解释模式,分析行政改革对行政法原有内容和结构的冲击,以新的政府治理方式下的法律需求为依据,具体分析相关行政法制度的变化。(钟瑞添,2007年)《公私权限模糊领域的合作治理研究》一书专门研究了公私权模糊场域进行公私合作治理的必要性、公私权限模糊场域制度运行的实证分析等内容。(唐清利,2017年)总的来说,法学视角下的治理研究与其他视角下的研究结论基本一致,即主张新的政府治理模式,公私合作成为主流。但多强调私主体参与公共任务,对行政权介入私权自治领域这种治理方式则关注甚少。

4. 公私合作研究

(1) 公私合作整体性研究。目前,国内有关公私合作的研究很多,其中既有法学视角的研究,也有管理学等非法学视角的研究。既有以公私合作命名的研究,又有以政府和社会资本合作(PPP)为题的研究。非法学视角的研究如《公私合作伙伴关系理论与实践》不仅为公私合作提供理论支撑,而且对教育、医疗、养老、社区服务等领域如何采用公私合作机制提出了可行方式与切实建议。(贾康、孙洁,2014年)《PPP革命——公共服务中的政府和社会资本合作》论述了PPP模式的本质及其为基础设施领域带来的革命性变化,描述了PPP项目中政府角色的转变,并借助多个PPP项目实际案例探讨了PPP项目过程中可能出现的各种问题。(达霖,2016年)《政府与社会资本合作(PPP):理论、实务与展望》探寻了PPP的起源、产生与发展,剖析了PPP的理论基础与实施框架,并以"善治"作为发展路径对PPP的未来进行了展望。(欧阳帆,2018年)还有学者研究了公私合作的背景、历史进程、理论依据、对公用事业改革的影响等内容。法学视角的研究如《公私合作(PPP)的法律调整与制度保障》着重探索了政府与社会资本合作的法律性质、是否适用《政府采购法》和《招标投标法》、政府合作的主体、政府的优惠政策、PPP项目的争议解决机制等问题。(顾功耘,2016年)《公私合作行政行为形式选择之理论与实践》一书专门研究了公私合作行政行为。该书以公私合作问题观为导向,基于行政行为形式基本理论,分别在静态和动态的视角下解构和剖析公私合作的类型、模式、体系及运作过程,完善公私合作行行为形式的法制构建。(张一雄,2018年)《公私合作(PPP)法律问题研究》围绕公私合作对传统行政法的挑战与新行政法的能动回应这条主线,分别对公私合作范畴、公私合作基石、主体、行为、担保进行开创性研究,描绘出一幅完整且明确的公私合作法治化图景。(邹焕聪,2017年)《公私合作在我国的实践及其行政法难题研究》介绍了公私合作中的一些基础性问题,公私合作在我国的实践及其行政法难题。(袁文峰,2018年)《PPP的法律规制——以基础设施特许经营为中心》对特许经营范畴界定、特许经营与PPP的逻辑关系、特许经营合同的法律属性、特许经营争议解决机制,以及特许经营监管体制设计等热点、难点问题作出分析和评价。(李亢,2017年)还有学者系统梳理了我国和国外重要国家和地区的PPP领域的政策、法规。(谭臻、吕汉阳,2018年;袁璨、朱丽军,2018年)此外,还有很多学者研究了私法公法化与公法私法化的背景、表现、样态、对行政法学科的冲击、法律规制原则和要点、合作行政法的构建等问题。

（2）民营化专题研究。萨瓦斯是民营化的研究先驱和权威，其在《民营化与PPP模式：推动政府与社会资本合作》一书中系统研究了民营化的背景、物品分类理论等理论、民营化的原因、形式、阻力等实践。（萨瓦斯，2015年）相较于国外民营化研究的广泛化，我国的民营化研究起步较晚，主要集中于行政学、经济学、政治学等非法学领域，法学领域尤其是行政法视角的研究仍然不多。代表性的著作如《行政任务民营化法制研究》针对私人参与执行警察任务与公用事业特许经营两类典型的行政任务民营化现象进行全面、细致的分析，管窥我国公共行政民营化改革的未来走向。（章志远，2014年）《公共行政民营化法律问题研究》研究了民营化的理论基础、价值、实践、规范及行政法的建构等问题。（敖双红，2007年）《后民营化时代的国家担保责任研究》从行政法学的角度，以国家担保责任为中心，着重对国家担保责任的基础理论、国家担保责任法律制度的构建等问题进行了初步探讨。（杨彬权，2017年）在专著之外，还有很多学者发表了很多相关论文。赵宏教授介绍了德国行政民营化的制度发展与学理演进；（赵宏，2016年）刘飞教授研究了民营化的推进对我国传统行政方式和行政目标、政府传统监管制度、政府行政能动性、现有权利救济途径等的冲击；（刘飞，2009年）石佑启教授从行政法角度研究了如何对公共事业民营化进行行政法规制。（石佑启、曾鹏，2012年）还有学者研究了民营化的背景、功能、局限，对公共服务市场化进行反思。（沈荣华，2016年；陈松，2014年）也有学者逐渐注意到逆民营化这一发展趋势并进行了初步研究。（张菊梅，2018年）还有少数学者开始关注到公共性如政府购买公共服务的公共性这一问题。（李蕊，2019年；周定财、杨浩，2017年）总体来看，我国对行政任务民营化的相关问题理论研究颇多，资料也十分丰富，但对于民营化之后国家担保责任的研究、国家角色的转变、逆民营化等后续法律问题关注不多，资料稀少。

（3）私法公法化研究。目前有关私法公法化的研究多在民法学界展开，并聚焦于以下几个方面：一是私法公法化的背景和原因。如有学者指出，私法公法化是传统的公、私二元法律分类由近代社会向现代社会转变过程中出现的一种新趋势，是公、私法之间相互冲突、相互融合的必然产物。私法公法化的产生有其深层的价值观、经济和政治制度上的原因，具体将私法公法化的原因归结为自由放任主义的修正、社会矛盾的激化、政府权力的运用三个方面。（田喜清，2011年）二是私法公法化的表现。如有学者主张私法公法化主要体现为以下制度：财产所有权保护从绝对到相对，契约制度从强调自由到追求正义，责任归责从主观到客观的发展。（田喜清，2011年）三是私法公法化的限度。有学者主张，将违反公序良俗作为私法公法化之限度，是以权利保障和权力制约为核心取向的法治秩序得以确立的应有之义。（杨阳，2015年）还有学者提出，为避免过度强制，在私法规范的安排上，仍然应以任意性规范为主，表现为国家的主动干预的强制性规范应当严格控制在"国家和社会忍无可忍"的范围内，否则调控的结果很可能是南辕北辙，适得其反。（钟瑞栋，2013年）

（4）行政权作用于民事关系研究。近年来，先后有学者研究了行政登记、行政裁决等具体的行政权介入民事关系制度，但多着眼于司法层面，较少关注行政层面的问题，也未升华至宏观层面的行政权介入民事关系研究，提出行政权作用于民事关系的整体制度框架。如有学者研究了不动产登记的性质和效力,认为以私法方式赋予不动产登记簿公信力,是行政法向民法渗透的一种法现象。(章剑生,2019 年)再如,有学者研究了行政许可的民法意义,提出法律或者行政法规确立行政许可的规定分别属于简单规范或复杂规范中的强制性规定,当事人借助民事法律行为意图约定排除这些强制性规定法律适用的,该约定绝对无效。(王轶,2020 年)此外,还有学者研究了行政法介入私法自治领域的方式和形态,并将行政法定位为扩展私法自治领域的行政法,提出限缩行政空间作为扩展私法自治领域的路径。(章剑生,2021 年)总体而言,目前学界有关民事关系中行政权的研究不多,且缺乏整体层面的民事关系中的行政权样态梳理与行政权作用于民事关系的具体规则。

(三)研究意义

1. 从私法公法化视角充实公私协同治理研究

目前,学界有关公私协同治理的研究多桎梏于公法私法化的视角,即政府借助私主体力量履行行政任务的合作治理模式。而事实上,公私协同治理也包括私主体自治不能时公权力尤其是行政权的必要介入,二者在概念、发生学、理念等方面均存在不同程度的契合。行政权作用于民事关系在《民法典》中体现得尤为明显,《民法典》的颁布实施亦将这一问题推到了理论前沿。本书立基于《民法典》的时代背景,以民事关系中的行政权作为研究对象,并主要借助于《民法典》中的相关制度安排进行现实图景考察,力图对行政权作用于民事关系的必要性、表现形式与现状、现实困境与规制路径进行深入分析论证,架构起民事关系中行政权的基本框架,丰富公私协同治理的研究成果。

2. 从行政法视角充实《民法典》的相关研究

目前,有关《民法典》的研究多在民法学界展开,并集中于民法视角与民法思维。本书着眼于《民法典》中的行政法要素与行政法规范条款，对这些条款进行深入分析与内容解剖，深刻透视《民法典》的公私法融合特色与行政权介入民事关系制度。具体而言，本书对于《民法典》的研究：一方面致力于宏观层面的理念和特征研究，通过相关法律规范的分析梳理明确《民法典》的权利本位理念与公私法融合特征，尤其是将《民法典》中的行政法规范根据内容进行类型化区分，包括行政机关的作为义务性规范、行政机关的禁止义务性规范、民事主体承担公法义务规范与行政法规法源性规范。另一方面，从中观层面分析《民法典》中行政权作用于民事关系的方式与表现样态，全面掌握行政权的消极与积极介入、直接与间接介入两类方式对比，刚性、中性与柔性介入以及行政立法权与行政执法权的介入两类样态组合。再一方面，选取《民法典》中行政权介入的典型制度尤其是行政法规、行政登记、行政征收、行政调查，进行立法原意考察与现状梳理，对民事关系中的行政权建立全面的认知。

3. 搭建行政权作用于民事关系的基本框架

行政权作用于民事关系在实践中非常多见，从依法行政、监督行政权合法运行的角度出发，必须给作用于民事关系中的行政权设定一个合理的界限。关于民事关系中的行政权这一问题，既有研究呈现零散化、碎片化状态且专门研究者甚少。基于《民法典》对此问题之重提，本书期冀以《民法典》的颁布实施为研究背景，以《民法典》中的相关制度安排作为研究对象，对民事关系中的行政权进行系统性考察与建构，明确行政权作用于民事关系的必要性、表现形式与界限三个核心问题。行政权为什么能够作用于民事关系是本书研究的第一个核心问题，第二个问题是行政权作用于民事关系的现实表现，第三个问题是行政权如何作用于民事关系即涉私行政权的界限，对于三个问题的回答客观上即搭建起民事关系中行政权的基本框架。

4. 为民事关系中的行政权之规制提供路径参考

本书以民事关系中的行政权为研究对象,最终落脚于涉私行政权的界限设置,目的在于规范涉私行政权的行使,防止行政机关滥用涉私行政权戕害私权利。在界限设置问题上,本书首先主张宏观层面的原则构建,即实体层面的自治优先与忍无可忍原则、法律保留原则与比例原则以及程序层面的正当程序原则,因而行政机关在行使涉私行政权之前即需进行必要性评估,行使涉私行政权之中则需要接受法律保留原则、比例原则与正当程序原则的约束。其次,本书从行政自制的角度提出以负面清单管理模式来构建涉私行政权的具体限度,即通过清单管理来实现行政机关的自我约束,行政机关的涉私行政权限于负面清单,且行政机关既不得行使权力清单以外的限制性涉私行政权,亦不得推卸责任清单上的保护性涉私行政权。最后,本书对涉私行政权的规制升华至政府的角色定位转型问题,主张因应行政权合法合理介入私域的政府应当是有限与有为统一的有效政府,并具体体现为担保者与服务者的角色。

二、研究内容

(一)研究对象

本书以民事关系中的行政权为研究对象,主要围绕行政权作用于民事关系的正当性、现实表现与界限设置三个方面展开,力图搭建起行政权作用于民事关系的系统性制度框架:

(1)行政权作用于民事关系的正当性。包括《民法典》在内的许多法律规范都设置了行政权介入私域条款,行政权作用于民事关系由此获得了合法性支撑。拓展到理论层面,行政权作用于民事关系亦具备理论支撑。本书首先认可这种正当性,并从理论前提、理论基础与必要性三个层次予以证成。第一，就理论前提而言，行政权作用于民事关系归根结底反映的是私法的公法化现象，私法公法化在一定程度上打破了公私法二元理论的僵硬划分，并以私法中的公法规范为显性表现。第二，就理论基础而言，行政权作用于民事关系以多元化法律价值追求与整体治理观为依托，并溯源于私权自治的功能有限性，尤其是无法满足公共利益的现实需求。一方面，纯粹依托私权自治无法实现法律价值的多元化；另一方面，纯粹依托私权自治的纯粹民法观面临个人自由主义极端化等现实困境。因而，行政权作用于民事关系的本质是原则上的自主化与公共性的必要回归。第三，就必要性而言，行政权作用于民事关系在理论上反映的是积极面向的辅助性原则对行政权行使主体提出的必然要求，实践层面则是风险防控与私权自治无能的必然反映，意义层面则在于行政权的介入能够实现私权利的更优化保障。

（2）行政权作用于民事关系的现实表现。《民法典》设计了大量的行政权介入条款，构成行政权作用于民事关系的典型制度安排，《民法典》之外的法律规范亦不鲜见。本书把行政权类型化为行政立法权、行政执法权与行政司法权，分别讨论三类涉私行政权作用于民事关系的制度表现，以全面、深入地透视行政权作用于民事关系的现实图景。首先，行政立法权作用于民事关系：一是作为私主体的义务来源，为私主体设置行为规则；二是作为民事活动的评价尺度，为私主体设置责任规则。其次，行政执法权对民事关系的介入可区分为刚性介入、中性介入与柔性介入，本书分别以公用征收权、不动产登记权、侵权调查权作为研究对象，深入考察征收权、登记权与调查权的应用现状，力图为三类行政权套上合理枷锁，包括征收权的行使条件、不动产登记的审查强度限定、调查不作为的认定，保证其不越界、不逾矩。最后，对于民事关系中的行政司法权，本书选取行政裁决权作为研究对象，通过立法梳理与实践考察，对行政裁决权的滥用问题进行深入分析，并主张从适用范围的限制、公正程序的约束与救济途径的重塑三个层面对行政裁决权加以规制。

（3）行政权作用于民事关系的界限设置。纵然行政权作用于民事关系具有理论层面的必要支撑，透过相关制度安排的现状考察也足以证明，这类涉私行政权蕴含滥用风险，不管是积极性的过度行使还是消极性的行使不足，都会引致过度行政化、政府失灵、牺牲自由自治等现实困扰。因此，为了保证作用于民事关系中的行政权切实发挥维护公共利益与公平正义的制度目标而又不至于产生系列副作用，就必须对其设置界限。第一，就原则而言，行政权作用于民事关系首先须从整体上遵循自治优先与忍无可忍原则，即作为私主体自治不能的备位选择；其次应遵守法律保留原则，涉私行政权只得由法律设定才具备正当性；再次应遵循比例原则，即对民事关系的介入不得超出必要的限度；最后还应坚守正当程序原则，借助公众参与实现外部监督。第二，就具体的限度而言，本书主张以行政自制视阈下的负面清单管理模式对涉私行政权予以规制。负面清单管理模式包括权力清单、责任清单与负面清单三个维度，其中权力清单侧重于对限制性涉私行政权的规制，强调"法无授权不可为"；责任清单侧重对保护性涉私行政权的规制，强调"法定职责必须为"；负面清单则从整体面向的反向规制角度为涉私行政权划定外部边界。第三，对涉私行政权边界的划定最终落脚于涉私行政权的行使主体即政府的角色定位问题，本书最终升华至政府的角色转型，主张因应涉私行政权合法合理行使的政府应当既是权力有限的有限政府，又是该为当为的有为政府，应

引　言

当努力谋求有限政府与有为政府的有机统一，即打造有效政府，并主要担当服务者与担保者角色。

（二）研究思路

本书对作用于民事关系中行政权的研究着眼于《民法典》的颁布实施这一时代背景，聚焦于行政权作用于民事关系的必要性、表现形式与界限设定三个问题，力图对行政权作用于民事关系进行全面深入的分析架构，尤其是明确行政权作用于民事关系的基本界限，防范行政权滥用戕害私权利。因此，在研究思路上，本书首先提出问题，行政权作用于民事关系在实践中屡见不鲜，并趋向于滥用导致私权利被限制乃至牺牲，因而必须对民事关系中的行政权进行界限设定。其次，本书试图论证行政权作用于民事关系的基础理论，包括其上位概念私法公法化的动因与表现、理论基础与必要性证成，得出当下时代背景下行政权作用于民事关系兼具必要性与正当性。再次，将民事关系中的行政权区分为行政立法权、行政执法权与行政司法权，分别讨论三类涉私行政权介入私域的典型制度安排，尤其是对《民法典》中的相关制度安排予以重点关注，透视我国当前行政权作用于民事关系的现状与问题所在。复次，结合三类行政权作用于民事关系的制度安排分析行政权作用于民事关系的制度困境，得出行政权对民事关系的介入必须遵循一定的界限这一现实结论，进而分别从实体与程序的角度提出行政权介入民事关系的基本原则，并上升至负面权力清单管理模式，分别针对限制性涉私行政权与保护性涉私行政权提出具体的限权方案。最后，行政权作用于民事关系的界限把握归根结底反映的是政府的角色与职能定位问题，在明确行政权作用于民事关系的具体界限之后，本书着力于探讨行政权的行使主体即政府如何实现有限政府与有为政府的有机统一，并明确政府作为服务者与担保者的基本定位。

三、研究方法

(一) 文献分析法

一是充分研究我国当下与《民法典》、行政权作用于民事关系、私法公法化、公私协同治理等主题相关的文献资料,全面、深入地了解、掌握我国当前行政权作用于民事关系的研究现状与不足。二是充分研究域外相关国家和地区私法公法化、行政权作用于民事关系、合作行政法、有效政府等相关文献资料,批判吸收,以期为我国行政权作用于民事关系的具体制度构建提供借鉴。三是充分研究辅助原则、整体法学观、权利本位、权力清单模式等基础理论相关的文献资料,为架构行政权作用于民事关系的理论证成与界限划定提供参考。四是充分研究行政权与私权利关系相关的文献资料,合理架构行政权与私权利之间的应然关系。

(二) 比较分析法

比较分析法是通过对比研究对象,借以发现问题和思路、寻求解决问题之道的一种基本分析方法。在全球化的今天,任何一个法律部门、一部法律甚至一个法律问题的解决都离不开比较分析的方法。本书的研究内容是行政权作用于民事关系的正当性、表现形式与限度,比较分析的重点在以下五个方面:第一,对于行政权作用于民事关系的正当性分析,尤其是公私法二元论、辅助原则、整体法学观等基础理论,都有必要借鉴美国、日本、法国等国家的相关立法、理论与实践。第二,对于《民法典》中行政权介入民事关系的方式与表现形态,需要以内容、程度、表现样态等维度加以区分与整体观察。第三,对于纯粹自治、纯粹管制、公私协同治理方式的选择,需要借助于三种治理方式之间优劣的横向对比,尤其是应对风险的能力。第四,对于如何从防范裁决权滥用的角度规制行政裁决权,需要借鉴域外国家和地区的治理经验,例如程序控制、当事人诉讼方案等。第五,对于负面清单制度的研究,既需要国内不同地方清单管理模式之间的横向比较,也需要借鉴国外不同国家和地区的相关经验。

(三) 实证研究法

行政权作用于民事关系具有鲜明的"实践导向",既源于实践又最终服务于实践,对于行政权作用于民事关系的制度安排与运行现状之分析离不开实践素材的支撑,如此得出的完善建议也才具有可操作性与实用属性。具体而言,本书实证研究的重点在以下四个方面:一是对行政执法权与行政司法权作用于民事关系的典型制度运行现状进行实证考察,包括公安机关在高空抛坠物案件中承担调查义务情况、登记机关在不动产登记中的审查强度、公用征收权滥用问题等,借助具体的案例与司法裁判文书的实证分析,全面把握实践现状,并针对实践中存在的问题对症下药,寻求合适的解决路径。二是对行政司法权介入民事关系的典型制度即行政裁决的具体案例进行整体与个案分析,把握我国当前行政裁决制度的主要成就与制度障碍。三是对行政权不当介入民事关系的后果进行调研,得出过度行政化、政府失灵与自由自治价值的牺牲三个结论,并据此提出行政权作用于民事关系的基本原则遵循。四是对我国各地的负面清单制度情况进行实证考察,获取第一手资料,然后进行分析和总结,从而切实了解负面清单管理制度的实际运行情况,了解其在实践工作中取得的成效,发现其存在的问题,进而进一步挖掘难题背后的制约因素和障碍,为理论建构和方案设计提供数据和实证支撑。

(四) 系统分析法

系统分析法的基本思想是把研究和处理的对象看作一个整体系统来对待。本书对行政权作用于民事关系的研究将坚持系统论的方法，力图全面分析考证行政权作用于民事关系的必要性、主要表现与合法性限度三个核心问题。具体而言，本书对于系统分析法的应用主要表现在以下三个方面：第一，将行政权对民事关系的介入置于私法公法化与公私协同治理的宏观视角之下观察，力图深刻把握行政权作用于民事关系的制度本质，即私法公法化是行政权作用于民事关系的上位概念与理论前提，后者同时是公私协同治理的表现形式之一。第二，对行政权作用于民事关系必要性的考证引入整体法学观与整体治理观的视角，意图通过政府与私主体以及公法与私法的协作实现公共利益与私人利益的协调平衡。第三，将行政权作用于民事关系的界限设置升级至政府的角色定位问题，着眼于政府治理与国家治理的现代化以及法治政府建设的整体视角，探讨契合于合理范围的行政权作用于民事关系的政府角色，即有限政府与有为政府的有机统一。

(五) 跨学科研究方法

任何事物都具有多面性，对不同侧面和维度的认识综合才构成对一研究对象的全面认识。可见，认识世界的难度决定了跨学科研究方法运用的普遍价值。本书以民事关系中的行政权为研究对象，聚焦于行政权作用于民事关系的正当性、表现形式与界限设置三个问题，并最后升华至政府的角色转型，涉及法学、政治学、管理学、哲学、社会学、经济学等多学科、多领域知识，因而必须进行跨学科综合研究，全面开展研究论证。如对于有限政府、政府角色、公共性价值等问题的研究都需要突破法学的学科壁垒，从管理学等其他学科寻求突破；对于不动产登记审查强度的确定离不开效率、准确性等价值衡量与成本效益分析方法的引入；等等。即使是在法学学科内部，也涉及行政法、民法、宪法、经济法、刑法等多个部门法，需要综合运用宪法、行政法、民法、经济法等多个二级学科的基础理论。

四、创新之处

（一）研究方法的创新

除了传统的文献分析法，本书创新性地综合采用实证分析法、比较分析法与跨学科研究法，并深度运用规范分析法。首先，对于规范分析法的应用，本书既以《民法典》的颁布实施为研究背景，自然需要对《民法典》的文本尤其是其中的行政法规范进行深入分析，在逐条梳理的基础之上根据内容予以分类，并进一步透视《民法典》中行政权作用于民事关系的主要表现形式与基本样态，为深入分析行政权作用于民事关系的必要性与界限奠定基础。其次，基于行政权作用于民事关系这一问题的实践属性，本书大量运用实证分析法，通过案例分析、实地考察、问卷调查等形式对行政权作用于民事关系的典型制度运行现状进行考察，科学分析归纳既有经验与制度缺陷：一方面吸取可资借鉴的本土实践资源，另一方面针对现实存在的问题提出具体的完善路径。再次，本书大量运用比较分析的研究方法，既包括域内与域外的制度横向比较，又包括国内不同地区之间的横向比较与不同时间段上的纵向比较，还包括不同学科概念之间的横向比较；既涉及理论层面的比较又着眼于实践层面的比较，力图全面深刻地把握与行政权作用于民事关系这一主题相关的概念、理论与实践，最终服务于本书关于行政权作用于民事关系的必要性、表现形式与具体限度的制度构建。

最后，行政权对民事关系的介入不是一个纯粹的法学问题，而是涉及行政管理、经济、政治、社会等方方面面。因此，在传统的法学视角之外，本书创新性地运用了经济学、管理学、政治学、社会学等学科的相关理论，如公共选择理论、辅助性理论、成本效益分析等，从而得以系统、深刻地研究行政权作用于民事关系的社会背景、现实正当性与界限设置的必要性问题。

（二）观点与成果的创新

1. 系统梳理《民法典》中的行政法规范与行政权作用于民事关系的制度安排

作为典型的私法与私法领域的基础性法律，《民法典》出人意料地规定了很多行政法规范，并在内容上涉及行政权对民事关系的介入。对《民法典》中的行政法规范进行系统化的梳理是研究行政权作用于民事关系的前提和基础，目前学界对《民法典》中行政法规范的梳理不少，但多从实践应用的角度单一梳理某一类行政法规范，缺乏整体视角的类型化分析，也未能从行政权作用于民事关系这一现实问题入手进行系统分析。本书以梳理《民法典》中的行政法规范作为一项基础性工作：首先，根据内容的不同将这些行政法规范类型化为行政机关的作为义务性规范、行政机关的禁止义务性规范、民事主体承担公法义务规范与行政法规法源性规范四类。其次，进一步透视《民法典》中行政权作用于民事关系的主要表现形式与基本样态，归纳总结为：积极介入与消极介入，直接介入与间接介入，行政立法权的介入与行政执法权的介入，刚性介入、中性介入与柔性介入四组概念。最后，从微观的角度深入具体地分析《民法典》中行政权作用于民事关系的典型性制度安排，包括行政法规、不动产登记权、公用征收权、侵权调查权等，借助于《民法典》的规定透视行政权作用于民事关系的现实图景。

2. 从私法公法化的视角研究公私协同治理

公私协同治理既体现为私人参与公共任务,同时也体现为行政权对民事关系的介入。学界对公私协同治理的研究虽有不少,但多着眼和聚焦于公法的私法化,即私人参与公共任务的问题,对私法的公法化即行政权作用于民事关系这一公私协同治理方式的研究则关注不够,后者恰恰是《民法典》反映的时代精神和核心理念之一。本书试图通过对行政权作用于民事关系的必要性、表现形式与界限设定三个核心问题的研究勾勒出行政权作用于民事关系的基本框架,从而从根本上实现公私协同治理的内容充实。

3. 对行政权作用于民事关系的实践现状进行深入考察

行政权作用于民事关系是一个极具现实性的实践话题,对其进行制度构建亦离不开依托相关案例的实践考察。与此同时,本书对行政权作用于民事关系的实践现状分析并非毫无章法,而是将行政权类型化为行政立法权、行政执法权与行政司法权,分别选取三类行政权作用于民事关系的典型制度考察其运行现状。首先,民事关系中的行政立法权集中表现为行政法规。其作用:一是作为私主体的义务来源,为私主体设置行为规则;二是作为民事活动的评价尺度,为私主体设置责任规则。其次,将民事关系中的行政执法权区分刚性介入、中性介入与柔性介入三个维度,分别研究公用征收权、不动产登记权、侵权调查权的运用现状与可能的限制措施。最后,就行政司法权而言,本书选取了行政裁决权这一备受争议的制度类型,着眼于行政裁决权的滥用问题,主张从适用范围、程序设计与救济渠道三个层面搭建行政裁决的规制路径。

4. 系统论证行政权作用于民事关系的正当性基础

行政权对民事关系的介入之所以屡见不鲜,行政权所发挥的积极作用不容忽视，可称之为涉私行政权存在的正当性基础，本书将其归结为理论前提、理论基础与必要性三个层面。首先，就理论前提而言，行政权作用于民事关系归根结底反映的是法学领域的私法公法化现象，私法公法化是行政权作用于民事关系的上位概念，行政权对民事关系的介入是私法公法化的直观体现和本质表达。本书深入分析了私法公法化的动因与表现，并明确私法公法化并不会动摇公私法二元论。其次，就理论基础而言，行政权对民事关系的介入：一方面源于私法自治的弊病明显与法律价值的多元化追求；另一方面是因为纯粹民法治理观存在诸多缺陷，私权利的保护与公共利益的兼顾呼唤整体治理观。因此，可以说，行政权作用于民事关系的本质是原则上的自主化与公共性的必要回归，最终实现私人利益与公共利益的调和。最后，就必要性而言，行政权作用于民事关系既源于理论层面积极面向的辅助性原则支撑，又源于实践层面风险防控的现实需要，且客观上能够实现对私权利的更优保障。

5. 架构起行政权作用于民事关系的具体界限

公法与私法的融合导致治理方式的变革，公私协同治理代替了传统的私法自治与高权规制成了新型的治理方式，并具体体现为私主体参与公法任务与行政权作用于民事关系。但这并非意味着公私协同治理就是完美的治理方式和替代方案，其同样存在问题和限度。就行政权作用于民事关系而言，不管是限制性涉私行政权的过度介入还是保护性涉私行政权的过度介入与介入不足，均会不同程度地导致政府失灵、过度行政化、自由自治价值的牺牲等系列问题，划定行政权介入民事关系的界限就显得尤为必要。对此，首先，本书从原则论的角度提出行政权作用于民事关系的界限设定原则，包括实体层面的自治优先与忍无可忍原则、法律保留原则与合比例性原则以及程序层面的正当程序原则。其中自治优先与忍无可忍原则指向涉私行政权的备位属性，法律保留原则指向涉私行政权的合法性，比例原则指向涉私行政权的合理性，正当程序原则指向私主体的参与性。其次，提出以负面清单管理模式对涉私性行政权予以规制。其中，权力清单侧重于对限制性涉私行政权的控制，责任清单仅纳入保护性涉私行政权且辅以严格的追责路径，负面清单则从反向规制的角度为涉私行政权廓定外部边界。最后，本书对行政权作用于民事关系界限之建构亦不简单停留于抽象的理论构建层面，而是引入具体的制度设计与案例，包括行政裁决、不动产登记、公用征收等，力图将其广泛应用于实践并服务于实践。

6. 落脚于政府的角色转型与有效政府塑造

为作用于民事关系中的行政权设定限度，从根本上反映的是行政权的行使主体即政府的角色定位问题。因此，本书在提出行政权作用于民事关系需要遵循的基本原则与限制路径之后，设专章讨论了政府如何因应行政权对民事关系的合法合理介入进行角色定位与职能转型。首先，就政府规模而言，因应行政权作用于民事关系困局破解的政府应当定位于介于大政府与小政府之间的中政府，并聚焦于秩序维护与服务提供两个方面的职能。其次，就政府定位而言，因应行政权作用于民事关系困局破解的政府应当追求有限政府与有为政府相平衡的中庸之道。一方面，做权力有限的政府，不能万事冲在第一位；另一方面，也要做"该出手时就出手"的有为政府，实现有限政府与有为政府的有机统一。最后，就政府角色而言，政府应当致力于实现从管理到服务的转型，主要扮演担保者与服务者的角色，既不能过多介入民事关系又不能在该介入的时候予以不当推脱。

第一章

行政权的样态及与私权利的关系

行政权与私权利是公法学上一对非常重要的范畴，私权利的实现与受保护程度受制于行政权的法治化水平。行政权与立法权和司法权共同构成国家公权力的基本框架，行政权的扩张与私权利的萎缩相伴相随，必须谨防行政权异化为私权利的侵害源。而在行政权内部体系中，尤其不能忽视作用于民事关系的行政权（以下简称"涉私行政权"），这类行政权对私权利的影响尤甚。

第一节 行政权的范围与样态

行政权是行政法一切特殊性的根源。[1]行政权是行政法上的核心概念，行政法研究是围绕行政权展开的，"行政法是关于行政权力的授予、行使以及对行政权力进行监督和对其后果予以补救的法律规范的总称"。[2]行政权的内涵与边界不仅直接关系到行政法的射程范围，亦关乎行政权与私权利、行政权与立

---

〔1〕 陈端洪：《中国行政法》，法律出版社1998年版，第33页。
〔2〕 应松年主编：《当代中国行政法》（第4卷），人民出版社2018年版，第13页。

法权和司法权的关系，更关乎政府的角色定位。因此，行政权的内涵与边界即行政权的范围是行政法上的基础性理论问题，研究民事关系中的行政权首先需要明确行政权的内涵与边界。此外，也需要借助于行政权样态的分析洞察民事关系中的行政权在行政权体系中的地位。

一、行政权的内涵界定

"概念乃是解决问题所必需和必不可少的工具，没有限定的专门概念，我们便不能清楚地和理智地思考法律问题。"[1]行政权的内涵直接关系政府的角色定位与行政法学理论的精神走向。从构成要素来看，行政权具有法定性，而强制性与执行性均非行政权的典型性特征。从基本涵义来看，可以将行政权界定为"依法管理公共事务、提供公共服务的国家公权力"。

（一）行政权的构成要素

行政权的界定离不开基本要素的梳理。首先，行政权具有法定性，不得超越宪法和法律允许的范围。其次，行政权兼具强制性与协商性，强制性并非行政权的辨识性特征。最后，行政权兼备执行性与自主性，并非所有的行政权都是纯粹执行性质的。

1. 法定性

"法治意味着政府的全部权力必须有法律依据，必须有法律授权。"[2]法定性是行政权的基本构成要素，也是合法性原则这一行政法基本原则的集中反映。行政权的法定性是指，行政权

---

[1] [美] E. 博登海默：《法理学——法哲学及其方法》，邓正来、姬敬武译，华夏出版社2017年版，第504页。

[2] 张文显：《二十世纪西方法哲学思潮研究》，法律出版社1996年版，第61页。

由宪法和法律设定、赋予或认可且行政权的行使必须符合法律规定。《宪法》第89条规定了国务院的18项职权，《地方各级人民代表大会和地方各级人民政府组织法》第73条和第76条分别规定了县级以上政府和乡镇政府的职权。具体而言：一方面，行政权必须具有法律依据，唯有在法律明确授权的情况下，行政机关行使该行政权才是合法的。凡是法律没有授权的，行政机关不得自行创设行政权亦不得打着维护公共利益的幌子擅自行使行政权，否则构成违法。如根据《行政强制法》第10条，行政法规不得设定限制人身自由的行政强制措施。另一方面，行政机关必须严格依照法律规定行使行政权，遵循法律关于行政权行使时间、空间、方式、手段、对象、程度等方面的要求，在法定的行政权范围内作出行政行为，不得与法律相抵触。超越行政权范围的行为无效，相对人有权拒绝。[1]首先，行政权的法定性是法律主义权力观之体现，意味着主体法定，并非任何主体都有权行使行政权，或者说并非所有的权力都可划归行政权范畴，行政权既不可随意转移也不可随意放弃。其次，行政权的法定性还意味着"行政权不得推定"。"权力不得推定"是法治的一条基本原则，[2]法律之外无行政权。如果没有法律的规定，行政机关万不能以行政权之名为私主体限制或设定权利、课予或免除义务。近年来，浩浩荡荡推行的权力清单制度即是行政权法定性之贯彻落实，主张"法无授权不可为"。需要注意的是，法定性并非行政权的专属特征，所有的国家公权力（包括立法权和司法权）都具有法定性。

---

　　[1]　参见金伟峰：《无效行政行为研究》，法律出版社2005年版，第124~125页。

　　[2]　谢晖：《权力缺席与权力失约——当代中国的公法漏洞及其救济》，载《求是学刊》2001年第1期，第62页。

2. 兼具强制性与协商性

行政权的强制性一直以来受到了学界的广泛认可,甚至有学者主张,强制力是行政权的主要构成要素。[1]行政权的强制性集中体现为,行政权主体可以把自己的意志强加给行政权的作用对象即相对人,强制相对人服从或接受,相对人没有说不的权利,只能被动接受和服从。如被行政拘留的公民无法拒绝行政拘留权的约束力和支配力。即便行政权违法或者不当行使,在经法定程序被撤销之前也常被推定为有效,以保障行政秩序的稳定性与连续性。行政权甚至具有直接强制相对人的效力,如查封财物权是对公民、法人或其他组织财产权利的暂时性控制。强制性以"命令-服从"为基本逻辑,以单向度的管制为基本特点,强调政府对社会与个人活动的干预和社会与个人对政府的服从,且缺乏对民众的保障尤其是表达利益的机会。[2]

但是,并非所有的行政权都具有强制性,尤其是随着现代行政的变迁与服务型政府建设之提倡,行政权的样态趋于多元化,诸如行政指导权、行政奖励权、行政给付权等新型行政权的出现打破了行政权绝对的强制性,强制性不再是行政权的共性特征,强制性的软化与协商性的增强成了行政权的发展趋势。行政权的行使成果往往体现为行政行为,行政权的协商性亦体现在行政行为的协商性之中。许多行政行为开始摆脱片面的单方性与强制性,转而融入了更多相对人的参与要素,如相对人的申请、参与乃至同意等。把强制力作为行政权的构成要素实

---

[1] 参见罗豪才、崔卓兰:《论行政权、行政相对方权利及相互关系》,载《中国法学》1998年第3期,第5页。

[2] 参见刘启川:《独立型责任清单的构造与实践基于31个省级政府部门责任清单实践的观察》,载《中外法学》2018年第2期,第448页。

际上是把行政权缩减成了警察权,把警棍、手铐、监狱之类的符号当作一切行政权的标志。[1]换言之,政府与私主体之间不再是简单的"命令-服从""管理-被管理"关系,作为相对人一方的公民、法人和其他组织能够参与到行政权的行使过程,乃至影响行政权的具体内容。

3. 兼具执行性与自主性

一般认为,行政权是行政主体依法享有的执行法律、管理行政事务的权力,[2]具有执行性。行政机关则是权力机关的执行机关。[3]在英文文献中,亦倾向于将行政权翻译为"executive power"而非"administrative power"。早在17世纪,洛克就将公权力划分为立法权、执行权与对外权,其中执行权即指行政权,且行政权相较于立法权处于从属地位。[4]进一步而言,行政权凭借其执行性区别于立法权。就内容而言,行政权的执行性集中体现为实现公共利益的效力,尤其是相对人不主动履行行政权行为时,行政机关有权动用行政权强制其履行,如强制拆除违法建设。但与此同时,行政权并不总是对法律的机械执行,而是具有很强的自主性。这种自主性既体现为行政立法权与行政司法权这两类行政权的增设,又体现为行政执法权中的裁量权扩张。一方面,政府在传统的行政执法权之外掌握了制定行政法规、规章和规范性文件的行政立法权以及裁断纠纷的行政司法权;另一方面,政府在行政执法过程中亦拥有相当的裁量

---

〔1〕 参见喻中:《行政权的性质与政府的角色》,载《新视野》2010年第1期,第52页。

〔2〕 万里鹏:《行政权的边界界定及其规制研究》,载《宁夏社会科学》2019年第1期,第86页。

〔3〕 参见《宪法》第85条、第105条。

〔4〕 参见[英]洛克:《政府论》(下篇),叶启芳、瞿菊农译,商务印书馆1964年版,第83页。

第一章 行政权的样态及与私权利的关系

空间,包括是否行使行政权、行使何种行政权以及如何行使行政权。例如,根据《网络安全法》第60条,设置恶意程序且拒不改正的,由主管部门处5万元以上50万元以下罚款。具体的罚款金额则由主管部门裁量决定。行政权自主性的背后,反映的是政府角色的悄然转型,即不再局限于消极的守夜人角色,转而向积极的开拓者进发。

(二)行政权的基本涵义

如上所述,行政权传统的强制性、支配性、执行性等特征不再具有辨识度,相反需要融入协商性、自主性等要素才能对行政权的基本涵义做深刻管窥。纵观当前立法,不仅对行政权的规定趋于原则、缺乏明确性与可操作性,且无法找到关于行政权的统一概念。贺小荣法官曾鲜明地指出,行政权力受两大因素支配:一是法律;二是公益。[1]笔者认为,行政权应当属于国家公权力范畴,并以公益性为本质属性,即依法管理公共事务、提供公共服务的国家公权力。

1. 行政权属于国家公权力

行政权首先属于权力范畴,表现为一种实体上的支配力量,行政权主体依凭各方面的优越条件具备使公民、法人或其他组织服从的能力。[2]有学者直言,行政权是"一个国家权力体系中负责执行权力机关意志、维护社会经济文化秩序、增进社会福利、管理社会事务的支配力"。[3]对应于公法与私法的区分,权力又有公权力与私权力之分。公权力是人类共同体组织以共

---

[1] 贺小荣:《权利是权力的价值归属——论公法秩序与私法自治》,载《中国法律评论》2016年第4期,第144页。

[2] 参见孙国华、孟强:《权力与权利辨析》,载《法学杂志》2016年第7期,第5页。

[3] 应松年主编:《当代中国行政法》(第4卷),人民出版社2018年版,第13页。

同体的名义，代表共同体作出某种行为的能力或力量。[1]公权力是统一公法学的元概念，在公法学范畴体系中居于起点和主导地位。[2]根据人类共同体组织形式的不同，公权力主要体现为国际公权力、社会公权力与国家公权力。行使国家公权力的是国家机关，行使社会公权力的是社会组织，行使国际公权力的是国际组织。狭义的公权力仅指国家公权力，也是本书研究的公权力范畴所在。（下文将国家公权力简称"公权力"）国家公权力由立法权、行政权和司法权组成，立法权是制定法律规范的权力，行政权是执行法律规范、管理行政事务的权力，司法权是裁断纠纷的权力。其中，行政权是国家公权力的重要组成部分是相对于立法权和司法权的平行概念，也是与私主体关系最密切的公权力。（详见图1-1）《法治中国建设规划（2020-2025年）》提出，坚持法治国家、法治政府、法治社会一体建设。其中，法治国家指向国家公权力（包括立法权、行政权与司法权）的法治化，法治政府指向行政权的法治化，法治社会则指向社会公权力的法治化。[3]

---

〔1〕 姜明安：《公法学研究的几个基本问题》，载《法商研究》2005年第3期，第4页。

〔2〕 参见袁曙宏：《论建立统一的公法学》，载《中国法学》2003年第5期，第35页。

〔3〕 参见姜明安：《论法治国家、法治政府、法治社会建设的相互关系》，载《法学杂志》2013年第6期，第3~4页。

第一章 行政权的样态及与私权利的关系

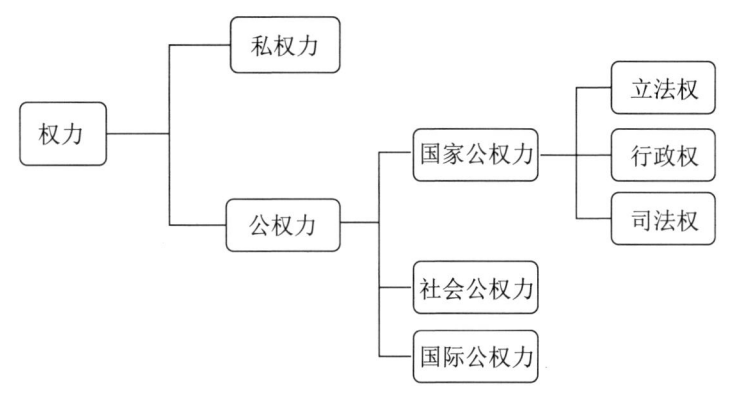

图1-1 行政权在权力体系中的地位

2. 行政权具有公益属性

行政法是以公共利益为本位的公法。[1]近年来，公共利益本位论作为行政法的理论基础得到了越来越多学者的认可。作为行政法上的核心概念，行政权亦以公共利益为逻辑起点和最终归宿，公益之外无权力。行政权的公益性意味着，行政权主体没有自己独立的利益，而是为了服务于特定的主体，致力于管理公共事务与提供公共服务，以国家和社会的公共利益为目的，不能以权谋私。因此，行政权主体既不能掺杂自身的利益，亦不能打着行政权的幌子为个别私主体谋求个人利益。如果借分配、发放社会政治与经济资源之机而谋求本部门、单位及其工作人员的私利，则意味着违悖、背叛了行政权作为公权力的本质和目的。[2]

行政权是国家所赋予的，运用国家强制力对公共利益进行

---

[1] 叶必丰：《行政法的人文精神》，北京大学出版社2005年版，第74页。
[2] 罗豪才、崔卓兰：《论行政权、行政相对方权利及相互关系》，载《中国法学》1998年第3期，第4页。

维护和分配的权力。[1]行政权的公益属性首先决定了行政权具有不可自由处分性,既不可随意转移又不可随意放弃,否则就是置公共利益于不顾,"必使公共利益受损,有违设权力的初衷"。[2]此外,行政权的公益属性也决定了行政权的优先性,如果行政权与私权利发生冲突,私权利往往要让位于行政权、保证行政权优先实现。例如,为了公共利益之实现,个人的不动产所有权常常被行政征收权所牺牲。法国著名公法学家狄骥指出,行政的本质是公务,公益性是行政权的本质属性,行政权与私权利冲突的实质是利益之争。而当政府部门假借公共利益之名依凭行政权强行进入私人领域损害个人利益时,就超出了行政权的边界,构成行政权的滥用。[3]

二、行政权的边界划定

所有拥有权力的人都倾向于滥用权力,而且不用到极限决不罢休。[4]为了防范行政权之滥用,就必须为行政权设定边界。行政权边界是行政主体依法行使行政权所及的范围,包括行政权运行的主体范围、幅度、时空限制等。[5]行政权的边界划定非常复杂,既涉及行政权与立法权和司法权的关系,也涉及行政权与私权利的关系。一方面,行政机关行使立法权和司法权

---

[1] 周佑勇:《行政法原论》(第3版),北京大学出版社2018年版,第73页。
[2] 周永坤:《法理学——全球视野》(第4版),法律出版社2016年版,第243页。
[3] 参见李传良:《现阶段我国公权与私权的冲突及调适》,载《山东社会科学》2009年第8期,第146页。
[4] [法]孟德斯鸠:《论法的精神》(上卷),许明龙译,商务印书馆2009年版,第166页。
[5] 万里鹏:《行政权的边界界定及其规制研究》,载《宁夏社会科学》2019年第1期,第86页。

并不构成对行政权的僭越;另一方面,行政机关行使行政权以不侵犯私权利为限。

(一) 行政权与其他公权力的边界

行政权的边界划定首先指向行政权与其他公权力的关系。如上所述,国家公权力有立法权、行政权与司法权之分,行政权与立法权和司法权一道构成了国家公权力。在国家公权力体系中,行政权的范围最为宽泛,也最容易侵犯私权利。厘清行政权与其他公权力的边界意在明确,行政权的扩张使得行政权不再拘泥于纯粹的执行,转而进军于政策的制定乃至争议的解决,呈现立法性行政权、典型性行政权与司法权行政权三驾齐驱的繁荣景象,万不可将立法性行政权与司法性行政权排除在行政权的范围之外。

在传统理论看来,行使主体不同是行政权与立法权和司法权最大的不同。行政权的行使主体是行政机关,立法权由人民代表大会行使,司法权由法院和检察院行使(分别行使审判权和检察权)。但事实上,随着行政权的扩张,主体层面的区别渐被消磨,不管是立法权、行政权还是司法权都不再具有专属性,而共同呈现非专属性特征:行政权并非由行政机关所垄断,诸如高校、行业协会等社会组织亦分享部分行政权;立法权和司法权亦不分别被立法机关和司法机关所垄断,行政机关即分享部分立法权和司法权。传统理论还主张,立法权是第一性的,行政权与司法权均属执行权。它们之间最本质的区别在于:司法权以判断为本质内容,是判断权;而行政权以管理为本质内容,是管理权。[1]但发展至今,行政权一方面不再是纯粹的执行权,而是凭借行政立法权获得了自主性;另一方面亦吸收了

---

[1] 孙笑侠:《司法权的本质是判断权——司法与行政权的十大区别》,载《法学》1998年第8期,第34页。

司法权的判断属性，成了化解行政争议与民事争议的重要工具。

此外，法定性是所有国家公权力的共性特征，不仅行政权是法定的，立法权和司法权也是法定的。至于行政权与司法权，有学者主张，行政权具有主动性，司法权则是被动的。这种观点已然过时。一方面，行政权并不都是主动的。例如，行政裁决权奉行依申请原则，非经民事纠纷当事人申请，行政机关不得主动就民事纠纷进行裁决。另一方面，司法权也并不总是被动的，近年来，法院多次主动送法下乡等活动打破了司法权的被动性这种僵化认知。

(二) 行政权与私权利的边界

权利与权力的矛盾是政治生活和法律生活最基本的矛盾，[1]人类文明的进化史，就是官民关系亦即权力和权利关系的博弈史。[2]行政权与私权利的界分直接影响公民、法人和其他组织的自由空间与政府的活动范围，厘定行政权的边界绕不开与私权利的区分。行政权与私权利在作用对象、行使目的与行使规则等方面存在根本性区别，我国的法治发展过程是不断限制行政权、扩张私权利的过程。[3]

1. 行政权与私权利的区别

法国权威公法学家狄骥认为，公权力学说和个人权利学说是支撑传统公法学的基本支柱。[4]公权力与私权利是公法学的核心范畴，其中公权力是国家行使的权力，私权利是公民、法

---

[1] 王新喜、张棣：《权利与权力博弈的理论透视》，载《江汉论坛》2007年第11期，第23页。

[2] 谢晖：《论紧急状态中的国家治理》，载《法律科学（西北政法大学学报）》2020年第5期，第39页。

[3] 参见张志铭、于浩：《共和国法治认识的逻辑展开》，载《法学研究》2013年第3期，第11页。

[4] 参见［法］莱昂·狄骥：《公法的变迁 法律与国家》，郑戈、冷静译，辽海出版社、春风文艺出版社1999年版，第41页。

人和其他组织依法享有的私人权益。行政权这类公权力与私权利的区别有三：第一，作用对象不同。行政权作用于行政机关与私主体之间的不平等关系，属于公的领域，如行政处罚权的行使主体是有处罚权的行政机关，作用对象则是违反行政管理秩序的公民、法人或其他组织；私权利则作用于私人与私人之间的平权关系，[1]属于私的领域，如债权的核心内容是债权人要求债务人履行合同、赔偿损失等。第二，目的不同。行政权以维护公共利益为目的，如驾驶机动车的许可权是为了维护公共安全；私权利则以满足个人需要、维护私主体自身的利益为目的，如隐私权旨在保护个人生活安宁。可以说，行政权与私权利之间的关系是秩序与自由关系的法律反映，行政权与私权利之间常常难以调和，行政权的行使对私权利的侵犯和限制不可避免。第三，行使规则不同。行政权具有法定性，行政权的行使奉行"法无授权即禁止"原则。例如，根据《治安管理处罚法》，派出所不得行使除警告和500元以下罚款之外的处罚权。私权利的行使则奉"法无禁止即自由"为圭臬，体现为财产权、人身权、名誉权、隐私权等多种形式。此外，相对于私权利而言，行政权具有不可伸缩性，当私主体遵法守法时行政权收缩即不干预私权利，当私主体违法时行政权膨胀即干预私权利。[2]

2. 私权利对行政权边界的影响

行政权和私权利是一对水火不容的概念，二者呈反比例关系：行政权越大，私权利越小；私权利越大，行政权越小。因

---

[1] 参见[日]美浓部达吉：《公法与私法》，黄冯明译，周旋勘校，中国政法大学出版社2003年版，第158页。

[2] 参见高文英：《和谐社会警察权配置的利益考量——尊重和协助保护私权的视角》，载《中国人民公安大学学报（社会科学版）》2011年第3期，第5页。

此，行政权是私权利的劲敌，如果行政权行使不当，势必会对私权利的实现形成威胁。私权利对行政权边界的影响主要体现在以下两个方面：其一，行政权来源于私权利，即私权利控制行政权的来源。人的主体性和价值性是一切社会构造的基础，[1]行政权产生于私权利的让渡，私权利是行政权的基础，没有私权利就没有行政权。有学者指出，行政权是私主体共同让渡出来交由政府来服务保障自身的那部分权力，私权利则是私主体没有让渡给政府的自然权利。[2]从历史的角度来看，以国家为基础的公权力实际上是被私权利所框定，而不是反过来。[3]其二，行政权应以保护私权利为己任，即私权利控制行政权的价值目标。私权利是行政权的目的所在，"公民是民主国家统治的正当理由"，[4]行政权的合法性和正当性源于其对私权利的保护效用，应当摒弃行政权高于私权利的"管理论"思想。

因此，在应然意义上，私权利具有框定行政权边界的作用：行政权负有不越界侵犯私权利且服务于私权利的义务，行政权主体应当通过相关制度的创设和实施为各类私权利创造条件，助力于私权利的最优化实现。行政权应与私权利良性互动，同时实现自我约束与私权保护，尤其是不得打着维护公共利益、保护私权利的幌子，行侵犯私权利之实。"公道达而私门塞，公

---

[1] 王利民、李生俊：《论民法精神的社会主义法治文化属性》，载《郑州大学学报（哲学社会科学版）》2021年第3期，第24页。

[2] 参见夏文婷：《浅议公权力与私权利的平衡》，载《管理观察》2016年第8期，第24页。

[3] Poul F. Kjaer, "From the Private to the Public to the Private? Historicizing the Evolution of Public and Private Authority", *Indiana Journal of Global Legal Studies*, Vol. 25: 1, pp. 13~36 (2018).

[4] Guillermo O'Donnell, "Why the Rule of Law Matters", *Journal of Democracy*, Vol. 15: 4, pp. 32~46 (2004).

义明而私事息。"[1]对于民事关系中的行政权而言,如果行政权过度介入私法领域,就会构成对私权利的侵犯和践踏,行政权本身则超越了合法性边界,异化为私权利的侵害源。但事实却是,行政权的扩大往往伴随着私权利的萎缩,行政权对私权利的侵犯轻而易举,私权利对行政权的抵御又举步维艰。[2]对于民事关系中的行政权而言,既要在介入私法领域与否的关口保持谦抑即尽量不行使,又要在行使过程中把握分寸,谨防行政权对私权自治领域的过度干预。

三、行政权的存在样态

行政权的内容广泛,类型多样,无法一一列举。常见的行政权如许可权、处罚权、征收权、奖励权等等。随着行政国家的兴起和公共行政改革的渐次展开,行政任务急剧膨胀,行政权得以扩张。[3]近年来,又出现了很多新型的行政权,如公安机关在高空抛坠物侵权案件中的调查权、针对收养人的评估权等。分别以内容、功能、生存空间为维度,可以将行政权的多元样态总结如下:

（一）以内容为维度

行政机关以执法活动为主,但同时承担立法活动与司法活动。相应地,行政权不仅体现为行政执法权,也以行政立法权与行政司法权的形式呈现,后两者"本质上是行政权的扩展与

---

[1]《荀子·君道》。
[2] 参见罗豪才、崔卓兰:《论行政权、行政相对方权利及相互关系》,载《中国法学》1998年第3期,第5页。
[3] 朱新力、梁亮:《公共行政变迁与新行政法的兴起》,载《国家检察官学院学报》2013年第1期,第114页。

运用"。[1]事实上,行政机关同时享有行政立法权、行政执法权与行政司法权正在成为世界性的普遍趋势,即便是将三权分立奉为圭臬的美国亦概莫能外。换言之,以内容为维度对行政权的存在样态进行分类,可以将行政权类型化为行政立法权(立法性行政权)、行政执法权(典型性行政权)和行政司法权(司法性行政权)。[2]行政立法权即立法性行政权,指行政机关依据法定程序,制定行政法规、规章与规范性文件的权力;行政执法权即典型性行政权,指行政专享的并处于强势地位的权力,主要有行政处罚、行政强制、行政许可、行政确认、行政奖励等;[3]行政司法权即司法性行政权,指充当民事纠纷、行政纠纷的化解者与裁判者角色的权力,包括行政裁决、行政复议、行政调解。[4]其中,行政立法权偏重于政策制定,其成果体现为具有普遍约束力的行为规则,塑造的法律关系体现为一方是行政权主体,另一方是不确定的相对人;行政执法权侧重于政策的执行,其成果体现为秩序的维护与服务的提供,形成的法律关系是行政权主体与确定的、特定的相对人之间的双方法律关系;行政司法权注重争议解决,其成果体现为行政争议或民事争议的化解,塑造的是以行政权主体为一方、以争议双方当事人各为一方的三方法律关系。

---

〔1〕 周仁标:《公民参与行政立法研究——以正当性、制约因素及实施路径为视角》,载《法学杂志》2020年第8期,第111页。

〔2〕 参见胡建淼主编:《公权力研究——立法权·行政权·司法权》,浙江大学出版社2005年版,第282~285页。

〔3〕 耿玉基:《超越权力分工:行政司法化的证成与规制》,载《法制与社会发展》2015年第3期,第184页。

〔4〕 耿玉基:《超越权力分工:行政司法化的证成与规制》,载《法制与社会发展》2015年第3期,第184页。

| 行政立法权 | 行政执法权 | 行政司法权 |

民事关系中的行政权 | 民事关系中的行政权 | 民事关系中的行政权

图1-2 以内容为维度的行政权样态划分

(二) 以生存空间为维度

行政法的规制对象大多具有公法性质，但也有规制私法法律关系的情形。相应地，行政权亦同时作用于公法关系与私法关系。传统意义上的行政权仅存在于公法关系之中，如行政处罚权适用于违反了行政管理秩序的公民、法人或其他组织。但也有部分行政权的作用场域是民事关系，即本该由私主体自治解决的事项，行政机关以行政权为手段介入进来，并对民事关系形成了某种干预。换言之，作用于民事关系的行政权（以下简称"涉私行政权"）意在影响的是公民、法人或其他组织的私法活动，如不动产登记权行使与否直接关系到私主体能否取得不动产物权，公安机关在高空抛坠物侵权案件中的调查权行使与否直接关系到责任人能否确定……实践中作用于民事关系的行政权广泛存在，小到单一的行政许可权、大到政府对市场经济的统一调控权，无不彰显出行政权对民事关系的影响。为了公共利益目标之实现与公平正义之追求，在很多情形下行政权介入民事关系不可避免，例如驾驶汽车事关公共安全，私主体必须经行政许可获得驾照才有驾驶汽车的合法性资格。涉私行政权反映了我国当代法学发展的一个重要趋势——公私法相互渗透、融合。[1]

图 1-3　以生存空间为维度的行政权样态划分

(三) 以功能为维度

如上所述，公益性是行政权的本质属性，行政权的设定与行使均着眼于公共利益，行政权的目的在于为管理和追求公共利益服务。[2]但是，行政权达致公共利益的手段机制存在根本性区别。一类行政权是通过对公民、法人或其他组织增设义务或者减损权益来实现公共利益，如行政处罚权、行政强制权、行政征收权等，可称之为限制性行政权。限制性行政权多以公共秩序的维护与公共安全的保障为鹄，属于干预行政范畴，构成对私主体的不利益，如课予义务、对私权利的限制乃至侵害，或者对优待申请的拒绝。另一类行政权是通过为公民、法人或其他组织增设权益或减少义务来实现公共利益，如行政调查权、行政给付权等，可称之为保护性行政权。保护性行政权多以保障和改善私主体生活条件为目的，属于服务行政范畴，构成对私主体的利益。

---

〔1〕 参见王春业：《公权私法化、私权公法化及行政法学内容的完善》，载《内蒙古社会科学》2008 年第 1 期，第 27 页。

〔2〕 [日] 原田尚彦：《诉的利益》，石龙潭译，中国政法大学出版社 2014 年版，第 249 页。

限制性行政权　　　　　保护性行政权

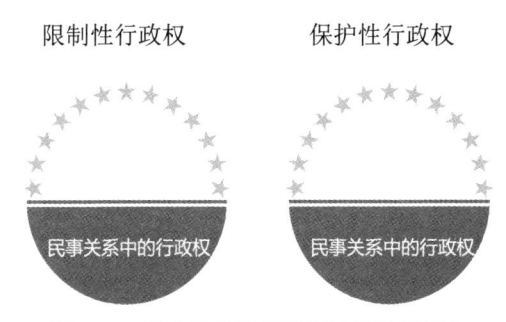

图 1-4　以功能为维度的行政权样态划分

根据以上行政权样态的划分可以发现，作用于民事关系中的行政权既体现为行政执法权，又体现为行政立法权和行政司法权，本书将分别对民事关系中的行政立法权、民事关系中的行政执法权和民事关系中的司法权进行现状考察。此外，从民事关系中行政权的功能来看，既可能呈现为对私权利的限制，又可能呈现为对私权利的保护，即可以类型化为限制性涉私行政权与保护性涉私行政权。《民法典》中设计了大量的涉私行政权条款，本章第二节将通过对《民法典》中的行政权进行深入剖析进一步管窥涉私行政权的生存样态。

第二节　《民法典》中的行政权观察

有学者主张，应当坚持公私法相互区分的原则，只能把私法范围之内的内容写入《民法典》。[1]但在我国《民法典》这部典型的私法文本之中，1260 个条文中有 100 多条是规范公权

---

[1]　参见周华：《民法现代化进程中的私法自治及其限制》，载《学术探索》2020 年第 4 期，第 91 页。

力机关介入民事法律关系的规定,[1]其中不乏行政权的相关规定。《民法典》中的这些行政权都属于典型的涉私行政权,通过梳理《民法典》中的行政权介入条款,可以窥探涉私行政权的主要样态。

一、《民法典》中的行政法规范爬梳

《民法典》的本质是私法,《民法典》是私法自治的基本法。但《民法典》中的行政法因素亦随处可见,反映了《民法典》的公法化特征。《民法典》中行政法规范的实质是行政权对民事关系的介入,以内容为维度,可以将《民法典》中的行政法规范具体分为以下几类:

(一)行政机关的作为义务性规范

行政机关的作为义务性规范是指,行政机关有义务介入民事法律关系之中,对民事主体的民事法律行为加以干涉,否则构成行政不作为。《民法典》中的行政机关作为义务性规范散布于总则编、物权编、人格权编、婚姻家庭编、继承编和侵权责任编。

总则编规定了民政部门在监护方面的义务,具体包括以下三类:一是监护人确定有争议的,民政部门有义务指定监护人并在指定监护人前担任临时监护人;二是对于没有具备监护资格人的被监护人,民政部门有义务担任监护人;三是特定情形下民政部门有义务及时向法院申请撤销监护人资格。

物权编规定了以下四类行政机关的义务性规范:一是登记机关在登记方面的义务。在不动产登记之前,登记机构应当履

---

[1] 江必新:《〈民法典〉的颁行与营商环境的优化改善》,载《求索》2020年第6期,第7页。

行查验、询问、实地查看、如实及时登记等职责；在不动产登记之后，登记机构有义务向权利人、利害关系人提供不动产登记资料以查询或复制，并承担更正错误和赔偿义务。二是征收义务。征收机关应当依照法定权限和程序征收、征用不动产或动产并给予公平、合理的补偿，且不得贪污、挪用、私分、截留、拖欠征收补偿费。三是指导和协助义务。地方人民政府有关部门应当对设立业主大会和选举业主委员会给予指导和协助。四是处理遗失物的义务。收到遗失物的部门应当及时通知权利人领取或及时发布招领公告，并在遗失物被领取前妥善保管遗失物。

人格权编规定了行政机关的以下三类义务：一是救助义务。自然人的生命权、身体权、健康权受到侵害或者处于其他危难情形的，有关部门应当及时施救。二是保护义务。在防止和制止性骚扰问题上，相关部门负有预防、受理投诉、调查处置等义务。三是保密义务。对于履责过程中知悉的自然人隐私和个人信息，国家机关、承担行政职能的法定机构及其工作人员应当予以保密，不得泄露或向他人非法提供。

婚姻家庭编规定了民政部门在收养方面的义务：一是收养评估义务，确保收养人能为被收养人提供良好的生活条件。二是登记义务，即在收养关系成立之后为被收养人办理户口登记。三是公告义务，收养查找不到生父母的未成年人，办理登记的民政部门应当在登记前予以公告。

继承编规定了民政部门管理遗产的义务，没有继承人或者继承人均放弃继承的，被继承人生前住所地的民政部门有义务担任遗产管理人。

侵权责任编规定了公安机关的调查义务。发生高空抛坠物侵权事件的，公安机关应当依法及时履行调查义务，查清责任人，避免责任人悬而不决、侵害受害人的合法权益。

表 1-1　行政机关的作为义务性规范一览表

所在编	义务类型		义务机关	涉及法条
总则编	监护义务	担任监护人	民政部门	第31条、第32条
		指定监护人	民政部门	第31条
		申请撤销监护人资格	民政部门	第36条
物权编	登记义务	登记前义务	登记机构	第212条、第213条
		发证义务		第333条
		登记后义务	登记机构	第218条、第220条、第223条
	征收补偿义务		征收机关	第117条、第243条、第245条、第358条
	指导协助义务		地方人民政府有关部门	第277条
	处理遗失物义务	通知领取	有关部门	第315条
		妥善保管	有关部门	第316条
人格权编	保护义务	救护义务	负有救助义务的部门	第1005条
		防止和制止性骚扰	行政机关	第1010条
		保密义务	行政机关	第1039条
婚姻家庭编	收养义务	评估义务	民政部门	第1105条
		登记义务	公安机关	第1106条
		公告义务	民政部门	第1105条
继承编	管理遗产义务		民政部门	第1145条
侵权责任编	调查义务		公安机关	第1254条

（二）行政机关的禁止义务性规范

行政机关的禁止义务性规范是指，《民法典》为行政机关设定了一系列消极性义务，行政机关不得违反这些规定积极作为，否则有损公民的人身财产权益。《民法典》中行政机关的禁止义务性规范散布于总则编、物权编、人格权编、婚姻家庭编和继承编。

总则编概括性规定了行政机关的以下两项禁止性义务：一是不得侵犯民事主体的人身权利、财产权利及其他合法权益。二是不得侵犯权利人的物权。

物权编规定行政机关不得侵占、哄抢、破坏私人的合法财产。

人格权编规定了行政机关的以下十项禁止性义务：一是不得侵害民事主体的人格权。二是不得侵害民事主体的生命权。三是不得侵害民事主体的身体权。四是不得侵害民事主体的健康权。五是不得强迫、欺骗、利诱民事主体捐献人体细胞、人体组织、人体器官、遗体。六是不得侵害民事主体的姓名权或名称权。七是不得侵害民事主体的肖像权。八是不得侵害民事主体的名誉权。九是不得侵害民事主体的荣誉权。十是不得侵害民事主体的隐私权。

婚姻家庭编规定了行政机关的以下两项禁止性义务：一是不得干涉民事主体的结婚行为。二是不得危害和歧视非婚生子女。

继承编规定了行政机关的以下两项禁止性义务：一是不得侵吞或争抢保管的遗产。二是不得干涉配偶死亡的再婚者处分所继承的财产。

表1-2 行政机关的禁止义务性规范一览表

所在编	义务类型	义务机关	涉及法条
总则编	不侵犯民事权益	任何行政机关	第3条
	不侵犯物权	任何行政机关	第207条
物权编	不侵犯私人的合法财产	任何行政机关	第267条

续表

所在编	义务类型	义务机关	涉及法条
物权编	不侵害人格权	任何行政机关	第991条
	不侵害生命权	任何行政机关	第1002条
	不侵害身体权	任何行政机关	第1003条
	不侵害健康权	任何行政机关	第1004条
	不强迫、欺骗、利诱捐献器官	任何行政机关	第1006条
	不侵害姓名权、名称权	任何行政机关	第1014条
	不侵害肖像权	任何行政机关	第1019条
	不侵害名誉权	任何行政机关	第1024条
	不侵害荣誉权	任何行政机关	第1031条
	不侵害隐私权	任何行政机关	第1032条
婚姻家庭编	不干涉结婚	任何行政机关	第1046条
	不危害和歧视非婚生子女	任何行政机关	第1071条
继承编	不侵吞或争抢遗产	任何行政机关	第1151条
	不干涉再婚者处分继承财产	任何行政机关	第1157条

(三) 民事主体承担的公法义务规范

民事主体承担的公法义务规范是指，民事主体在从事民事活动的过程中并非完全自主，而是对行政机关负有一定的公法义务。《民法典》中的民事主体公法义务性规范散布于总则编、物权编、合同编、人格权编、婚姻家庭编和侵权责任编。

总则编规定了民事主体的以下公法义务：一是户籍登记义务，自然人出生、死亡、下落不明、申请宣告死亡，都应经有关机关证明或确定。二是监护报批义务，近亲属以外的个人或组织想担任未成年人、无民事行为能力或限制民事行为能力的成年人的监护人，必须经民政部门同意。三是法人的义务，包括登记事项发生变化的变更登记义务、登记机关签发营业执照的日期为营利法人的成立日期、营利法人接受政府监督的义务、事业单位和社会团体须经登记取得法人资格。

物权编规定了民事主体的以下公法义务：一是登记义务。不动产物权变更经登记生效；动产物权、土地承包经营权、地役权、动产抵押权未经登记不得对抗善意第三人；建设用地使用权、居住权、抵押权、质权自登记时设立；建设用地使用权、宅基地使用权、居住权、地役权转让或消灭应当办理变更或注销登记；不动产权属证书是不动产物权的证明；向登记机构申请预告登记。二是征收义务。征收决定生效时物权消灭；财产因公共利益被征收征用的义务。三是遗失物相关义务。遗失物拾得人应当及时通知权利人领取，或者送交公安等有关部门；领取遗失物的权利人应当向有关部门支付保管费用。四是报批义务。将承包地用于非农建设、建设用地使用权改变土地用途须经依法批准。

合同编规定了民事主体的以下公法义务：一是执行国家标准。包括合同约定不明时执行强制性国家质量标准、政府定价或指导价；按照国家规定的供电质量标准供电；按照国家规定支付电费和用电；借款利率不得违反国家规定。二是办理手续。赠与财产需要办理登记或其他手续。三是危险品运输义务。承运人可以将危险物品或者违禁物品送交有关部门；按照国家规定妥善包装危险物品。四是报告义务。对物业服务区域内违反有关治安、环保、消防等法律法规的行为，物业服务人应当向有关行政主管部门报告。

人格权编规定了民事主体的以下公法义务：一是报批义务。为研制新药、医疗器械或者发展新的预防和治疗方法，需要进行临床试验的，应当依法经相关主管部门批准。二是登记义务。自然人决定、变更姓名，或者法人、非法人组织决定、变更、转让名称的，应当依法向有关机关办理登记手续。三是报告义务。泄露、篡改、丢失个人信息的，应向有关主管部门报告。

婚姻家庭编规定了民事主体的以下公法义务：一是登记义务。结婚、离婚、复婚的应当亲自到婚姻登记机关申请结婚、离婚登记；收养应当向县级以上人民政府民政部门登记，收养关系自登记之日起成立；协议解除收养关系应到民政部门办理解除收养关系登记。二是报批义务。外国人在中国收养子女，应经其所在国主管机关审查同意。

侵权责任编规定了民事主体请求有关机关处理的义务。受害人为保护自己的合法权益扣留侵权人财物的，应立即请求有关国家机关处理。

表1-3 民事主体承担的公法义务规范一览表

所在编	义务类型		义务对口机关	涉及法条
总则编	户籍登记义务	出生死亡	公安机关	第15条
		下落不明	公安机关	第41条
		宣告死亡	公安机关	第46条
	监护报批义务		民政部门	第27条、第28条
	法人的相关义务	登记义务	登记机关	第64条、第88条、第90条、第92条
		申请营业执照	登记机关	第78条
		接收监督	政府	第86条
物权编	登记义务	登记生效	登记机关	第209条
		登记对抗	登记机关	第225条、第335条、第341条、第374条、第403条
		登记设立	登记机关	第349条、第368条、第402条、第441条、第444条

第一章 行政权的样态及与私权利的关系

续表

所在编	义务类型		义务对口机关	涉及法条
		预告登记	登记机关	第221条
		变更、注销登记	登记机关	第335条、第360条、第365条、第370条、第385条
	征收征用义务	征收义务	有关机关	第243条
		征用义务	有关机关	第245条
	遗失物相关义务	送交公安机关	公安机关	第314条
		支付保管费用	公安机关	第317条
	报批义务		土地部门	第334条、第350条
合同编	执行国家标准	质量价格标准	有关机关	第511条
		供电标准	有关机关	第651条
		用电标准	有关机关	第654条、第655条
		借款利率	有关机关	第680条
	办理手续		有关机关	第659条
	危险品运输义务	送交义务	有关机关	第818条
		包装义务	有关机关	第828条
	报告义务		有关机关	第942条
人格权编	报批业务		有关机关	第1008条
	登记义务		有关机关	第1016条
	报告义务		有关机关	第1038条
婚姻家庭编	报批义务		民政部门	第1109条
	登记义务	婚姻登记	婚姻登记机关	第1049条、第1076条、第1083条
		收养登记	民政部门	第1105条、第1116条
侵权责任编	请求处理义务		有关机关	第1177条

(四) 行政法规法源性规范

行政法规法源性规范是指，民事主体在从事民事法律行为时，应当遵守行政法规的相关规定，否则便构成违法。《民法典》有关行政法规的规定散见于总则编、物权编、合同编、人格权编和侵权责任编。

总则编规定了以下三类行政法规法源性规范：一是一般性遵守行政法规的规定，包括法人成立的具体条件和程序、事业单位法人的法定代表人的产生规则。二是遵守行政法规的特殊规定，包括法人设立分支机构的登记、设立法人和非法人组织须经有关机关批准、农村集体经济组织和城镇农村的合作经济组织的特殊规定、民事法律行为应采特定形式。三是违背行政法规的后果，包括违背行政法规强制性规定的民事法律行为无效、捐助人等利害关系人或主管机关可以请求法院撤销捐助法人违反行政法规的决定。

物权编规定了以下三类行政法规法源性规范：一是赋予行政法规立法权，包括统一登记的范围、登记机构和登记办法由行政法规规定。二是一般性遵守行政法规的规定，包括处理相邻关系、土地用途。三是不得违反行政法规的禁止性规定，包括不得违反行政法规弃置固体废物和排放有害物质、不得出质行政法规禁止转让的动产。

合同编规定了以下三类行政法规法源性规范：一是一般性遵守行政法规的规定，包括依照有关行政法规规定订立合同、发出要约和作出承诺。二是遵守行政法规的特殊规定，包括合同办理批准手续，招标投标买卖的当事人的权利和义务以及招标投标程序，拍卖当事人的权利和义务以及拍卖程序。三是违背行政法规的后果，主要包括租赁物违反行政法规关于使用条件强制性规定情形时承租人可以解除合同、未依行政法规获得

第一章 行政权的样态及与私权利的关系

许可或备案不影响合同效力。

人格权编规定了以下两类行政法规法源性规范：一是从事与人体基因、人体胚胎等有关的医学和科研活动，应当遵守行政法规的有关规定。二是处理个人信息不得违背行政法规的规定。

侵权责任编规定了以下一类行政法规法源性规范，即医疗机构违反行政法规有关诊疗规范的规定导致患者受到损害的，推定医疗机构具有过错。

表1-4 行政法规法源性规范一览表

所在编	法源类型与内容		涉及法条
总则编	一般性遵守行政法规	法人成立的具体条件和程序	第58条
		事业单位法人的法定代表人的产生规则	第89条
	遵守行政法规的特殊规定	设立法人、非法人组织须经批准	第68条
		分支机构应登记	第94条、第103条
		农村集体经济组织、城镇农村的合作经济组织	第99条、第100条
		民事法律行为应采特定形式	第135条
	违背行政法规的后果	厉害关系人或主管机关可请求法院撤销捐助法人违反行政法规的决定	第94条
		违背行政法规强制性规定的民事法律行为无效	第153条
物权编	赋予行政法规立法权	统一登记制度	第210条
	一般性遵守行政法规	处理相邻关系	第289条
		土地用途	第346条
	不违反行政法规的禁止性规定	弃置固体废物和排放有害物质	第294条
		出质行政法规禁止转让的动产	第426条

续表

所在编	法源类型与内容		涉及法条
合同编	一般性遵守行政法规	订立合同、发出要约和作出承诺	第494条
	遵守行政法规的特殊规定	合同办理批准手续	第502条
		招投标权利义务、招投标程序	第644条
		拍卖权利义务、拍卖程序	第645条
	违背行政法规的后果	租赁物违反行政法规、承租人可解除合同	第724条
		未依行政法规获得许可或备案不影响合同效力	第706条、第738条
人格权编	一般性遵守行政法规	从事与人体基因、人体胚胎等有关的医学和科研活动	第1009条
	不违反行政法规	处理个人信息	第1035条
侵权责任编	违背行政法规的后果	医疗机构违反行政法规致患者受到损害,推定医疗机构具有过错	第1222条

二、《民法典》中的行政权样态

随着国家和社会互嵌程度日益明显,民法已无法封闭自治,而必须通过内设、引致、转介等方式,将国家引入民法,并依循民法的内在体系评价国家进入后的法律效果。梳理《民法典》中的行政权条款可以发现,行政权对民事关系的介入方式呈现为直接与间接、积极与消极并存,形态上则体现为典型性行政权与立法性行政权的介入以及刚性、中性与柔性介入。

(一)《民法典》中行政权介入民事关系的方式

从《民法典》中行政权介入民事关系的方式观察:一方面,可以依据行政权介入民事关系的作用机制为直接依据《民法典》还是尚需引入《民法典》之外的行政法规,区分为直接介入与

第一章 行政权的样态及与私权利的关系

间接介入；另一方面，也可以依据行政权介入民事关系的方式是积极主动还是消极被动，区分为积极介入与消极介入。

1. 直接介入与间接介入

直接介入即《民法典》直接赋予行政机关登记、许可、调查等行政权力或者直接为私主体增设报批、登记等公法义务，私主体仅凭《民法典》本身就足以明确行政权介入特定民事活动的范围与限度。如前所述，《民法典》中的行政法规范可以被分为行政机关的作为义务性规范、行政机关的禁止义务性规范、民事主体承担公法义务规范与行政法规法源性规范四大类型，其中前三类都属于行政权直接介入民事关系范畴。行政机关的作为义务性规范如不动产登记。不动产登记是行政机关行使登记权力的行政行为，《民法典》第209条明确将"不动产登记"列为不动产物权变更的生效要件，体现了不动产登记权对民事关系与私法领域的强力干涉。而为了助成行政登记权的合法行使，《民法典》又于第212条和第213条详细规定了登记机关的作为义务与不作为义务。行政机关的禁止义务性规范如第991条，要求行政机关不得侵犯私主体的人格权。民事主体承担公法义务规范如第1008条，要求为研制新药、医疗器械或发展新的预防和治疗方法而进行临床试验的私主体依法经相关主管部门批准并经伦理委员会审查同意。

间接介入即私主体单凭《民法典》相关条款并不足以窥探行政权介入相关民事活动的范围与限度，尚需额外引入引致条款、转介条款与《民法典》组合才能窥得全貌。换言之，行政权对民事关系的间接介入体现为《民法典》设置的为行政权介入预留管道的条款，学理上称为"转介条款"。[1] 转介条款是

---

[1] 参见章剑生：《作为介入和扩展私法自治领域的行政法》，载《当代法学》2021年第3期，第49页。

行政法规这类立法性行政权的产物，意味着《民法典》并不直接规定民事行为的具体规范，亦不直接明确行政权对民事关系的具体干涉方式，而是交由行政权灵活处置。其一方面沟通连接了《民法典》与行政法，能够适应经济社会发展的需求；另一方面又可以降低《民法典》的行政法气氛、保证《民法典》的私法本质与相对稳定。正如有学者所言，转介条款概括提供了法律之间的接口，能够在需要的时候将特定的管制法"拉"进来。[1] 从内容上观察，《民法典》中的转介条款分为"遵循行政法规"与"违背行政法规的后果"两大类别。"遵循行政法规"即要求私主体在从事相关民事行为时必须遵循行政法规的相关规定。例如第58条规定，法人成立的具体条件和程序，依照行政法规的规定。"违背行政法规的后果"条款即私主体未遵从行政法规时需承担法律责任。典型的例子是第153条，即违反行政法规的强制性规定的民事法律行为无效。再如，第724条规定，租赁物违反行政法规关于使用条件的强制性规定致使租赁物无法使用的，承租人可以解除合同。

2. 积极介入与消极介入

《民法典》中行政权对民事关系的积极介入即行政权积极主动地介入私权自治行为与民事法律关系，如行使侵权调查权、行政许可权，并对私权利予以限制或给予保护。就形式而言，行政权的积极介入主要体现为行政机关的作为义务性规范、民事主体承担公法义务规范与行政法规法源性规范。就内容而言，行政权的积极介入区分为限制性介入与保护性介入。一方面，《民法典》中的涉私行政权往往体现为对私权利的限制，私主体则需对应负担相应的公法义务。例如，第1008条规定，研制新

---

[1] 茅少伟：《寻找新民法典："三思"而后行——民法典的价值、格局与体系再思考》，载《中外法学》2013年第6期，第1146页。

药需要进行临床试验的,应当依法经相关主管部门批准。另一方面,《民法典》中的涉私行政权也体现为对私权利的保护。《民法典》所赋予私主体的各类民事权利之实现都有赖于行政权的"必要受限与主动担当",[1]行政机关担负着积极促成私权利实现的法律义务,尤其是通过给付行政活动的开展,为私权利保驾护航。例如,第31条规定,被监护人在指定监护人前处于无人保护状态的,民政部门有义务担任临时监护人。需要强调的是,《民法典》中有关行政法规的"遵循行政法规"与"违背行政法规的后果"的条款亦构成行政权对民事关系的积极介入。可以说,行政法因素通过对民事法律行为的评价、民事权利的制约渗透到《民法典》编纂中,影响《民法典》的内部体系,并借助"功能性概念"将行政法因素贯彻于具体的民事法律制度之中。[2]

《民法典》中行政权对民事关系的消极介入即要求行政权对民事关系豁免介入,充分尊重私权自治,不侵犯各类私主体的民事权利。《民法典》中涉私行政权的消极介入主要体现为行政机关的禁止义务性规范,即禁止行政机关滥用行政权侵犯物权、名誉权、肖像权、隐私权、生命权等私权利。这就意味着,私主体的人身权利、财产权利以及其他合法权益原则上均属于行政权的禁入范畴,涉私行政权亦不能任意践踏、侵犯乃至牺牲私权利。如果行政权在介入民事关系的过程中没有遵循以上禁止义务性规范,例如滥设行政许可,就构成行政权的滥用,需要承担法律责任。此外,《民法典》中有关行政权行使条件的限

---

[1] 章志远:《〈民法典〉时代行政诉讼制度的新发展》,载《法学》2021年第8期,第97页。
[2] 李永军:《民法典编纂中的行政法因素》,载《行政法学研究》2019年第5期,第6页。

制规定亦体现了涉私行政权的消极属性。典型的例子是，第117条规定，行政机关行使行政征收权不仅要出于公共利益的保护需要，而且要给予被征收人公平、合理的补偿，还要按照法定权限和程序进行征收。可以说，行政权对民事关系的消极介入方式在一定程度上划定了行政权的边界，行政机关在行使行政权尤其是涉私行政权时必须慎之又慎，不得无端侵犯私主体的民事权利。

(二)《民法典》中行政权介入民事关系的形态

从《民法典》中行政权介入民事关系的形态来看：一方面，可以以涉私行政权的表现形态为维度，区分行政执法权的介入与行政立法权的介入；另一方面，可以根据涉私行政权介入程度的差异，区分刚性介入、柔性介入与中性介入。

1. 行政执法权的介入与行政立法权的介入

如上所述，以内容为维度，可以将行政权区分为行政立法权、行政执法权与行政司法权。《民法典》中的涉私行政权集中体现为行政立法权的介入与行政执法权的介入。

行政立法权对民事关系的介入主要指向行政法规：一是体现为正向民事行为遵循行政法规的特殊规定；二是体现为通过明确违反行政法规的民事行为之法律后果反向诱导私主体自觉遵守行政法规。前者是指《民法典》正向要求私主体在从事某些民事活动时遵守行政法规的相关规定。主要包括：一是法人、非法人组织等民事主体的资格、程序等事项（第58条、第68条、第89条、第94条、第99条、第100条、第103条）；二是不动产物权登记、物权处分事项（第210条、第289条、第346条、第395条、第294条、第426条）；三是合同签订、履行事项（第494条、第502条、第644条、第645条）；四是个人信息等人格权保护事项（第1009条、第1035条）。而当私主体未遵循以上行政法规的特殊规定乃至损害行政管理秩序时，需要

第一章 行政权的样态及与私权利的关系

承担相应的行政法律责任。后者主要包括：一是私法行为被撤销、解除或归于无效（第94条、第153条、第724条）；二是过错推定与担责（第1222条）。这就意味着，如果民事行为违反行政法规尤其是行政法规的强制性规定，"它的法律效力可能会被否认——要件效力否认、结果效力否认，或者构成民事损害赔偿责任"。[1]其中第153条最为典型，即违反行政法规强制性规定的民事法律行为需要承担无效后果。

行政执法权对民事关系的介入即行政立法权与行政司法权以外行政权的介入，《民法典》中的行政执法权具体体现为登记权、监护权、征收权、指导协助权、救护权、保密权、保护权、收养权、遗产管理权、调查权、许可权。如果将这些行政执法权按照内容加以细分，又可类型化为限制性的行政执法权与保护性的行政执法权。前者如许可权、登记权、征收权，后者如监护权、救护权、收养权。限制性的行政执法权主要基于民事活动对公共利益的溢出效应、交易安全保证等方面的考量，故而以行政权为手段对民事活动施以规制。例如，允许枪支自由买卖必然危及公共安全与社会秩序，必须予以限制方可保证安全与秩序。再如，不动产价值较大，为了确保不动产物权变动的交易安全性，行政机关需要负担不动产物权变动的登记职责。[2]因此，限制性的行政执法权是公共利益导向型的积极国家观之反映。保护性的行政执法权主要是基于私主体个人保护能力之不足，因而引入行政权予以补充并维护公平正义，具有私人利益导向。例如，在高空抛坠物侵权案件中，受害人囿于调查取

---

[1] 章剑生：《作为介入和扩展私法自治领域的行政法》，载《当代法学》2021年第3期，第51页。
[2] 周海源：《"民法典时代"行政法规创设民事制度的正当性及其限度》，载《行政法学研究》2021年第3期，第31页。

证能力而无法准确、及时地锁定侵权人并获得救济，赋予公安机关侵权调查权则可有效解决这一问题，维护受害人的合法权益。

2. 刚性介入、中性介入与柔性介入

以行政权介入民事关系的强度作为观察视角，《民法典》中行政权介入民事关系的形态可以划分为刚性介入、中性介入与柔性介入。其中，刚性介入体现了行政权对民事关系的高强度干预，柔性介入体现的干预程度最低，中性介入体现的干预程度介于刚性介入于与柔性介入之间。

行政权对民事关系的刚性介入指向限制性涉私行政权。《民法典》中行政权的刚性介入主要体现为行政许可与行政征收：一是行政许可。行政许可是行政机关准许私主体从事特定活动的行为，因而对私主体、民事权利具有实质性影响，构成行政权对民事关系的高强度干预。有学者称之为"刚性行政活动"。[1]如第350条规定，建设用地使用权人需要改变土地用途的，应当依法经有关行政主管部门批准。尽管行政许可归属于高强度的行政干预，稍有不慎就会导致侵犯私权利之恶果，但基于某些活动的严重危害性，通过行政许可加以预防仍有其必要性。有学者直言："行政许可是国家对市场和社会进行管制的重要手段，发挥着重要的管制作用。"[2]二是行政征收。行政征收是对私主体财产权的直接剥夺，打破了私主体自由处分其财产权的一般规律，因而同样构成行政权对民事关系的强势干预。《民法典》第117条、第243条、第244条、第327条、第338条、第390条等6个

---

[1] 章志远：《〈民法典〉时代行政诉讼制度的新发展》，载《法学》2021年第8期，第101页。

[2] 常鹏翱：《行政许可与合同效力——以商品房预售为对象的分析》，载《武汉大学学报（哲学社会科学版）》2020年第4期，第117页。

条款规定了行政征收,在逻辑上,行政征收表现为运用权力消灭行政机关对财产的义务和公民对财产的权利,再生成公民对国家的给付财产义务和国家对公民财产的给付请求权的过程。[1]

行政权对民事关系的柔性介入指向保护性涉私行政权与授益性、给付性的行政权与行政行为。这些柔性介入的规定为行政机关增设了很多保护性义务,也极大丰富了"行政给付"的具体形态。一是监护义务,用以保护无民事行为能力人和限制民事行为能力人。包括担任监护人(第31条、第32条)、指定监护人(第31条)、为被监护人安排必要的临时生活照料措施(第35条)。二是物权保护义务。包括对设立业主大会和选举业主委员会提供指导协助(第277条)、妥善保管并通知领取遗失物(第315条、第316条)。三是人格权保护义务,用以保护公民的生命权、身体权、健康权、性自主权与个人信息权。包括对处于危难情形的个人进行及时救助(第1005条)、采取预防、受理投诉、调查处置等措施防范性骚扰(第1010条)、对履行职责过程中知悉的个人信息与隐私加以保密(第1039条)。四是调查义务。即对高空抛坠物侵权案件中的责任人予以及时调查(第1254条),发挥公安机关的调查能力和技术优势,及时确定责任人,作为一种行政保护机制为受害人、无辜建筑物使用人乃至侵权人的民事权利提供保障。[2]《民法典》之所以为行政机关增设了以上柔性的保护性义务,多是出于私主体自身保护能力不足之考虑,致力于实现不同私主体之间的公平正义。正如卡多佐大法官所言:"平等是自由的必要条件,或者相对于

---

[1] 陈国栋:《我国不必建立行政附带民事诉讼制度——以行政权对民事争议的介入程度为切入点的反思》,载《政治与法律》2013年第8期,第120页。

[2] 张莹莹:《论高空抛坠物侵权案件中公安机关的调查权》,载《政治与法律》2021年第4期,第155页。

非社会的或无政府主义的自由而言,平等至少是社会自由的必要条件。偏爱平等的基础是一种具有合理核心的直觉知识。缺乏平等的自由,听起来高尚合理,结果却污秽不堪。"[1]

中性介入即行政权对民事关系的介入程度介于刚性介入与柔性介入之间,主要体现为行政评估与行政确认。一是行政评估。第1105条规定,县级以上人民政府民政部门应当依法进行收养评估。这就意味着,民政部门有权在收养关系成立之前对收养人的经济条件等各方面进行综合评估,并可能因评估不合格导致收养关系不成立,目的在于最大限度地保护被收养人的合法权益。二是行政确认。行政确认是国家信用平台的产物,具有证明、公示等方面的作用,体现了国家中等强度的干预。[2]不动产登记是登记机构依法对涉及不动产的法律关系或法律事实加以审查、确认和记载,从而向社会公众进行宣告和公示的一种行政确认行为。[3]第209条规定,不动产物权变更非经登记不生效力。一方面,在基于债的法律关系而实施的不动产物权交付过程中,行政权的介入具有收缩私法自治范围的功能。[4]但另一方面,不动产登记也是维护交易安全、保护民事权利的必要举措,为不动产物权的变动提供国家层面的信用支撑。

三、《民法典》设计行政权介入条款的意义

《民法典》中的行政权介入条款体现了国家管理与市场主体

---

〔1〕 [美]本杰明·N.卡多佐:《法律的成长——法律科学的悖论》,董炯、彭冰译,中国法制出版社2002年版,第171页。

〔2〕 袁雪石:《民法典对行政执法的新要求》,载《中国司法》2020年第8期,第39页。

〔3〕 王亦白:《不动产登记审查的法理与构造》,中国政法大学出版社2018年版,第48页。

〔4〕 章剑生:《作为介入和扩展私法自治领域的行政法》,载《当代法学》2021年第3期,第50页。

第一章　行政权的样态及与私权利的关系

自主能动性的有机结合，有助于实现鼓励财富创造与有效规制之间的有机衔接。[1]具体而言：一方面，这些行政权介入条款对于行政权而言既赋权又限权，促进有限政府与有为政府相统一；另一方面，对于私权利而言既限制又保护，推动私人利益与公共利益相协调。一言以蔽之，《民法典》不仅调整私权利主体，而且还调整公权力主体。[2]

（一）行政权：赋权与限权

《民法典》是行政机关的执法依据与依法行政的基本约束，依法行政包括依民法典行政，行政机关在行使相关行政权时需遵从《民法典》的相关规定。具体而言，《民法典》既为行政权划定了边界，也为行政机关增设了很多新型行政权力。

1. 增设行政权

在传统的公私法二元论体系之下，只有行政法规范才能充当行政机关行使行政权的根据，私法规范既不可能设定行政权亦不可能成为行政机关的必须遵从。例如，公安机关的行政权只应来源于《人民警察法》等行政组织法规范与《治安管理处罚法》等行政行为法规范。[3]作为私法领域基础性法律的《民法典》则突破了公私法二元对立的法律传统之限制，设计了诸多行政法规范。其中一部分体现为赋权规范，即在行政法规范之外为行政机关增设新型行政权。典型的例子是，第1254条为公安机关增设了高空抛坠物侵权案件中的侵权调查权，丰盈了公安机关的行政权范围与行政执法依据。除此之外，《民法典》

---

[1] 参见王利明：《民法典：国家治理体系现代化的保障》，载《中外法学》2020年第4期，第851页。

[2] 参见申惠文：《论〈民法总则〉中的行政权》，载《新疆大学学报（哲学社会科学版）》2018年第6期，第54页。

[3] 参见章志远：《行政法治视野中的民法典》，载《行政法学研究》2021年第1期，第44页。

还为行政机关创制了监护权（第31条、第32条）、登记权（第212条、第213条）、征收权（第117条、第243条）、指导协助权（第277条）、处理遗失物权（第315条、第316条）、救护权（第1005条）、保护权（第1010条）、评估权（第1105条）、管理遗产权（第1145条）等行政权类型，涉及行政许可、行政评估、行政调查、行政处理、行政给付等多项行政行为。从内容上看，《民法典》为行政机关增设的这些行政权既有干预性质的，也有服务性质的，与行政权相对开放并渗入社会系统的绿灯理论相契合。[1]《民法典》增设行政权具有两重意义：一是将《民法典》升级为行政机关的执法依据，弥补行政法规范之不足。正如有学者所言，《民法典》中行政法规范的存在，是私法公法化的一种表征，使《民法典》具有相应的"溢出效应"，理应成为行政执法的直接依据。[2]二是拓宽了行政机关的行政职责范围，要求行政机关严格依据《民法典》的规定依法履职，保护公民的民事权利不受侵犯，保障民事法律关系和谐有序。行政机关无故不行使或者不合法行使这些行政权的，可能构成行政不作为。

2. 为行政权划定边界

立法预防即通过颁布专门性和一般性法律，对权力边界进行事前明确，为行政监督的效力树立第一道栅栏，是国外的通行做法。[3]《民法典》中的行政权介入条款也起到了规范行政权、划分及限定公权力与私权利的界限之作用。[4]《民法典》

---

[1] 参见关保英：《治理体系与治理能力现代化中的公法给付精神论》，载《法律科学（西北政法大学学报）》2020年第5期，第25页。

[2] 参见章志远：《行政法治视野中的民法典》，载《行政法学研究》2021年第1期，第44页。

[3] 董娟：《预防、控制与补救：国外政府的行政监督方式——基于成因与实践的探析》，载《湖南社会科学》2020年第4期，第35页。

[4] 参见江必新：《〈民法典〉的颁行与营商环境的优化改善》，载《求索》2020年第6期，第7~8页。

第一章 行政权的样态及与私权利的关系

作为行政机关的执法依据除了体现为赋予行政机关行政权力，还体现为划定行政权的边界，"限定了国家机关履行职责、行使职权的活动范围和行为界限"。〔1〕行政机关须把《民法典》作为行政行为的标尺，严格依据《民法典》的相关规定合法、合理地行使行政权力。一方面，私权利所在，行政权所止。《民法典》的核心内容是确认私主体的各项民事权利，行政权的行使不能违背《民法典》、侵犯私主体的民事权利或者增加其义务。第3条规定，任何组织或个人不得侵犯民事主体的人身权利、财产权利以及其他合法权益，"任何组织"当然包括行政机关。因此，《民法典》关于私权范围的规定有利于明确公权力的边界，进而有利于防止公权力对私权的不当干预，有效限制公权。〔2〕另一方面，行政机关在行使《民法典》为其增设的行政权力时必须遵循《民法典》的具体要求，不得与之相悖。例如，第213条规定登记机构不得要求对不动产进行评估、以年检等名义进行重复登记，从而有助于避免登记机构滥用登记权力、戕害私权利。再如，行政机关为了行政管理需要通过监控、实名登记等方式收集公民的个人信息，如果行政机关未能对这些个人信息尽到妥善的保密义务导致个人信息泄露，就侵犯了公民的合法个人信息权益。这就意味着，行政权仅在必要且有限的范围内介入民事关系，最大限度地鼓励人们自由且积极地追求权利、实现权利。〔3〕再一方面，行政机关不能在其参与的民事活动中动辄使用行政权压制另一方私主体。即行政执法人员要树立区

---

〔1〕 王博勋：《民法典：开启权利保护新时代》，载《中国人大》2021年第2期，第22页。

〔2〕 刘承韪：《民法典的字源解读与重要影响》，载《人民检察》2020年第16期，第55页。

〔3〕 参见江必新：《〈民法典〉的颁行与营商环境的优化改善》，载《求索》2020年第6期，第13页。

隔意识,让民事的归民事、行政的归行政。[1]例如,国家所有的农用地实行承包经营的,同样需经依法批准才能用于非农建设。此外,《民法典》还规定了行政机关的赔偿责任,以反向督促行政机关全面、依法、及时履行相关职责。例如,第222条规定,因登记错误造成他人损害的,登记机构应当承担赔偿责任。因而有学者直言,从《民法典》对规范公权力所发挥的作用来看,它具有基础性的作用。[2]"公权与私权之间的界线,不是靠行政法来确定的,而是靠私法来确定的。"[3]

(二) 私权利:规制与保护

对于私权利而言,《民法典》中的行政权介入条款一方面对私权利施加了诸多限制,反映出行政权与私权利此消彼长的对立关系;另一方面也是为了更好地保护私权利。行政权介入条款同时是对行政机关相关职责的重申与确认,行政机关肩负着促成民事权利实现的积极义务。

1. 规制私权利

本质而言,规制是行政权在社会事务管理过程中的运用。[4]相当一部分行政权介入条款在内容上体现为私主体的公法义务,由此形成了私权利行使之限制。典型的例子是,近亲属以外的个人或组织想担任未成年人、无民事行为能力或限制民事行为能力的成年人的监护人的,必须经民政部门同意。(第27条、第28条)再如,自然人决定、变更姓名,或者法人、非法人组织

---

[1] 袁雪石:《民法典对行政执法的新要求》,载《中国司法》2020年第8期,第38页。

[2] 王利明:《民法典的时代意义》,载《人民检察》2020年第15期,第1页。

[3] 张改清、白洪涛:《中国语境下公权与私权的博弈——兼论我国征地与拆迁制度的完善》,载《河北法学》2006年第4期,第16页。

[4] 刘长秋:《代孕的行政规制模式研究》,载《行政法学研究》2013年第4期,第64页。

决定、变更、转让名称的，应当依法向有关机关办理登记手续。（第1016条）这就意味着，《民法典》虽以权利本位为核心理念，但并非放任私权利过度无序行使，而是适时强化对意思自治的限制。这是因为，私权利之间存在天然冲突，私主体之间的社会经济地位并不总是平等，对私权利不加管制会导致法律界限的突破、公序良俗之碾压、公平正义之吞噬。为了消解私权利之间的冲突、维护公共秩序、保障公共利益以及追求实质正义，对私权利的规制必不可少，行政权介入即是手段之一，并直接体现为意思自治受到限制。行政权介入私权利的结果体现为，私主体从事私法活动受到行政权的干预，不可任性妄为，并通过接受行政权之规制贡献于有序运行社会的构建与私权配置的平衡。[1]例如，要求不动产物权变更须经登记才能生效，即是通过让私主体额外负担登记义务的形式来实现保障交易安全之目的。

2. 私权利的更优保障

民事权利保护可以通过权利人的自助救济实现，也可以通过向人民法院提起私法请求权而实现，但归根结底还需要获得公权力尤其是行政权的保护。[2]而保障个人权利亦是国家建立的目的所在。[3]行政职责的核心要义在于切实保障公民权利和人民利益，其本质上是代表正义的公共利益的行政实现方式。[4]《民法典》中的行政权介入条款即充当了私权利的行政保护依据，要求行政机关树立善意保护私权利的施政理念，把最大限

---

[1] 参见田岱月:《〈民法典〉中的公法规范》，载《福州党校学报》2020年第4期，第46~47页。

[2] 章志远:《行政法治视野中的民法典》，载《行政法学研究》2021年第1期，第46页。

[3] 参见[法]莱昂·狄骥:《公法的变迁 法律与国家》，郑戈、冷静译，辽海出版社、春风文艺出版社1999年版，第10页。

[4] 刘启川:《独立型责任清单的构造与实践基于31个省级政府部门责任清单实践的观察》，载《中外法学》2018年第2期，第452页。

度保护私主体的民事权利贯穿于行政权的行使过程,确保民事权利不受非法克减或侵犯。[1]具体而言:

其一,禁止行政机关以某些行为侵犯公民的民事权利,"保护个人不受行政机关的不当干涉",[2]从而消极性地保护私权利。在《民法典》中,"任何组织或者个人不得"与"禁止任何组织或者个人"这两个表述一共出现了18次之多,"任何组织"自然包括行政机关在内。其对应的是消极国家观,即尊重市场主体的选择,行政的功能是消极地维护市场秩序。[3]不侵犯民事主体的各项权利既是行政机关遵守《民法典》的底线,也是依法行政的红线。

其二,行政机关需要积极履行《民法典》为其增设的调查、救助等各类行政职责。随着时间的推移,国家的保护义务范围从单纯的消极保护扩大到消极保护与积极保护并重。[4]公民在行使民事权利的过程中难免会与他人发生冲突,有时依靠自己的力量很难实现自我保护,因而有必要寻求其他渠道予以纾解。行政机关承担积极性的保护性义务即是化解权利冲突的有效途径。其对应的是积极国家观,主张行政机关积极、主动地解决各类社会问题。[5]《民法典》为行政机关创设了很多积极性的

---

[1] 参见黄文艺:《民法典与社会治理现代化》,载《法制与社会发展》2020年第5期,第33页。

[2] Atina Krajewska, "Transnational Health Law Beyond the Private/Public Divide: The Case of Reproductive Rights", Journal of Law And Society, Vol. 45: S1, pp. 220~244 (2018).

[3] 参见戚建刚:《论我国知识产权行政保护模式之变革》,载《武汉大学学报(哲学社会科学版)》2020年第2期,第159页。

[4] Atina Krajewska, "Transnational Health Law Beyond the Private/Public Divide: The Case of Reproductive Rights", Journal of Law And Society, Vol. 45: S1, pp. 220~244 (2018).

[5] 参见戚建刚:《论我国知识产权行政保护模式之变革》,载《武汉大学学报(哲学社会科学版)》2020年第2期,第159页。

义务，以服务于民事冲突的化解与民事权利的保护。一方面，在私主体的民事权利遭受侵犯时，行政机关负有积极介入予以保护的义务。"单纯限制公权不是确保个体自由之合适手段，对自由的真正保障还需运用公权之手以遏制一部分人对另一部分人自由权利的侵害与践踏。"[1]例如，第1010条规定，针对性骚扰行为，行政机关既要采取合理的预防措施防范性骚扰事件发生，又要通过受理投诉、调查处置等措施及时制止性骚扰行为，保护被骚扰的民事主体。另一方面，行政机关还负有积极促进民事权利实现的义务。在很多场合，民事权利虽未遭受侵犯，但其客观实现仍有赖于行政机关积极行使行政权予以保障。例如，第277条规定，地方人民政府有关部门、居民委员会应当对设立业主大会和选举业主委员会给予指导和协助。行政机关这种指导协助权之行使对于推动业主建筑物区分所有权之实现具有积极作用。再如，通过登记来确认物权实际上是对物权的事先保护。[2]可以说，行政权介入条款在为行政机关增设行政职责的同时也赋予了私主体行政法保护请求权，后者与私主体的私法保护保护请求权一道构成了民事权利的完整保护机制。这同时意味着，行政权归根结底是为私权利服务的，不管是通过限制还是保护的形式，最终都是为了私权利的更优化实现。正如有学者所言，在捍卫和保障私权或民事权利的背景下，行政法与民法之间，或者说公法与私法之间是一种相得益彰、协同融合的关系。[3]

---

[1] 王希:《原则与妥协：美国宪法的精神与实践》，北京大学出版社2000年版，第380页。

[2] 应松年:《行政权与物权之关系研究——主要以〈物权法〉文本为分析对象》，载《中国法学》2007年第5期，第72页。

[3] 杨寅、罗文廷:《我国城市不动产登记制度的行政法分析》，载《法学评论》2008年第1期，第66页。

第三节 行政权与私权利的关系

建设法治政府是建设法治国家的关键,[1]处理好行政权与私权利的关系则是法治政府建设的重要议题。如上所述,行政权属于典型的公权力,探究行政权与私权利的关系实际上就是探究公权力与私权利的关系。[2]在应然意义上,行政权应与私权利相辅相成、良性互动。但在实践运行中,行政权的异化成为常态,私权利则难免遭受威胁和牺牲。

一、公权力与私权利关系的历史演进

"公私权之区别,即缘公私法之区别而生,由主观以说明公私法之结果也。"[3]公权力与私权利的关系首先受制于公法与私法的关系。而公法与私法的区分源于政治国家与市民社会的分离,因而行政权与私权利的关系演进实际上就是政治国家与市民社会关系的反映。市民社会是与国家相对应的特定范畴,是个人、团体按照非强制原则和契约观念进行自主活动,以实现物质利益和社会交往的、不受国家直接控制的民间独立自治组织和非官方亦非私人性质的公共领域。[4]

---

〔1〕 姜明安:《论法治国家、法治政府、法治社会建设的相互关系》,载《法学杂志》2013年第6期,第1页。

〔2〕 本节因情境需要,对于行政权与私权利关系的讨论在很多场合直接适用"公权力与私权利"这一表述,尤其是在历史演进部分。

〔3〕 [日]富井政章:《民法原论》(第1卷),陈海瀛、陈海超译,杨廷栋修正,王兰萍点校,中国政法大学出版社2003年版,第79页。

〔4〕 霍新宾:《探寻历史的新视野——近代中国市民社会问题研究述评》,载《天津社会科学》2000年第4期,第17页。

第一章　行政权的样态及与私权利的关系

（一）公权力与私权利在历史上的分分合合

人类文明的进化史，就是官民关系亦即权力和权利关系的博弈史，[1]是公权力与私权利资源在不同阶层按不同方位排列组合的历史。[2]公权力与私权利的关系先后经历了复合、初步划分、复合、完全分离四个阶段的发展。

第一个阶段是古希腊时期的复合关系。古希腊时期是城邦政治，国家和社会是复合的，公民的政治生活和社会生活相互交融。[3]相应地，公民的私人权利同时存在于市民社会和政治国家，国家的公权力亦同时作用于政治国家和市民社会，二者共存于相同的空间场域，私人利益与公共利益融为一体，公权力与私权利可谓"难舍难分"。就公民的身份而言，其既是市民社会谋求自身利益的私人，也是政治国家维护公共利益的"公人"。[4]

第二个阶段是古罗马时期的初步划分关系。到了古罗马时期，伴随着市民社会与政治国家的分离，公法与私法的划分开始出现，继而公权力和私权利之间也形成了相对清晰的界限。古罗马时期关于公私法区分最经典的论述当源于罗马法学家乌尔比安，即公法是有关罗马国家稳定的法，私法是涉及个人利益的法。[5]但总的来说，罗马人区分公法和私法、公权与私权的目的在于限制公权力、发展私权利，"私权的观念固化于法律规范之中，内化为一种社会性的信念，融会于整个法律体系的架

---

[1] 谢晖：《论紧急状态中的国家治理》，载《法律科学（西北政法大学学报）》2020年第5期，第39页。
[2] 汪渊智：《理性思考公权力与私权利的关系》，载《山西大学学报（哲学社会科学版）》2006年第4期，第61页。
[3] 参见唐士其：《国家与社会的关系——社会主义国家的理论与实践比较研究》，北京大学出版社1998年版，第21页。
[4] 参见袁祖社：《权力与自由：市民社会的人学考察》，中国社会科学出版社2003年版，第14页。
[5] 夏勇编：《公法》（第1卷），法律出版社1999年版，第389页。

构中"。[1]可以说,古罗马时期的公权力处于被压制状态,私权利则极为繁荣。

第三个阶段是中世纪时期的复合关系。在中世纪时期,罗马文明因蛮族入侵而消失,市民社会与政治国家又开始高度重合,市民社会被政治国家所吞噬,并"直接具有政治性质"。[2]进一步说,中世纪时期的市民社会屈从于国家,个人利益屈从于公共利益,古罗马时期形成的所谓私权利与公权力的区分不复存在,私权利被公权力完全吞噬,所谓的私权利化为乌有。

第四个阶段是近代资本主义时期以来的完全分离关系。到了近代资本主义时期,资本主义商品经济的迅速发展为市民社会的发展乃至扩张提供了经济基础,使得市民社会迅速从政治国家当中分离出来,并与政治国家形成对立、制约与平衡关系。进言之,资本主义经济为私权利的发展和扩张提供了土壤,个人开始摆脱国家的强权控制,转而寻求自治与独立。由此,市民社会与政治国家彻底分离。相应地,公权力与私权利之间的界限也变得清晰起来,私权利获得了完全独立于公权力的独立地位,公权力亦不再被私权利所压制。

(二)我国公权力与私权利关系的历史沿革

在我国,公权力与私权利的关系附着于公法与私法的关系变革。公法与私法的关系经历了计划经济时期的私法缺失、市场经济时期私法可否存在的争论与公私法区分论的兴盛三个阶段,[3]公权力与私权利的关系则分别对应私权利虚无、私权利地位飘摇、私权利独立三种状态。但总的来说,"强国家、弱社

---

[1] 汪渊智:《理性思考公权力与私权利的关系》,载《山西大学学报(哲学社会科学版)》2006年第4期,第62页。

[2] 《马克思恩格斯全集》(第1卷),人民出版社1956年版,第441页。

[3] 参见[日]但见亮:《中国公法与私法的关系——以"美浓部理论"为线索》,凌维慈译,载《交大法学》2013年第1期,第134~137页。

会""重公权、轻私权"是我国的历史传统,防御公权力的过度扩张亦是永恒的主题。

在计划经济时期,所有的财产和资源均由国家统一调度,因而不存在可以自行处理的私人财产和可以自由交易的市场,私法也失去了可供生长发育的土壤。[1]进一步说,公法完全吞并了私法。相应地,私权利并不存在生存空间,尤其是无法与强大的公权力相抗衡。公权力对于私权利的介入乃至侵夺则易如反掌,私权利不仅无力抵御公权力,而且随时都面临被公权力消灭的危险。行政权被极不适当地抬高到超经济、超法律地位,行政机关"一鸟进林",广大生产经营者"百鸟喑音"。[2]

到市场经济初期,市场经济的全面放开为私法的发展提供了充分的经济基础,客观上也需要私法对市场经济从业者的利益加以确认和保护,私权利得以扩大和张扬,公权力则不得不对私权利做必要的让步。与此同时,公私法区分论也受到了学界的广泛关注。但从整体来看,公私法区分否定论依然占据强势地位,多数学者则未旗帜鲜明地表明自己的态度,因而私法能否独立存在整体上依然存疑。[3]由此导致的结果是,私权利虽然获得了一定的生长发展空间但极为有限,公权力则依然处于绝对优势地位。

发展到21世纪,随着市场经济趋于繁荣,公私法区分论占了上风,赞成公私法区分的学者占到绝大多数,公权力和私权

---

[1] 参见金自宁:《"公法私法化"诸观念反思——以公共行政改革运动为背景》,载《浙江学刊》2007年第5期,第149页。

[2] 罗豪才、崔卓兰:《论行政权、行政相对方权利及相互关系》,载《中国法学》1998年第3期,第6页。

[3] 参见谢桂生:《市场经济与公法、私法的划分——一个需要重新认识的问题》,载《法学》1994年第5期,第2页;张永志:《公法私法划分与我国构建社会主义市场经济法律体系的关系》,载《法学杂志》1997年第5期,第12~13页。

利的区分也变得广受认可。尤其是《民法典》的颁布彻底划清了市民社会与政治国家的界限,并以权利本位为基本理念和核心要义,以保护公民的各项民事权利为主要任务,成为私权利的重要保护伞。具体而言,《民法典》不仅通过对私主体各项民事权利的确认来直接保护私权利,同时通过为行政权划定边界的方式发挥间接保护私权利之效。

二、行政权与私权利的应然关系

实现行政权的法治化是法治政府、法治国家建设的重要使命,行政权的法治化又以不侵犯私权利且服务于私权利为导向。因此,在应然意义上,行政权与私权利之间的关系界定应当秉持马克思的社会结构理论,既相互促进又相互制约,前者体现为行政权以私权利为基础并服务于私权利,后者体现为私权利对行政权的天然排斥与行政权对私权利的必要限制。

(一) 关联性基础理论

历史上关于行政权与私权利关系的讨论分别立基于以下三种基础理论展开。一是以洛克为代表的"市民社会先于国家"理论。洛克认为,国家源于市民社会自身调整能力的不足,但国家对市民社会只起工具性作用,国家担当的是"守夜人"角色。在这种理论框架下,私权利是行政权的渊源和界限,应当大力限制行政权,避免行政权不当侵犯私权利。二是黑格尔的"国家高于市民社会"理论。黑格尔认为,市民社会具有非理性和不自足性,国家则是"绝对自在自为的理性",是对市民社会的保护和超越。[1]进而,私权利没有独立存在的价值,不得不屈从于行政权并彻底沦为行政权的奴隶。而行政权对私权利的践踏

---

[1] 参见汪渊智:《理性思考公权力与私权利的关系》,载《山西大学学报(哲学社会科学版)》2006年第4期,第63页。

和干预也达至极限,德国的法西斯极权主义即是明例。三是马克思的社会结构理论。马克思认为,市民社会与政治国家相互分离、相互独立,且市民社会决定政治国家。"市民社会是国家的真正构成部分,是国家的现实基础和原动力,是国家存在的必要条件和存在形式。"[1]就行政权与私权利的关系而言,私权利是基础,行政权应当以私权利为出发点,致力于私权利的最大化实现。

在以上三种理论中,"市民社会先于国家"理论虽然关注到了私权利对行政权的奠基作用,但因过分强调对行政权的防御而失于片面。"国家高于市民社会"理论弃权利本位理念于不顾,有本末倒置之嫌。我国社会主要矛盾已经转化为人民日益增长的美好生活需要和不平衡不充分的发展之间的矛盾,人民美好生活的需要集中表现为并且最终归结为权利需求和权利确认。[2]唯有马克思的社会结构理论同时关注到了私权利的优先性与行政权的服务本质,应当作为建构二者关系的基础理论。

(二) 行政权与私权利的正向关系

行政权与私权利的正向关系是指行政权与私权利相互促进的关系,一方面体现为私权利是行政权的基础,即行政权来源于私权利并以保护私权利为正当性基础;另一方面体现为行政权服务于私权利,即行政权应当扮演私权利的保护伞角色,致力于为私权利提供保护服务。

1. 私权利是行政权的基础

首先,私权利是行政权的客观来源,一切行政权都应当且只能产生于私权利。卢梭用社会契约论来解释国家的形成:"在

---

[1] 刘旺洪:《国家与社会:法哲学研究范式的批判与重建》,载《法学研究》2002年第6期,第20页。

[2] 张文显:《中国民法典的历史方位和时代精神》,载《经贸法律评论》2018年第1期,第5页。

自然法的范围内,人们按照他们认为合适的办法,决定他们自己的行动和处理他们的财产和人身,而无须得到任何人的许可或听命于任何人的意志",[1]但自然社会的种种弊端迫使人们通过订立社会契约形成国家,并将自己的部分权利让渡给国家以换取国家的保护。[2]可以说,行政权来源于私权利的让渡,私权利是行政权的基础,没有私权利就没有行政权。私权利是固有的,行政权则是派生的。我国《宪法》第 2 条第 1 款即规定,中华人民共和国的一切权力属于人民。

其次,私权利是行政权存在的价值根源,"公民是民主国家统治的正当理由",[3]行政权的合法性和正当性源于其对私权利的保护效用。"公权力存在的唯一价值就在于保护私权利免受不法侵害",[4]我们建立各种国家机器,设立各种国家机关,建立庞大的国家公务员队伍,不是为了证明国家和公权力的存在,而是为了人民的福祉和安宁。[5]换言之,行政权自身没有独立的价值,而只是私权利的实现手段,如为私主体提供公共服务、在私主体遭受侵害时予以救济等,私权利是行政权的目的所在。如果行政权没有服务于私权利的保障,就脱离了行政权的价值根源,也失去了正当性基础。因此,私权利同时对行政权起制约作用。其一,私权利的本质是自治权,并以意思自治为本质

---

[1] [英]洛克:《政府论》(下篇),叶启芳、瞿菊农译,商务印书馆1964年版,第5页。

[2] 参见[美]詹妮弗·内德尔斯基:《美国宪政与私有财产权的悖论》,载[美]埃尔斯特、[挪]斯莱格斯塔德编:《宪政与民主——理性与社会变迁研究》,潘勤、谢鹏程译,生活·读书·新知三联书店1997年版,第241页。

[3] Guillermo O'Donnell, "Why the Rule of Law Matters", *Journal of Democracy*, Vol. 15:4, pp. 32~46 (2004).

[4] 赵万一、叶艳:《从公权与私权关系的角度解读国家征收征用制度》,载《华东政法学院学报》2007年第2期,第16页。

[5] 刘凯湘:《民法典中的公权力与私权利界限及其意义》,载《社会治理》2020年第7期,第25页。

属性，[1]行政权应当尽量保持谦抑，只得在自治不能时介入和干涉私权利的行使。其二，行政权在限制或干涉私权利的过程中不得过度，否则就异化为了侵害私权利的工具。

2. 行政权服务于私权利

行政权是作为对私权利的保护神而产生的。[2]这是因为，私权利并不总是处于自足状态，而是在绝大多数情况下都需要行政权的保障才能实现。可以说，没有行政权的介入和保障，个人实际上很难完整彻底地享有私权利。行政权的首要价值也是最重要的价值就是保护私权利，并将私权利置于优先保护地位。宏观层面，这种保护体现为为私权利的实现提供制度保障和环境支持，如通过大力推行"放管服"改革来优化营商环境，为市场主体平等竞争提供方便，提高市场的交易安全与交易效率，最终服务于个人财产权的最优化实现。事实上，回顾新中国成立以来由国家统治到国家管理再到国家治理的历史演进脉络也可以发现，管制放松与自治扩大成为必然，行政权也相应演进为市场经济的服务者和保护者。[3]微观层面，这种保护体现为行政权主动介入私权利之间，遏制一部分人对另一部分人自由权利的侵害，协调私权利之间的冲突，维护和促进私权利之间的平衡。例如，2021年5月，国家知识产权局制定了《重大专利侵权纠纷行政裁决办法》，规定在全国有重大影响的专利侵权纠纷可以请求通过行政裁决的方式予以解决。需要注意的是，行政权天然具有扩张属性，为了实现行政权服务于私权利

---

[1] 邱本、崔建远：《论私法制度与社会发展》，载《天津社会科学》1995年第3期，第53页。

[2] 夏学銮：《莫让公权异化成霸权》，载《人民论坛》2006年第16期，第37页。

[3] 参见陈小君：《中国〈民法典〉编纂与国家治理现代化的关联逻辑》，载《探索与争鸣》2020年第5期，第39页。

保护之目的,应当对行政权进行限制,防止行政权的滥用与对民事关系的不当干预,积极促进私权利的实现。不管是行政许可、行政处罚、行政强制等任何一类行政权行为,"都应该是保护私权利的伞,同时也是捆住公权肆意的绳"。[1]对于涉私行政权而言,既要在应该限制私权利的时候对私权利予以限制,实现对其他私主体私权利的保护;也要在应该保护私权利的时候对私权利予以保护,实现对私权利的增拓性保护。

(三)行政权与私权利的反向关系

行政权与私权利的反向关系是指行政权与私权利相互制约的关系,并集中体现为私权自治与行政权他律并存。一方面,私权利排斥行政权,私权利具备自主实现的能力并对行政权有种天然的抵触;另一方面,行政权限制私权利,行政权可能基于公共利益之考量限制乃至消灭私权利。

1. 私权利排斥行政权

如前所述,私权利与行政权在行使主体、作用对象、利益基础、行使规则等方面均存在显著区别,可谓两个相互独立的概念与范畴。加之行政权天然的扩张属性与对私权利的侵夺性,私权利对行政权可以说相当排斥。首先,私权利本身具有自治属性,私权利主体往往能够依托自己的力量实现私权利。换句话说,私权利本身与行政权无关,也无需行政权提供帮助。诸如买卖、借贷、继承等民事活动,并不需要行政权插手或介入,行政权强行介入反而导致破坏私权自治、侵犯私权利之不良后果。其次,私权利具有排他属性,对行政权有种天然的防御和抵触。甚至可以说,行政权是私权利的"污染源",没有行政权,私权利反而少了一个侵犯主体。这种排斥在《民法典》对

---

[1] 韩锦霞:《论行政公权的软化与私权的硬化》,载《河北法学》2013年第7期,第191页。

物权的定义上可见一斑，第114条第2款规定，物权是权利人依法对特定的物享有直接支配和排他的权利。私权利排斥行政权意味着，私主体享有排除行政权恣意干预的权利，行政权则应当尊重私权利，避免不当侵犯私权利。对于涉私行政权而言：一是应当在介入民事关系之前进行必要性权衡；二是应当在介入手段上选择对私权利影响最小的手段，通过比例原则之贯彻将对私权利的限制和干预降到最低。

2. 行政权限制私权利

行政权既是私权利的保护者，又是私权利的限制者。首先，在一定条件下，私权利可以被剥夺。例如，《法国民法典》将所有权界定为"对于物有绝对无限制地使用、收益及处分的权利"的同时，规定"但法律所禁止的使用不在此限"。其次，行政权对私权利的限制往往出于公共利益保护之目的。最典型的例子是《民法典》设定的征收征用制度，国家为了公共利益的需要可以征收不动产、征用不动产或动产。追根溯源，行政权对私权利的限制立基于二者利益基础的差异，公共利益与个人利益之间的矛盾冲突是客观存在的，行政权对公共利益的偏向必然导致行政权在行使中更为着重对私权利的限制。[1] "社会公共利益是不可能通过自由而任性的私人的行为而自动实现的"，[2]因为私主体都倾向于积极追求个人利益的最大化实现，对于公共利益则消极被动，甚至不惜牺牲公共利益来换取个人利益。为了实现社会秩序和公共利益，行政权不可避免地对私权利形成某种限制，乃至消灭私权利。而当行政权不当限

---

[1] 参见高文英：《和谐社会警察权配置的利益考量——尊重和协助保护私权的视角》，载《中国人民公安大学学报（社会科学版）》2011年第3期，第3页。

[2] 赵万一、叶艳：《从公权与私权关系的角度解读国家征收征用制度》，载《华东政法学院学报》2007年第2期，第16页。

制私权利时,实际上充当了私权利的侵犯者角色。但需要注意的是,行政权的行使并不必然导致对私权利的侵犯,仅当行政权对私权利的限制超出法律许可的合理范围之时,这种侵犯才告成立。[1]

(四)私权利主体与行政权主体之间的关系

行政权与私权利的关系之本质是行政权主体与私权利主体即行政机关与私主体之间的关系,可以区分为以下四类:一是被动关系,即私主体需要服从行政机关的命令和意志,否则会面临法律责任之承担。如未经行政许可擅自从事相关活动,行政机关应当依法给予行政处罚。[2]二是消极关系,即私主体在法律允许的范围内有权自主选择,并不受行政机关的非法干涉。如在行政许可的范围内自由活动。三是积极关系,即私主体有权请求行政机关为一定行为,促进社会福利的增长与生活水平的提高。如私主体有权根据相关奖励办法请求行政机关兑现行政奖励的承诺,行政机关不得拒绝。四是主动关系,即私主体有权主动参与行政权的运作,监督行政权的运行。典型的例子如,重大行政决策应当采取便于社会公众参与的方式充分听取公众意见。[3]具体到涉私行政权,其既可能与私权利是正向的保护关系,亦可能与私权利是反向的限制关系。相应地,对于限制性涉私行政权而言,行政机关与私主体之间的关系限于被动关系和消极关系;对于保护性涉私行政权而言,行政机关与私主体之间的关系则主要表现为主动关系和积极关系。

---

[1] 参见徐继敏:《行政裁决证据规则初论》,载《河北法学》2006年第4期,第18页。

[2] 参见《行政许可法》第81条。

[3] 参见《重大行政决策程序暂行条例》第14条。

三、行政权与私权利的实然关系

行政权与私权利之间关系的错综复杂与盘根错节是公法与私法融合的原因之一。[1]私权利所属事项不再单纯属于私法领域,行政权所涉事项亦涵盖到私法领域之中。从实然的角度观察:一方面,立法中的行政权与私权利呈现相互制约与促进关系,其中《民法典》体现得尤为明显;另一方面,在实践运行中,行政权的异化成为常态,并不可避免地侵害和践踏私权利,呈现行政权过分发达与私权利过度萎缩并存的局面。

(一)《民法典》中行政权与私权利的制约促进关系

在民法慈母般的眼里,每一个人就是整个国家。[2]《民法典》以权利保护为任务和精神指引,以保护民事权利为出发点和落脚点,使《民法典》成为新时代保护人民民事权利的好法典,[3]开启了权利保护的新时代。《民法典》对私权利的保护既体现在私法层面,也体现在公法层面,即行政权的保护。与此同时,《民法典》中的私权利也受到行政权的约束,可谓制约与促进并存。

1. 行政权与私权利相互制约

一是私权利排斥行政权。《民法典》在总则编中总括性地规定行政机关不得侵犯民事主体的人身权利、财产权利以及其他合法权益。"鉴于《民法典》总则与分则之间统辖遵从的逻辑关

---

[1] 参见田喜清:《私法公法化问题研究》,载《政治与法律》2011年第11期,第91页。
[2] [法]孟德斯鸠:《论法的精神》(上卷),许明龙译,商务印书馆2009年版,第190页。
[3] 参见全国人大常委会时任副委员长王晨2020年5月22日在第十三届全国人民代表大会第三次会议上所作的《关于〈中华人民共和国民法典(草案)〉的说明》。

系,该条规定对任何行政机关都具有法律上的约束力,彰显的是私权所具有的防御公权力功能。"[1]以物权为例:一方面,权利人无需借助行政权即可凭自己的意思和能力实现对特定物的占有、使用、收益和处分;另一方面,物权具有排他性,行政权不得妨碍和侵犯。二是行政权限制私权利。当私权利与公共利益发生冲突时,私权利需要作出让步,并体现为行政权对私权利的限制,如为合理利用土地而限制土地用途变更。第350条规定,建设用地使用权人应当合理利用土地,不得改变土地用途;需要改变土地用途的,应当依法经有关行政主管部门批准。三是行政权消灭私权利。如通过征收征用制度,行政权可以消灭物权。第243条规定,为了公共利益的需要,依照法律规定的权限和程序可以征收集体所有的土地和组织、个人的房屋以及其他不动产。[2]

2. 行政权促进私权利

行政权同时扮演了私权利的保护者角色。一是行政权设立私权利。如第256条规定,国家举办的事业单位对其直接支配的不动产和动产,享有依照国务院的有关规定收益、处分的权利。二是行政权确认私权利。如第209条第1款规定,不动产物权变动以登记为生效要件,以行政机关的权威性来保障不动产交易安全。三是行政权保护私权利。这种保护既体现为事先保护,也体现为事后保护。事前保护如通过登记确认物权、事后保护如用国家强制力处罚违法行为、解决私权利纠纷等。第233条规定,物权受到侵害的,权利人可以通过和解、调解、仲裁、

---

〔1〕 章志远:《行政法治视野中的民法典》,载《行政法学研究》2021年第1期,第47页。
〔2〕 应松年:《行政权与物权之关系研究——主要以〈物权法〉文本为分析对象》,载《中国法学》2007年第5期,第69页。

诉讼等途径解决，行政调解以及未明确列举的行政裁决都是行政权介入和保护物权的方式。四是行政权协助私权利。如第277条第2款规定，地方人民政府有关部门应当对设立业主大会和选举业主委员会给予指导和协助。指导和协助方式包括但不限于：开展物权法宣传和教育、指导选举、帮助物业小区建立人民调解委员会等。

（二）行政权的异化与对私权利的破坏

自近代以来，公权力一直是国家以公益为由来进入社会，并力图塑造社会的一个经常性的制度化规制活动。[1]但是，"国家权力既是个人权力的保护神，又是个人权利的最大最危险的侵害者"。[2]行政权的扩张往往伴随对私权利的践踏，行政权如果过度行使，就会蜕变为私权利的天敌。此外，在某些情形下，行政权还担负着保护私权利的任务，如果行政机关未依法及时行使这部分行政权，同样构成行政权的异化。

1. 行政权过度行使

行政权异化的第一种情形是行政权过度行使，即行政权不适当或无限制地侵犯私权利。其原因有二：一是传统的"重国家、轻个人"观念。我国历史上的国家-社会模式一直是强国家-弱社会形态，在中国传统权力体系中不存在社会独立于国家之外，并获得不受国家干预的自主权利的观念和理论。[3]发展到今日，我国依然是行政权强大、私权利弱小的状态，行政权被过分崇拜，私权利则往往被漠视，因而行政权具有扩张和异化的基础，并成为私权利的最大侵害源。二是行政权天然具有扩

---

[1] 苗梅华：《智慧治理的时代面向与挑战》，载《国家检察官学院学报》2020年第1期，第104页。

[2] 郭道晖：《民主·法制·法律意识》，人民出版社1988年版，第23页。

[3] 陶鹤山：《市民群体与制度创新——对中国现代化主体的研究》，南京大学出版社2001年版，第194页。

张属性。所有拥有权力的人都倾向于滥用权力,而且不用到极限绝不罢休。[1]行政权天然的扩张趋向使得行政权犹如脱缰的野马,并进一步导致了私权利对行政权的依附属性,二者共同作用于行政权对私权利的过度限制乃至践踏和损害。最典型的例子是强制拆迁,实践中行政机关"以赔代补"、恶意违法强拆等行为屡见不鲜,因为非法强拆引发的法律纠纷层出不穷。如在"仁杰粮油公司诉西宁市城东区政府房屋强制拆迁行政赔偿案"中,西宁市城东区政府违法强制拆除了仁杰粮油公司所属的被征收房屋,导致行政补偿不得已转化为行政赔偿。[2]再如《行政处罚法(修订一审稿)》第45条有关"行政处罚决定应当依法公开"的规定没有考虑到当事人的隐私保护问题,存在不当侵犯公民的隐私权和个人信息保护的嫌疑。[3]最终公示的《行政处罚法》第48条则坚持了区分原则,规定"具有一定社会影响的行政处罚决定应当依法公开",显然更为科学。

行政权的存在和行使本以公共利益为鹄,并最终服务于私权利的保护。而当行政权异化为对私权利的打压工具时,不仅不可指望行政权的保护效力,私权利自身的自治效果也难以实现。行政权的过度行使:一是体现为行政权的私有化,即本应维护公共利益的行政权沦为了个别部门乃至个人谋求部门利益和私人利益的工具;二是体现为行政权的商品化,即本不具有交易属性的行政权成为交易的商品,权钱交易现象大行其道;三是体现为行政权的泛滥化,即本应依法行使的行政权超出法律允许的范围,包括法律未授权时行使行政权以及超越法律的

---

〔1〕[法]孟德斯鸠:《论法的精神》(上卷),许明龙译,商务印书馆2009年版,第166页。

〔2〕参见最高人民法院[2017]最高法行申字第7437号行政裁定书。

〔3〕参见章志远:《作为行政处罚总则的〈行政处罚法〉》,载《国家检察官学院学报》2020年第5期,第30页。

授权范围行使行政权。限制性涉私行政权本就对私权利构成直接限制,如若在不该介入民事关系的时候予以介入或者介入民事关系的程度严重超越了法律允许的范围,势必会"影响私权生活的各种规则与运转秩序,导致市民社会运行规则的扭曲和私权利观念的弱化"。[1]

2. 行政权不作为

行政权异化的第二种情形是行政权未尽到对私权利的保护义务,同样构成对私权利的漠视。如上所述,行政权对私权利负有保护义务,保护私权利也是行政权的合法性与合理性根源,如果行政机关怠于行使这类行政权力,必然导致私权利受损。而之所以屡屡出现行政权不作为现象,甚至在私权利遭受侵犯时仍然无动于衷,根本原因还在于行政机关被公共利益之外的利益(如部门利益)冲昏了头脑,放弃了公共利益导向的行政权。"权力行为的目的不在于权力主体的利益,而在于公共利益,弃权必使公共利益受损,有违设权力的初衷,所以权力不可放弃。"[2]如在"罗某厚诉武汉市公安局硚口区分局不履行法定职责案"中,武汉市公安局硚口区分局对罗某厚报警要求按协议处置的请求不予处理,有损原告的人身权和财产权,湖北省高级人民法院再审确认其违法。[3]事实上,行政权不仅不可放弃,还应当具有效能性,即积极、主动、及时、实效地把权力指向社会生活,从而实现行政目的。[4]对于保护性涉私行政权,其设置初衷即在于为民事活动中的私主体提供额外的保护,

---

[1] 汪渊智:《理性思考公权力与私权利的关系》,载《山西大学学报(哲学社会科学版)》2006年第4期,第65页。

[2] 周永坤:《法理学——全球视野》(第4版),法律出版社2016年版,第243页。

[3] 参见湖北省高级人民法院[2018]鄂行再字第13号行政判决书。

[4] 金伟峰:《无效行政行为研究》,法律出版社2005年版,第31页。

如通过对收养人的评估保障被收养人的生活环境,当行政机关对这类行政权弃之不顾时,私主体的正当期待利益便告落空,实际上构成对私主体合法权益的变相侵害。

　　当前我国行政权与私权利的关系的确呈现矛盾状态:一面是个人日益增长的私权利诉求,另一面则是行政权对私权利保护不力乃至蓄意侵犯。[1]私权利的不自足属性呼唤行政权的介入,行政的异化常态又决定了行政权的介入不可过度。有学者对此做了极为精辟的解读,"且不说公权经常被用来充当谋私的幌子,即使确实是为公共利益,也往往是完全漠视私权利的存在"。[2]行政权的异化使得行政权与私权利的博弈成为必然,而为了实现二者之间的良性互动和融合制衡,行政权必须软化,私权利则必须硬化。

---

[1] 参见李传良:《现阶段我国公权与私权的冲突及调适》,载《山东社会科学》2009年第8期,第145页。

[2] 张改清、白洪涛:《中国语境下公权与私权的博弈——兼论我国征地与拆迁制度的完善》,载《河北法学》2006年第4期,第17页。

第二章

行政权何以作用于民事关系

在私法关系的形成到消灭过程中,国家从来就不是一个旁观者,国家的强制处处可见。[1]不管是《民法典》本身还是其他立法抑或是行政权的实践活动,行政权普遍介入私权自治领域已经成为公开的秘密,区别仅在于介入的目的和程度。事实上,行政权作用于民事关系并非空穴来风、可有可无的存在,而是具有坚实的理论基础,并借此成为一种必然的现实存在。"直接在民法中规定公法性训示规范不可取"[2]的观点可休矣。

第一节 行政权作用于民事关系的理论前提:私法公法化

公法对私法的侵蚀成为当今时代的一个重要标签,传统的私法制度被愈来愈多的公法规范所包围,并集中体现为行政权对民事关系的介入和干预。因此,行政权作用于民事关系是私

---

[1] 苏永钦:《私法自治中的国家强制》,中国法制出版社2005年版,第2页。
[2] 茅少伟:《寻找新民法典:"三思"而后行 民法典的价值、格局与体系再思考》,载《中外法学》2013年第6期,第1144页。

法公法化的下位概念，私法公法化是行政权作用于民事关系的理论前提。

一、公私法二元论及其式微

传统的公私法二元论主张公法与私法的二元对立与互不侵扰，认为"它源于社会生活的需要，反映了法律调整的规律性"。[1]然而，绝对的公私法二元论也蕴藏了巨大的制度危机，随着时代的发展，公私法的融合已成不可阻挡之势。

（一）公私法二元论的基本主张

1. 公私法区分的必然性

一般认为，近代法律体系由公法和私法两大法域构成。[2]马克斯·韦伯言，无论是法律理论还是法律实践，公法与私法的区分都是最重要的区分之一。[3]公私法的区分源于古罗马，其社会基础在于，商品经济的发展导致了政治国家与市民社会的二元分离，进而形成了被誉为"商品生产者社会第一个世界性法律"的罗马私法。公法是有关公共利益的法律，但只可消极待命于政治国家领域；私法是有关个人利益的法律，私法自治及其衍生规则几乎可以应对市民社会的一切问题。[4]因此，罗马法学家对公私法进行分类的目的是区分法律属性，使罗马统治者能够分别制定旨在保护以皇帝为首的国家利益的公法和

---

[1] 孙国华主编：《中国特色社会主义法律体系研究——概念、理论、结构》，中国民主法制出版社2009年版，第137页。

[2] 李东方：《近代法律体系的局限性与经济法的生成》，载《现代法学》1999年第4期，第15页。

[3] 参见［德］马克斯·韦伯：《经济与社会》（下卷），［德］约翰内斯·温克尔曼整理，林远荣译，商务印书馆1997年版，第1页。

[4] 参见宋亚辉：《风险立法的公私法融合与体系化构造》，载《法商研究》2021年第3期，第62页。

旨在保护自由民个人利益的私法。[1]但需要注意的是,古罗马区分公法和私法的根本目的在于撇开公法、流放公法,[2]以便利于私法的研究,对于公法的发展则并无实质性的贡献,甚至于将公法的研究视为畏途。诚如有学者所言:"在公法方面,罗马法从未提供任何范例。"[3]

到了19世纪,公法与私法的划分成了大陆法系最基础的一种分类方法,这也是真正意义上的公私法划分形成时代。大陆法系国家把法律一分为二,将调整公共利益及国家活动的法律称为公法,将调整个人利益和私人活动的法律称为私法,[4]并广泛应用于法典编纂与法律体系建构之中。法国、德国在公私法划分方面均成绩斐然,都先后制定了宪法、民法典、刑法典等法律,并建立了普通法院与行政法院两套法院系统,分别审理民事案件与行政案件。追根溯源,19世纪是资本主义自由经济飞速发展的时期,客观上要求个人能够自由参与社会经济活动,国家则主要扮演私人自治的保护者角色。[5]换言之,私法为个人活动提供了基本准则,公法则主要规制国家的活动,二者处于平行状态,不存在交叉融合的空间。

20世纪90年代,梁慧星教授在我国首提公私法区分论,主张"严格区分公法和私法,严格区分公法领域和私法领域,并

---

[1] 参见[意]彼得罗·彭梵得:《罗马法教科书》(2005年修订),黄风译,中国政法大学出版社2005年版,第7页。

[2] 参见孙国华、杨思斌:《公私法的划分与法的内在结构》,载《法制与社会发展》2004年第4期,第101页。

[3] [法]勒内·达维德:《当代主要法律体系》,漆竹生译,上海译文出版社1984年版,第45页。

[4] 王春业:《公权私法化、私权公法化及行政法学内容的完善》,载《内蒙古社会科学》2008年第1期,第30页。

[5] 参见叶秋华、洪荞:《论公法与私法划分理论的历史发展》,载《辽宁大学学报(哲学社会科学版)》2008年第1期,第144页。

实行不同的法律原则"。[1]学者们多认为,划分公私法的目的在于限制公权力对私权利的任意干涉,保障私权利。在我国,一个不容忽视的问题即是公权力对私权利的过度、过多干预,区分公法和私法是强调公权力不得任意干预私权利的必然举措。[2]从这个角度而言,坚持公法和私法的区分也有其必然性,私法负责保障私权免受公权力的干涉,[3]公法则以规范公权力为主要任务。时至今日,区分公法与私法依然是大陆法系国家的主要逻辑基础并且无可替代。

2. 公法与私法的区分标准

乌尔比安是公私法二元论的首倡者,认为公法是关于罗马帝国的规定,私法则是关于个人利益的规定。[4]显然,在乌尔比安看来,调整对象的差异是公法与私法的核心区别。事实上,公法与私法的差异是方方面面的:其一,在法律关系方面,公法调整纵向或不平等法律关系,完全否定私权自治;[5]私法调整横向或平等法律关系,以平等主体之间的权利义务为内容。[6]其二,在适用领域方面,公法作用于政治国家领域,规定政治国家运作的基本规则;私法作用于市民社会领域,规定市民社会运作的基本规则。其三,在主体方面,公法关系中必有一方是公权力机关,私法关系的各方当事人均系私人。其四,在功能方面,公

---

[1] 郭道晖等:《市场经济与法制现代化——座谈会发言摘要》,载《法学研究》1992年第6期,第3页。

[2] 参见金自宁:《"公法私法化"诸观念反思——以公共行政改革运动为背景》,载《浙江学刊》2007年第5期,第149页。

[3] Dominique Custos & John Reitz, "Public-Private Partnerships", *The American Journal of Comparative Law*, Vol. 58: 1, pp. 555~584 (2010).

[4] 江平、米健:《罗马法基础》,中国政法大学出版社1991年版,第9页。

[5] 参见[美]约翰·亨利·梅利曼:《大陆法系》(第2版),顾培东、禄正平译,李浩校,法律出版社2004年版,第108页。

[6] 参见谢瑞智主编:《法律百科全书》,三民书局2008年版,第11页。

法旨在保护公共利益，私法旨在保护一切私人利益。其五，在性质方面，公法强调国家意志，规定都是强制性的，当事人必须无条件服从；私法强调个人意志，规定都是任意性的，可依当事人的意志进行更改。其六，在原则方面，公法奉行"法无授权皆禁止"原则，以免公权力滥用戕害私权利；私法则将"法不禁止皆自由"奉为圭臬，主张最大限度地减少对私人自治的干预。[1]

关于公法与私法的区分标准，学界的观点莫衷一是，并针对以上差异形成了主体标准、利益标准、性质标准、关系标准等不同的观点。[2]自20世纪以来，学者们提出的公法与私法的分类标准多达数十种。1904年瑞士学者荷林嘉举出17种，1928年法国学者华尔兹举出12种，1962年英国学者哈勒举出27种。[3]有学者主张主体说为现今之通说；[4]有学者主张将主体说作为区分公法与私法的基本标准，同时综合考虑其它因素；[5]有学者则认为，公法和私法的主要标准是调整对象和调整目的的不同。[6]笔者认为，这些所谓标准实际上只是阐述了公法和私法某一方面的表面区别而已，而未触及公法与私法的本质区别。例如，主体标准忽略了公权力机关参与民事法律关系的可能性；

---

[1] 易军：《"法不禁止皆自由"的私法精义》，载《中国社会科学》2014年第4期，第121页。

[2] 参见沈宗灵：《比较法研究》，北京大学出版社1998年版，第125页；[德]卡尔·拉伦茨：《德国民法通论》（上册），王晓晔等译，法律出版社2013年版，第5~6页。

[3] 王利明、郭明瑞、方流芳：《民法新论》（上），中国政法大学出版社1988年版，第6页。

[4] [德]迪特尔·梅迪库斯：《德国民法总论》，邵建东译，法律出版社2001年版，第12页。

[5] 董文军、刘芳：《私法公法化视野中的消费者权利保护》，载《当代法学》2007年第3期，第80页。

[6] 黄忠：《民法如何面对公法：公、私法关系的观念更新与制度构建》，载《浙江社会科学》2017年第9期，第63页。

利益标准因公共利益的模糊性而缺乏可操作性；关系标准无法解释公权力机关之间的民事交易现象；性质标准具有不完全覆盖性，并非所有的强制性规定都是公法，也不是所有的任意性规定都是私法。公法与私法区分的根本标准应当具有周延性，对此仍要回到公私法区分的社会基础即政治国家和市民社会的区分上来，以"是否存在公权力要素"作为公私法区分的唯一标准，存在公权力要素的为公法，典型的如行政法；不存在公权力要素的为私法，典型的如民法。当然，以上公私法的区别仍具有相当大的参考价值。因此，可以说，公法与私法具有不同的法理，二者在救济渠道、审查密度、损害赔偿依据、强制执行方法等方面都呈现本质性区别。[1]

3. 区分公私法的法律意义

有学者对公私法的二元划分表示反对。如凯尔森基于纯粹法学理论，认为公私法的划分只在事实层面，在法律要素上则都体现为权利义务关系；且传统的主体说等标准也具有不周延性，因而很难对公私法进行合理的划分。[2]显然，公私法划分的复杂性并非具有说服力的反对理由，现实情况是，借助以上标准完全可以为公法与私法划定一条相对清晰的界限。另一方面，尽管凯尔森主张剔除法学研究中的价值判断要素，却又在规范效力理论部分回溯到法律的主观价值，"它之所以有效是因为它是被预定有效的"。[3]类似的反对声音虽不在少数，却终究无法动摇公私法二元划分在整个法律体系之中的基础性地位。

---

[1] 参见台红：《关于公法与私法划分的理论思考》，载《学术界》2010年第10期，第136、137页。

[2] 参见曹治国：《公法与私法划分否认说及其评价——兼论公私法划分的必要》，载《法治研究》2007年第4期，第77页。

[3] 参见[奥]凯尔森：《法与国家的一般理论》，沈宗灵译，中国大百科全书出版社2003年版，第132页。

事实上,公私法区分不仅是一个法律技术概念,"使法律体系划分更清晰科学",其法治意义也是不可否认的,"为人类社会进一步区分公法与私法的界限、探索公权力与私权利的边界提供了正确的方向"。〔1〕

首先,公权力对私权利的干预过多、过度是我国当前的主要问题,公私法划分确立了维护私权利、限制公权力的基本理念,对于培植个人的权利意识、破除官本位思想、实现以人为本具有十分重要的价值。在这一理念的指导之下,近现代民事立法都突出了个人的民事权利保护和意思自治原则,以此来防御公权力的不当侵犯。例如,我国《民法典》作为民事立法的集大成者,对个人的民事权利做了面面俱到的确认和保护,被称为"权利法典"。行政法则以限制行政权的滥用为宗旨,通过行政程序的设计等方案从正面规制行政权并使行政权始终服务于对私权利的保护。例如,《行政处罚法》详细规定了听证、陈述申辩等行政处罚的决定程序,以监督行政机关,避免处罚权的滥用侵害到相对人的合法人身财产权益。此外,各国宪法也纷纷以保护私权利为指引,设计了一整套限制公权力的宪政制度。可以说,"只要有国家权力存在,就会有以限制国家权力、维护个人利益为目的的公私法的划分"。〔2〕

其次,公私法划分具有重要的程序法意义,即公法和私法案件分别适用不同的管辖法院和诉讼程序。"必须对这两种范畴的案件加以基本划分,同类规范不能兼适两者,这一点显而易见。"〔3〕

---

〔1〕 张锐智:《罗马法学家关于公法私法划分的意义与启示》,载《辽宁大学学报(哲学社会科学版)》2013年第1期,第114页。

〔2〕 曹治国:《公法与私法划分否认说及其评价——兼论公私法划分的必要》,载《法治研究》2007年第4期,第79页。

〔3〕 [法]勒内·达维:《英国法与法国法:一种实质性比较》,潘华仿、高鸿钧、贺卫方译,清华大学出版社2002年版,第41页。

在管辖法院问题上，大陆法系国家对私法案件和公法案件分别采用了区分管辖法院或审判庭的方案：如法国和德国都由普通法院审理私法案件，由行政法院审理公法案件；我国采统一的法院系统，但在法院内部存在明确分工，即由民庭、破产庭等审理私法案件，行政庭、刑庭等审理公法案件。在诉讼程序上，私法案件一般适用民事诉讼程序，公法案件则多适用行政诉讼、刑事诉讼或者宪法诉讼程序。它们之间的差异也具有公法与私法规范的差异特色，当事人之间和当事人与国家的关系相较，分殊明显。[1]

最后，公私法划分具有重要的实践意义。一方面，公私法的划分明确了国家完全交给市民社会自治的领域与存在公权力要素的领域，"为私人活动和国家活动指明了基本范围和方向"。[2]在市民社会自治领域，个人有权按照自己的意志活动，不受公权力的非法干涉。在美国，公私法之分既是法律思想形成的前提，也塑造了人们日常生活中的联系方式。[3]在公权力要素领域，公权力机关为了公共利益行使各类公权力，私人活动或多或少受到公权力的限制，需要负担相应的公法义务。此外，需要注意的是，公权力还可能对私权利发挥保护作用，如在高空抛坠物侵权案件中，公安机关的调查权就是对受害人的一种保护机制。另一方面，公私法的划分也为市场经济的发展提供了有力指引。市场经济首先是私法领域的重要规制对象，私法确立的契约自由、平等、诚实守信等一系列原则和制度为市场经济的

---

[1] 张正文、张先昌：《公法、私法的界分与私权保护——以权利为中心》，载《江汉论坛》2010年第7期，第132页。

[2] 潘萍、徐强胜：《公私法关系论纲》，载《河北法学》2003年第4期，第158页。

[3] Amitai Etzioni, "The Fusion of the Private And Public Sectors", *Contemporary Politics*, Vol. 23: 1, pp. 53~62 (2017).

发展提供了一个相对宽松的环境。来自公法领域的行政许可、行政处罚等系列消极性的规制措施又为市场经济在外部戴上了紧箍咒，迫使私主体在追逐个人利益的同时承担一定的社会责任。与此同时，行政指导、行政奖励等积极性的鼓励措施也为市场经济的发展提供了催化剂和孵化器。

(二) 公私法二元论的式微

公私法二元论并不意味着公法与私法是纯粹的对立关系，事实上，二者之间的区别正变得越来越不明确。[1]取而代之的是公私法的融合，并具体体现为私法的公法化与公法的私法化。

1. 公私法二元论的内在龃龉

公法与私法之间固然存在诸多区别，划分公法和私法也具有相当大的法治意义。但同样不可否认的是，公私法二元论也并非完美无瑕，公法与私法之间没有清晰的界限，[2]"将公法与私法绝对割裂开来并在它们之间建立一道不可逾越的鸿沟是不可接受的"。[3]

首先，公法与私法之间没有绝对的界限。在公法与私法之间，并不能把它们精确无误地切割，就像我们用刀子把一只苹果切成两半一样。[4]公法规则与私法规则共存于同一部法乃至

---

[1] Pavel Ondřejek, "A Structural Approach to the Effects of Fundamental Rights on Legal Transactions in Private Law", *European Constitutional Law Review*, Vol. 13：2, pp. 281~304（2017）.

[2] Rafal Szczepaniak, "The Nature of the Division into Public and Private Law, with Particular Emphasis on the Polish Experiences", *Comparative Law Review*, Vol. 20, pp. 33~53（2016）.

[3] [法] 莱昂·狄骥：《宪法学教程》，王文利等译，郑戈校，辽海出版社、春风文艺出版社1999年版，第35页。

[4] [德] 卡尔·拉伦茨：《德国民法通论》（上册），王晓晔等译，法律出版社2013年版，第7页。

同一个法律条文的现象早就司空见惯,我国古代一直是"刑民不分、诸法合体"的公私不分状态。德国学者也指出,相邻法、建筑法和环境法的并行可以说是公法与私法相互作用的典型。[1]而我国《民法典》中大量行政法规范的存在进一步体现了公私法之间界限的模糊性。杨解君教授系统总结了公私法相互关联的七种表现形式:混合的法律关系与混合的权利、以公法的行为为基础的私法关系之形成、为私法的法律行为之要素的公法的行为、私法规则对于公法关系之适用、公法与私法的转换、私法的公法化以及公法的私法化,[2]公私法界限的模糊状态由此可见一斑。而社会科学长期以来都认为,公私法之间的区别要比人们通常认为的模糊得多。[3]

其次,盲目坚守公私法二元论忽略了公法与私法的融合趋势。按照公私法二元论,公法与私法各有其领域且在理念的形成与概念、制度的发展上各有其脉络,应该不会有冲突可能。[4]但事实却是,公法和私法的相互渗透和相互影响在当代几乎所有国家都发生了。[5]从宏观角度而言:一方面,公权力对社会经济生活的干预日益普遍且有扩大化趋势,"公法并不局限于特定领域,而是随着政府干预的扩展而进入社会的各个领域"。[6]一个

---

[1] [德]曼弗雷德·沃尔夫:《物权法》(2002年第18版),吴越、李大雪译,法律出版社2002年版,第187页。

[2] 杨解君:《物权法不应被笼统地视为私法》,载《法学》2007年第7期,第43页。

[3] Amitai Etzioni, "The Fusion of the Private and Public Sectors", *Contemporary Politics*, Vol. 23: 1, pp. 53~62 (2017).

[4] 参见苏永钦:《民事立法与公私法的接轨》,北京大学出版社2005年版,第27~33页。

[5] 参见朱景文、韩大元主编:《中国特色社会主义法律体系研究报告》,中国人民大学出版社2010年版,第8页。

[6] 张千帆:《宪法学导论:原理与应用》(第2版),法律出版社2008年版,第33页。

明显的例子是，在所有西方国家，包括房屋在内的社团的、商业的和工业的财产，正日益受行政法的调整，而个人所有者如未经政府的许可，则几乎不能种植一棵树或扩建他的厨房。[1]另一方面，平等、自由等私法价值也越来越多地进入公法领域，行政机关也越来越驾轻就熟地运用行政指导、行政协议等非强制性的行政手段来实现行政管理目标。从微观角度观察：一方面，私法常以公法决定作为基础或产生公法上的结果，如不动产物权变动须经登记才可发生效力；另一方面，公法也经常以民事法律关系为要件或形成私法效果，如公安机关在高空抛坠物案件中行使调查权以侵权事实的现实发生为前提。

2. 公私法的融合现状

在传统的公私法二元论看来，所谓公法、私法，既指法规范，又指部门法。换言之，某一部门法要么是公法要么是私法，[2]而在民法这类私部门法中，只得存在私法规范。但随着公私法融合，部门法不再是纯粹的私法或公法，而是兼具私法规范与公法规范，但仍以私（公）法规范为主。公法规范与私法规范的相互渗透融合是一个非常自然的现象，法律实用主义者也强调公共领域与私人领域、公权力与私权利的相互渗透，[3]甚至有些监管法律不再区分公法和私法事项。[4]典型的例子如，物权关系既包括私法关系也包括公法关系，前者指因物权归属利用产生的关系，后者包括物权保护、确认方面的关系。综合来看，

---

[1] ［美］哈罗德·J. 伯尔曼：《法律与革命——西方法律传统的形成》，贺卫方等译，中国大百科全书出版社1993年版，第40页。

[2] 台红：《关于公法与私法划分的理论思考》，载《学术界》2010年第10期，第135页。

[3] Amitai Etzioni, "The Fusion of the Private and Public Sectors", *Contemporary Politics*, Vol. 23: 1, pp. 53~62 (2017).

[4] Hanoch Dagan, "Between Regulatory and Autonomy-Based Private Law", *European Law Journal: Review of European Law in Context*, Vol. 22: 5, pp. 644~658 (2016).

公私法的融合呈现两大趋势，一是公法的私法化，二是私法的公法化。

所谓私法的公法化，就是公权力对私权自治理念的介入，把本应由私法调整的对象纳入公法的保护范畴内，从公法的视角赋予私法自治以新的范围和具有倾向性的保护方向。〔1〕本书所研究的民事关系中的行政权即是私法公法化的重要表现之一。之所以会出现私法公法化现象，根源于20世纪二三十年代西方的经济危机以及由此引发的各类社会矛盾。凯恩斯提出了国家干预理论来替代亚当·斯密的自由放任理论，表现在法治领域，就是公法介入到传统的私法自治范围，对社会经济生活进行广泛干预。"公法并不局限于特定领域，而是随着政府干预的扩展而进入社会的各个领域。"〔2〕因此，可以说，私法的公法化是由私法自身不完备所造成的必然结果：从规范角度而言，私法不是一个自洽的封闭系统，客观上需要公法的援助；从实践角度而言，私法所坚守的自治原则无力应对资源配置的失衡与社会的显著不公平，成为"掩盖残忍本性的道貌岸然的伪装"。〔3〕可以说，从私法关系的形成到消灭的过程之中，国家从来就不是一个旁观者，相反，国家的强制处处可见。就民法诸领域而言，有学者对《物权法》的规范对象、法律任务、法律渊源等方面加以分析发现，《物权法》主要是私法，但也融合了公法的规范及其相关内容；〔4〕在合同领域，没有国家强制力为潜在后

---

〔1〕 齐恩平：《私法自治与民事政策的互动及检视》，载《政法论坛》2021年第1期，第59页。

〔2〕 张千帆：《宪法学导论：原理与应用》（第2版），法律出版社2008年版，第33页。

〔3〕 [美]塞缪尔·弗莱施哈克尔：《分配正义简史》，吴万伟译，译林出版社2010年版，第143页。

〔4〕 参见杨解君：《物权法不应被笼统地视为私法》，载《法学》2007年第7期，第44~51页。

盾，合同不过一纸废文；在婚姻家庭领域，国家干预在很大程度上已使婚姻家庭法成为公法。

所谓公法私法化，是指大量的私法手段被引入公共领域，公法越来越多地受到私法的影响，甚至导致某些传统的公法关系向私法关系发展。[1]之所以会出现公法的私法化现象，根源于20世纪70、80年代以来的公共行政改革运动。这场运动"以放松管制、降低成本、提高效率为主旨"，[2]本质是国家管理方式的实质性调整，是政府管理、政府干预职能的退缩和经济自由、市场价值的回归。[3]表现在法学领域，就是将私法的原则、理念、方式、手段等渗透到公法领域。例如，私法中的诚实信用原则被广泛应用于行政管理实践，并转化为信赖利益保护原则；私法中的契约自由理念被引入行政法之中，形成了行政协议这一新型的行政管理手段。除此之外，还出现了民营化与公共服务的社会化趋势，私主体越来越多地参与到公法任务之中。由此，公法发生了翻天覆地的变化，政府则朝着有限政府、高效政府、服务政府、诚信政府的方向大步迈进。

3. 公私法的划分仍有意义

公私法的融合表面使得公私法的界限变得愈发模糊，但并不意味着公私法的划分失去了意义。公私法的融合是一码事，公私法之间的区别又是另一码事，公私法的相互融合并没有消灭二者在调整对象、手段等方面的区别。恰恰相反，私法公法化与公法私法化实际上是通过私法某部分的公法化和公法某部分的私法化使得私法的基本部分与公法的基本部分变得更为清

---

[1] 参见叶秋华、王云霞主编：《大陆法系研究》，中国人民大学出版社2008年版，第105页。

[2] 袁曙宏：《论建立统一的公法学》，载《中国法学》2003年第5期，第31页。

[3] 田喜清：《探析公法的私法化：以行政法为视角》，载《探求》2014年第3期，第41页。

晰,[1]公私法融合具有强化公私法划分之功效。进言之,私法公法化中的"私法"(公法私法化中的"公法")是指调整范围,"公法"(公法私法化中的"私法")是指调整方法,调整方法不是判断公私法属性的核心特征,公法私法化(私法公法化)说明本质上还是公(私)法。不仅公法与私法的二元区分是一种必然,二者的融合也是一种必然,两种现象并行不悖。[2]

私法和公法之间的区别自11世纪就已经存在,并作为一种分析工具和意识形态不断发展。[3]学界也向来认可公私法的区分并认为区分公私法的意义不因公私法的融合而锐减。如美浓部达吉教授指出,公法和私法的区别实可被称为现代国法的基本原则。[4]姜明安教授也断言,"只要有人类共同体存在,有法律存在,其区分就不会消失。"[5]因此,就私法的公法化而言,应当从以下三个层面进行理解:其一,私法的公法化以公私法的二元划分为前提。"分立"仍然是基础和根本,否则就没有"交错与融合"可言;[6]其二,私法的公法化肯定了公法对私法的渗透以及公权力对私权利的干预;其三,私法的公法化并不是私法被公法替代,也未否认私法的地位和意义。公法的私法化亦然。

---

[1] 参见潘萍、徐强胜:《公私法关系论纲》,载《河北法学》2003年第4期,第160页。

[2] 参见张莹莹:《论高空抛坠物侵权案件中公安机关的调查权》,载《政治与法律》2021年第4期,第152页。

[3] Poul F. Kjaer, "From the Private to the Public to the Private? Historicizing the Evolution of Public and Private Authority", *Indiana Journal of Global Legal Studies*, Vol. 25: 1, pp. 13~36 (2018)。

[4] [日]美浓部达吉:《公法与私法》,黄冯明译,周旋勘校,中国政法大学出版社2003年版,第3页。

[5] 姜明安:《法治思维与新行政法》,北京大学出版社2013年版,第128页。

[6] 钟瑞栋:《民法中的强制性规范——兼论公法与私法"接轨"的立法途径与规范配置技术》,载《法律科学(西北政法大学学报)》2009年第2期,第71页。

二、私法公法化的兴起:在自治与管制之间

在 19 世纪严格区分政治国家与市民社会的时代背景之下,传统的民法典奉行绝对的意思自治原则,并以自治为基础设计规则和制度,[1]而视国家管制和公权力为"达摩克利斯之剑"。但随着资本主义由自由竞争转向垄断,在兼顾自治与管制的目标之下,国家对社会经济生活的干预日益增强。反映在法律领域,则出现了私法的公法化趋势,私法领域传统的意思自治原则不可避免地受到限制。

(一) 意思自治原则的相对化

意思自治是私法的结构性原理和逻辑起点,[2]强调个人意思自己决定。但是,绝对的意思自治并不足取,对意思自治进行必要的限制并转向相对的意思自治成为现代私法的标志性特征,凸显出强烈的社会化趋向。

1. 意思自治的基本意蕴

意思自治滥觞于罗马法,又称私法自治,[3]指"私法主体依法享有在法定范围内广泛的行为自由,其可以根据自己的意志产生、变更、消灭民事法律关系"。[4]意思自治可谓私法的黄金原则,也是私法的价值和灵魂所在,传统民法的三大原则契约自由、所有权绝对和过错责任即以意思自治为核心。意思自

---

[1] Hanoch Dagan, "Between Regulatory and Autonomy-Based Private Law", *European Law Journal: Review of European Law in Context*, Vol. 22: 5, pp. 644~658 (2016).

[2] 谢鸿飞:《〈民法典〉制度革新的三个维度:世界、中国和时代》,载《法制与社会发展》2020 年第 4 期,第 63 页。

[3] 德国法称"私法自治",法国法称"意思自治"。意思自治、私法自治与私权自治同义,为论述方便,本书在不同场合交替使用三个不同的概念。

[4] 王利明:《负面清单管理模式与私法自治》,载《中国法学》2014 年第 5 期,第 27 页。

治的涵义可以从以下几个方面理解：

首先，就私法本身而言，意思自治是基本精神和法律原则，根本目的在于保证民事主体在法定范围内享有最广泛的自由。[1]意思自治意味着"我的事情我做主"，私主体是自己意志的唯一支配者，能够按照自己的意愿创设权利义务，独立处理个人事务，任何组织和个人不得干涉。其理论预设在于，每个人都是平等的理性经济人，根据自己的能力去行动，[2]且自主作出的决定对自己最为有利。其次，就私法与公法的关系而言，意思自治指向"消极的自由或不干涉"，[3]即私法不受国家的干预，国家不得动用公权力干涉私主体的行为自由。如果没有这种意思自治的观念，公权力机关难免会打着公共利益的幌子肆意侵入私法领域。而当国家加强对社会经济生活的干预时，就出现了私法的公法化趋势。最后，就意思自治与法的关系而言，意思自治并非不受法律的影响，"而是存在于一个国家法律所给定的范围之内"。[4]私法不可能脱离公权力的约束，国家须向私人提供国家法律保护组织以保障意思自治之实现。[5]但另一方面，只要在国家提供的法律制度范围之内，私主体便是"自由人"，可放任其追求自我确定的目标。[6]此外，意思自治意味着"法不禁止皆自由"，私主体的行为并不需要法律的明确授

---

[1] 参见王利明等：《民法学》，法律出版社 2017 年版，第 26 页。

[2] Hanoch Dagan, "Between Regulatory and Autonomy-Based Private Law", European Law Journal: Review of European Law in Context, Vol. 22: 5, pp. 644~658 (2016).

[3] Jennifer A. Parks, "Care Ethics and the Global Practice of Commercial Surrogacy", Bioethics, Vol. 24: 7, pp. 333~340 (2010).

[4] 易军：《私人自治与私法品性》，载《法学研究》2012 年第 3 期，第 79 页。

[5] 参见[德]迪特尔·施瓦布：《民法导论》，郑冲译，法律出版社 2006 年版，第 298 页。

[6] 参见[美]詹姆斯·M. 布坎南：《宪法秩序的经济学与伦理学》，朱泱、毕洪海、李广乾译，商务印书馆 2008 年版，第 318~319 页。

权，只要"行为人不实施侵犯他人合法的私人领域这一为法所禁止的不正义行为",[1]即可推定私主体享有从事此项行为的充分自由。就此项法律行为的效力而言，则可谓"法不禁止皆有效"。

2. 意思自治的相对化与私法的社会化趋向

在意思自治原则的统领之下，传统私法形成了所有权绝对、契约自由和过错责任三大原则。但面对三大原则带来的诸多问题，现代私法跳出了三大原则的窠臼并进行了大刀阔斧的改革，使意思自治从绝对化走向了相对化，私法也由此呈现出了一定的社会化趋向。

第一，所有权从绝对到相对。在传统意思自治原则的统治之下，所有权人对其财产享有绝对的所有权。一方面，这种"绝对"是指自由属性，所有权人有权按照自己的意志自由处分其财产；另一方面，这种"绝对"是指排他属性，任何组织或个人不得侵犯或剥夺所有权，也不得干涉所有权人对财产的自由处分行为。所有权的相对化是指，所有权的行使受到公权力的限制，尤其是禁止所有权的滥用。进一步而言，所有权人并不可以为所欲为，尤其是借所有权之名行侵犯公共利益之实。此外，所有权在一定情形之下完全可能以征收、征用的形式被剥夺，以满足公共利益的需要。因此，在所有权相对化的视角之下，一方面，所有权不再仅仅是一项权利，而演化为一项服务于公共利益的责任。换言之，所有权不得不承担起一定的社会化功能，所有权的观念不能与社会的理念相违背，充分考虑财产所处的社会关系并服从法律所设定的界限，才是真正实现财

---

[1] 易军：《"法不禁止皆自由"的私法精义》，载《中国社会科学》2014年第4期，第121页。

产自由的方式。[1]另一方面，所有权的排他、自由属性被限制在一定的范围之内，"在公共政策所规定的界限之内，所有者可不受干涉地充分行使其在标的物上的自然权力，并或多或少地受到保护以排除他人的此种干涉。所有者可以排除一切人，不对任何人承担责任"。[2]

第二，从契约自由到契约正义。契约自由是意思自治原则的最直接表达，"在整个私法领域具有重要的核心地位"。[3]契约自由具体指向私主体在以下四个方面的自由：选择缔约对象的自由、是否缔约的自由、决定缔约内容的自由和决定缔约方式的自由，"每一个人都可以不受约束地自由运用其从事交易、进行交换和作出许诺"。[4]因此，契约自由重视私主体的自主意志，排斥公权力的介入，有力激发了市场主体的创造活力，促进了财富增长和社会经济发展。但是，契约自由以经济秩序的完全竞争性与私主体的平等性为前提，未考虑到私主体之间在经济实力、交易经验等方面的差距和不平衡，实际上"已沦为垄断企业倚强凌弱的合法工具"。[5]在此背景下，契约正义理念呼之欲出，主张对契约自由原则施以公法上的限制，强化对弱势群体的保护，实现契约正义与自由的有机结合。例如，当契约自由妨害交易安全时，应放弃坚守契约自由，转而通过强制

---

[1] 张翔：《财产权的社会义务》，载《中国社会科学》2012年第9期，第105页。

[2] [美] 小奥利弗·温德尔·霍姆斯：《普通法》，冉昊、姚中秋译，中国政法大学出版社2006年版，第217页。

[3] [德] 罗伯特·霍恩、海因·科茨、汉斯·G.莱塞：《德国民商法导论》，楚建译，中国大百科全书出版社1996年版，第90页。

[4] 田喜清：《私法公法化问题研究》，载《政治与法律》2011年第11期，第88页。

[5] 杨阳：《论私法公法化的逻辑本位及其限度》，载《河北学刊》2015年第6期，第177页。

缔约等制度支持交易安全的优位保护。因此，私法实际上致力于增强个人的自主权，而不仅仅是为了维护独立，它不满足于形式上的平等，而是倾向于维护实质平等。[1]契约自由理论的衰落，可以看作是对19世纪的个人主义向福利国家与超福利国家的转变所作出的最初反应。[2]

第三，归责原则从主观到客观。传统私法主张主观归责原则即过错责任，认为只有行为人对损害后果的发生具有过错才须担责。"过错"属于主观意志和自由意志范畴，"行动只有作为意志的过错才能归责于我""我的意志仅以我知道自己所做的事情为限，才对所为负责"。[3]因此，过错责任实际上意味着行为人的自由意志是可以预见和控制的，行为人承担某种责任是其自由意志的结果，更表明其愿意承担此种责任。[4]与此同时，法律要求行为人为其过错承担责任，也是间接承认和尊重行为人自由意志的表现。然而，这种片面强调行为人意思自治的归责原则对受害人来说不尽公平。例如，行为人饲养的宠物狗咬伤了受害人，如果放任行为人以不具有主观过错作为抗辩事由，受害人则面临合法权益落空之后果，这显然与法治的精神不相符合。针对此种维权困境，新时代的归责原则转向客观化趋势，引入了过错推定责任原则与无过错责任原则，以国家公权力对私人事务的强力干预纾解意思自治原则下单一过错责任导致的

---

[1] Hanoch Dagan, "Between Regulatory and Autonomy-Based Private Law", *European Law Journal: Review of European Law in Context*, Vol. 22: 5, pp. 644~658 (2016).

[2] 参见[美]格兰特·吉尔莫：《契约的死亡》，曹士兵、姚建宗、吴巍译，中国法制出版社2005年版，第127页。

[3] [德]黑格尔：《法哲学原理》，范扬、张企泰译，商务印书馆1961年版，第119页。

[4] 邱本、崔建远：《论私法制度与社会发展》，载《天津社会科学》1995年第3期，第55页。

客观不公平,"某种程度上是对意思自治的一种自我救赎"。[1]此外,客观归责原则客观上也实现了维护行为人自由与保障受害人民事权益的有机结合,并朝着社会实质性公平稳步迈进。

由此,在以上三大原则的升级改造过程中,私法完成了由近代私法到现代私法的时空转移。[2]所有权担负起社会义务、契约自由转向契约正义、客观归责占据了私法归责的相当部分,这些变化虽然形式上呈现为私权利的限缩,实质上则是加强了对私权利的保护,尤其是对弱势群体的保护,从而造就了实质平等的实现。

(二)私法公法化的动因与表现

随着资本主义从自由竞争转向垄断,国家对社会、经济生活干预的加强,公私法之分趋于动摇,公法和私法日益渗透,私法的公法化即是表现之一。[3]私法公法化意味着,公权力介入传统的属于平等主体之间的私权自治领域与私法关系,并对私权自治行为进行一定的干预,使之具备公法属性。美浓部达吉将其界定为:依据国家权力而行的经济生活之调整,不单为调整个人相互间的法律关系之秩序,且直接使该项法律的关系成为个人与国家间的关系的场合。[4]

1. 私法公法化的动因

1919年的德国《魏玛宪法》首次以国家最高法的形式确认了私法的公法化,规定对私权利予以限制,强调私权利的"社会

---

〔1〕 王继军:《公法与私法的现代诠释》,法律出版社2008年版,第72页。

〔2〕 参见梁慧星:《从近代民法到现代民法——二十世纪民法回顾》,载《中外法学》1997年第2期,第19页。

〔3〕 沈宗灵:《法律分类的历史回顾》,载《法学》1985年第6期,第9页。

〔4〕 [日]美浓部达吉:《公法与私法》,黄冯明译,周旋勘校,中国政法大学出版社2003年版,第234~235页。

功能"。[1]私法公法化是时代发展的产物,具备特殊的经济动因、社会动因与法治动因,最终目的在于增进社会的整体福祉。

第一,经济动因。随着资本主义发展,自由主义经济政策暴露出了越来越多的问题,使国家干预主义脱颖而出。[2]19世纪末,资本主义国家由自由竞争转向垄断式的不完全竞争,自由放任的经济秩序引发了贫富差距悬殊等一系列严重的社会矛盾,市场机制的缺陷即市场失灵现象凸显。对此,经济学家纷纷主张放弃自由放任的经济政策,主张通过强化国家对市场经济的干预来化解矛盾。以凯恩森为代表的凯恩森经济学以国家干预为基本论调,成为私法公法化的理论基石。[3]自此,干预性国家的思想成了主导,政府管制因市场失灵具备了正当性基础,国家对社会的干预不断强化,公法对私法渗透的广度和深度不断加强,私权利受到来自公权力的全面限制,既不能侵犯公共利益也不能侵犯他人的合法权益。可以说,私法公法化是资本主义社会调整国家政策、加强对社会经济生活领域的干预在法律制度上的一种体现。[4]

第二,社会动因。伴随垄断资本主义经济的是各类社会隐患,并超出了私法自治的极限,政治国家与市民社会的融合之势不可阻挡。例如,在环境方面,大规模生产导致了严重的环境污染问题,而私主体受趋利避害观念的影响显然缺乏保护生态环境、减少各类污染的内生动力,存在"搭便车"现象。事实上,只有国

---

[1] 参见杨阳:《论私法公法化的逻辑本位及其限度》,载《河北学刊》2015年第6期,第177页。
[2] 侯佳儒:《近代民法的现代性危机及其后现代转向——兼论当代民法的使命》,载《中国政法大学学报》2009年第2期,第130页。
[3] 参见董保华等:《社会法原论》,中国政法大学出版社2001年版,第35页。
[4] 田喜清:《私法公法化问题研究》,载《政治与法律》2011年第11期,第82页。

家这一公共利益的代表者才有可能聚焦于环境保护与污染治理，通过出台政策、环境立法、强化执法和司法等措施促使私主体被动承担环境修复责任。在消费领域，受经济利益的驱使，生产者和经营者常常利用信息优势、资源优势、市场优势等欺压消费者，诸如强买强卖、捆绑销售、哄抬物价等现象大行其道，严重侵犯了消费者的合法权益。为了维护处于弱势方的消费者的合法权益，行政权必须介入私人交易，并适当牺牲契约自由精神，换来契约正义的救赎。再比如，垄断资本主义经济催生了很多大资本家，这是建立在压榨穷人的基础之上，从而拉开了贫富差距，滋生了犯罪等一系列社会问题。面对日益严重的社会问题，人们再次将求援的目光投向国家，对国家提出了更多要求与期待，认为国家不应总是对社会生活采取消极态度，而应该为实现公共福利积极主动地干预社会，通过其外部引导力量，调节社会生活。[1]国家如果再袖手旁观，势必导致贫富差距的进一步拉大，并为一系列社会问题的扩大化提供土壤。所谓"单纯限制公权不是确保个体自由之合适手段，对自由的真正保障还需运用公权之手以遏制一部分人对另一部分人自由权利的侵害与践踏"。[2]

第三，法治动因。随着法治观念、社会政治体制和经济体制的历史变迁，人们在日趋注重对私权保护的同时，也更加注重对社会公共利益的维护，以期有一个更安全、更公平、更公正的社会大环境。[3]如上所述，传统私法奉行的意思自治与个人本位理念片面强调对私权利的保护，忽略了公共利益以及其

---

〔1〕 参见李东方：《近代法律体系的局限性与经济法的生成》，载《现代法学》1999年第4期，第17页。

〔2〕 王希：《原则与妥协：美国宪法的精神与实践》，北京大学出版社2000年版，第380页。

〔3〕 杨阳：《论私法公法化的逻辑本位及其限度》，载《河北学刊》2015年第6期，第178页。

他私主体的合法权益。为了保护公共利益并兼顾其他私人利益，禁止权利滥用成了私法的一项指导性原则，所有权神圣不可侵犯、契约自由与过错责任被迫修正为融合了公共精神的所有权相对、契约正义与客观归责。这三大原则的修正既凸显了私法的社会化趋向，也是私法公法化现象的最直观体现。另一方面，基于调和公共利益与个人利益的考量，行政权以更为积极的姿态介入私权利的行使过程，通过强制性立法、行政执法等公法手段实现对私人活动的有效规制。

2. 私法公法化的具体表现

私法公法化并非公法替代了私法，而是公权力对私权利的限制和保护。意思自治仍然是私法的根本性原则，只是笼罩在公法的视角之下其范围得到较大程度的改造。私法公法化既体现为私法之外的公法因素，即对私法自治施加外部限制；又体现为私法之内的公法因素，蕴含于私法之中。从价值取向来看，私法公法化反映的是个人本位向社会本位、私人利益向公共利益的转变。具体而言：

在外部层面，私法公法化体现为各类民事政策。"民事政策"是指，国家对民事活动进行导引和规范的法政策，是国家对民事立场所表达的观点和态度，是国家处理其民事领域事务的一系列路线、方针、原则和指示的总和。[1]民事政策在内容上可被区分为两大类别：一是通过管制私主体保护公共利益；二是通过管制一方私主体保护其他私主体的利益。住房、汽车限购政策是最典型的民事政策。例如，为缓解交通拥堵，降低能源消耗和减少环境污染，北京市出台了《北京市小客车数量调控暂行规定》，对小客车实施数量调控和配额管理制度，不允

---

[1] 齐恩平：《"民事政策"的困境与反思》，载《中国法学》2009年第2期，第72页。

许小客车的自由交易。我国民事政策与私法自治经历了民事政策压制私法自治、民事政策与私法自治相互"胶着"、民事政策与私法自治隐形共生三个阶段,所谓"共生"就是以"公共利益"为价值理念的融合,使私法自治得以吸纳民事政策中具有"私权"保护功能的部分,在不打破私法自身体系的基础上,实现特定领域的"私法公法化"。[1]这是因为,民事政策往往着眼于公共利益或者社会本位,强调公权力对私权自治领域的介入、管理和控制,从而打破了传统私法奉行的意思自治原则。进一步说,民事政策是公权力的产物,与私法自治可谓泾渭分明,但同时又给私法自治套上了枷锁。

在内部层面,私法公法化体现为私法中的强制性规定等各类公法规范。其中,强制性规定是最为重要的一种类型,有学者甚至将私法公法化直接定义为"国家通过强制性规范对私法予以限制的一种法律现象"。[2]强制性规定是当事人必须适用而不能依意思自治排除的法律规定,[3]我国《民法典》中存在大量的强制性规定条款,私主体在从事民事活动时必须服从这些强制性规定,否则可能导致民事法律行为无效之后果。从内容上看,这些强制性规定可以被分为两类:一类直接为私法行为设置了最低的法律要求,如物权法定原则(第116条)、合同自成立时生效(第502条)等;一类是铺设了通往其他法律、行政法规的管道,要求私法行为遵从法律、行政法规的特殊性规定,如法人成立的具体条件和程序依照法律、行政法规的规定

---

[1] 参见齐恩平:《私法自治与民事政策的互动及检视》,载《政法论坛》2021年第1期,第56~59页。

[2] 杨阳:《论私法公法化的逻辑本位及其限度》,载《河北学刊》2015年第6期,第178页。

[3] 李永军:《民法典编纂中的行政法因素》,载《行政法学研究》2019年第5期,第8页。

（第58条），业主大会、业主委员会成立的具体条件和程序依照法律、法规的规定（第277条）等。其二，为行政机关设置义务的条款也是私法中常见的一类公法规范，这类公法规范常常源起于私法自治本身的不足，而为相关的民事权利提供一种行政保护机制。例如，《民法典》规定了行政机关的调查义务（第1254条）、保护义务（第1010条）等公法义务，实际上服务于对相关私权利的保护，充当了私权利的保护伞。其三，私法中还有一类公法规范以私主体承担公法义务为主要内容。这类公法规范的主要作用是让私主体负担一定的社会性义务，"遵循适当的限度，不得造成过度损害"，[1]实现公共利益与私人利益的调和。典型的例子是不动产物权变更须经登记才可发生效力（第209条）。私法内部存在大量的公法规范意味着，传统的意思自治受到了公权力的强力干预。

第二节　行政权作用于民事关系的理论基础

行政权对民事关系的介入是私法公法化的直观体现和本质表达，其理论基础主要包括两个方面：一是私法自治的弊病明显，无法满足法律价值多元化的现实需要；二是纯粹民法治理观存在诸多缺陷，私权利的保护与公共利益的兼顾呼唤整体治理观。行政权作用于民事关系的本质是原则上的自主化与公共性的必要回归，最终实现私人利益与公共利益的调和。

一、私法自治的有限性与法律价值的多元化

私法奉行自由主义、个人主义与权利本位的精神理念，但

---

〔1〕 刘权：《权利滥用、权利边界与比例原则——从〈民法典〉第132条切入》，载《法制与社会发展》2021年第3期，第50页。

法律的价值并不仅限于此，秩序、正义、自由、公正等同为法律价值的重要因子。[1]夸张地说，只有多元主义才是唯一的普遍价值。[2]行政权介入民事关系既是对多元化法律价值的基本追寻，更是对私法自治有限性的法律救赎。

（一）纯粹私法自治的局限

私法自治有其必要性，人性的解放与私权利的张扬均有赖于私法自治理念的贯彻实施与个人主观能动性的发挥。但另一方面，纯粹的私法自治并不足取，私主体在自治方面的天然缺陷与过度自治导致的不公平并存，且损害公共利益的情形时有发生，对其进行反思与改造迫在眉睫。

1. 自治不能

意思自治是私法的永恒精神，指个人意思自我决定，强调私人事务独立处理。[3]其逻辑出发点首先在于，每一个私主体都是理性的经济人，有意愿亦有能力按照个人利益最大化的方式行动，因此保障每一个私主体对自己意志的唯一支配性是保障其合法权益的不二法门。但现实情况却是，人是有限理性的动物，私主体并非总是理性人，或者大多数时候都不是理性人。加之私主体之间在智力、认知、道德、资源、信息等方面都存在差异尤其是信息不对称，[4]很多私主体实际上并不具备自治能

---

[1] 参见周永坤：《法理学——全球视野》（第4版），法律出版社2016年版，第179页。

[2] 谢鸿飞：《中国民法典的生活世界、价值体系与立法表达》，载《清华法学》2014年第6期，第29页。

[3] 参见陈小君：《中国〈民法典〉编纂与国家治理现代化的关联逻辑》，载《探索与争鸣》2020年第5期，第39页。

[4] 所谓信息不对称，是指交易双方所拥有不均衡的与交易相关的信息，一方因掌握较多重要的交易信息而占据优势地位，而另一方因无法获取必要的交易信息则处于劣势地位。参见王俊豪：《政府管制经济学导论——基本理论及其在政府管制实践中的应用》，商务印书馆2001年版，第350页。

力或仅凭自治无法实现私权利的完备保护。一个典型的例子是，如果放任未成年人完全自治地参与市场交易，难保未成年人不会因为辨识能力的缺陷而受欺诈，导致财产权益受损。因此，传统私法有关"理性经济人"的假设过于简单，无法应对复杂的社会现实，纯粹自治的效果极为有限。正如哈贝马斯所言：一方面，理性是自启蒙以来不断得到崇奉的思想价值，所有现代性的其他观念，都是在理性的基础上建立起来的；另一方面，这种得到无限推崇的理性观念又是使现代性陷入困境的根源。[1]由此导致的结果是，私法所秉持和赋予私主体的这项"自治"权在很多时候沦为海市蜃楼，是私主体可望而不可及的存在。

其次，私法自治还以"经济秩序的完全竞争性"[2]为理论预设前提，认为市场经济环境是完全竞争状态，私主体之间的信息完全对称，因而私主体都可以根据自己的意志自由参与市场经济而不涉及私法权益受损。然而，"竞争和经济自由就像是硬币的两面"，[3]资源稀缺性和需求无限性之间的矛盾不可避免而造就了市场竞争的必然性。[4]尤其是19世纪末以来，不完全竞争甚至是垄断竞争替代了自由竞争的市场经济，行业垄断成了一个不可忽视的社会问题，最终导致了竞争机制的失灵与部分私主体自由的消亡。许多私主体尤其是穷人、消费者、劳动者等弱势群体不得不屈从于大企业主与强势地位的生产者和经营者，私法所赋予的所谓自治实际上名存实亡。贫富差距悬殊

---

[1] [德]哈贝马斯：《现代性的地平线——哈贝马斯访谈录》，李安东、段怀清译，上海人民出版社1997年版，第29页。

[2] 杨阳：《论私法公法化的逻辑本位及其限度》，载《河北学刊》2015年第6期，第177页。

[3] [德]曼弗里德·诺依曼：《竞争政策——历史、理论及实践》，谷爱俊译，北京大学出版社2003年版，第6页。

[4] 金善明：《私人自治的困境及其出路》，载《首都师范大学学报（社会科学版）》2016年第5期，第60页。

等社会问题也不断滋生，遑论私主体所追求的私权利保护之实现了。诚如拉德布鲁赫所言，在一切称为无经验、贫困、轻率的场合，专门以狡猾、放任且利己的人为对象而制定的法，只能将与之性质不同的人引向毁灭。

2. 罔顾公平

"闻有国有家者，不患寡而患不均。"[1]公平是国家治理现代化的价值精髓，是衡量国家治理体系与治理能力是否成熟的价值尺度。[2]而纯粹的私法自治原则追求完全的自主决定与自由行为，并不会顾及其他私主体的利益，极易偏离公平的价值轨道。

私法在传统观念中被认为是独立和形式平等的堡垒，[3]私主体之间的平等性和角色互换性是私法自治原则的又一理论假设。既然私主体之间能够在平等协商的基础上成立、变更或消灭民事法律关系，就意味着私主体之间不存在强制因素，可以基于完全的意思自由对双方的权利义务关系作出衡量，因而能够天然实现公平和正义。[4]因此，私主体之间的平等性和角色互换性是私法自治确保公平的必要条件。而当私主体之间的平等性和角色互换性不复存在时，私法自治就不再必然实现公平，且在绝大多数情形下会导致不公平的后果。就传统私法的三大原则而言，如果过分强调所有权绝对，极易导致所有权的滥用，侵蚀其他私主体的权利空间；完全主张契约自由，则难免会使

---

[1]《论语·季氏》。

[2] 陈小君：《中国〈民法典〉编纂与国家治理现代化的关联逻辑》，载《探索与争鸣》2020年第5期，第44页。

[3] Hanoch Dagan, "Between Regulatory and Autonomy-Based Private Law", European Law Journal: Review of European Law in Context, Vol. 22: 5, pp. 644~658 (2016).

[4] 参见王春业：《公权私法化、私权公法化及行政法学内容的完善》，载《内蒙古社会科学》2008年第1期，第29页。

得弱势群体的地位更为不利；坚持过错责任，受害人的人身财产权益则常陷入保护不能。尤其是进入垄断资本主义经济时期，达尔文主义式的弱肉强食替代了平等自由的完全竞争，强者在市场交易活动中处于天然的优势地位，在利益的驱使之下，绝大多数弱者不得不面对被奴役宰割的命运。可以说，纯粹私法自治"只具有形式公平的价值而没有实质公平的意义"。[1]

3. 损害公共利益

庞德把利益分为个人利益、公共利益和社会利益。[2]公共利益是相对于个人利益的概念，尽管很难划定一个明确的范围，实际上可以把"凡是不属于个人所有的利益都包括在公共利益的范围之内"。[3]纯粹私法自治原则认为，个人利益与公共利益具有一致性，实现了个人利益也就实现了公共利益。但事实并非总是如此，确切地说大部分时候都不是如此，自治权的滥用必然破坏这种一致性。具体而言，在私法自治原则之下，私主体追求的是个人利益最大化，希望所有权是绝对的、缔约是不受限的。但与此同时，其后患也是无穷的，无益于普遍性的利益。[4]亚里士多德在《伦理学》提出的"利己不损人"原则很难实现。过度的自治必然造成私权利的滥用，不仅会戕害其他私主体的合法权益，稍有不慎还会坠入与公共利益相左的泥淖，破坏经济秩序、社会管理秩序与公共安全等。有学者直言，民法以"私法自治"为核心价值取向的局限性，使其无法承载社

---

[1] 齐恩平：《私法自治与民事政策的互动及检视》，载《政法论坛》2021年第1期，第55页。

[2] ［美］E. 博登海默：《法理学：法律哲学与法律方法》，邓正来译，中国政法大学出版社2004年版，第155页。

[3] 叶必丰：《行政法的人文精神》，北京大学出版社2005年版，第60页。

[4] 王利明：《负面清单管理模式与私法自治》，载《中国法学》2014年第5期，第35页。

会公共利益。[1]

以知识产权为例,受经济利益的驱使,知识产权领域的侵权问题非常严重,诸如盗版图书、盗版软件等现象屡禁不止。这些侵权案件不只是侵犯了知识产权主体的合法权益,也扰乱了正常的社会主义市场经济秩序。也正因为如此,《刑法》专节规定了"侵犯知识产权罪",并具体规定了侵犯著作权罪、销售侵权复制品罪等八种罪名。而《著作权法》《商标法》等专门的知识产权立法也明确赋予了相关行政机关罚款、没收等具体的行政处罚权,要求侵权人承担民事侵权责任的同时承担一定的行政责任。因此,对于损害公共利益的私法行为,应当允许行政权进行适度的干预和规制,并对私法自治起到一定程度的矫正作用。

(二) 多元化的法律价值

私法自治原则旨在保障的,是法律的自由与形式平等价值。但法律的价值并不限于此,法律的价值是多元的,[2]既包括自由、平等,也包括秩序、正义、公平、公正、效益等,后者恰是纯粹私法自治力有未逮之处。事实上,近代民法向现代民法发展的过程也是对意思自治进行必要限制的过程,民法的基本价值理念从绝对的意思自治转向了相对的意思自治,[3]融入了秩序等其他法律价值。为了实现多元化的法律价值,行政权对民事关系的干预成为必然选择。

---

[1] 齐恩平:《私法自治与民事政策的互动及检视》,载《政法论坛》2021年第1期,第59页。

[2] Katharina Pistor, "The Value of Law", *Theory and Society*, Vol. 49: 2, pp. 165~186 (2020).

[3] 王利明:《民法典:国家治理体系现代化的保障》,载《中外法学》2020年第4期,第850页。

第二章　行政权何以作用于民事关系

1. 保障秩序

秩序是法治追求的一项基础价值,[1]也是国家治理的核心问题,国家社会的存在及其发展离不开秩序。秩序是与自由相对的概念,无限度的自由会导致无政府主义、经济垄断等社会问题,破坏社会秩序。法律旨在创设一种正义的社会秩序,正义需要秩序的帮助才能发挥它的一些基本作用。[2]秩序的重要性不言而喻,其是社会发展进步的先决条件,也是每一位社会成员追求幸福生活的重要保证。[3]私法自治的实现亦离不开秩序作为前提和保障。具体而言,私法自治以秩序为前提,私法自治的形式和内容都受到秩序的限制,秩序也为私法自治提供了保障。私法自治只有得到法秩序承认,才能像法规那样具有妥当性。[4]如果缺乏良好、稳定的秩序,私主体实际上无法自主行使各类私权利。弗卢梅的私法自治论从法律行为的角度论证了私法自治与秩序的关系,认为私法自治只有在法秩序承认的法律行为中才有可能形成。[5]与此同时,秩序亦构成私法自治的边界,如果民事法律行为造成了对秩序的破坏,可能被确认无效乃至被追究行政法律责任。例如,倒卖火车票的行为虽然不违反客运合同的规定,但破坏了公平购票秩序,超出了私法自治与自由的合法界限。这就意味着,私主体之间的民事活动并非纯粹具有私法性质,而是必须同时兼顾包括秩序在内的

---

[1]　周佑勇:《推进国家治理现代化的法治逻辑》,载《法商研究》2020年第4期,第5页。

[2]　[美] E. 博登海默:《法理学:法律哲学与法律方法》,邓正来译,中国政法大学出版社2004年版,第330页。

[3]　贺小荣:《权利是权力的价值归属——论公法秩序与私法自治》,载《中国法律评论》2016年第4期,第144页。

[4]　刘连煜:《公司法理论与判决研究》,法律出版社2002年版,第32~33页。

[5]　参见李军:《私法自治的基本内涵》,载《法学论坛》2004年第6期,第80~81页。

国家管制要求。

与法律永相伴随的基本价值，便是社会秩序。[1]对于秩序的保障而言，私法自治能够发挥的作用非常有限，而且常常起到反方向的作用，其不能保障私主体自主有序地交往，行政权的强制性介入对于实现良好的社会秩序而言不可或缺。对于一种社会的法律秩序来说，私法只应当被认为是一个仅具有暂时性质的且日益缩小的个人能动领域，它暂时还残存于无所不涉的公法领域之中。[2]一方面，行政权对秩序的维持很有必要，否则人类个体为了个人利益就会陷入霍布斯说的"一切人反对一切人的战争"，整个社会就会变成一个动物世界。[3]另一方面，行政权的一个重要功能就是维持公共秩序。不管是民事政策还是以强制性规定条款为代表的公法规范，无不体现了行政权为维护秩序所做的努力。

2. 维护正义

法律必须是正义的。在法律的多元价值体系当中，正义居于总揽地位，是一个最具有综合性、全局性和至高性的核心价值目标。[4]十九届四中全会决定即强调，健全社会公平正义法治保障制度，努力让人民群众在每一个司法案件中感受到公平正义。法律的其他价值目标必须统一于正义这个目标，只有正义这个目标充分实现了，其他目标才有可能真正实现，才具有

---

[1] [英]彼得·斯坦、约翰·香德：《西方社会的法律价值》，王献平译，郑成思校，中国法制出版社2004年版，第45页。

[2] [英]弗里德利希·冯·哈耶克：《法律、立法与自由》（第1卷），邓正来等译，中国大百科全书出版社2000年版，第222页。

[3] 夏学銮：《莫让公权异化成霸权》，载《人民论坛》2006年第16期，第37页。

[4] 周佑勇：《推进国家治理现代化的法治逻辑》，载《法商研究》2020年第4期，第9页。

合理性，而不至于为一种祸害。[1]例如，只有正义的法律才能塑造合理的秩序，如果法律是非正义的，相应的法秩序也必然是混乱的。"只有服从正义的基本要求来补充法律安排的形式秩序，才能使这个法律制度免于全部或部分崩溃。"[2]

所谓正义，关注的是法律的合目的性与正当性，并非所有的法都是正义的，也不是所有法律的实施都会产生正义的效果。罗尔斯将正义分为形式正义、实质正义和程序正义：形式正义强调对法律的绝对遵从；实质正义是分配正义，主张公平配置权利义务、协调各种利益关系；程序正义是一种过程正义，不仅要求法律决定本身的正义性，其作出过程也必须是正义的。[3]基于人的自利本性，私主体常常为了自身利益最大化而作出损害其他私主体合法权益的行为。这种损人利己的行为首先违背了形式正义，背离了相关私法规范的具体规定；其次，这种行为也打破了权利义务的平衡关系，行为人一方构成权利滥用，受害人则因这种行为遭受了不公平待遇；最后，这种行为往往以欺诈、胁迫为手段，因而形成过程也是非正义的。因此，纯粹私法自治常常导致不正义的后果，唯有行政权的介入才能矫正这种非正义。例如，《民法典》规定，违反行政法规强制性规定的民事法律行为无效。（第153条）据此，处于弱势地位的一方当事人可以通过主张民事法律行为无效来恢复到被侵害之前的私权利状态。

3. 实现公平

我国自古以来即追求公平，"不患寡而患不均"的"均平

---

[1] 严存生：《论法与正义》，陕西人民出版社1997年版，第13页。

[2] ［美］E. 博登海默：《法理学：法律哲学与法律方法》，邓正来译，中国政法大学出版社2004年版，第360页。

[3] 参见［美］约翰·罗尔斯：《正义论》（修订版），何怀宏、何包钢、廖申白译，中国社会科学出版社2009年版，第216页。

衡"思想早已被铸进中华民族血脉,反映了华夏民族自古以来的理想追求。[1]公平是国家治理的重要价值追求,更是法律多元化价值体系的重要一环。公平最朴素的含义即"一视同仁",不管是权利的赋予还是义务的承担,皆应如此。《民法典》关于"民事主体在民事活动中的法律地位一律平等"(第4条)的规定即是对公平内涵最直观的表达。公平意味着平等与"不能有区别对待",如不应使某人享受过多的权利而令对方当事人承担本不应承担的法律义务。

在实现法的公平价值方面,纯粹私法自治不仅无能为力而且常常适得其反。事实上,破坏法律公平秩序的正是滥用私权利的私主体。典型的例子是,经营者以格式合同的形式与消费者签订买卖合同,格式合同往往涵盖大量的格式条款且常常以消费者承担过重的义务为内容。尤其是经营者常不会提示消费者或者加以说明,所谓的买卖合同便彻底沦为消费者维权的桎梏。此外,公平还是自由的必要前提,没有公平的自由必然产生强者对弱者的压迫。因此,行政权的干预非常必要,以制定统一的规则或者引导、强制私主体遵从规则。行政权的干预主要体现在对弱势群体的关注和保护上,以《民法典》为例,不管是行政机关的义务性条款,还是私主体承担公法义务的条款,都是促进公平的有力措施,以实现私主体之间的利益平衡。

4. 公私利益协调

利益协调是指私人利益与公共利益之间的协调,随着法治观念、社会政治体制和经济体制的历史变迁,人们在日趋注重对私权保护的同时,也更加注重对社会公共利益的维护,以期有

---

[1] 陈小君:《中国〈民法典〉编纂与国家治理现代化的关联逻辑》,载《探索与争鸣》2020年第5期,第44页。

一个更安全、更公平、更公正的社会大环境。〔1〕根据利益协调的观念，私人利益不可能在与公共利益完全冲突的情况下得到实现。因此，法律不仅要保护私人利益，也必须同时兼顾公共利益。纯粹私法自治原则关注的重心在个人，并以维护私人利益为己任，至于公共利益实现与否，通常不在其考虑范畴。且现实情况通常是，过度的私法自治会以牺牲公共利益为代价。例如，互联网企业对个人信息的广泛收集、传输等处理行为极有可能造成个人信息的大范围传播，威胁个人隐私，破坏正常的社会管理秩序。〔2〕

行政的本质在于弥补市民社会的不足，纠正市场失灵，实现国家和社会公共利益。〔3〕实现公共用途是我国民法中制定公法性民事规范的合理事由之一，〔4〕《民法典》中诸多行政法规范的出发点和落脚点均在于，在保障私权利的基础上兼顾公共利益，即一方面是为了保障私权利，另一方面则是为了实现公共利益，并具体体现为秩序、正义等价值。例如，当民事法律行为违背公序良俗、损害公共利益时，行政权可以对相关私主体进行适度干预和规制，并在结果上体现为私权利受到限制。

二、纯粹民法观的治理困境与整体法学观的提出

在法律价值的支撑以外，行政权作用于民事关系的理论基

---

〔1〕 杨阳：《论私法公法化的逻辑本位及其限度》，载《河北学刊》2015年第6期，第178页。

〔2〕 例如，2021年6月10日，北京市互联网信息办公室针对微博在蒋某舆论事件中干扰网上传播秩序以及传播违法违规信息等问题约谈新浪微博负责人，责令其立即整改。

〔3〕 杨建顺：《行政规制与权利保障》，中国人民大学出版社2007年版，第51页。

〔4〕 参见郭明瑞、丁宏伟：《论公法与私法的划分及其对我国民法的启示》，载《环球法律评论》2006年第4期，第429~430页。

础还在于，没有行政权因素的纯粹民法观无法应对复杂的治理困境。唯有坚持吸收了行政权因素的整体治理观，才可游刃有余地化解各类治理难题。整体治理观的表现之一即为行政权对民事关系的适当介入。

(一) 纯粹民法观的治理困境

纯粹民法观主张，完全依靠民法自身的力量来保护和拓展私权利，反对行政权的介入和干涉。个人本位本身没有问题，行政权也是实现私权利的重要工具。但问题恰在于，纯粹民法观与极端的个人自由主义相伴相生，并后患无穷。根源则在于民法的非自洽属性。

1. 个人自由主义极端化的弊害

自由是纯粹民法观的代名词。纯粹民法观追求个体治理模式，即以个体为本位，不断扩展个人的自由和权利，以市场经济建设为导向，鼓励竞争和创新。[1]个人主义、意思自治、权利本位、理性主义等几乎是近代民法的共同精神品性，亦为我国民法学者所推崇。[2]进言之，纯粹民法观将行政权视为洪水猛兽，政府只得扮演消极的"守夜人"角色，所谓"管得最少的政府就是最好的政府"。不可否认，这种治理观极大地激发了个人的创造能力，为经济的飞速发展与个人自治能力的提高奠定了坚实基础。但其并非完美无缺、无坚不摧，一个致命的问题即是在个人主义的路上走得太远，会造成个人自由主义的极端化。极端的个人自由主义聚焦于人的自主权和独立性，反对行政权的一切干预，导致了弱肉强食的社会现状，各种社会问

---

〔1〕 薛刚凌：《行政法法典化之基本问题研究——以行政法体系建构为视角》，载《现代法学》2020年第6期，第81页。

〔2〕 吴飞飞：《论中国民法典的公共精神向度》，载《法商研究》2018年第4期，第3页。

题频发。表面的问题体现为不正当竞争与垄断，小企业主受到大企业主的欺压，消费者的合法权益受到生产者和经营者的过分侵夺。深层次的社会问题则主要包括：一是就业危机，就业率不高、就业不充分、失业问题萦绕在为数不少的穷人头上；二是收入分配不公平，穷者愈穷、富者愈富成为恶性循环，收入差距悬殊成为必然，又进一步成为犯罪等社会问题的导火索；三是环境污染，逐利主义与经济财富的最大化常常建立于环境资源被迫牺牲的基础之上，对生态环境的漠视常态化，环境沦为金钱的牺牲品；等等。有学者总结道："完全的自由竞争导致市场经济周期性瘫痪，个人至上致使集体行动无法展开且易诱发私人行为外部性，抽象的主体平等假设导致私人之间实质不公扩大，市民社会内部失序已经无法自我消解。"[1]

在西方社会，个人主义就是真正的哲学，个人主义是罗马法和基督教道德的共同特点。[2]这些社会问题既是源于纯粹民法观之下的极端个人自由主义，自然也是纯粹私法机制难以独自应对的。这种过度张扬与滥用私权利的背后，是对公共利益的漠视与公共意识的极端匮乏，且私主体在面对公共事务或风险时力量也相当薄弱与有限，个人主义难免需要面临现代性的价值危机与现实拷问。

2. 社会矛盾的激化

纯粹民法观将自由放任主义奉为圭臬，主张"法不禁止即自由"，并以个人的自由全面发展作为终极目的。在其治理视阈下，垄断资本主义迅速取代了自由竞争资本主义，新利益集

---

[1] 李建华：《权利本位文化反思与我国民法典编纂》，载《法学家》2016年第1期，第63页。
[2] ［英］斯蒂文·卢科斯：《西方人看个人主义》，李光远译，红旗出版社2002年版，前言第1页。

团得以形成并与旧的利益集团天然存在利益冲突,成为社会矛盾的导火索。另一方面,资本主义国家的法律制度与其在资产阶级革命时期提出的公平、民主、平等的法治理念之间的差距越来越大,工业革命所带来的各种社会问题和公害污染日益严重。[1]以上社会矛盾的激化迅速演变为各类声势浩大的消费者运动、环境保护运动、民权运动、女权运动等,[2]严重威胁社会秩序,"传统视角下最为重要的自治形式越来越多地受到怀疑"。[3]而这些社会矛盾之所以现实存在并激化,直接起源于私权利的滥用,尤其是强势群体利用资源、财富等优势欺压弱势群体。可见,单纯依靠以意思自治为主要实现手段的民法面对社会矛盾的激化将因工具不足而陷入无解,行政权介入民事关系成为必然。尤其是针对明显损害弱势群体的领域,行政权更应该积极介入,为市场失灵提供替代性的解决方案。恰如江平教授所言,"只有公法的发达,才能防止私权的滥用",[4]标准的经济理论也确实要求国家干预以应对市场失灵。[5]

3. 非自治属性

纯粹民法观主张,单纯依靠民法即可解决所有的治理难题,意思自治则是发挥治理作用的主要手段。如若果真如此,行政权自然无须干预,亦可节省大量的公法资源。但事实却如黑格尔所

---

[1] 参见张文显:《二十世纪西方法哲学思潮研究》,法律出版社2006年版,第96页。

[2] 田喜清:《私法公法化问题研究》,载《政治与法律》2011年第11期,第84页。

[3] R. George Wright, "Legal Paternalism and the Eclipse of Principle", *University of Miami Law Review*, Vol. 71: 1, pp. 194~237 (2016).

[4] 江平、张楚:《民法的本质特征是私法》,载《中国法学》1998年第6期,第32页。

[5] Katharina Pistor, "The Value of Law", *Theory and Society*, Vol. 49: 2, pp. 165~186 (2020).

言,"私人领域即市民社会具有独立但却不自足的属性",[1]以私法自治为核心、旨在保障财产权和交易安全的民法并不是一个可以自治的法律体系,需要行政法的外在协力。[2]

具体而言:首先,私法自治不是凭空实现的,需要行政权为其保驾护航,尤其是提供良善的法律秩序。为私法自治的实现提供基础和制度保障成了行政权的任务之一。其次,从实现自治的角度,单凭私法自身的力量并不能自足有效地实现自治。市场失灵可谓私法自治的天生缺陷,唯有依赖行政权的干涉和规制,这种缺陷才能得到弥补,并保障市场的有序运行,以及私法自治继续作为一项原则性规定发挥作用。因此,矫正私法自治的不足、纠正市场失灵、平衡公共利益与私人利益是行政法对民法提供外在协力的另一重要表现,并常常体现为对私权利的限制。如通过征收等形式对所有权的限制,通过禁止买卖枪支等形式对契约自由所做的限制。最后,私法自治对私权利的保护存在漏洞,有时单凭当事人自己的能力无法充分保护私权利,客观上需要行政权充当私法自治的保护伞,助其一臂之力。典型的例子是,《民法典》为公安机关新设了高空抛坠物侵权案件中的调查权,帮助受害人查找责任人,以充分保障受害人的合法权益。需要注意的是:"适度的国家干预不能亦不会改变私法自治的本质和内核,反而其目的在于修正私法自治的运行不畅或协调自治与其他法基本价值间的冲突。"[3]

(二) 整体法学观的必然性

当今时代,部门法的研究愈发趋向于高度专业化。随着部

---

[1] 郑贤君:《宪法的社会学观》,载《法律科学》2002年第3期,第30页。
[2] 章剑生:《作为介入和扩展私法自治领域的行政法》,载《当代法学》2021年第3期,第46页。
[3] 周华:《民法现代化进程中的私法自治及其限制》,载《学术探索》2020年第4期,第93页。

门法学科的不断成熟并趋于封闭,部门法思维反过来也对人们思考具体法律现象中蕴含的法理学问题构成了限制。部门法表象上的差异被过度强调,而法律理论的整体视角遭到忽略甚至排斥。[1]针对纯粹民法观的治理困境,提出并应用整体法学观加以矫正成为必然选择。

1. 整体法学观的提出

整体法学观是相对于纯粹民法观而言的概念。纯粹民法观强调私法自治的力量,拒绝行政权的介入与干涉,"只能从民事主体之间、而不是民事主体与国家间的权利义务关系之角度界定问题的所在和实现问题的解决"。[2]因此,个体主义是纯粹民法观的代名词,重视个人的发展而罔顾公共利益。而所谓整体法学观是指,当我们面对一个法律所要调整的社会关系时,应当从民行刑多个视角切入作整体性思考,而不偏执于某一部门法,甚至画地为牢。[3]简单来说,就是冲破部门法之间的壁垒与界限,发挥不同治理主体的作用,综合运用多种手段,共同助力于各类治理难题的解决。首先,在主体方面,相较于纯粹民法观的市场主导性与私主体依赖属性,整体法学观强调国家与市场共同治理。治理的本质就是要在不同层面建立起多个权力中心,共同实现对社会公共事务的有效管理。[4]因此:一方面,要发挥市场的自主性和能动性,鼓励财富创造;另一方面,国家也要对市场主体进行必要的限制与规制,维护正常的市场

---

[1] 戴昕:《威慑补充与"赔偿减刑"》,载《中国社会科学》2010年第3期,第128页。

[2] 蔡立东:《法人分类模式的立法选择》,载《法律科学(西北政法大学学报)》2012年第1期,第111页。

[3] 章剑生:《作为介入和扩展私法自治领域的行政法》,载《当代法学》2021年第3期,第46页。

[4] 潘小娟:《法国国家治理改革及其启示》,载《中共中央党校(国家行政学院)学报》2019年第1期,第48页。

第二章 行政权何以作用于民事关系

交易秩序。[1]其次，在手段方面，基于主体的多元性，整体法学观非常重视多元协商手段的运用。不管是行政机关之间还是行政机关与私人之间，都要强化协商手段的运用，通力合作，共同致力于社会问题的解决。最后，在思路设计方面，整体法学观主张超越部门法的外在界限，坚持实用主义思路与整体思维。"只要有助于实现规制目标，任何性质的风险规制工具均可纳入同一部单行法中，必要时还可搭建部门法之间的合作桥梁。"[2]因此，整体法学观具有系统性、整体性、协同性等特征，[3]要求跳出单一的民法思维或者行政法思维，将关注点和研究视野拓宽到整个法律体系。

整体法学观的提出是因应纯粹民法观治理困境之产物。如上所述，民法并非一个自洽的部门法体系，极易导致极端的个人自由主义并加剧社会矛盾，无论是对法律体系本身的发展而言还是对法律体系所作用的社会环境而言，都蕴含着巨大的危机。因而有学者主张："公私法的相互支持和共同作用是整个法律体系健康发展的重要条件。"[4]这其实反映的就是整体法学观的思维雏形。整体法学观认为，既然民法不是一个自洽的封闭系统，单纯强调私法自治并不足以应对所有的社会问题，行政法与行政权的介入作为修正手段与利益平衡工具便必不可少。民法与行政法同为国家整体法律体系的重要组成部分，二者构成一个相对完整的法律系统，并一体作为化解各类社会问题的

---

[1] 参见王利明：《民法典：国家治理体系现代化的保障》，载《中外法学》2020年第4期，第851页。

[2] 宋亚辉：《风险立法的公私法融合与体系化构造》，载《法商研究》2021年第3期，第60页。

[3] 参见龚廷泰：《"整体性法治"视域下市域社会治理的功能定位和实践机制》，载《法学》2020年第11期，第126页。

[4] 赵娟：《"楚河汉界"与"貌离神合"——对公法与私法之间关系的基本认识》，载《江苏社会科学》2007年第6期，第230页。

法律工具。但需要注意的是，行政权对私权利的干预并不会取代私法自治原则的地位或者改变私法自治的本质，而只是作为一种补充机制和纠错机制，保证法律价值的最大化实现。如施瓦茨教授所言，法律的任务被视为协调彼此冲突的人类要求或期望，以便以最少的矛盾和最小的浪费去获取文明的价值。[1]另一方面，就现实情况而言，干预性和福利型国家思想的出现导致公法规范对私人生活介入的广度和深度前所未有，[2]民事法律关系受到大量管制性法律规范的影响，《民法典》必须能够提供畅通的渠道来调和公法与私法之间的关系。[3]这也是一种整体法学观的视角。我国《民法典》中大量的行政法规范既是行政法与民法的融合发展，也是"整体法学"建构的重要面向。[4]

2. 法律家长主义

法律家长主义是整体法学观中不得不提的内容。法律家长主义是与中立自由主义相对的概念，后者主张国家在私人自治实践中保持中立，只要个人的选择和行动不损害其他人的利益福祉，国家就不应进行干预。[5]法律家长主义虽然出了名的难以确定，[6]但可以确定的是，其指向国家对私人自治行为的干预和限制，并源自对私人自治能力不足的深刻担忧。以监护制

---

〔1〕［美］伯纳德·施瓦茨：《美国法律史》，王军、洪德、杨静辉译，潘华仿校，法律出版社2018年版，第330页。

〔2〕黄忠：《民法如何面对公法：公、私法关系的观念更新与制度构建》，载《浙江社会科学》2017年第9期，第70页。

〔3〕参见茅少伟：《寻找新民法典："三思"而后行——民法典的价值、格局与体系再思考》，载《中外法学》2013年第6期，第1144页。

〔4〕参见章志远：《行政法治视野中的民法典》，载《行政法学研究》2021年第1期，第46页。

〔5〕参见郑玉双：《自我损害行为的惩罚——基于法律家长主义的辩护与实践》，载《法制与社会发展》2016年第3期，第181页。

〔6〕R. George Wright, "Legal Paternalism and the Eclipse of Principle", *University of Miami Law Review*, Vol. 71: 1, pp. 194~237 (2016).

度为例,《民法典》体现出了较为明显的国家监护特征,反映了从家庭监护观到国家监护观的转变。[1]一方面,《民法典》为民政部门增设了监护义务,包括指定监护人和担任临时监护人(第31条)、担任监护人(第32条)、为被监护人安排必要的临时生活照料措施(第34条)、申请撤销监护人资格(第36条)等。另一方面,《民法典》也明确了儿童福利机构在收养法律关系中的义务和责任,包括担任送养人(第1094条)、不受收养子女人数的限制(第1100条)等,以裹助于儿童福利事业的健康发展。

法律上的家长式作风在很多情况下都会出现,目的往往在于限制某些人的自主权,以保护可能被侵犯的人。[2]例如,禁止制造娱乐性酒精饮料的法律旨在保护的是位于终端的酒精消费者而不是酒精制造商,这类法律可被称为家长式的法律。法律家长主义以国家干预为核心,并集中体现为公权力尤其是行政权对私权利的干预。理由主要在于:其一,私法自治具有非自足属性,单纯依靠私主体的自治行为可能导致无法自治之结果,需要行政权介入其中并为其保驾护航。其二,过度的自治有侵犯公共利益或者其他私主体的个人利益之虞,基于保护公共利益或个人利益之目的,行政权对民事关系的适度干预和限制不可避免。例如,为有效应对暴雨灾害,有关部门可以在抢险救灾过程中征用私主体的合法财产。因此,法律家长主义核心体现的是行政法固有的"硬性"对民法先天的"软性"所做的矫正,借助于行政权的介入矫正民事主体越出私法自治领域的

---

[1] 参见姚建龙、申长征:《私法公法化的边界:主要以〈民法典〉涉未成年人条款为例》,载《时代法学》2020年第6期,第4页。

[2] R. George Wright, "Legal Paternalism and the Eclipse of Principle", *University of Miami Law Review*, Vol. 71: 1, pp. 194~237 (2016).

行为，平衡民事主体各方利益，维护平等、自由等基本价值。[1]法律家长主义如此普遍以至于有学者主张，完全"没有国家干预"的环境，仅存在于关于私法自治具备替代国家机器保障基本权利实现的功能的幻想中。[2]

3. 行政法与民法的相容性

整体法学观主张不同部门法之间尤其是行政法与民法的合作，二者虽然存在矛盾和冲突，但从国家治理的视角来看，更多的是一致的关系，都在不同的领域用不同的方法规范着社会关系。[3]首先，在利益调整方面，不管是行政法还是民法，在调整公共利益或个人利益之外，主要目的在于平衡各种利益关系，创建和谐的法律关系与法律秩序，实现公平正义之局面。[4]"保护国家利益、公共利益，平衡国家利益、公共利益与个人利益的关系，构成现代行政法与现代民法的共同目标与任务。"[5]其次，行政法与民法之间相互具有接轨要求。一方面，民事法律关系常以行政行为为构成要件或直接产生行政法的效果；另一方面，行政权也会以民事法律关系为构成要件，或者产生一定的私法效果。[6]这就意味着，对行政权的开放是《民法典》的宿命所在，一味禁止行政权要素反而不利于《民法典》作用

---

〔1〕 参见章剑生：《作为介入和扩展私法自治领域的行政法》，载《当代法学》2021年第3期，第53页。

〔2〕 张力：《民法典"现实宪法"功能的丧失与宪法实施法功能的展开》，载《法制与社会发展》2019年第1期，第111页。

〔3〕 李永军：《民法典编纂中的行政法因素》，载《行政法学研究》2019年第5期，第19页。

〔4〕 张正文、张先昌：《公法、私法的界分与私权保护——以权利为中心》，载《江汉论坛》2010年第7期，第132页。

〔5〕 章剑生：《作为介入和扩展私法自治领域的行政法》，载《当代法学》2021年第3期，第44页。

〔6〕 参见苏永钦：《民事立法与公私法的接轨》，北京大学出版社2005年版，第79页。

第二章 行政权何以作用于民事关系

之发挥。但是，公法与私法均为统一法秩序之部分法秩序，在斟酌公法立法目的时，亦须考量尽量避免伤害私法之观念。[1]此外，概念与制度的互相借鉴也是行政法和民法领域的常见现象。典型的例子如行政协议，即是民法上的合同在行政法领域的应用。

行政法对民法的外在协力是整体法学观的典型表现，并核心体现为行政权对民事关系的介入和干预。整体法学观也折射出行政权与私权利并非水火不容的天敌。在整体法学观的视角之下，"意思自治不是毫无约束的绝对自由与放任，必要时需要国家公权力介入民事法律关系，进行适当调整"。[2]其一，行政权的介入可以有效弥补私主体力量的不足，尤其是应对公共群体性问题方面的不足。例如，面对暴雨灾害，单纯依靠私主体自身的力量显然过于吃力，而必须发挥行政权的统筹安排与整合作用，二者形成合力的同时也可依托行政权的介入弥补私权自治的不足。其二，行政权介入民事关系能够有效避免过度自治导致的实质不公平，为弱势群体提供必要的帮扶。"弱肉强食"是必然的法则，如若一味放任私法自治而不以行政权加以干预，强势群体必然利用资源、金钱等优势侵犯弱势群体的合法权益，弱势群体则必然越来越弱势，被侵犯的合法权益也得不到充分的法律救济。尤其是在明显损害弱势群体的不公平竞争和危害社会公共利益的领域，公法应积极介入，以纠正某些情况下的市场失败。[3]这意味着，公法具有私法所没有的优势，

---

[1] 参见葛克昌：《税法基本问题》（财政宪法篇），北京大学出版社2004年版，第162页。

[2] 江必新：《〈民法典〉的颁行与营商环境的优化改善》，载《求索》2020年第6期，第7页。

[3] 王春业：《公权私法化、私权公法化及行政法学内容的完善》，载《内蒙古社会科学》2008年第1期，第32页。

能够有效弥补私法自治的不足。以生态环境损害案件的救济为例，相较于私法救济必须通过诉讼程序和执行程序，公法救济高效且执行力强，在追责、修复环境等方面都更利于生态恢复目标的实现。[1]

三、行政权作用于民事关系的本质

行政权对民事关系的介入肇始于私权自治的不足，尤其是公共性方面的缺失。但可以肯定的是，行政权的介入并没有动摇私权自治在私法乃至整个法律体系之中的基础性地位，其充其量只是对私权自治缺陷的一种矫正机制，为私权自治增添了一些公共精神。

（一）必要的公共性

为了保证必要的公共性，行政权不可避免地通过干预向私权领域延伸，私法自治由此成为一种"受管制的自治（Regulated autonomy）"。[2]一是为了维护公共利益而对私法自治予以限制；二是为了实现实质公平而对部分人的自治权进行限制。因此，在行政权介入民事关系的过程中，公共性集中体现为公共利益与实质公平，前者对应限制性涉私行政权，后者对应保护性涉私行政权。

1. 公共利益：限制性涉私行政权

公共利益保护是人类生活之所以必要和可能的前提，[3]已广泛体现在各国法律和公共政策之中，而且正成为越来越重要的

---

[1] 参见冯结语：《公私法协动视野下生态环境损害赔偿的理论构成》，载《法学研究》2020年第2期，第183页。

[2] Hanoch Dagan, "Between Regulatory and Autonomy-Based Private Law", *European Law Journal: Review of European Law in Context*, Vol. 22: 5, pp. 644~658 (2016).

[3] 江国华：《PPP模式中的公共利益保护》，载《政法论丛》2018年第6期，第31页。

第二章　行政权何以作用于民事关系

内容。[1]而行政权之所以作用于民事关系，也以公共利益作为核心出发点。原因在于，强调私权自治虽对保障和实现人的主体性与自主性大有裨益，但过度的私权自治却有损于公共利益。典型的例子是，允许毒品的自由买卖而不加以管制必然导致社会管理秩序的混乱与人类健康权的受损。再如，为了防范科技发展带来的安全风险，在很大程度上要借助限制自由等手段。[2]也正因为如此，《民法典》将"不违背公序良俗"作为民事主体从事民事活动的基本原则。"个人之危机已于社会整体之生存休戚与共，此亦构成了国家公权力应予介入之理由。"[3]因此，为了维护公共利益，行政权不可避免地对民事关系进行干预，并集中体现为对私权利的管制与限制。民事政策与私法自治的"共生"就是以"公共利益"为价值理念的融合。[4]而当私法自治行为损害公共利益或者有损害公共利益之虞时，行政权当然可以在法律允许的范围和限度之内对私权利进行适度的干预，发挥弥补私权自治不足的辅助性功能，这"往往称为公权力的管制"。[5]

但是，如果公共利益的范围不清晰，势必会导致行政权打着维护公共利益的幌子行侵犯私权利之实。因此，明确公共利益的范围是检验行政权介入民事关系正当与否的必要前提，一旦超出了公共利益的正当范围，行政权对民事关系的干涉与介

---

[1]　余少祥：《论公共利益的行政保护——法律原理与法律方法》，载《环球法律评论》2008年第3期，第6页。

[2]　参见刘刚编译：《风险规制：德国的理论与实践》，法律出版社2012年版，第154页。

[3]　陈新民：《公法学札记》（增订新版），法律出版社2010年版，第62页。

[4]　齐恩平：《私法自治与民事政策的互动及检视》，载《政法论坛》2021年第1期，第59页。

[5]　熊剑波：《物权法领域公私法接轨的场域及实现路径——基于立法论的视域》，载《广东社会科学》2015年第3期，第255页。

入就是非正当的。对于公共利益的理解应从以下几个方面入手：其一，公共利益相对于私人利益。公共是指服务于公共利益并提供公共福利，[1]私人利益则指向具体的个人。公共利益源于个体利益，同时为个体利益的实现服务。[2]其二，公共利益是公众的利益而非政府的利益。行政机关不得为了自身的利益干涉私权利，如为了创收而罚款，而只能是出于维护社会管理秩序等公众利益的需要。其三，公共利益是具体的利益而非抽象的利益。公共利益的判断应当根据和结合客观的现实需要，而不能简单以城市形象维护、招商引资环境的保护、社会稳定需要等对公共利益作任意解释。[3]其四，公共利益是一种法定利益。一方面，公共利益的内涵、外延及适用条件须由立法机关加以明确规定；另一方面，执法机关不得就何谓公共利益行使自由裁量权甚至对公共利益做扩大解释；再一方面，发生争议时由法院具体行使审查权，以明确是否属于公共利益。

2. 实质公平：保护性涉私行政权

理性经济人假设是私法自治原则的主要理论预设，认为人人平等且理性时时皆有。如果人都是天使，就不需要政府了。[4]但事实证明，基于个体本身以及社会强弱分化，民事主体间在从事法律行为上的理性有着先天因素以及后天条件所形成的限制，而即使是同一主体，在不同境况中所持有的理性程度也有着显著

---

[1] Amitai Etzioni, "The Fusion of the Private and Public Sectors", *Contemporary Politics*, Vol. 23: 1, pp. 53~62 (2017).

[2] 陈征：《国家权力与公民权利的宪法界限》，清华大学出版社2015年版，第14页。

[3] 参见李传良：《现阶段我国公权与私权的冲突及调适》，载《山东社会科学》2009年第8期，第146页。

[4] [美]汉密尔顿、杰伊、麦迪逊：《联邦党人文集》，程逢如、在汉、舒逊译，商务印书馆1980年版，第264页。

差异。[1]这就意味着，私法自身没有足够的力量实施自己的正义规则，[2]过度依赖私法自治导致的一个必然结果是强者对弱势群体的欺压与实质不公平的社会现状。私权利总是倾向于延伸到遇有限制为止，为了保护弱势群体的权利，就必须引入行政权，对强者滥用自治权的行为进行干预和限制，致力于实现实质性的公平。职是之故，行政权对民事关系的这种干预是保护性质的，并集中体现为对弱势群体的保护。事实上，尽管《民法典》可以非常老子地"人法地、地法天、天法道、道法自然"，描绘一个没有公权力介入的私法秩序，但不拒斥任何公权力的介入。[3]换言之，私法自治的自足能力只是被"描绘"出来的理想状态而已，[4]事实上则完全不能自足，而必须以行政权作为辅助机制。

另一方面，行政权对民事关系的保护性干预也是打造服务型政府的必然要求，构成满足公众需求的公共服务之提供。新中国成立以来，我国的国家治理模式经历了统治型治理、管理型治理与服务型治理三种模式的转变，服务型治理是当前的核心治理模式。"注重政府的治理能动性，重视政府对人的服务"[5]是服务型治理的重要特点之一，行政机关应当树立服务精神，以向社会公众提供公共服务为己任，并在必要时干预私权利的行使，走给付行政、服务行政之路。公共服务以公共性为本质，可以

---

[1] 参见周华：《民法现代化进程中的私法自治及其限制》，载《学术探索》2020年第4期，第90页。

[2] 张东华、潘志瀛：《公法与私法的区分——哈耶克的进路》，载《河北法学》2005年第4期，第156页。

[3] 苏永钦：《寻找新民法》，北京大学出版社2012年版，第305页。

[4] 张力：《民法典"现实宪法"功能的丧失与宪法实施法功能的展开》，载《法制与社会发展》2019年第1期，第112页。

[5] 宋才发：《国家治理现代化的法治保障及其路径》，载《东方法学》2020年第5期，第81页。

分为纯公共服务与准公共服务。[1]前者完全具备排他性与非竞争性,如国防,一般由政府垄断提供;后者不完全具备排他性与非竞争性,如养老服务,一般允许并鼓励社会参与。基于保护弱势群体之目的,保护性涉私行政权一方面是国家履行保护义务这一宪法性的义务之表现,指个人权利遭遇他人侵害时,国家有义务给予积极保护。[2]另一方面,保护性涉私行政权也是提供实质公平这类公共服务的必要举措,以对私法自治造就的社会资源配置不平衡进行二度分配和调整。

当然,行政权对民事关系的干预并不总是单一为了公共利益而牺牲私人利益或者为了保护弱势群体而追求实质公平,很多情形下二者兼而有之,故而二者也不是非此即彼的天然对立关系。

(二) 非否定私权自治

行政权作用于民事关系固然有其理论正当性,但可以肯定的是,涉私行政权并非对私权自治的否定,更不是公共性对私权自治原则的替代。准确地说,这种介入是利益衡量视角之下对私权自治所做的必要矫正,并通过对其内容与范围的限制融入更多的公共精神,实现私人利益与公共利益的平衡。

1. 利益衡量方法论

所谓利益衡量,指的是"为实现利益平衡,依据一定的原则和程序,在对多元利益进行识别的基础上,对各种利益进行比较评价,并进行利益选择的一系列活动"。[3]利益衡量理论产

---

[1] 江国华:《PPP 模式中的公共利益保护》,载《政法论丛》2018 年第 6 期,第 31 页。

[2] 参见孙鹏:《私法自治与公法强制——日本强制性法规违反行为效力论之展开》,载《环球法律评论》2007 年第 2 期,第 74 页。

[3] 张斌:《利益衡量论——以个体主义方法论为视角的现代立法研究》,海天出版社 2015 年版,第 5 页。

第二章　行政权何以作用于民事关系

生于20世纪60年代的日本,用以应对社会剧烈变革而引起的多元利益冲突。[1]公共利益与公共利益之间、私人利益与私人利益之间以及公共利益与私人利益之间都客观地存在着利益的大小、远近、重要性的差别,[2]都不可避免地存在冲突可能。论冲突的激烈程度与复杂程度,尤以公共利益与私人利益之间的冲突为甚。一般认为,行政权代表的是公共利益,私权利则代表私人利益。本书研究的民事关系中的行政权,即为典型的公共利益与私人利益之间的冲突。如何调和公共利益与私人利益,也就成了行政权介入民事关系的理论基础与限度所在。

极端的私法自治认为,个人自由的理论和一个人对其财产的个人支配权的理论使他能做使其他人厌烦的事。[3]由此,如若不对私法自治作任何限制而任由其发展,一个必然的结果是私人利益起码是部分人私人利益的最大化实现,与之相对的则是公共利益的被忽略以及部分私人利益的被牺牲。典型的例子是,在极端私法自治的视角之下,一个人可以单纯为了不让别人经过自己门前而设置路障。这种行为虽尚在私法自治的合法范围内,但无疑侵犯了其他私主体的合法权益甚至威胁到了公共利益。其反映的社会问题是,私权利与私人利益被过度张扬、滥用以及公共意识的匮乏与公共利益的被无视。[4]我们并不否认个人利益的重要地位与根本价值,公共利益从根本上来讲也是服务于个人利益的,但不能容忍的是过度追求私人利益而置

---

[1] 参见梁上上:《利益衡量论》,法律出版社2016年版,第38~39页。
[2] 参见李传良:《现阶段我国公权与私权的冲突及调适》,载《山东社会科学》2009年第8期,第146页。
[3] [美]伯纳德·施瓦茨:《美国法律史》,王军、洪德、杨静辉译,中国政法大学出版社2018年版,第145页。
[4] 参见吴飞飞:《论中国民法典的公共精神向度》,载《法商研究》2018年第4期,第4页。

公共利益于不顾，最终受到威胁的必然还是个人利益。对此，限制私法自治成为必然之举，且唯有行政权的强制性介入和干预才能达到此目的，并实现私人利益与公共利益的平衡。可以说，行政权作用于民事关系的本质在于，在传统的私权自治之中融入公共精神，适度牺牲私人利益与转向公共利益，谋求私人利益与公共利益的平衡。

但需要注意的是，行政权作用于民事关系具有理论正当性并非意味着公共利益是绝对优先的利益，当个人利益居于优先和主导地位时，常常意味着行政权介入禁止，行政机关须承担介入禁止义务，即行政权不得介入和干预民事关系。

2. 限制但不否定私法自治

行政权作用于民事关系会不会威胁到私法自治的地位甚至消灭私法自治？理论上不无担忧。何况历史上也有这样的时代即计划经济时代，行政权控制和管理一切私人事务，根本无法觅得私法自治的影子。应当指出，如果行政权超出了必要的限度，构成对民事关系的过度干预，对于私权利来说自然会形成吞噬效果，私法自治必将陷入名存实亡境地。但理想状态下的行政权介入并非为否定私权自治而来，其只是利益衡量视角下对私权自治所做的一种限制。"本质上，行政法介入私法自治领域是行政权对平等主体之间私法自治内容和范围的限制。"[1]

首先，行政权的介入的确对私法自治的内容和范围做了相当大的限制。在没有行政权介入的场合，私权利处于一种完全自治的状态，所谓契约自由、所有权绝对即是最明显的例子。而当行政权介入民事关系之中，纯粹且不受管制的自治被打破，私主体需要负担相当程度的公法义务才可实现自治之目的。典

---

[1] 章剑生：《作为介入和扩展私法自治领域的行政法》，载《当代法学》2021年第3期，第48页。

第二章 行政权何以作用于民事关系

型的例子是不动产物权登记义务，A 从 B 处购置房产一套，即便 A 与 B 签订了买卖合同，A 也不会因合同生效而立马取得受保护的房产所有权。当且仅当 A 到相关不动产登记机构办理完不动产物权变更登记手续并取得不动产登记证书之时，该房产的所有权才从 B 转移至 A 手中。因此，行政权对民事关系的介入常常意味着对私权利的限制，私权自治不得不让位于公共利益或者说吸收公共精神，并服从于行政权的管制和约束。

其次，行政权作用于民事关系并非对私权自治的否定。不可否认，行政权对民事关系的介入的确对私权自治形成了一定的威胁，但绝不是行政权对私权利的取代，更不是管制替代了自治。一方面，私法自治在整个法律体系中的地位是不可动摇、无可撼动的。自由是人类发展进步的根基，无法想象个人无法自主控制自己的生活是一种什么样的情境，一切依靠行政权管制的社会都是不科学、欠妥当的。"法治的核心在私法之治，而不应是公法之治。"[1]因此，私法自治并不会因行政权在某些情形下的介入而丧失其主导地位，更不会消失。另一方面，就公法和行政权的正当性根源而言，其分别服务于私法与私权利，因而行政权对民事关系的介入实则是一种服务而非替代。公法的最基本的任务即在于确保作为正当行为规则的私法得到有效实施，[2]因而作为公法核心范畴的行政权最根本的价值也在于为私法自治保驾护航。不管是为了保护公共利益而对私法自治进行的限制性干预，还是为了实现实质公平而对私法自治实施的保护性干预，行政权绝无替代私权利之意，而是始终以扩展和保护个

---

[1] 张东华、潘志瀛:《公法与私法的区分——哈耶克的进路》，载《河北法学》2005 年第 4 期，第 156 页。
[2] 张东华、潘志瀛:《公法与私法的区分——哈耶克的进路》，载《河北法学》2005 年第 4 期，第 156 页。

人利益为己任,并借助于公共利益的实现来达到这个目的。可以说,行政权对私权利的干预和介入某种程度上是对私权自治的补强,"主要功能在于协助人民在私人关系上公平而有效地自治"。[1]

第三节 行政权作用于民事关系的必要性证成

如上所述,法律价值的多元化与整体法学观为行政权作用于民事关系提供了基础性的理论支撑。除此之外,行政权作用于民事关系也是不可或缺的:在理论层面,积极面向的辅助性原则要求行政权积极介入民事关系并对其进行干预与管制,服务于公共利益以及弱者的权益保护;在实践层面,面对风险社会的时代特征,行政权必须介入民事关系以满足风险防控的现实需要;在意义层面,对私权利的更优保障客观上也需要行政权积极介入民事关系。

一、理论层面:积极面向的辅助性原则

辅助性原则是行政法上一个非常重要的原则,其滥觞于德国,并自20世纪70年代就被广泛应用于社会治理的实践。[2]例如,有学者将辅助性原则作为区块链治理责任的三大配置原则之一。[3]在欧盟,自1992年的《马斯特里赫特条约》正式将辅助性原则作为一种原则引入以来,辅助性原则一直在不断完

---

[1] 苏永钦:《大民法典的理念与蓝图》,载《中外法学》2021年第1期,第75页。

[2] 参见沈广明:《分享经济的规制策略——以辅助性原则为基点》,载《当代法学》2018年第3期,第51页。

[3] 参见苏宇:《区块链治理的政府责任》,载《法商研究》2020年第4期,第70~71页。

善、扩大和加强。[1]辅助性原则是一个"狡猾、多面、多义的概念",[2]包含积极与消极两种面向。私法自治陷入不能境地之时,行政权的介入与帮扶正是积极面向的辅助性原则之直接体现。

(一) 辅助性原则的双重面向

辅助性原则是指,个人相对于社会和国家、下位组织相对于上位组织具有事务处理上的优先权,如果个人或下位组织能够胜任某项事务的处理,社会、国家或上位组织就不应该介入。只有在个人或下位组织无法胜任某项事务的处理时,社会、国家或上位组织才能积极支援协助乃至亲自接手完成相关任务。[3]因此,辅助性原则是一种权力分配原则,旨在处理个人与社会、国家的关系以及上级组织与下级组织之间的关系,并呈现消极与积极两个面向:前者指排除国家对个人、上级组织对下级组织的干预,充分尊重个人与下级组织的自主权;后者指要求国家、上级组织积极干预的权利,帮助个人、下级组织成为国家、上级组织的法定义务。

1. 消极面向

所谓辅助性原则的消极面向,是指社会问题的解决采用自下而上的视角,在个人与国家、上位组织与下位组织之间,尊重和保障个人与下位组织的自主权是第一位的。凡是个人能够独立承担的事务,国家任由个人自己承担;凡是下位组织能够独立承担的事务,上位组织任由下位组织承担。因此,消极面

---

[1] Markus Jachtenfuchs & Nico Krisch, "Subsidiarity in Global Governance: Subsidiarity in Global Governance", *Law and Contemporary Problems*, Vol. 79: 2, pp. 1~20 (2016).

[2] Markus Jachtenfuchs & Nico Krisch, "Subsidiarity in Global Governance: Subsidiarity in Global Governance", *Law and Contemporary Problems*, Vol. 79: 2, pp. 1~20 (2016).

[3] 参见詹镇荣:《民营化法与管制革新》,元照图书出版公司2005年版,第285页。

向的辅助性原则可谓"私人自由优先的代名词"。[1]"如果个人能通过自己的力量来完成,将其赋予共同体是不合法的;如果能在一个较小和较低层级的共同体中完成,将其赋予较大、较高级别的组织也是不正当的。"[2]有学者进一步指出,除了行政保留的事项之外,更多社会治理任务都可以借助市场和社会力量,实现多元主体的合作共治。[3]我国的法律文本中虽然没有明确出现"辅助性原则"字样,但其应用并不鲜见,尤以消极面向表现居多。例如,《行政许可法》第13条规定:"本法第十二条所列事项,通过下列方式能够予以规范的,可以不设行政许可:(一)公民、法人或者其他组织能够自主决定的;(二)市场竞争机制能够有效调节的;(三)行业组织或者中介机构能够自律管理的;(四)行政机关采用事后监督等其他行政管理方式能够解决的。"再如,《法治社会建设实施纲要(2020-2025年)》规定,发挥社区社会组织在创新基层社会治理中的积极作用,促进社会组织在提供公共服务中发挥更大作用。

具体到私主体与政府的关系,消极面向的辅助性原则是指,只要私主体能够独立解决的事项,政府一律不得插手介入。一方面,消极面向的辅助性原则指向政府的消极角色,即"能不参与就不参与"。另一方面,消极面向的辅助性原则也对私主体提出了较高的要求,私主体不得不充分发挥自主性和独立性,充分依靠自身的力量去实现所追求的利益。《德国基本法》即指出,经济上的个人责任优先于国家责任,只有当私人经济无法

---

[1] [德] 罗尔夫·斯特博:《德国经济行政法》,苏颖霞、陈少康译,中国政法大学出版社1999年版,第114页。

[2] 参见 [意] 罗西:《行政法原理》,李修琼译,法律出版社2013年版,第67页。

[3] 章志远:《法治政府建设的三重根基——〈法治政府建设实施纲要(2015-2020年)〉精神解读》,载《法治研究》2016年第2期,第5页。

高效、有序完成某一任务时，国家对经济的调控才作为备用力量予以考虑。[1]因此，消极面向的辅助性原则以国家的不干预为前提，以私权自治为核心。其一，私主体相对于政府具有事务处理上的优先权，私权自治是第一位的，行政权应当尽量保持谦抑性，对私权自治事项不予干涉。有学者直言不讳地指出，辅助性着眼于限制主权。[2]其二，消极面向的辅助性原则并不意味着政府是"无为"的，政府只是相对于私主体处于辅助性地位，但仍要提供必要的指导、监督与约束。当私主体无法自主处理某项事务时，政府的介入必不可少。但这种介入的条件非常严格：一是私主体不能凭借自身的能力实现自己的目标；二是政府干预和介入能够更好地实现这一目标。[3]在行政任务民营化的过程中，国家仅承担担保责任即是辅助性原则的消极面向之体现。总而言之，消极面向的辅助性原则反映了私主体与政府之间的纵向分工与私权利和行政权之间的关系，即"首先是尊重私权自治，公权力只是起着辅助性的作用"。[4]

2. 积极面向

在经典的表述中，辅助性原则是一个多义原则，既包含消极意义的"禁止干涉"，也包括积极意义的"提供支持"。[5]所谓辅助性原则的积极面向，具体是指在特定公众和组织无法自

---

[1] 参见沈广明：《分享经济的规制策略——以辅助性原则为基点》，载《当代法学》2018年第3期，第51页。

[2] Benjamen F. Gussen, "Subsidiarity as a Constitutional Principle in New Zealand", *New Zealand Journal of Public and International Law*, Vol. 12：1, pp. 123~144（2014）.

[3] 参见熊光清：《从辅助原则看个人、社会、国家、超国家之间的关系》，载《中国人民大学学报》2012年第5期，第71页。

[4] 赵万一、叶艳：《从公权与私权关系的角度解读国家征收征用制度》，载《华东政法学院学报》2007年第2期，第19~20页。

[5] Benjamen F. Gussen, "Subsidiarity as a Constitutional Principle in New Zealand", *New Zealand Journal of Public and International Law*, Vol. 12：1, pp. 123~144（2014）.

主实现某种目标时，高一层级的组织应该介入。[1]具体到私主体与政府的关系，虽然私主体享有优先于政府解决事务的权利，但对于私主体无力解决的事务，政府应担负起不推卸的责任，运用政府的力量为私主体提供积极的支援协助，必要时甚至直接接手相关事务。私主体有多少不能解决的事务，政府就可能承担多少事务，政府的职能范围随着私主体无力解决的事务的增加而扩大。[2]政府对私主体的这种辅助常常体现为行政权对民事关系的介入，典型的例子是高空抛坠物侵权案件中，公安机关应依法及时履行调查义务，查清责任人。公安机关承担此种调查义务的意义非常重大，其中之一即是接手（免除）了原属于受害人的调查义务，且公安机关相较于受害人具有充分的调查能力与调查优势，从而为受害人寻求侵权救济提供了相当大的便利。

但需要注意的是，即便政府在特定情形下须对私主体承担积极的辅助义务，这种积极的辅助义务也仍然受到诸多限制。首先，政府的辅助并不能替代私主体的自助。仍以高空抛坠物侵权案件中公安机关的调查义务为例，公安机关辅助受害人的仅仅是调查确定"谁"是高空抛坠物的责任人，至于责任人以外的其他调查义务以及具体的举证义务，公安机关并不会向受害人提供任何帮助。其次，政府对私主体的辅助应以保护私主体为目的。如果政府的辅助行为出于其他不正当目的乃至打着"辅助"的旗号侵害个人的合法权益，就构成了对行政权的滥用，超越了行政权介入民事关系的合法界限，理应受到禁止。最后，政府辅助的对象是私主体无法独立处理而政府又能更好

---

[1] 熊光清：《从辅助原则看个人、社会、国家、超国家之间的关系》，载《中国人民大学学报》2012年第5期，第70页。

[2] 参见刘莘、张迎涛：《辅助性原则与中国行政体制改革》，载《行政法学研究》2006年第4期，第15页。

完成的事务。一方面,如果私主体完全可以独立处理某项事务,政府应当遵循辅助性原则的消极面向,主动退居二线;另一方面,既然私主体无法独立处理某项事务、圆满实现其目标,政府有义务积极介入和干预,以帮助私主体圆满实现事务的处理。但前提应当是政府的介入能够起到积极的效果而不是负面影响。如果该项事务的处理超出了政府的职权范围或者政府的介入亦于事无补,政府的介入亦背离了辅助性原则的本来意涵。

(二)行政权作用于民事关系是积极面向的辅助性原则之落实

从形式上看,行政权作用于民事关系反映的是行政权的积极行使而非消极不作为;从内容上看,行政权作用于民事关系以助力私法自治、辅助私法实施等为主要内容。因此,行政权作用于民事关系是辅助性原则之落实且为辅助性原则的积极面向。

1. 形式上的落实

涉及行政权与私权利关系的政治哲学观念有两种:一是消极国家观;二是积极国家观。消极国家观认为,私主体是自身事务和利益的最佳判断者,行政机关应当充分尊重私主体的选择,其功能限于消极维护市场秩序;积极国家观认为,行政机关应当积极主动地介入私权利的行使过程,通过公共政策的制定、自由裁量权的行使等手段积极服务于各类社会问题的解决。[1]消极国家观讲究自由主义,一般而言,在"私法自治"及"契约自由"等理念的引导下,人民在私法领域内得自由表现其意思、处理其私人事务,若发生争执,依个人自决及自行负责精神解决,或者通过司法途径解决争讼。[2]因而,对于行政权

---

[1] 参见戚建刚:《论我国知识产权行政保护模式之变革》,载《武汉大学学报(哲学社会科学版)》2020年第2期,第159页。

[2] 高文英:《和谐社会警察权配置的利益考量——尊重和协助保护私权的视角》,载《中国人民公安大学学报(社会科学版)》2011年第3期,第4页。

来说，自觉退居二线、对私权利不予干预的消极不作为是对私权利的最高礼遇。也就是说，消极国家观主张行政权的消极不作为，其弊病则是容易陷入极端自由主义的泥沼。积极国家观则主张行政权的积极行使，国家有义务关注公共福祉并以行政权襄助其实现，但其风险在于行政权的过度行使极易导致极权主义。

辅助性原则是在克服消极国家观与自由主义、积极国家观与极权主义的缺点的基础上发展而来的，可谓两者衡平的完美结晶。[1]辅助性原则既具有反对国家不当介入的"权限防堵"功能，也要求国家在必要时承担积极干预与主动相助义务。[2]而合理范围内的行政权介入民事关系恰是辅助性原则之直接体现。一方面，行政权充分尊重私权自治而不介入民事关系反映的是"国家仅扮演夜警监视角色的形式自由主义"，[3]行政权作用于民事关系的这种必要性可谓对这种国家自由主义的直接对抗。在某些情形之下，面对私权自治的不足以及私权利保护的紧迫性，行政权对民事关系的介入和干预成为必然。从形式上来看，行政权不再是消极不作为的状态，而是转变为积极的行使状态，并常常参与私权利的行使过程。以警察权为例，对私权利的保护是警察的一项重要任务，[4]在警察任务的规定和警察职权的配置中，应将私权保护作为警察辅助性任务并配置

---

〔1〕 参见杨彬权：《论国家担保责任——担保内容、理论基础与类型化》，载《行政法学研究》2017年第1期，第83页。

〔2〕 参见喻少如：《论行政给付中的国家辅助性原则》，载《暨南学报（哲学社会科学版）》2010年第6期，第59~60页。

〔3〕 ［德］阿图尔·考夫曼：《法律哲学》（第2版），刘幸义等译，法律出版社2011年版，第241页。

〔4〕 参见《人民警察法》第2条第1款："人民警察的任务是维护国家安全，维护社会治安秩序，保护公民的人身安全、人身自由和合法财产，保护公共财产，预防、制止和惩治违法犯罪活动。"

相应的警察职权。[1]而另一方面,因为行政权对民事关系的介入存在限度,因而行政权介入民事关系有其必要性并不意味着会陷入国家极权主义,更不会导致对私权利的侵犯与戕害。

2. 内容上的落实

作为行政事务管辖权界限原则,辅助性原则已经超出给付行政领域而成为现代行政法上一项重要的一般原则。[2]依托于消极与积极两个面向,辅助性原则一方面定位了现有地域社会结构中的去中心化与分散化,[3]另一方面也赋予了个人要求国家积极介入的请求权。后者为行政权介入民事关系提供了理论上的正当性依据。

从内容上来看,行政权对民事关系的介入可以被区分为以下三个方面:一是助力私法自治,二是矫正私法自治的不足,三是辅助私法实施。[4]首先,行政权对私法自治的助力主要是指行政权服务于私权利,且这种服务集中于良好社会秩序的提供。典型的例子是不动产登记机关的登记权,不动产物权变更非经登记不生效力。换言之,尽管不动产本身归私人所有,但必须借助于行政权加以明确。[5]设立不动产登记制度的目的之一在于方便国家管理房屋、土地等不动产,目的之二在于作为

---

[1] 高文英:《和谐社会警察权配置的利益考量——尊重和协助保护私权的视角》,载《中国人民公安大学学报(社会科学版)》2011年第3期,第3页。

[2] 章志远:《迈向公私合作型行政法》,载《法学研究》2019年第2期,第145页。

[3] Benjamen F. Gussen, "Subsidiarity as a Constitutional Principle in New Zealand", *New Zealand Journal of Public and International Law*, Vol. 12: 1, pp. 123~144 (2014).

[4] 参见章剑生:《作为介入和扩展私法自治领域的行政法》,载《当代法学》2021年第3期,第47页。

[5] 参见杨解君:《物权法不应被笼统地视为私法》,载《法学》2007年第7期,第44页。

一种物权公示方式,使物权变动获得社会的承认和法律的保护,保障交易安全。[1]登记机关通过行使登记权力以国家信用为基础为不动产物权变动提供信用保障,从而达到保护善意第三人、维护交易安全与交易秩序的目的。其次,行政权对私法自治的矫正是指行政权介入民事关系以弥补私法自治的缺陷为目的。纯粹私法自治的缺陷已在前文述及,诸如市场失灵、罔顾公平、损害公共利益、激化社会矛盾是私法自治的天然缺陷,为了弥补这些缺陷、兼顾秩序、正义、公平等多元化的法律价值,行政权积极介入民事关系不可避免。典型的例子是行政机关应当承担个人信息保护义务,建立个人信息的公法保护机制,有效弥补私法保护机制的不足。《个人信息保护法》第六章专章规定了履行个人信息保护职责的部门及其主要职责,包括调查、处理违法个人信息处理活动,以及接受、处理与个人信息保护有关的投诉、举报等。最后,行政权辅助私法的实施主要是指行政权为私权利的实现提供直接的帮助。典型的例子是高空抛坠物侵权案件中公安机关的调查权。在《民法典》为公安机关增设调查权之前,依据"谁主张、谁举证"的证明责任分配原则,自然由受害人自主承担调查和确定责任人的法律义务。但高空抛坠物侵权案件的症结恰在于责任人难确定,加之受害人调查能力有限,如何开展维权救济便成了笼罩在受害人头上最大的难题。而公安机关调查权的介入则为受害人侵权救济请求权之实现提供了直接保障。再如,《民法典》第277条第2款规定,地方人民政府有关部门、居民委员会应当对设立业主大会和选举业主委员会给予指导和协助。

---

[1] 参见章剑生:《行政不动产登记行为的性质及其效力》,载《行政法学研究》2019年第5期,第40页;梁亚荣、王崇敏:《不动产登记机构设置探析》,载《法学论坛》2009年第1期,第133~134页。

第二章　行政权何以作用于民事关系

行政权对民事关系的广泛介入体现了我国不同于西方国家的一大特色，即西方国家更强调政府的辅助性地位并以个体为本位，而我国的公共行政模式更为注重政府的积极作为，政府不仅职能宽泛且手段多元。[1]但仍需警惕的是，行政权归根结底只是辅助私主体解决私法上的问题，而不能取代私主体的自治行为。在部门法意义上，私法亦不会因此被同化为公法。

二、现实层面：风险防控的现实需要

现代社会已步入"风险社会"，风险无处不在。[2]更为致命的是，现代风险的复杂性与偶然性已然超出了理性控制范畴，[3]纯粹的私法自治根本无力应对并遭遇批判性反思。作为风险防控的一种应对机制，行政权对民事关系的介入成为不二选择。

（一）现代社会是风险社会

风险概念是现代社会所特有的概念，它与现代社会中人类试图掌控未来的态度及相应实践的意外后果相关。[4]所谓风险，是指可能发生某种损害后果的可能性；如果风险规制不当，损害后果就会现实发生。风险已经成为我们这个时代的标签，[5]尤其是进入21世纪以来，科学技术的迅猛发展进一步催生了新的风险类型，并涌现出了种种问题，合作构造形成了风险社会之背景。

---

[1]　参见薛刚凌：《行政法法典化之基本问题研究——以行政法体系建构为视角》，载《现代法学》2020年第6期，第84页、第87页。

[2]　[德]乌尔里希·贝克：《风险社会：新的现代性之路》，张文杰、何博闻译，译林出版社2018年版，第3页。

[3]　王本存：《行政法律关系的功能与体系结构》，载《现代法学》2020年第6期，第100页。

[4]　金自宁：《风险规制与行政法治》，载《法制与社会发展》2012年第4期，第61页。

[5]　李忠夏：《风险社会治理中的宪法功能转型》，载《国家检察官学院学报》2020年第6期，第3页。

1. 风险的源起

贝克认为,风险是科技发展的产物而非自然导致的结果。[1]卢曼则主张,风险不止根源于科技的发展,其根源在于时间维度中未来的不可预知性以及社会维度中的双重偶联性。[2]就时间维度来说,时间的未来面向带来了高度不确定性。现在与未来存在时间区隔,当下的视角无法准确预测未来,未来对于现在而言具有不确定性与难预测性。"当下的未来"与"未来的当下"总是不相重合,风险就蕴藏在这种现在与未来的区隔当中,风险规制就是根据当下对未来的判断采取措施。[3]未来的不确定性导致预防措施的可选择性与不确定性,因而现在的行为难免会存在不可预见的风险,当下的任何行为都可能在未来产生损失。从社会维度来说,人与人之间存在明显的也是不可避免的差异,个人无法预测其他人的行为,因而互相不透明、难预知,更难提前作出反应。此外,每个人对未来的预测和判断也存在较大差异,风险的扩大化由此成为一种必然。与此同时,科技发展导致的社会复杂性加剧了以上时间维度与社会维度的偶联性。这种社会复杂性:一方面,体现为社会由静态转变为动态,人的选择性激增也更加难以预测;另一方面,体现为熟人社会转变为陌生人社会,人与人之间的联系日益松散化也呈现出预测难题。由此导致的结果是,风险辐射的领域在不断扩大,开始扩展到日常生活的方方面面,衣、食、住、

---

〔1〕 参见[德]乌尔里希·贝克:《风险社会:新的现代性之路》,张文杰、何博闻译,译林出版社2018年版,第25页。

〔2〕 参见[德]尼克拉斯·卢曼:《法社会学》,宾凯、赵春燕译,上海人民出版社2013年版,第71页、第264页。

〔3〕 Vgl. N. Luhmann, *Soziologische Aufklärung* 5: *Konstruktivistische Perspektiven*, 3. Aufl., Wiesbaden 2005, S. 148. 转引自李忠夏:《风险社会治理中的宪法功能转型》,载《国家检察官学院学报》2020年第6期,第5页。

行都蕴含着潜在的风险。[1]在时间维度上，对未来的预测因社会的复杂性而变得愈发困难；在社会维度上，人与人之间的沟通难度大大增加，风险社会由此成型。总而言之，风险不是自然的产物而是人为产生的结果。

进一步说，风险社会的塑成要因是现代性中的"不安全"和"不确定性"。[2]不确定与不安全是风险社会的代名词，伴随着贝克所言的风险社会之到来，社会交往的复杂性和不确定性急剧提升。[3]对安全的需求是人类的基本需求，安全要求确定，确定往往能够保障安全。但在实践当中，复杂性意味着被迫选择，偶然性则意味着遭遇失望的风险以及冒险的必然性。[4]社会的复杂性、时间维度与社会维度的双重偶联性使得现代社会既不可能确定也不可能安全，无奈陷入风险之中并被风险所包围。需要注意的是，风险与危险不同。风险是系统主观判断与自我认识评价的结果，是一种潜在的、非现实的损失，故特别强调对其进行评估与预防；危险则是由客观环境带来的、被系统捕捉与发现的现实存在，因而是一种已然的损害，需要予以消除和克服。[5]

2. 风险无处不在且类型多元

现代社会是高风险社会，吃住行、教体娱、医卫环等日常

---

[1] 李忠夏：《风险社会治理中的宪法功能转型》，载《国家检察官学院学报》2020年第6期，第6页。

[2] 张海涛：《"风险社会"的宪法结构分析》，载《湖北社会科学》2021年第4期，第129页。

[3] 余成峰：《法律的"死亡"：人工智能时代的法律功能危机》，载《华东政法大学学报》2018年第2期，第9页。

[4] ［德］尼克拉斯·卢曼：《法社会学》，宾凯、赵春燕译，上海人民出版社2013年版，第73页。

[5] 王旭：《论国家在宪法上的风险预防义务》，载《法商研究》2019年第5期，第113页。

生活领域潜藏着大量的安全风险隐患，[1]并滋生出多种类型的纠纷。有学者从我国宪法文本中提炼出了7个风险领域：国家面临的整体性风险、政治领域的风险、法律领域的风险、经济领域的风险、社会领域的风险、科技领域的风险、文化领域的风险。[2]其中环境、健康和安全领域的风险尤为突出。环境领域的风险集中体现为水污染、大气污染、噪声污染等风险类型，健康领域的风险包括卫生风险、医药风险等，安全领域的风险主要体现为交通安全风险、食品安全风险、产品安全风险等类型。此外，道德风险也是一类重要的风险类型，典型的例子是"老实人吃亏"。风险有人源性风险与物源性风险之分，前者源于人为因素，如食品安全风险多是因为人为滥用添加剂等；后者与人的行为无关，如大气污染风险多因日常生产生活而产生。也正是因为风险类型的复杂性与多元性，有学者主张采取"一事一议"的思路进行风险立法。[3]

"风险"并不仅仅存在于自然科学和技术领域，而是一种世界观，是观察现代社会的视角。[4]在法律领域，风险亦是司空见惯。互联网社会、大数据和人工智能是近年来法律研究的热点，由于这三者所具有的不确定性和风险特质，可以将之归为风险社会。[5]典型的例子是，在互联网社会之背景下，对个人

---

[1] 黄文艺：《民法典与社会治理现代化》，载《法制与社会发展》2020年第5期，第24页。

[2] 参见王旭：《论国家在宪法上的风险预防义务》，《法商研究》2019年第5期，第116页。

[3] 参见宋亚辉：《风险立法的公私法融合与体系化构造》，载《法商研究》2021年第3期，第57页。

[4] 王旭：《论国家在宪法上的风险预防义务》，载《法商研究》2019年第5期，第116页。

[5] 李忠夏：《宪法学的系统论基础：是否以及如何可能》，载《华东政法大学学报》2019年第3期，第32页。

信息的非法处理行为不仅会造成个人信息权益被侵犯,而且很有可能会衍变为公共性事件,威胁社会管理秩序。在私法领域,合同风险、侵权风险亦屡见不鲜。在公法领域,比如,作为当下一种非常流行的行政管理手段,行政协议在履行过程中也存在诸多风险要素,会威胁到行政协议的正常履行与公共利益的实现。例如,在国有土地使用权出让协议之中,土地价格上涨是一种典型的商业风险。再如,允许行政主体一方任意终止或解除行政协议对相对人一方而言是很大的风险因素。以政府公共服务外包为代表的民营化是转变政府职能、提升公共服务品质的有效途径,但也面临着权力寻租、机会主义、私人垄断、恶意串通、管制俘获、改变行政目标等风险。[1]

个人既是风险的制造者,也是风险乃至危险的承担者。安全比道歉更好,[2]没有损害比带来损害好,最小化风险的最有效方法是预防,[3]为了避免风险最终转变为危险或者更准确地说转变为实际的损害,采取风险规制措施有效防范风险就成了法律领域当前的一项重要工作。

(二)私法自治应对风险不能

从广义上说,整个法律制度都是旨在解决风险问题的风险防控制度。[4]法律是规制风险的重要工具,依托私法自治原则来防范风险无疑是重要一环。但是,面对风险社会这一时代特

---

[1] 参见石佑启、邓謇:《论政府公共服务外包的风险及其法律规制》,载《广东社会科学》2016年第3期,第242页;关博豪:《论民营化中行政权的保留》,载《法律科学(西北政法大学学报)》2019年第3期,第76~77页。

[2] William P. Barr, "The Role of the Executive", *Harvard Journal of Law and Public Policy*, Vol. 43:3, pp. 605~631 (2020).

[3] Aiva Zuzeviciute et al., "Protecting State Border: Risk and Prevention. Economic Dimension", *Montenegrin Journal of Economics*, Vol. 13:3, pp. 43~51 (2017).

[4] 张守文:《当代中国经济法理论的新视域》,中国人民大学出版社2018年版,第170~171页。

征,纯粹依托私法自治显得捉襟见肘,面临重重困境。

1. 私法应对风险的主要对策

如前所述,私法领域将私法自治原则奉为圭臬,私法的主要功能是帮助私主体有效实现自治。"理性经济人"理念则是私法自治原则的核心理论预设,在私法领域,任何问题都以个人控制、个人选择和个人责任为依托,"行为人自负其责且仅为自己的行为负责成为风险分配的基本准则"。[1]对此,行政权应当消极待命于政治国家领域,而不得对私权利的行使横加干预。

至于应对风险的具体手段,相较于公法直接借助于行政权进行行为管制来达到分配与防范风险的目的,私法则主要以损害赔偿作为威慑手段促使私主体积极守法、主动防范风险。前者如行政许可,其条件构成以维护公共利益和社会利益、预防社会风险为出发点,及时回应预防社会风险的动态需要。[2]《行政许可法》规定,有限自然资源的开发利用应以获得行政许可为前提,以有效规避过度开采自然资源导致的资源枯竭与环境破坏风险。后者如《侵权责任法》规定,宾馆未尽到安全保障义务造成他人损害的,应当承担侵权责任。在这种侵权责任作为倒逼机制的作用之下,宾馆大概率会强化安全保障义务的履行,努力减少致人损害事件的发生。进一步而言,公法应对风险的策略主要是事前层面的防控,私法则重在事后层面的责任威慑。需要注意的是,损害赔偿并非私法唯一的应对风险之策,《民法典》亦为数不少地规定了很多风险分配规则,力求风险在当事人之间实现公平、正义、合理分配。例如,在高空抛坠物

---

[1] 宋亚辉:《风险立法的公私法融合与体系化构造》,载《法商研究》2021年第3期,第62页。

[2] 参见汪燕:《行政许可制度对国家治理现代化的回应》,载《法学评论》2020年第4期,第56页。

侵权案件中，如果具体侵权人确实难以确定，则由可能加害的建筑物使用人给予补偿。此外，如果物业服务企业等建筑物管理人未履行安全保障义务，则应承担相应的侵权责任。

2. 私法应对风险之困境

第一，私法本身的问题，并集中体现为私法自治的制度缺陷，即所谓的自治不能。一方面，自治能力的有限性决定了私主体在很多时候无法凭借自身的力量有效防御风险，不得不被动承受风险带来的损害结果。以个人信息保护为例，过度依赖私法自治原则对于信息主体而言根本无力应对信息安全风险。囿于认知能力的有限性、信息风险复杂等因素，信息主体实际上很难对个人信息权益作出准确的判断，从而"主动"陷入个人信息被侵害的风险之中。因此，即便《民法典》确立了告知同意规则，信息主体也仍然无力应对信息处理者的各种隐蔽行为，进而陷入信息安全风险之中。另一方面，尽管侵权法越来越强调对损害的预防，[1]总体而言，私法领域仍然主要依托事后的损害赔偿作为威慑机制来阻止未来事故的发生，而当行为人所要承担的损害赔偿成本远低于其违法所获收益之时（事实往往如此），铤而走险以换取高收益便成了很多违法行为人的倾向性选择。因此，私法自治本身的以上两个缺陷导致在很多情形之下单凭私主体的自治行为无法担当"有效的风险预防工具"，[2]甚至根本无力抵御与防范风险。

第二，个体风险的公共性问题。在人类社会进入风险社会之前，私人决定的影响力相当有限，基本不可能产生威胁整个

---

[1] Hans Jonas, "The Imperative of Responsibility: In Search of an Ethics for the Technological Age", *Human Studies*, Vol. 11: 4, p. 419-429 (1988).

[2] Emil Balan & Iulia Cospanaru, "Whistleblowing-a Mechanism for Collecting Data on Non-Compliance with the Principles of Administrative Law in Order to Mitigate Risks", *Acta Universitatis Danubius*, Juridica, Vol. 13: 1, pp. 5~23 (2017).

人类健康安全的公共风险。[1]风险社会则不同,私人决定很有可能产生蝴蝶效应,凭借其在时间维度与空间维度的双重延展,导致大规模的公共性影响,甚至危及公共安全。这主要是因为,经济的飞速发展造就了市场优势地位与垄断现象,私主体之间的事务不再纯粹局限于私主体之间,转而被公共属性所笼罩,看似微不足道的个体风险都会扩大甚至演变为公共风险,诸如消费者保护、劳动者保护、环境保护等社会问题不断滋生。[2]有学者直言,风险社会最大的特点即是,传统中局限于私领域的私人决定,如今可能演化为公共事件,具有很强的公共性,或者说因为个体决定而带来"剧场效应"。[3]例如,高空抛坠物、宠物伤人等各种类型的事故频发使得侵权责任成了一个重大的社会问题和政治问题,侵权责任法也越来越多地具有公法特征。以预防为中心同样强调损害赔偿以外的责任承担形式,尤其突出停止侵害这一责任形式的重要性。[4]另一方面,大规模的个人信息侵权、环境侵权等事件也非仅凭私主体一己之力可以事先预防,与此同时,强化对受害人的救济显得迫在眉睫。

(三)行政权的风险应对优势

与风险陡增不相对称的是,私主体无法凭借自治行为自行加以调节。如果私法机制足以有效监测并消除风险,政府自然无需介入;面对私法机制的内在龃龉,对私权利的干预成了负责

---

[1] 参见金自宁:《风险中的行政法》,法律出版社2014年版,第16页。
[2] 参见郭明瑞、于宏伟:《论公法与私法的划分及其对我国民法的启示》,载《环球法律评论》2006年第4期,第427页。
[3] 李忠夏:《风险社会治理中的宪法功能转型》,载《国家检察官学院学报》2020年第6期,第4页。
[4] 石佳友:《论侵权责任法的预防职能——兼评我国〈侵权责任法(草案)〉(二次审议稿)》,载《中州学刊》2009年第4期,第101页。

第二章　行政权何以作用于民事关系

任政府的必然选择,"监管应成为风险应对的首要法律机制"。[1]对此,行政权应当充分发挥其风险应对优势,将风险扼杀于摇篮之中,避免风险转化为危险。

1. 国家负有风险预防义务

风险预防原则是指在缺乏充分科学确定性证明人类的行为会损害环境的情况下,要求采取预防措施。[2]风险预防原则源于环境法领域。在环境法领域,国家的任务包括排除现存损害、排除潜在危险和预防未来的损害三个方面。[3]因此,预防不确定的环境风险、避免其转化为现实的损害是国家的任务之一。我国的《环境保护法》亦将预防作为环境保护的主要原则。[4]后来,预防风险任务扩展到环境领域之外的其他领域,[5]并呈现强弱之分。强的风险预防原则是指,当某项活动具有危害威胁时,不需要建立完全的因果关系即可采取预防措施;弱的风险预防原则是指在科学不确定的情况下即采取措施应对风险。[6]笔者认为,风险预防应以"合理怀疑"为前提,防止过度预防与无效预防,因而强的风险预防原则在多数情况下并不足取。特别需要强调的是,风险预防与危险消除不同,后者是一种后果消弭,前者则是一种过程控制,体现的是过程中的风险监测、

---

[1] Noah M. Sachs, "Rescuing the Strong Precautionary Principle from Its Critics", *University of Illinois Law Review*, Vol. 2011:4, pp. 1285~1338 (2011).

[2] 高秦伟:《论欧盟行政法上的风险预防原则》,载《比较法研究》2010年第3期,第56页。

[3] 参见[德]施密特·阿斯曼:《秩序理念下的行政法体系建构》,林明锵等译,北京大学出版社2012年版,第109页;陈慈阳:《环境法总论》,中国政法大学出版社2003年版,第31页。

[4] 参见《环境保护法》第5条:"环境保护坚持保护优先、预防为主、综合治理、公众参与、损害担责的原则。"

[5] 《食品安全法》第3条、《网络安全法》第5条等也规定了风险预防原则。

[6] Noah M. Sachs, "Rescuing the Strong Precautionary Principle from Its Critics", *University of Illinois Law Review*, Vol. 2011:4, pp. 1285~1338 (2011).

评估与控制，需要以"监测—评估—控制"的全过程风险预防体系作为工具。[1]

国家任务的变迁历经"生存关照—危险防御—风险预防"的前进过程。[2]从理论上来讲，国家的风险预防义务来源于国家的保护义务与保障安全的需要。国家负有尊重和保障人权之义务，其中安全是基础，风险则是安全最大的威胁。而作为一种公共物品，安全只得由代表公共利益的政府提供而很难依靠私主体的自治行为实现。因此，可以说，预防风险是"当代中国治国理政'底线思维'的要求"。[3]例如，针对食品安全风险，企业自律、消费者监督自然是重要环节和有效措施，但也不能完全交由市场，因为信息不对称将直接导致市场调节的失灵。因此，政府的监管与规制不可忽视且不可或缺，包括监督食品企业依法经营、及时公布食品安全信息等。[4]在实践层面，国家的风险预防义务是行政任务扩大化之结果。风险社会的到来导致行政任务急速增长，[5]表现之一即是积极介入到民事关系（包括广度和深度），原属于私主体之间的事务呈现出一定的公共色彩，以有效遏制与预防风险。另一方面，风险预防的困难性也决定了依托私主体的自治行为无法有效预防与规制风险，而是必须依靠行政机关的力量。风险是否存在、发生概率几何、危害后果

---

[1] 参见王旭：《论国家在宪法上的风险预防义务》，载《法商研究》2019年第5期，第121页。

[2] 秦天宝：《论风险预防原则在环境法中的展开——结合〈生物安全法〉的考察》，载《中国法律评论》2021年第2期，第77页。

[3] 王旭：《论国家在宪法上的风险预防义务》，载《法商研究》2019年第5期，第112页。

[4] 参见高凛：《我国食品安全社会共治的困境与对策》，载《法学论坛》2019年第5期，第99页。

[5] 张运昊：《行政一体原则的功能主义重塑及其限度》，载《财经法学》2020年第1期，第122页。

多大以及风险源与肇事者在多大程度上存在因果关系都可能面临不那么确定的判断。[1]对此,国家应当扮演"风险看门人"[2]之角色,并以行政权的行使作为落实国家风险预防义务的主要手段。而承认行政权对民事关系介入之必要性,亦是风险社会时代整个法律学科冲破既有僵化牢笼、不断自我调整和与时俱进之产物。

2. 公法应对风险的具体优势

私法应对风险之困境意味着,原属私法领域的问题无法仅靠私法得到圆满解决。转采功能主义与实用主义的进路,接受行政权对私法领域的介入才是应对风险的明智之举。有学者总结,环境、健康和安全风险领域的规制体制基本都呈现私人实施与行政实施双轨运转机制,即一方面借助市场主体和公众力量揭露风险信息、启动法律实施(诉讼)程序的行为来威慑并矫正风险行为;另一方面通过行政机关的主动介入来搜集信息、评估风险、设定标准或行为规范、启动并掌控规制程序,实现矫正风险行为之目的。[3]事实上,依托于行政权的公法相较于私法而言也在风险应对问题上存在显著优势。这种优势主要体现为:第一,行政机关较之于私主体具有预知风险优势,从而能够提前采取应对措施。这主要是因为,行政机关掌握更多的相关技术,具备更为专业的知识和调查能力。[4]第二,行政权是一种主动性的公权力,行政机关能够直接管理社会事务,具

---

[1] 谭冰霖:《环境行政处罚规制功能之补强》,载《法学研究》2018年第4期,第155页。

[2] Noah M. Sachs, "Rescuing the Strong Precautionary Principle from Its Critics", *University of Illinois Law Review*, Vol. 2011: 4, pp. 1285~1338 (2011).

[3] 参见宋亚辉:《风险立法的公私法融合与体系化构造》,载《法商研究》2021年第3期,第57页。

[4] 参见孙莹:《大规模侵害个人信息高额罚款研究》,载《中国法学》2020年第5期,第112页。

有直接影响力。因而,行政机关可以凭借这种主动性提前介入到风险事件当中,采取过程控制的策略,避免其演变为大规模的公共风险。第三,行政机关相较于私主体具有更强的直面风险能力,在风险应对方面也更具时效性。一方面,相较于私主体而言,行政机关具有足够的资源和能力应对风险(尤其是公共风险),如大规模侵害个人信息的行为;另一方面,公法保护模式实行违法主义而非当事人主义,不以私主体的权利保护为中心,不需要当事人举证证明侵权事实和损害。也就是说,不论是否给私主体造成损害,只要行为违反法定义务即构成违法,行政机关即有权通过执法行为加以制止,以维护法律秩序。而行政权的介入也能减轻私主体在风险防范方面的义务,并创造更为安全的交易环境。

以个人信息的保护为例,大数据时代的个人信息处理行为呈现隐蔽性、迅速性、虚拟性、技术性、持续性、规模性等特征,无疑蕴藏着巨大的侵害个人信息风险,可谓"后患无穷"。因此,风险治理是个人信息保护的应有之义。在私法自治视阈下,毋庸置疑,个人信息风险防控任务自然由信息主体和信息处理者承担。而按照经济学的观点,信息风险应该主要由风险分散和承受能力最强并且能以最小的成本降低信息风险的信息控制者来承担,激励强势的信息控制者采取更有效的措施来避免信息泄密、滥用、操纵和欺诈。[1]但这终究只是理想化的理论预设。现实情况是,信息主体决定和控制个人信息的能力极为有限,往往难以预见信息处理行为给个人信息乃至个人信息背后的人身财产安全利益带来的损害,从而实质不理性地选择"同意"乃至签订"个人信息转让授权书",造成个人信息权益

---

[1] 吴泓:《信赖理念下的个人信息使用与保护》,载《华东政法大学学报》2018年第1期,第30页。

受损。[1]加之在网络和信息技术的助力之下,信息主体实际上无力控制个人信息的二次传播和共享,因而依托同意规则不足以实现风险防范和对个人信息的自我保护,并在很大程度上沦为纸面权利。另一方面,信息处理者一方的风险防范方式主要是侵权责任的威慑。但侵权责任机制以致人损害为前提,具有侵权责任构成要件的要求过高、损害赔偿数额的限制等天然弊端,[2]尤其是侵权责任这一事后救济机制的核心功能是填补受害人的损害且损害赔偿金额以受害人损失为限,往往远低于信息处理者所获收益,"显然无法对侵害人产生威慑力"。[3]如果行政权可以介入个人信息的保护,就可以从风险防御的视角出发,通过制定宏观政策、事前风险评估、个人信息泄露报告制度、行政约谈常态化等策略以行政权为个人信息保驾护航。因此,个人信息风险治理须秉承多元主体治理的基本思路,允许行政权的干预和介入,共同致力于社会利益的最大化实现。

三、价值层面:私权利的更优保障

追根溯源,行政权来源于私权利的让渡,"保障私权利的规范、安全行使"[4]亦是行政权存在的正当性与合理性基础。而允许行政权介入民事关系,表面上看可能对私权利的行使构成限制,但实际上不管是限制性的干预还是保护性的干预,其最

---

[1] 参见高艳东:《经同意买卖个人信息也属违法犯罪》,载《检察日报》2018年8月15日。
[2] 参见杨立新:《私法保护个人信息存在的问题及对策》,载《社会科学战线》2021年第1期,第198~199页。
[3] 孙莹:《大规模侵害个人信息高额罚款研究》,载《中国法学》2020年第5期,第109页。
[4] 汪渊智:《理性思考公权力与私权利的关系》,载《山西大学学报(哲学社会科学版)》2006年第4期,第64页。

终都服务于私权利,并为私权利提供保障。

(一) 为什么要保护私权利

我国历来重视对个人权利的保护,上至《宪法》专设基本权利一章,下至规章乃至规范性文件,都以权利保护作为出发点和落脚点。《法治社会建设实施纲要(2020-2025年)》亦将"加强权利保护"作为法治社会建设的重点内容,并从健全公众参与重大公共决策机制、保障行政执法中当事人的合法权益、加强人权司法保障、为群众提供便捷、高效的公共法律服务和引导社会主体履行法定义务承担社会责任五个方面提出了具体措施。而私权利是权利体系的核心和基础部分,私权利保护是权利保护的重心与核心。

1. 私权利是权利的核心

权利有私权利与公权利之分,二者一道构成完整的权利体系。其中,私权利为"存于私人相互间的权利",[1]以满足个人需要为目的,并以个人利益为出发点。典型的私权利如所有权、债权、人格权等。公权利是指个人依据法律请求国家为一定行为或不为一定行为的权利。[2]私权利是人与生俱来的权利;公权利则往往需要其他条件作为辅助或具备一定条件方可成就。例如,行政复议权以存在先行政行为为前提。就在权利体系中的地位而言,私权利是人的基本权利,是个人权利的核心内容。就二者的关系而言,私权利是公权利的基础,如果个人的基本生存发展权难以满足,也无法充分行使公权利。[3]另一方面,

---

[1] [日]美浓部达吉:《公法与私法》,黄冯明译,周旋勘校,中国政法大学出版社2003年版,第158页。

[2] 参见[德]格奥格·耶林内克:《主观公法权利体系》,曾韬、赵天书译,中国政法大学出版社2012年版,第47页。

[3] 参见万里鹏:《行政权的边界界定及其规制研究》,载《宁夏社会科学》2019年第1期,第88页。

公权利服务于私权利,赋予个人公权利的目的在于实现私权利。例如,行政复议权、行政诉讼权等公权利行使的最终目的在于保障个人的人身、财产权利。因此,权利保护的关键就在于私权利的保护,其他任何法律制度的设计都应围绕私权利的保护展开。

2. 以个人为本位

强调对私权利的保护从表面上看是对权利的重视,从根本上而言则是以个人为本位之体现。"治国有常,而利民为本",人的主体性是最终的、最高的归宿。[1]党的十九大报告就提出,党的一切工作必须以最广大人民根本利益为最高标准。习近平总书记在中央全面依法治国工作会议上的重要讲话也指出,推进全面依法治国,根本目的是依法保障人民权益。

我国的治理模式以个体本位为基础,主张不断扩展个人的自由和权利。[2]不管是私权利还是公权利,都是个人本位之体现,都体现了对人的重视。人是目的而非工具,行政权可以介入民事关系,但万万不可破坏人的主体性,不可剥夺原属于个人的人身财产权利,而只能为私权利提供服务与保障。例如,行政机关未经合法的征收程序以强制拆迁替代征收的,就构成行政权的滥用,也侵犯了被征收人的财产权利。在"宋某贵诉兰州市城关区政府行政强制案"中,法院即指出,不应以被征收房屋系危房为由,以紧急避险为名,规避征收程序,实施强制拆除,这样做不符合依法行政的原则,也不符合保障被征收人合法权益的理念。[3]

---

[1] Hans Jonas, "The Imperative of Responsibility: In Search of an Ethics for the Technological Age", *Human Studies*, Vol. 11: 4, pp. 419~429 (1988).

[2] 参见薛刚凌:《行政法法典化之基本问题研究——以行政法体系建构为视角》,载《现代法学》2020年第6期,第81页。

[3] 参见兰州铁路运输中级法院[2018]甘71行初字第53号行政判决书。

(二) 行政权是保护私权利的重要工具

私权利保护表面看似仅仅是私法的任务，实则是民法、刑法、行政法等多个部门法共同的任务。以物权为例，民法通过确认和赋予权利人物权请求权与提供侵权救济的方式来保护物权，刑法对物权的保护主要体现为针对侵犯物权的犯罪行为追究刑事责任，行政法则主要借助于行政许可、行政处罚、行政登记等行政权的行使来实现保护权利人物权之目的。不可否认，行政法以公共利益为价值追求，行政权的介入与私权利的自由行使可谓此消彼长的对立关系。但在捍卫和保障私权利的背景下，行政法与民法之间，或者说公法与私法之间，却非对立，而是一种相得益彰、协同融合的关系，[1]保护个人自由和权利永远是行政法的核心任务。纵观《行政许可法》《行政处罚法》等行政法规范，无不将"保护公民、法人和其他组织的合法权益"作为立法目的之一。行政权更是直接作为保护私权利的工具而存在。

1. 限制性涉私行政权对私权利的保护效应

如上所述，作用于民事关系中的行政权包括限制性涉私行政权与保护性涉私行政权两大类。限制性涉私行政权指向公共利益，保护性涉私行政权则意在维护实质公平，二者对于私权利的保护均具有积极意义。就限制性涉私行政权而言，其表面上为私权利的内容和范围设定了藩篱，体现了对私权自治的限制，构成私权自治的界限。但如果从长远的角度来看，行政权对私权利的限制是为了矫正私权自治公共性的缺失，通过公共利益的实现来为私权利铺路。例如，《药品管理法》第41条第1款规定："从事药品生产活动，应当经所在地省、自治区、直辖市人民政府药品监督管理部门批准，取得药品生产许可证。无

---

[1] 杨寅、罗文廷:《我国城市不动产登记制度的行政法分析》，载《法学评论》2008年第1期，第66页。

药品生产许可证的,不得生产药品。"药品质量关乎公众健康,如果不对药品生产加以管制、不问资质放任企业或个人生产药品,势必会产生大量的药品安全事件,最终的受害人必定是个人。而生产许可制的确立则可以借助于事前对药品生产企业进行资格资质审查,筛除那些不符合条件、可能威胁公众健康的企业,为公众健康权的实现提供有力保障。

2. 保护性涉私行政权对私权利的保护效应

行政权对私权利的保护性干预主要是基于实质公平之考虑。一方面,纯粹的私权自治意味着自由放任,必然导致强者与弱者的势力分化,形成强者的垄断地位与弱者的弱势地位。弱者自身无力改变这种现实的不平等状况,而只能求助于国家申请权利保护。与此同时,行政权的干预可以通过对强者垄断权的抑制来达到保护弱势群体私权利之目的。典型的例子是,行政机关抽查发现危及人身、财产安全的商品缺陷,有权责令经营者停止销售、召回等。[1]而行政机关这种命令权的行使就是对消费者人身、财产权利最好的保护策略。另一方面,单纯依托私主体的自治有时无法实现私权利的自我保护,而需要行政权提供外在辅助。个人信息的保护如此,对高空抛坠物案件中受害人的保护亦如此。以高空抛坠物侵权案件为例,实践表明,仅凭受害人之力能够确定具体责任人的案例少之又少,绝大多数受害人都会无奈地选择起诉全楼业主以获取补偿性救济,却因公正性质疑常常遭遇执行难题,导致受害人受损的人身财产权利经常处于悬而未决状态。而公安机关调查权的行使则能够借助于专业的调查能力及时、准确地锁定责任人或者将可能责任人的范围降至最小,不管是对于受害人还是对于可能的建筑

---

[1] 参见《消费者权益保护法》第33条。

物使用人而言，都是一层私权利的保护罩。而当行政机关应对私权利予以保护而未予保护时，可能构成行政不作为。如在"罗某厚诉武汉市公安局硚口区分局不履行法定职责案"中，法院指出，因经济纠纷发生违反治安管理行为的，公安机关具有作为义务。[1]

---

〔1〕 参见湖北省高级人民法院〔2018〕鄂行再字第13号行政判决书。

第三章
行政立法权作用于民事关系的机理与表现

如上所述,行政立法权是行政机关制定行政法规、行政规章与规范性文件的权力。尽管行政立法权在民事关系中发挥作用的空间远不及行政执法权,但同样构成对民事关系的介入,甚至因其普遍适用效力对私权利产生的危害更大。行政立法权作用于民事关系:一是作为私主体的义务来源,为私主体设置行为规则;二是作为民事活动的评价尺度,为私主体设置责任规则。

第一节 行政立法权作用于民事关系的机理

本书第二章详细分析了行政权作用于民事关系的理论前提、理论基础与现实必要性,私法公法化、法律价值的多元化追求、整体法学观、积极面向的辅助性原则、风险防控的现实需要以及私权利的更优保障等因素共同助成了涉私行政权的正当性。具体到行政立法权而言,其作用于民事关系意在谋求私法自治与国家管制之间的平衡,并通过作为私主体的义务来源与民事活动的评价尺度发挥作用。

一、行政立法权作用于民事关系的原理

客观来说,让行政权以行政法规、规章和规范性文件的形式对民事关系予以干预,不确定因素多且不易纠正,因而构成对私权利的重大安全隐患。但是,以《民法典》为代表的法律在允许行政立法权作用于民事关系问题上毫不吝啬,其中尤以行政法规出现的频次最高。民事关系中的行政立法权发挥作用的工具装置集中体现为私主体从事民事活动必须遵循法律的界限,民事关系中的行政立法权表面上构成对私权自治的限制,实则是构成为私权自治提供的合法性支撑。

(一) 私权自治应限于法律框架内

行政立法权能够且必须作用于民事关系主要是基于私权自治本身的限制,即所谓私权自治并非不受任何限制的自治,"其实也蕴含着对国家所确立的私法秩序须予以尊重的意涵",[1]因而必须禁锢于法律的框架之内。私主体从事民事活动必须受到以行政法规为代表的行政立法之严格约束,特别是不能触及管制底线。

1. 民事活动应受行政立法约束

毋庸置疑,民事活动奉行私法自治原则,这也是民法最为核心的基本原则。私法自治是指民事主体依法享有在法定范围内广泛的行为自由,并可以根据自己的意志产生、变更、消灭民事法律关系。[2]自治与管制相对,源于市民社会与政治国家的二分,前者以权利为原则,后者以权力为内核。简单来说,

---

[1] 谢潇:《公序良俗与私法自治:原则冲突与位阶的妥当性安置》,载《法制与社会发展》2015年第6期,第101页。

[2] 王利明:《体系创新:中国民法典的特色与贡献》,载《比较法研究》2020年第4期,第1~2页。

第三章 行政立法权作用于民事关系的机理与表现

私法自治意味着"法无禁止即自由",强调民事主体在法律允许范围内的完全自由,可以按照自己的意思自主设立、变更、终止民事法律关系,并排除行政权的非法干预。在私法自治视阈下,国家扮演的是消极守夜人的角色,行政权大多时候都处于收缩状态。我国《民法典》即以私法自治为价值体系展开,并在《合同法》等单行法的基础上对私法自治理念进行了二次拓展。例如,在法律行为部分,《民法典》对民事法律行为的定义新增了"意思表示"要素,"肯定了私域的意定主义调整模式,民事主体可通过意思表示形成期待的法律后果"。[1]再如,把限制民事行为能力人的年龄拓展至"八周岁以上",扩大了拥有部分自治权的群体。

公民固然享有自治的权利和利益,[2]享有丰富的自主决定空间,[3]但这种自治自决并非漫无边际、无拘无束,而必须严格限于法律的框架之内。所谓私权自治必须在"法律范围内",即私权自治只有在法律的框架内才是正当的。"私法自治概念不应被误解为有一个不受国家法律影响的领域,其中私人可以自设其权利。相反,法律行为自由系存在于一个由国家法律所给定的范围之内,并且由国家予以实现,也即由国家向私人提供国家法律保护组织以供其使用。"[4]这里的"国家法律",既包括宪法和狭义的法律,也包括行政法规、地方性法规、规章乃至规范性文件。因此,行政立法(权)实际上充当了私主体从

---

[1] 周华:《民法现代化进程中的私法自治及其限制》,载《学术探索》2020年第4期,第89页。

[2] Johannes Giesinger, "Children, Rights, and Powers", *The International Journal of Children's Rights*, Vol. 27: 1, pp. 251~265 (2019).

[3] 参见[德]迪特尔·梅迪库斯:《德国民法总论》,邵建东译,法律出版社2001年版,第143页。

[4] [德]迪特尔·施瓦布:《民法导论》,郑冲译,法律出版社2006年版,第298页。

事民事活动的合法界限,私主体从事民事活动必须依循行政法规、规章乃至规范性文件的相关规定,否则就溢出了私权自治的正当范围,构成违法。也正因为如此,即便是作为"私法自治的基本法"[1]的《民法典》也明确要求某些民事活动遵循行政法规、规章的相关规定,行政立法权由此参与到民事关系之中,并对私权自治形成禁锢之势。例如,《民法典》第1035条规定,处理个人信息的,不得违反行政法规的规定。而这些私主体从事民事活动须遵从的行政立法在内容上多体现为强制性规定,即为私法自治设置最低限度的法律要求,为私主体从事民事活动提供基本的行为指引,实现私人利益与公共利益之间的矛盾化解与调和。《民法典》总则编明确规定,民事法律行为不得违反行政法规的强制性规定,否则无效。

2. 民事活动不能触及管制底线

行政立法权作用于民事关系的第二个支撑点是,私主体在从事民事活动时可能触及管制底线,威胁社会秩序,因而需要公法与行政权的引入作为预防和惩戒机制。具体而言,私法活动可能触及管制底线而跨入公法领域,相应地,其问题属性也由"私"的问题转化为"公"的问题。[2]这个管制底线主要是指行政管理秩序或者说社会秩序。私法自治以法秩序为前提,弗卢梅的私法自治论提出,现实中的具体法律行为不只是私法自治所规定的行为,而是由私法自治与法秩序两者相结合而成的一种法律行为。[3]因此,对于可能危及行政管理秩序的私权

---

[1] 茅少伟:《寻找新民法典:"三思"而后行 民法典的价值、格局与体系再思考》,载《中外法学》2013年第6期,第1141页。

[2] 参见钟瑞栋:《民法中的强制性规范——兼论公法与私法"接轨"的立法途径与规范配置技术》,载《法律科学(西北政法大学学报)》2009年第2期,第72页。

[3] 李军:《私法自治的基本内涵》,载《法学论坛》2004年第6期,第80页。

自治行为,在相关立法设计外接条款由行政法规等行政立法予以介入并要求其遵循行政立法的特殊规定就成了避免私权自治行为妨害社会秩序的预防性举措。而且,立法越来越需要成本效益分析,[1]事先在相关立法中明确私主体从事民事活动所应遵从执行的行政立法不仅能起到预防私主体违反行政管理秩序之效,且相较于事后惩戒的成本更低。例如,《民法典》第502条规定,依照法律、行政法规的规定,合同应当办理批准等手续的,依照其规定。而当私权自治行为突破了行政法规、规章乃至规范性文件的管制性规定,造成社会秩序的破坏之时,私权自治行为需要承担相应的法律后果。如《民法典》第153条第2款规定,违背公序良俗的民事法律行为无效。其中,"公序"即公共秩序,包括行政管理秩序。这就意味着,行政立法权作用于民事关系:一则依托于事前的行为规则设计,为民事活动提供基本遵循和方向指引,避免私主体从事民事活动触及管制底线,触发行政执法权;二则凭借事后的责任规则配置,对违反行政立法相关规定的私主体启用行政执法权,让相关私主体为其违法行为"买单",同时反向激励私主体自觉承担相关行政立法为其增设的法律义务,避免再次因违反行政立法的相关规定而担责。

卡多佐大法官曾言:"自由的价值在于增进人类思想的活力,而国家控制的价值在于保障外部的环境,包括(争论各方的)互相克制,从而保障思想的活力。……抑制直接或间接伤害同伴的行为,为了适应不断发展的集体责任感,国家行动的范围也在扩大。"[2]可以说,相关立法中民事活动须遵循的行政

---

[1] Edward R. Morrison, "Judicial Review of Discount Rates Used in Regulatory Cost-Benefit Analysis", *The University of Chicago Law Review*, Vol. 65: 4, pp. 1333~1369 (1998).

[2] [美]本杰明·N. 卡多佐:《法律的成长——法律科学的悖论》,董炯、彭冰译,中国法制出版社2002年版,第164~165页。

立法充当了私权自治行为的界限,[1]使得私权自治行为与良善的秩序相互协调与平衡。当然,民事关系中行政立法权的客观存在亦使得对私权自治领域的管制不可避免,但这种管制仍应尽量遵守私权自治原则,促使行政立法成为社会治理的保障与推力而非适得其反。[2]

(二)行政立法权对私权自治的限制与支撑

行政立法权作用于民事关系实质上体现的是行政立法为私权自治行为设立了最低的法律要求,避免其越界损害社会秩序。一方面,以行政法规为代表的行政立法构成对私权自治的约束,私主体需要遵循行政立法关于私权自治行为的特殊规定;另一方面,私权自治本就应当在法治框架内运作,行政立法的这种约束也是私权自治的应有之义。

1. 表面限制私权自治

民事关系中的行政立法权首先体现为对私主体民事权利的限制与义务的新设。例如,根据《民法典》有关行政法规的规定:一方面,法人成立与否、动产能否出质、能否排放有害物质等均取决于行政法规;另一方面,私主体也因行政法规而需要额外承担批准、登记等义务。对于私主体而言,不问其个人意志如何,这些剥夺限制民事权利或增设民事义务的行政法规总是强制适用,私主体不存在选择空间。[3]因此,民事关系中的行政立法权具有限制私权自治之效,私主体在行使其自治权利时必须依循行政立法的相关规定。例如,《民法典》第1009

---

[1] 参见苏永钦:《民事立法与公私法的接轨》,北京大学出版社2005年版,第83页。

[2] 参见齐恩平:《私法自治与民事政策的互动及检视》,载《政法论坛》2021年第1期,第60页。

[3] 参见[德]卡尔·拉伦茨:《德国民法通论》(上册),王晓晔等译,法律出版社2013年版,第42页。

条规定,从事与人体基因、人体胚胎等有关的医学和科研活动,应当遵守行政法规。这便意味着,医疗机构从事人体器官移植应当遵守《人体器官移植条例》关于不得收取器官费用、尊重死者尊严、恢复尸体原貌等规定。而之所以要对传统的自治领域与自治事项通过行政法规等行政立法进行不遗余力的限制,则主要是基于公共性与社会秩序之考量,避免过分追求私权自治导致不可逆反的悲剧后果。行政法规等行政立法又恰恰是社会秩序的最佳代言人,在绝大多数情况下,只要私主体能够严格遵循行政法规等行政立法进行私权自治活动,便大概率不会产生越界后果。

2. 实际支撑私权自治

"私法自治的基本内涵固然主要是纯私人性质的,但是这些内涵的实现需要法律加以确认和保护,甚至还需要法律加以限制。"[1]作用于民事关系中的行政立法权表面来看构成对私权自治的限制,私主体需要承担额外的法律义务,使得私主体的私权自治行为变得不自由。但与此同时,这些行政立法又作为边界为私权自治架构起了合法框架,引导私主体在法治的框架内自治,实际支撑着私权自治,保证私权自治行为的合法化。例如,《民法典》第346条规定,设立建设用地使用权,应当遵守《土地管理法实施条例》等关于土地用途的规定。这就为所有的建设用地使用权人设立了统一规则,可以有效地防止损害已设用益物权现象之发生。原因主要在于,如果缺乏行政法规等行政立法的统一约束性规定,那么所有的私主体将出于自利本性、按照个人利益最大化的原则为所欲为,这种为所欲为并非可以普遍接受和认可的自治,而是超越自治的"无治",强者对弱者

---

[1] 刘志刚:《基本权利对民事法律行为效力的影响及其限度》,载《中国法学》2017年第2期,第88页。

的蹂躏欺压更是在所难免。也就是说，合理的自治应当是法治框架内的有限自治，凡是有助于这种有限自治达成和实现的制度都是值得推广的工具范畴。行政法规等行政立法作为良善秩序的代表恰可以发挥这种功效，构成对私权自治的底线性保护。苏永钦教授直言，强制规范并不管制人民的私法行为，而毋宁是提供一套自治的游戏规则，就像篮球规则一样，告诉你何时由谁取得发球权，何时必须在边线发球，规则的目的在于让所有球员都能把投、跑、跳、传的体能技巧发挥到极致，而唯一不变的精神就是公平。[1]而作用于民事关系中的行政立法权对私权自治的这种支撑效用实际上也折射出了行政法的公共服务性，行政法已经衍变为"以公共服务为概念基础建构起的规则体系",[2]而非简单的国家与公民之间的命令服从关系。

二、行政立法权作用于民事关系的方式

如上所述，行政立法权作用于民事关系的原理或者说正当性基础在于，私权自治本身应当被限于法律允许的范围之内，不能触及管制底线。对应地，就行政立法权的具体作用方式而言：一则作为私主体的义务来源，充当民事活动的行为规则；二则作为民事行为的评价尺度，充当民事活动的责任规则。

(一) 充当民事活动的行为规则

以行政法规为代表的行政立法首先充当了私主体从事民事活动的行为规则，即私主体在从事私权自治行为的过程中仍需遵循行政法规等行政立法的有关规定，行政法规等行政立法则为私主体额外创设了法律义务。需要特别注意的一种情形是，

---

[1] 苏永钦：《走入新世纪的私法自治》，中国政法大学出版社2002年版，第4页。

[2] [法] 狄骥：《公法的变迁》，郑戈译，商务印书馆2013年版，第219页。

第三章 行政立法权作用于民事关系的机理与表现

行政立法权作为私主体的义务来源还以未来立法的形式呈现，即相关立法明文赋予行政机关就特定的私权自治事项进行行政立法的权力，行政立法的具体内容则未可知。

1. 既有行政立法

行政立法权充当民事活动的行为规则首先是通过既有的行政立法发挥作用，即已经生效实施的行政法规、规章乃至规范性文件针对某些民事活动专门设定特殊的行为规则，要求私主体在从事这些民事活动的过程中予以遵守。例如，《不动产登记暂行条例》第14条第1款规定："因买卖、设定抵押权等申请不动产登记的，应当由当事人双方共同申请。"这就意味着：一方面，不动产物权变更须经登记才能发生效力；另一方面，登记的申请必须由买卖或者抵押的双方当事人共同提出。既有行政立法的优点在于确定性，私主体一般能够在从事特定民事活动之前知晓相关行政立法对民事活动额外添设的义务和要求，并能够通过事前自觉遵守和执行这些特殊的行为规则来避免事后承担法律责任，同时实现民事活动的高效开展。既然是既有立法，这类行政立法权就不仅体现在法律的授权条文之中，而且明确以行政法规、规章或规范性文件的形式呈现。例如，《民法典》第346条规定，设立建设用地使用权，应当符合节约资源、保护生态环境的要求，遵守法律、行政法规关于土地用途的规定。这里的"行政法规"包括了《土地管理法实施条例》。后者第20条第1款规定："建设项目施工、地质勘查需要临时使用土地的，应当尽量不占或者少占耕地。"其中，法律的授权条文如上述《民法典》第346条往往仅发挥桥梁作用，私主体仅凭法律的授权条文并不能完整知晓应当如何行为，而是需要结合具体的行政立法才能拼凑得出详细的民事活动行为规则。

2. 未来的行政立法

不仅既有的行政立法担当起私主体从事民事活动的行为规则，还有一些法律或明示或默示未来的行政立法亦有权为特定的民事活动设定新的行为规则，或者对既有的行政立法进行修改、完善或调整。换言之，许多法律为未来的行政立法进入私权自治领域并对民事关系施加影响预留了管道。例如，《民法典》物权编第七章是关于相邻关系的一系列规定，第289条却特别指出，行政法规对处理相邻关系有规定的，依照其规定。这便意味着，国务院可以通过制定或修改行政法规的形式针对如何处理相邻关系作出《民法典》相邻关系一章未涉足的规定。主要原因在于，滞后性是法律的基本特征，法律是一种不断完善的实践。[1]仍以相邻关系的处理为例，《民法典》无法保证既有的规定足以应对变化万千的相邻实践，授权国务院以制定、修改或废止行政法规的形式予以适时调整才是科学的应对之策。而未来行政立法权介入民事关系亦能有效纠偏可能误入歧途的民事活动，保证民事活动不突破管制底线，危及公共利益与社会秩序。国务院每年都会发布年度立法工作计划，如《国务院2021年度立法工作计划》明确了28件拟制定、修订的行政法规，包括《网络数据安全管理条例》等。但既然是未来立法，就必然意味着就当下而言，此类行政立法权并不能实质性地约束私主体的民事活动，而是"功"在将来。

(二) 充当民事活动的责任规则

如果说行为规则是告诉私主体应当"怎么做"即如何开展民事活动的规则，责任规则的实质则是警告私主体"不按要求做会怎么样"即违反行政立法须承担法律责任的规则，所谓

---

[1] Ronald Dworkin, *Law's Empire*, Harvard University Press, p.44 (1986).

第三章 行政立法权作用于民事关系的机理与表现

"不能让一个民法上的有效的行为或者权利建立在违反行政法的基础之上"。[1]但事实上,根据现有立法,即便民事活动违反了行政立法的相关规定,也未必面临法律责任之承担,因而充当责任规则的行政立法权实际上又有真责任规则与假责任规则之分。

1. 真责任规则

真责任规则即私主体一旦违反就要承担私法上不利后果的规则,构成私权自治行为的评价尺度。如《民法典》第 724 条规定,租赁物违反行政法规关于使用条件的强制性规定,非因承租人原因致使租赁物无法使用的,承租人可以解除合同。法律规则包括三个要素:假设条件、行为模式和法律后果,[2]行为规则的着眼点在于行为模式,责任规则则关注法律后果,真责任规则即是向私主体明示法律后果的那类责任规则。因此,就真责任规则而言,私主体违反相关行政立法的后果是十分明确的,且在一般情况下具有必然性。基于不利后果之明确,真责任规则往往具有较强的威慑效力,能够令私主体更为忌惮,转而选择自觉遵守行政立法对民事活动所作的特殊规定。

2. 假责任规则

假责任规则即虽然对私主体从事相关民事活动做了强制性规定,但即便违反也无需承担私法上不利后果的规则。如《民法典》第 738 条规定,如果出租人未按照行政法规规定取得租赁物经营使用的行政许可,融资租赁合同的效力不受影响。相较于真责任规则,假责任规则同样以民事活动违反行政立法为

---

[1] 李永军:《民法典编纂中的行政法因素》,载《行政法学研究》2019 年第 5 期,第 19 页。

[2] 参见[德]卡尔·拉伦茨:《法学方法论》,陈爱娥译,商务印书馆 2003 年版,第 132 页以下。

适用条件，区别在于，真责任规则的重心是突出私主体违反行政立法的法律后果如民事行为无效，假责任规则强调的则是私主体违反行政立法也无需承担法律责任或者说起码无需承担特定的法律责任，以平息实践中不必要的争议和诉讼。因此，从结果意义上来说，充当民事活动假责任规则的行政立法面对私主体的不自觉遵守常常束手无策，对民事关系的影响实际上也十分有限。

三、行政立法权作用于民事关系的路径

行政立法权既然是通过作为行为规则和责任规则对民事关系发挥作用，就与直接对私权利施以保护或限制的行政执法权在作用路径上存在本质性区别。行政执法权作用于民事关系的路径可以被概括为"行政执法权—民事关系"，例如，根据《民法典》第1010条，某人违背他人意愿，以言语、文字、图像、肢体行为等方式对他人实施性骚扰的，有关行政机关应当采取调查处置等措施。这就意味着，行政调查权是直接作用于性骚扰侵权活动的，行政机关单凭《民法典》第1010条的授权条文即知晓如何在性骚扰事件中行为。行政立法权作用于民事关系的路径则稍显复杂，可以概括为"行政立法权—具体行政立法—民事关系"，没有行政执法权这么简单直接。例如，《民法典》第103条规定，行政法规有权规定设立非法人组织须经有关机关批准。根据这条授权性规定，行政法规取得了介入民事关系的合法性权力，但这归根结底只是一种对行政法规的笼统授权，至于何种非法人组织的设立须经批准、经谁批准、如何批准等具体的问题，则需交由具体的行政法规加以规定。因此，涉私行政立法权对民事关系的影响和作用是间接性的。诸如《民法典》第103条这样的规定属于转介条款，"《民法典》中的转介

条款犹如特洛伊木马把公共政策源源不绝导入中立的《民法典》，调和国家管制与私法自治"。[1]

第二节 作为私主体义务来源的行政立法权

行政立法权对于民事关系的介入首先充当的是私主体的义务来源和行为规则，即私主体在从事民事活动的过程中需要遵循的公法规范。作为私主体义务来源的行政立法权虽然在维护公共利益、助力实质平等、保持灵活性等方面发挥着不可替代的重要作用，但也面临不确定性、间接性等客观风险，需要从衡平公共利益与私法自治的角度予以范围限定。

一、行政立法权作为私主体义务来源的现实基础

以《民法典》为代表的法律对民事关系中行政立法权的创设实际上是赋予行政机关针对特定的私主体与私权自治行为制定行政法规的权力。第二章全面分析了行政权作用于民事关系的理论基础与必要性，就行政立法权而言，其以充当行为规则的形式介入民事关系具备以下三方面特殊的现实基础，并可以概括为公共目的。

（一）私主体民事权利的平衡保护

在探讨制定公法性民事规范的合理事由时，必须要证明某些价值相对于意思自治而言具有基础性意义或者更加重要的意义。[2]对私主体民事权利的平衡保护即是赋予行政机关就某些

---

[1] 参见苏永钦：《现代民法典的体系定位与建构规则——为中国大陆的民法典工程进一言》，载《交大法学》2010年第1期，第76页。
[2] 郭明瑞、于宏伟：《论公法与私法的划分及其对我国民法的启示》，载《环球法律评论》2006年第4期，第429页。

私权自治事项进行行政立法、为私主体增设法律义务的合理事由之一。其一方面体现为对民事关系中弱势群体的倾斜保护，另一方面体现为保护特定领域的私主体。

1. 倾斜保护弱势群体

首先，通过倾斜保护弱势群体来平衡各私主体之间的民事权利是行政立法作为私主体义务来源介入民事关系的一大考量因素。私主体之间存在年龄、智力、信息、资源等方面的差异，这就决定了一些私主体在民事活动中必然处于弱势地位，如未成年人、老年人、精神病人、残疾人、消费者、农民、妇女等。如果一律按照私法上的形式平等原则进行处理，势必导致这些弱势群体的境地更为不利，威胁社会公平。换言之，完全放任私主体的私权自治行为会导致部分私主体对其他私主体民事权利的侵害与不公平对待，需要"通过'管制'一方当事人的行为来优先'保护'处于弱者地位的另一方当事人利益"。[1]对于私法而言，必须跳脱出传统的形式平等框架，转而对社会生活中的弱势群体给予人身和财产权益的特别保护，弥补弱势群体在判断能力等方面的不足。路径之一即在私法中作出对弱势群体明显具有倾斜性保护的特殊规定，如针对弱势群体的住房难题，《民法典》创设了居住权制度，规定居住权人有权按照合同约定，对他人的住宅享有占有、使用的用益物权。这一制度可以与财产继承制度有效衔接，不仅可以解决在世配偶甚至是不具有婚姻关系的同居伴侣或长期照顾老人的保姆的居住问题，也是解决老龄社会居家养老问题的现实举措。[2]路径之二即是

---

〔1〕 参见钟瑞栋：《民法中的强制性规范——兼论公法与私法"接轨"的立法途径与规范配置技术》，载《法律科学（西北政法大学学报）》2009年第2期，第75页。

〔2〕 参见周林彬、王睿：《〈民法典〉的中国之问与解决方案》，载《地方立法研究》2021年第2期，第7页。

第三章　行政立法权作用于民事关系的机理与表现

赋予行政机关行政立法权,为强势私主体增设义务,从而间接性实现私主体之间的权利平衡。例如,《民法典》第796条规定,国务院有权就建设工程中发包人与监理人的权利和义务以及法律责任制定行政法规,目的在于确保建设工程的质量,维护建筑物未来所有权人、用益物权人等的合法权益。[1]否则发包人与监理人可能基于经济牟利考虑偷工减料,后果则由建筑物未来所有权人、用益物权人等承担,这是显著不公平的。需要说明的是,《民法典》对于弱势群体的特殊关爱和保护并不意味着其放弃了形式平等保护原则,而只是针对弱势群体保护问题上形式平等的严重扭曲所采取的弥补措施。[2]

2. 倾斜保护特定领域的私主体

除了对于特定民事活动中弱势群体的倾斜性保护,行政立法权还基于保护特定领域的私主体之考量而作为私主体的义务来源介入民事关系。主要原因在于,在某些特定领域,私主体的民事权利尤其是财产权利极易遭受侵害,如若完全放任私法自治而不允许行政权的干预和介入,势必导致这些领域的非实质正义。近代民法认为,人与人之间具有"平等性"和"互换性"。[3]现代民法则超脱于这种形式平等和形式正义,追求实质平等和实质正义,以弱者保护为核心的社会本位思想在民法领域内获得了更大的话语权。[4]而为了实现特定领域私主体之间的权利均衡:一方面,依赖于私法规则本身的价值倾斜与具体

---

[1] 参见黄先雄:《论〈民法典〉财产权规范中的政府行为边界》,载《行政法学研究》2021年第3期,第19页。

[2] 参见王利明:《彰显时代性:中国民法典的鲜明特色》,载《东方法学》2020年第4期,第10页。

[3] 参见梁慧星主编:《从近代民法到现代民法》,中国法制出版社2000年版,第169~170页。

[4] 陈小君:《中国〈民法典〉编纂与国家治理现代化的关联逻辑》,载《探索与争鸣》2020年第5期,第40页。

规则设计,如考虑到相关主体的缔约能力不足,《民法典》合同编对格式条款作了诸多限制,包括为提供格式条款的一方增设提示说明义务、设置解释规则和无效规则等;另一方面,需要行政权的直接介入尤其是行政法规等行政立法的制度设计为其保驾护航。例如,《民法典》第359条规定,住宅建设用地使用权续期费用的缴纳或者减免应该严格依靠行政法规而不能恣意妄为,如此可以有效保护住宅建设用地使用权人的财产权利。而在部分私主体得到行政立法的特殊性保护的同时,这部分私主体所处民事关系中的其他私主体则因行政立法额外承受了法律义务。换言之,许多民事关系中私权利之间的平衡是依托于作为私主体义务来源或行为规则的行政立法才得以实现的,法律对行政立法限制私权自治的权力之赋予构成对市场交易的外部介入与合同自由的补充,[1]有助于实现私法领域的公平正义。

(二)公共利益考量

授权行政立法创设民事制度的做法在很大程度上是基于公共利益相较于私人利益更需要保护之考虑,当私权自治行为越界侵入公共利益范围之时,就需借助行政立法的力量对私权自治予以限制。而这种授权行政立法创设民事制度的做法也往往能够起到良好的事前规制效果,从而有效减轻行政机关的事中执行负担,提升行政效率。

1. 民事活动的公共性

民事活动的公共性决定了很多民事活动并非纯粹的私法事务,而是需要行政立法为其增设部分公法义务,从而收获预防性保护公共利益之效。民事活动的公共性首先体现为民事活动的公法效果。尽管私权自治行为指向平等私主体之间的人身、

---

[1] 参见万江:《政府管制的私法效应:强制性规定司法认定的实证研究》,载《当代法学》2020年第2期,第101页。

第三章 行政立法权作用于民事关系的机理与表现

财产关系,但其需要依托于一定的公共空间才能实现,因而完全可能发生公法效果,超越私法自治的基本范畴而对公共利益、公共秩序产生影响。[1]典型的例子是,代孕这种医学活动将代母视为"孵化器",[2]将代孕婴儿视作可以买卖的商品,[3]构成对伦理原则与公序良俗的悖反。[4]《民法典》从保护人格尊严的角度出发设置了底线规则,即"遵守法律、行政法规和国家有关规定,不得危害人体健康,不得违背伦理道德,不得损害公共利益"。此外,随着市民社会的成熟与国家的发达,私权走向社会和国家司空见惯,有些私权之间的交往或交易同时具有一定的公共性或私权涉及公权或公共性。[5]例如,在当下信息社会和互联网时代背景下,个人信息的处理行为动辄引发大规模的个人信息泄露事件,威胁信息安全。针对此,片面坚持私权自治与过分执拗于私法治理模式不仅无益于对信息主体个人信息权益的维护,而且掣肘普遍性、整体性、社会性的信息安全问题之解决。因此可以说,行政立法权作为私主体义务来源介入民事活动是公共利益支配下防范私权自治行为侵犯公共利益的举措之一,并借助于私主体对行政立法的自觉遵守将私权自治行为限定于法治框架之内,实现私人利益与公共利益的协调衡平。

---

[1] 参见周海源:《"民法典时代"行政法规创设民事制度的正当性及其限度》,载《行政法学研究》2021年第3期,第30页。
[2] Michal Raucher, "Whose Womb and Whose Ethics? Surrogacy in Israel and in Jewish Ethics", *Journal of Jewish Ethics*, Vol. 3: 1, pp. 68~91 (2017).
[3] Tina Lin, "Born lost: Stateless Children in International Surrogacy Arrangements", *New Europe Law Review*, Vol. 21: 2, pp. 545~587 (2013).
[4] 参见张莹莹:《中国有限放开代孕之法律伦理证成及其规制》,载《新疆社会科学》2021年第6期,第131~132页。
[5] 参见张弘:《作为私权担保性质的行政法——兼及对行政法理论基础的反思与重构》,载《北方法学》2015年第1期,第98页。

2. 行政立法是公共利益的代名词

民事活动的公共性无疑涉及公共利益与私人利益之间的冲突，行政立法则是公共利益的代名词，更为私权自治行为设定了最低限度的法律要求。《民法典》第 534 条即规定，对当事人利用合同实施危害国家利益、社会公共利益行为的，市场监督管理和其他有关行政主管部门依照法律、行政法规的规定负责监督处理。

具体而言，这种公共利益考量一是体现为社会秩序。"社会个体将自身部分权利集体让渡给公权组织的根本目的在于期望通过这种让渡，给自身利益的实现创造一种社会秩序，这种社会秩序包括：和平、安全的公共秩序；健康安全、效率化的经济秩序；社会资源的合理开发、分配和利用；主体利益的有效保障；符合主体间共同意志的道德的维护；符合主体利益可持续发展的要求等。"[1]以上述个人信息保护为例，《自然资源领域数据安全管理办法》《工业和信息化领域数据安全管理办法（试行）》等行政法规和规章能够借助于对个人信息处理行为进行立法规制预防大规模的信息泄露与大范围的信息安全问题，成为公共利益维护的必然举措，同时构成对私法自治的指导与矫正。二是体现为交易安全。交易安全是公共利益的一个重要方面，保障交易安全是政府的职能之一。《民法典》以行政法规为手段服务于交易安全的保障，体现了行政法对民事活动的担保性，"在私权主体为实现权益依据民法契约正常交易之外，对交易可能出现的障碍提供法律保障"。[2]例如，《民法典》第 209 条规定，不动产物权变更以登记为生效要件，第 210 条则授

---

〔1〕 孙笑侠：《法的现象与观念》，群众出版社 1995 年版，第 68~69 页。

〔2〕 张弘：《作为私权担保性质的行政法——兼及对行政法理论基础的反思与重构》，载《北方法学》2015 年第 1 期，第 98 页。

第三章 行政立法权作用于民事关系的机理与表现

权国务院以行政法规的形式规定不动产统一登记的范围、登记机构和登记办法。

(三) 保持灵活性

私主体在从事民事活动的过程中需要遵循何种规则在应然和实然意义上总是存在偏差,既有的行为规则常常呈现僵化性与滞后性。作为私主体义务来源的行政立法权尤其是未来的行政立法权则具有显著的灵活优势,能够根据实践的需要与时俱进,为私权自治活动增设新的行为规则。

1. 民事活动规则需要与时俱进

社会需要和社会见解总是或多或少地走在法律的前面,我们可能非常接近地达到它们之间的缺口结合处,然而现在却有一种重新拉开差距的永恒趋势。[1]原来属于纯粹私权自治的事项可能随着实践的发展客观上需要行政权介入予以管制,原来需要行政权介入的私权自治事项也可能随着实践的发展不再需要行政权的干预。这便意味着,民事活动规则不可一成不变,而是必须时刻追随时代的变化予以实时更新。例如,针对互联网技术的飞速发展,《民法典》明确将个人信息纳入保护范畴,专设"隐私权和个人信息保护"一章,构建起包括个人信息的范围、个人信息处理的概念、个人信息侵权的责任承担、国家的个人信息保护义务等在内的完整制度框架,不仅给各类信息处理者提供了行为指引,也为公民的人格尊严提供了一种保护机制。对于力图干预民事活动的行政权而言,也必须想方设法找到与时俱进的灵活路径,从而能够追随时代的脚步对民事活动增设或者减持公法义务,力图兼顾自主性与公共性。作为对涉及民众生活私法关系通盘完整的规范,《民法典》创新性地创

---

[1] [英]梅因:《古代法》,沈景一译,商务印书馆1959年版,第17页。

造了行政法规制定权来作为行政权介入私权自治领域和民事活动的方式，既避免了对所有的行政权介入内容面面俱到乃至直接地固定，又借助于未来的行政立法这种更为灵活多变的方式实现了对民事关系的介入与管制。

2. 涉私行政立法权的灵活优势

允许行政立法权作为私主体的义务来源也是基于保持行政灵活性之考虑。行政执法权对民事关系的介入和影响具有直接性和确定性，何种行政执法权能够作用于民事关系以及如何影响民事关系往往由法律明确规定，私主体根据相关法律条文即可明确从事相关民事活动过程中所应遵循的相关限制或者是能够享受到的服务。但与这种直接性和确定性同时并存的，是涉私行政执法权的僵化性与滞后性。这种僵化性与滞后性决定了行政权仅凭执法权的形式介入民事关系无法面面俱到也很难与时俱进，很难"适应灵活、多变行政的需要"。[1] 与涉私行政执法权的僵化性与滞后性形成鲜明对比，允许行政机关以行政法规、规章乃至规范性文件的形式为民事活动创设行为规则最大的优点即在于灵活性。涉私行政立法权往往由法律授予，表现为对民事活动的间接介入。例如，《民法典》只是赋予国务院就特定私权自治事项制定行政法规的权力，而对其内容不加干涉，因而行政法规可以根据行政管理的实际需要开展立、改、废工作，从而能够适应时代日新月异的发展需要。此外，涉私行政立法权所具备的灵活性优势也可以让法律保持相对稳定而无需面对朝令夕改之困境，行政权则可以依托行政法规等行政立法合法介入私权自治领域，达至行政管理目的。《德国民法典》中亦存在授权联邦或州政府制定行政法规介入民事活动的

---

[1] 章剑生：《作为介入和扩展私法自治领域的行政法》，载《当代法学》2021年第3期，第49页。

条款，如第577a条授权州政府通过行政法规规定租用房屋最长年限，第558c条授权联邦政府通过行政法规制定或调整租金参考表。[1]对于《民法典》等私法本身而言，赋予行政立法创设性权力亦避免了涉私行政执法权直接介入私权自治的条款设计，从而可以起到降低《民法典》等私法行政色彩之功效，消解很多民法学者的"遁入公法"之担忧。

二、行政立法权作为私主体义务来源的内容表现

行政立法权作为私主体的义务来源与行为规则介入民事关系之中，归根结底反馈的是"公共行政对私法领域的扩张和渗透"这一必然趋势，更反映了现代社会对政府调控要求的逐步提高。[2]通过梳理相关私法性法律，可以深刻管窥以《民法典》为代表的法律对作为私主体义务来源的行政立法权之内容创设，其中既有对既有行政立法权的创设，又包含对未来行政立法权的创设

（一）既有行政立法权作为私主体义务来源的内容表现

所谓既有行政立法权作为私主体的义务来源，即私主体在从事私权自治行为的过程中仍需遵循已经生效实施的行政立法的有关规定，既有行政立法则为私主体额外创设了法律义务。通过梳理既有法律可以发现，既有行政立法权作为私主体义务来源的内容表现如下：

1. 《民法典》中作为私主体义务来源的行政法规

《民法典》第10条明确，民法的法源是法律和习惯。依据

---

[1] 参见《德国民法典》（第5版），陈卫佐译注，法律出版社2020年版，第237页、第254页。
[2] 参见冉克平、谭佐财：《〈民法典〉发挥公法功能的法理逻辑与基本路径——以〈民法典〉中行政主体规范为中心》，载《浙江学刊》2022年第1期，第88页。

学界通说，"法律"当然包括行政法规。[1]因而，行政法规当然构成民法的法源。就《民法典》的表述来看，有直接采用"行政法规"表述的，也有笼统采用"法律""依法""国家规定"表述的。前者如第89条，事业单位法人的法定代表人依照行政法规或者法人章程的规定产生。后者如第294条，不动产权利人不得违反国家规定弃置固体废物，排放大气污染物、水污染物、土壤污染物、噪声、光辐射、电磁辐射等有害物质。这些行政法规都充当了私主体的义务来源，私主体在从事民事活动时必须遵守行政法规的相关规定。

在总则编中，法人成立的具体条件和程序（第58条）、事业单位法人的法定代表人的产生规则（第89条）均需遵循行政法规的相关规定；行政法规规定法人设立与终止、非法人组织设立须经批准、分支机构应当登记的，依其规定（第58条、第68条、第103条）；行政法规对农村集体经济组织和城镇农村的合作经济组织有规定的，从其规定（第99条、第100条）；行政法规规定民事法律行为采特定形式的，从其规定（第135条）。在物权编中，行政法规对处理相邻关系有规定的，从其规定（第289条）；不动产权利人不得违反行政法规弃置固体废物、排放有害物质（第294条）；设立建设用地使用权遵守行政法规关于土地用途的规定（第346条）；不得出质行政法规禁止转让的动产（第426条）。在合同编中，依行政法规负有发出要约、作出承诺义务的，应当及时发出合理的要约、不拒绝对方合理的订立合同要求（第494条）；依行政法规规定，合同应办理批准手续的，从其规定（第502条）；招标投标买卖的当事人的权利和义务以及招标投标程序、拍卖的当事人的权利和义务

---

[1] 参见李永军：《民法总则》，中国法制出版社2018年版，第81页；张荣顺主编：《中华人民共和国民法总则解读》，中国法制出版社2017年版，第31页。

以及拍卖程序依行政法规的规定（第644条、第645条）。在人格权编中，从事与人体基因、人体胚胎等有关的医学和科研活动应当遵守行政法规（第1009条）；处理个人信息不得违反行政法规（第1035条）。而如果按照行政法规为私主体设置的义务内容加以区分，可以发现《民法典》中作为私主体义务来源的行政法规分别扮演的是积极介入与消极介入的角色，前者占据绝对优势地位。积极介入即正面要求私主体遵守行政法规相关规定，如第58条规定，法人成立的具体条件和程序，依照行政法规的规定。消极介入即反面要求私主体不违反行政法规的相关规定，《民法典》中仅有第294条、第426条和第1035条构成此类。但总的来说，作为私主体义务来源的行政法规在《民法典》中多以"遵守行政法规""依照行政法规""行政法规规定""不得违反行政法规"等表述出现。

2. 其他法律中作为私主体义务来源的既有行政立法权

在《民法典》之外，还有很多法律也明确规定私主体应自觉遵守行政立法关于特定民事活动的规定。这些行政立法从内容上可以被分为三类：第一类是一般性要求私主体按照行政法规的规定和要求开展民事活动。如《湿地保护法》第34条规定，因科研、医药或者红树林湿地保护等需要采伐、采挖、移植、采摘红树林，应当依照有关行政法规办理。《噪声污染防治法》第25条规定，建设项目在投入生产或者使用之前，建设单位应当依照有关行政法规的规定，对配套建设的噪声污染防治设施进行验收。第二类是要求私主体遵守行政法规的特殊性规定。如《科学技术进步法》第102条第2款规定："科学技术资源的管理单位应当向社会公布所管理的科学技术资源的共享使用制度和使用情况，并根据使用制度安排使用；法律、行政法规规定应当保密的，依照其规定。"《个人信息保护法》第14条规定，行政法规规定处理个人信息应当取得个人单独同意或者书面同意的，从其规定。第三类是反向要求私主体不违反行政立法。如《民用航空法》第100条规定："公共航空运输企业不得运输法律、行政法规规定的禁运物品。"《海上交通安全法》第58条规定："乘客不得随身携带或者在行李中夹带法律、行政法规或者国务院交通运输主管部门规定的危险物品。"此外，根据既有行政立法为私主体所设置法律义务的内容，可以将作为私主体义务来源的行政立法区分为以下两类：一类是行政立法为私主体设置的法律义务属于公法义务范畴。如《数据安全法》第34条规定，行政法规规定提供数据处理相关服务应当取得行政许可的，服务提供者应当依法取得许可。《公司法》第29条规定，行政法规规定设立公司必须报经批准的，应当在公司登记前依法办理批准手续。一类是行政立法为私主体设置的法律义务属于私法义务范畴。如《证券法》第26条规定："发行人向不特定对象发行的证券，法律、行政法规规定应当由证券公司承销的，发行人应当同证券公司签订承销协议。……"就作为私主体义务来源的行政立法权的表现形式来看，能够为私主体额外创设法律义务的行政立法实际上集中表现为行政法规，明确将规章作为私主体义务来源的则屈指可数，仅见于《噪声污染防治法》《海上交通安全法》《药品管理法》《疫苗管理法》《公路法》五部法律之中。例如，根据《海上交通安全法》第61条，船舶载运货物，应当按照有关法律、行政法规、规章以及强制性标准和技术规范的要求安全装卸、积载、隔离、系固和管理。

（二）未来行政立法权作为私主体义务来源的内容表现

所谓未来行政立法权作为私主体的义务来源，即法律对私权自治行为的内容、形式等不作规定或不作完全规定，而是交由相较于现在具有不确定性的行政立法在未来加以确定。通过

第三章 行政立法权作用于民事关系的机理与表现

梳理既有法律可以发现,未来行政立法权作为私主体义务来源的内容表现如下:

1.《民法典》创设行政法规制定权

《民法典》频繁出现行政法规的表述表明,《民法典》明示或默示行政法规对民事制度的创设。[1]需要强调的是,《民法典》不仅将既有行政法规作为私主体的义务来源,还为未来的行政法规影响民事活动预留了管道,推动相关行政法规的出台。[2]基于《民法典》的这种赋权行为,行政法规可以新设、修改、废止,私权自治的界限也随之变动。

在总则编中,行政法规有权就法人成立的具体条件和程序(第58条)、事业单位法人的法定代表人的产生规则(第89条)作出新的规定或对既有规定进行修改;有权就法人设立与终止、非法人组织设立是否须经批准、分支机构是否应当登记加以调整(第58条、第68条、第94条、第103条);有权就捐助法人的决策机构、执行机构或法定代表人作出决定的程序新设规定或调整(第94条);可以对农村集体经济组织和城镇农村的合作经济组织作出特殊规定(第99条、第100条);有权要求民事法律行为采特定形式(第135条);有权新设或调整强制性规定(第153条)。在物权编中,行政法规有权规定统一登记的范围、登记机构和登记办法(第210条);有权对相邻关系处理作出特定规定(第289条);有权禁止不动产权利人弃置特定类型的固体废物或者排放某些有害物质(第294条);有权对土地用途作出新的规定或者对既有规定加以修改(第346条);有权

---

[1] 周海源:《"民法典时代"行政法规创设民事制度的正当性及其限度》,载《行政法学研究》2021年第3期,第27页。

[2] 参见郭志京:《中国民法典的历史使命与总则编体系建构》,载《法学论坛》2018年第1期,第75页。

规定续期费用的缴纳或者减免（第359条）；有权调整禁止转让的动产范围（第426条）。在合同编中，行政法规有权为私主体设定要约、承诺义务（第494条）；有权为合同当事人设定报批义务（第502条）；有权对招标投标程序、拍卖程序、当事人的权利义务作出规定（第644条、第645条）；有权要求租赁合同登记备案（第706条）；有权为租赁物的使用条件设定强制性规定（第724条）；有权对租赁物的经营使用新设或删除行政许可（第738条）；有权规定发包人与监理人的权利和义务以及法律责任（第796条）。在人格权编中，行政法规有权就与人体基因、人体胚胎等有关的医学和科研活动设定行为准则（第1009条）；有权增设个人信息处理规则（第1035条）。在侵权责任编中，行政法规有权规定诊疗规范（第1222条）。

概括来看，《民法典》所创设的行政立法权即赋予国务院就某些特定事项制定行政法规的权力主要作用于三大领域：一是限制私权自治行为的主体，如法人设立是否须经批准（第58条）；二是限制私权自治行为的客体，如招投标当事人的权利义务（第644条）；三是针对特殊的私权自治行为设定特殊限制，如要求租赁合同登记备案（第706条）。就表述而言，《民法典》创设行政法规制定权的表述多体现为"遵守行政法规""依照行政法规""由行政法规规定"。由此可见，行政法规作为私主体的既有义务来源与《民法典》创设行政法规制定权在表现条文上存在重合，即《民法典》中的涉行政法规条文既指向遵守已有的行政法规，也意指国务院有权另行制定新的行政法规，私主体同样需要遵守之。

2. 其他法律中作为私主体义务来源的未来行政立法权

在《民法典》之外，还有一些法律授权行政机关就特定的民事活动制定行政法规或规章，介入民事关系。这些未来行政立法从内容上可以被分为四类：第一类是消极要求私主体遵守未来行政立法。如《噪声污染防治法》第 22 条规定，排放噪声、产生振动，应当符合有关法规、规章的要求。《科学技术进步法》第 32 条第 4 款规定："项目承担者因实施本条第一款规定的知识产权所产生的利益分配，依照有关法规规定执行；法律法规没有规定的，按照约定执行。"第二类是明示行政立法有权就民事活动制定特殊的行为规则。如《个人信息保护法》第 18 条规定，行政法规有权就个人信息处理者处理个人信息规定应当保密或者不需要告知的情形。《民用航空法》第 123 条规定，行政法规有权为承运人设定检查特定资料或者文件的义务。而在行政立法规定的这些特殊行为规则中，又有一类更为特殊，即在内容上体现为为私主体增设公法义务。如《公司法》第 29 条规定，行政法规有权规定设立公司必须报经批准。第三类是规定民事活动的客体。如《电子商务法》第 13 条规定，行政法规有权规定禁止交易的商品或者服务。《商标法》第 6 条规定，行政法规有权规定必须使用注册商标的商品。第四类是规定民事活动的主体。如《个人独资企业法》第 16 条规定，行政法规有权规定禁止从事营利性活动的人。同样，就表现形式来看，以规章和规范性文件形式为私主体创设义务的亦非常鲜见。典型的如《大气污染防治法》第 20 条规定，国务院生态环境主管部门有权要求设置大气污染物排放口。

三、行政立法权作为私主体义务来源的风险与范围限定

尽管作为私主体义务来源的行政立法权在维护公共利益、助力实质平等、保持灵活性等方面成绩斐然，但既然涉及行政权对民事关系的介入，就不得不顾忌私权利保护与私权自治优先。有必要从行政立法权作为私主体义务来源的风险分析入手，

对作为私主体义务来源的行政立法权进行范围限定,力图合理限制私法自治。

(一) 行政立法权作为私主体义务来源的风险

作为私主体义务来源的行政立法权:一方面,在作用机制上呈现间接性,可能导致行政立法设计的民事活动规则被忽略,无法发挥规制效果;另一方面,行政立法的不确定性也可能使得相关民事活动规则趋于不稳定,甚至形成对民事关系的过度干预,戕害私权利。王涌教授直言:"有些行政法规颇似粗暴的野狼,侵占着民法领域,扭曲着民法的精神,使得民法中的许多原则如意思自治原则在实践中形同虚设,成为一堆具文。"[1]

1. 间接性与被忽视

行政立法权作为私主体义务来源即赋予行政机关进行行政立法的权力,以对私权自治领域与事项施加影响。相较于许可权、登记权、调查权等行政执法权直接为私主体增设义务而言,作为私主体义务来源的行政立法权对民事活动的影响呈现间接属性,表现为对私主体的间接约束力。具体而言,行政立法权作为私主体义务来源的作用路径体现为:法律—行政立法权—具体行政立法—民事关系。诚然,相较于在私法中直接规定行政执法权而言,借助于行政法规等行政立法来介入民事关系可以大大缓解行政权规范对私法属性的冲击,也有利于行政法更为直接、有效地对私权利加以规制和保障。[2]有学者即主张,民法不能忽视国家管制,并不意味着《民法典》必然要规定管制的具体内容。比较妥善的方式是《民法典》通过"引致"方

---

[1] 王涌:《私权的分析与建构:民法的分析法学基础》,北京大学出版社2020年版,第336页。

[2] 参见牟奕霖:《民法典中的公权力规范及与私权利的关系》,载《西南民族大学学报(人文社会科学版)》2022年第2期,第101页。

第三章 行政立法权作用于民事关系的机理与表现

式容让公法,但并不纳入公法的具体内容。[1]但是,行政立法权这种间接作用机制的弊病也是显而易见的。作为私主体义务来源的行政立法权因其间接性可能被私主体直接忽略,即私主体可能对"依据行政法规""依据规章"等表述作无视处理,乃至忘却了授权行政立法条款的客观存在,导致私主体在从事相关民事活动的过程中未能遵循行政立法设置的相关行为规则,呈现客观违法。对于涉私行政立法权而言,则因被忽略、被无视无法直接起到规制民事活动之效,被迫"形同虚设",最终承担不利后果的则是公共利益。例如,《种子法》第41条规定,种子广告的内容应当符合本法和有关广告的法律、法规的规定,此处的"法规"即包含了《广告管理条例》,种子广告应当遵照执行。

2. 不确定性与失于稳定

作为私主体义务来源的行政立法既可能是既有的、确定的行政法规、规章和规范性文件,也可能是未来的、尚未确定的行政立法。对于私主体而言,后一种行政立法权的这种不确定性必然会使得私主体很难在从事相关民事活动时彻底明晰行政立法的约束性要求,更难建立对相关民事行为的合理预期,导致私法领域的不稳定。例如,《民法典》第346条规定,设立建设用地使用权应当遵守行政法规关于土地用途的规定,此处的"行政法规"既指既有的也指未来的,因而蕴含某些不确定因素,影响设立建设用地使用权行为的顺利推进。进一步而言,以《民法典》为代表的私法性法律这种授权行政机关通过行政立法来规制私权自治行为的行为模式有过度放任行政权之嫌,甚至可能因行政立法内容的越界吞噬和褫夺私权自治,可谓"杀人于无形"。有学者直言不讳地指出,这种条款在一定程度

---

[1] 谢鸿飞:《中国民法典的生活世界、价值体系与立法表达》,载《清华法学》2014年第6期,第24页。

上是立法者无能为力的偷懒行为,大量外接条款不仅本身没有解决问题,而且特定规范特别是公法规范可能借机"登堂入室",从而与《民法典》的基本价值背道而驰。更重要的是,各种利益集团、政策政治目标通过这种途径内化于民法,从而使得民法可能丧失其基本的私法属性而沦为一种特定目标的工具。[1]为了恪守私法的权利本位与意思自治理念,就必须对这种授权模式加以限制,给相关的行政立法套上制度的枷锁,使其保持在必要的合理范围,避免行政权的过度介入与私权自治的不必要牺牲。事实上,《民法典》在编纂过程中即删除了《合同法》等单行法中的部分行政法规介入条款。例如,《合同法》第7条规定,当事人订立、履行合同,应当遵守行政法规。《民法典》未保留这条原则性规定。

(二)作为私主体义务来源的行政立法权范围限定

基于公共利益、公平性、灵活性等考量,行政立法权被准予以作为私主体义务来源的方式介入私权自治领域,由此为行政立法尤其是行政法规进入私法铺设了管道。但同样需要警惕行政权借行政立法形成过度侵入私权自治领域之势,必须对行政立法权的创设设定若干限制性要求,以将其框定在合理的范围之内,实现自主性与公共性的必要平衡。有学者概括性提出,应当对行政立法作合宪性审查。[2]对此,笔者认为,抽象的合宪性审查并不足以厘定作为私主体义务来源的行政权的具体范围,宜将其具象化为以下三项具体要求:

1. 着眼于公共利益

作为私主体义务来源的行政立法权之创设必须基于公共目

---

[1] 郭志京:《中国民法典的历史使命与总则编体系建构》,载《法学论坛》2018年第1期,第75页。

[2] 参见章剑生:《作为介入和扩展私法自治领域的行政法》,载《当代法学》2021年第3期,第50页。

的与公共利益考量,并与公共利益之实现密不可分。如上所述,公共性追求是法律允准新的行政立法规制私权自治活动的核心要素与现实基础,作为私主体义务来源的行政立法权应当保持必要的克制,法律不宜过多地引入行政立法权为民事活动创设行为规则或者作为私主体的义务来源。如果相关行政立法不具有公共因素但客观上又构成对私权自治的限制,就难免遭受正当性诘问。尤其是在大力推行放管服改革、着力优化营商环境的大背景下,以公共利益为出发点应当成为法律创设行政立法权并为私主体创设法律义务的必要条件。例如,行政法规规定的知识产权客体相较于法律而言往往更能适应时代发展的需要,应当允许将行政法规规定的客体列入知识产权的保护范围,如未来可能专门就互联网络域名制定行政法规。《民法典》第123条直接承继《民法总则》第123条而来,坚持了较为彻底的知识产权法定原则,[1]认为仅法律(排除行政法规)规定的其他客体属于知识产权客体。事实上,《民法总则草案(第一次审议稿)》曾把行政法规纳入知识产权客体的法定来源。

2. 不得以牺牲私权自治为代价

作为私主体义务来源的行政立法权之创设不得以牺牲私权自治为代价。即便行政法规等行政立法有权就某些特定事项、特定领域对私权自治活动加以限制,也绝不能以管制替代自治,不能以行政立法的强制性规定取代私主体的自由意志表达,尤其是不能对所有权加以限制。有学者即指出,制定法律尤其是行政法规时,必须恪守民法的基本价值和基本理念,行政权不得介入过度。[2]这就意味着:一方面,行政立法权既要出于公

---

[1] 陈甦主编:《民法总则评注》(下册),法律出版社2017年版,第854页。
[2] 章剑生:《作为介入和扩展私法自治领域的行政法》,载《当代法学》2021年第3期,第49~50页。

共利益或公共秩序之考量为私主体从事民事活动增设行为规则或法律义务;另一方面,行政立法权所创设的行为规则又不能彻底抹杀私权自治,以行政权吞噬私权利。例如,《民法典》第494条规定,行政法规有权为私主体设定强制性的要约、承诺义务。这种强制缔约制度主要是基于国家订货事关国家利益与公共利益,虽然限制了当事人的缔约自由,但由于实践中情形不多,因而不会冲击契约自由制度。[1]因此,对于行政立法而言:一方面,应当全面、及时地清理过度介入私权自治的部分;另一方面,在依据法律授权制定新的行政立法时,应切实保障《民法典》所确立的各项民事权利,不得通过附加条件、增设义务等方式减损权利内容,增加权利行使成本。[2]

3. 行政法规有权规定民事基本制度

关于作为私主体义务来源的行政立法权范围限定,一个不容忽视的问题是行政法规是否有权对民事基本制度作出详细规定。换言之,行政法规规定民事基本制度是否构成对法律保留原则的悖反。根据《立法法》第11条的规定,"民事基本制度"属于法律保留事项,行政法规无权涉足,如诉讼时效、期间制度。《民法典》第197条即规定,诉讼时效的期间、计算方法以及中止、中断的事由均由法律规定。对于法律保留范围的界定:一方面,需采"重要事项保留说"列举极其重要的民事基本制度;另一方面,则需要引入"侵害保留说"作为兜底用以防范行政法规对民事领域的过度介入。[3]具体而言,对于与基本权

---

〔1〕 参见最高人民法院民法典贯彻实施工作领导小组主编:《中华人民共和国民法典合同编理解与适用(一)》,人民法院出版社2020年版,第226页。

〔2〕 黄文艺:《民法典与社会治理现代化》,载《法制与社会发展》2020年第5期,第33页。

〔3〕 参见周海源:《"民法典时代"行政法规创设民事制度的正当性及其限度》,载《行政法学研究》2021年第3期,第33~34页。

利相对应的民事权利（如所有权），不宜由行政法规予以限制。如《民法典》第 269 条规定，行政法规有权对法人的动产和不动产所有权作出规定，不具有合理性。但对于非侵害保留的民事基本制度，应当允许行政法规作出规定。其他的行政立法如规章和规范性文件，则因为位阶过低而根本上不具备规定民事基本制度的权力和能力，否则难免构成对民事活动的过度介入，有损私法自治。

第三节　作为民事活动评价尺度的行政立法权

作用于民事关系中的行政立法权除了作为私主体的义务来源、充当民事活动的行为规则，还有一个非常重要的功能即充当民事活动的责任规则，作为民事活动的评价尺度。当然，并非所有违反行政立法的民事行为均面临不利后果之负担，行政立法权作为评价尺度主要依托于强制性规定发挥作用，且不是所有违反行政立法强制性规定的民事行为都一律归于无效。

一、行政立法权作为评价尺度的工具

行政立法权作为私权自治行为的评价尺度主要依托于行政立法中的强制性规定发挥作用，以调和公共利益与私人之间的矛盾冲突。《民法典》第 153 条规定，违反法律、行政法规的强制性规定的民事法律行为无效。这条规定也是行政立法作为转介条款对私权自治行为的法律效力施加影响的典型。但是，违反行政立法中的强制性规定并不必然导致民事活动归于无效。

（一）强制性规定之认定

行政立法权之所以能够以评价民事活动的形式介入民事关系，归根结底靠的是行政立法中的强制性规定，"对于当事人通

过一定行为意欲达到的私法效果，国家不帮助其实现"。[1]行政立法中的强制性规定特指行政法规中的强制性规定，意在为民事活动设定最低限度的公法要求，兼顾私法自治与国家管制。

1. 强制性规定的功能和使命

强制性规定是相对于任意性规定的概念，指当事人必须适用而不能依意思自治排除的法律规定。[2]例如，《民法典》合同编规定，行政法规规定合同应办理批准手续的，从其规定。以《民法典》为代表的法律之所以允许行政立法尤其是行政法规就某些民事活动设置强制性规定，主要原因在于，这些民事活动的开展可能会产生公法效果，影响公共利益或者公共秩序。例如，化妆品的生产经营关乎消费者健康，《化妆品监督管理条例》设立了生产许可、销售记录、执业人员健康管理等一系列制度。强制性规定所承载的使命是在尊重和保障私权、维护私法自治的前提下，解决国家公权和民事私权之间的冲突和矛盾。[3]进言之，强制性规定的核心功能在于为私法自治设置最低限度的法律要求，借助于国家权力的干预调和私人利益与公共利益之间的冲突，避免过度追求自治牺牲公共利益。例如，《营业性演出管理条例》第22条第1款规定："任何人不得携带传染病病原体和爆炸性、易燃性、放射性、腐蚀性等危险物质或者非法携带枪支、弹药、管制器具进入营业性演出现场。"除此之外，"私法自治不能妨碍他人自由"是强制性规定的第二个出发点。强制性规定的功能之二是调和私主体之间的利益冲突，对特定

---

〔1〕 孙鹏：《私法自治与公法强制——日本强制性法规违反行为效力论之展开》，载《环球法律评论》2007年第2期，第68页。

〔2〕 参见李永军：《民法典编纂中的行政法因素》，载《行政法学研究》2019年第5期，第8页。

〔3〕 参见刘志刚：《基本权利对民事法律行为效力的影响及其限度》，载《中国法学》2017年第2期，第93页。

私主体履行保护义务。例如,《食品安全法实施条例》第34条规定:"禁止利用包括会议、讲座、健康咨询在内的任何方式对食品进行虚假宣传。……"

2. 强制性规定的界定

对于强制性规定的认定,需要把握以下两个要素:第一,能够充当民事活动评价尺度的行政立法中的强制性规定属于公法中的强制性规定。强调这个要素的主要目的在于与《民法典》第153条相区分。根据《民法典》第153条的规定,违反法律、行政法规强制性规定的民事法律行为无效。这里的法律既包括了公法性的法律(如《行政许可法》)又包括了私法性的法律(如《公司法》)。本书研究的行政立法特指行政机关运用行政权制定的法律规范,因而属于公法规范范畴,并集中体现为行政法规、规章和规范性文件。如果民事活动违反的是法律或者地方性法规中的强制性规定,则不属于本书的研究范畴。第二,能够充当民事活动评价尺度的行政立法中的强制性规定只能来源于行政法规而不能是规章和规范性文件。行政立法虽同时囊括行政法规、规章与规范性文件且以规章和规范性文件占了绝对多数,但民事活动违反规章与规范性文件的强制性规定往往不会对民事法律行为的法律效力产生过度影响。这一点已经得到了《民法典》第153条的有力支持。原因在于,民事法律行为制度属于民事基本制度范畴,而根据《立法法》第11条和第12条的规定,[1]民事基本制度属于法律相对保留事项,仅法律和经特别授权的行政法规才有权加以规定,规章和规范性文件

---

[1]《立法法》第11条规定:"下列事项只能制定法律:……(八)民事基本制度;……"《立法法》第12条规定:"本法第十一条规定的事项尚未制定法律的,全国人民代表大会及其常务委员会有权作出决定,授权国务院可以根据实际需要,对其中的部分事项先制定行政法规,但是有关犯罪和刑罚、对公民政治权利的剥夺和限制人身自由的强制措施和处罚、司法制度等事项除外。"

无权触及。从法理上来说,《立法法》将民事基本制度列为法律相对保留事项的出发点则在于,避免行政立法的辐射范围过大,导致对私法自治精神的过度侵蚀。

(二)违反强制性规定的后果具有或然性

而当行政法规中的强制性规定未能得到私主体的自觉遵循时,行政法规作为民事活动评价尺度的作用便显现出来。但需要注意的是,并非所有违反行政法规强制性规定的民事法律行为均需承担无效后果。这也是世界各国普遍所持的观点。即便是就《民法典》第153条而言,也设置了例外条款,即"该强制性规定不导致该民事法律行为无效的除外",相较于《合同法》第52条〔1〕的僵化性规定有了深刻进步。首先,违反行政法规的强制性规定不一定导致民事行为无效,即"对民事法律行为的效力不应该产生绝对否定性的影响"。〔2〕例如,《民法典》第706条规定,当事人未依照法律、行政法规规定办理租赁合同登记备案手续的,不影响合同的效力。其次,违反规章与规范性文件的强制性规定亦可能导致民事行为无效。前已述及,《民法典》第153条明确将强制性规定的法源层级限定为法律和行政法规,同属行政立法范畴的规章与规范性文件则被排斥在外。但在实践当中,并不乏以违反规章乃至规范性文件的强制性规定为由认定民事法律行为无效的案例。如在"万载银湖实业有限公司诉万载县人民政府合同纠纷案"中,最高人民法院认为,涉诉《项目合同书》违反了《国有土地使用权出让收支管理办法》这一规范性文件,明显损害了国家利益和社会公共利

---

〔1〕《合同法》第52条规定:"有下列情形之一的,合同无效:……(五)违反法律、行政法规的强制性规定。"

〔2〕 刘志刚:《基本权利对民事法律行为效力的影响及其限度》,载《中国法学》2017年第2期,第94页。

益，判决确认涉诉《项目合同书》无效。[1]《全国法院民商事审判工作会议纪要》第 31 条亦规定，违反规章在一般情况下不影响合同效力，但该规章的内容涉及金融安全、市场秩序、国家宏观政策等公序良俗的，应当认定合同无效。人民法院在认定规章是否涉及公序良俗时，要在考察规范对象的基础上，兼顾监管强度、交易安全保护以及社会影响等方面进行慎重考量，并在裁判文书中进行充分说理。换言之，当规章与规范性文件旨在维护公共利益，民事法律行为违反规章与规范性文件的强制性规定又必然导致公共利益受损时，法院可以判决确认民事法律行为无效。由此凸显的是行政权的管束与私法自治的妥协。但是，这并不意味着违反规章与规范性文件的强制性规定具有无效化民事法律行为之效，真正起到无效后果的是公共利益之受损。

二、行政立法权作为评价尺度的表现

作为民事活动评价尺度的行政立法权尽数以行政法规的形式呈现。行政立法权作为民事活动的评价尺度首先体现于《民法典》之中，但违反有些行政法规并不对民事法律行为的效力产生实质影响。其次，在行政立法权作为评价尺度之外，《安全生产法》《商标法》《个人独资企业法》《农村土地承包法》《公司法》《劳动合同法》等法律也对作为评价尺度的行政法规做了相关授权。

（一）《民法典》中作为民事活动评价尺度的行政法规

"行政法规"在《民法典》中前后出现了 55 次之多，有一类在内容上体现为违反行政法规的后果，即作为私权自治活动

---

[1] 参见中华人民共和国最高人民法院［2020］最高法民终字第 149 号民事判决书。

的评价尺度与衡量工具。作为民事活动评价尺度的行政法规散布于《民法典》总则编、合同编与侵权责任编,涉及《民法典》的6个法律条文。

在总则编中,捐助法人的决策机构、执行机构或者法定代表人作出决定的程序违反行政法规,捐助人等利害关系人或者主管机关可以请求人民法院撤销该决定,但捐助法人依据该决定与善意相对人形成的民事法律关系不受影响(第94条);违反行政法规强制性规定的民事法律行为无效(第153条)。在合同编中,租赁物违反行政法规关于使用条件强制性规定情形致租赁物无法使用时承租人可以解除合同(第724条);未依行政法规获得许可或备案不影响合同效力(第706条、第738条)。在侵权责任编中,医疗机构违反行政法规有关诊疗规范的规定导致患者受到损害的,推定医疗机构具有过错(第1222条)。总的来说,作为民事活动评价尺度的行政法规在表述上多体现为"违反行政法规"。

根据后果表现形式之不同,又可将上述规定进一步细分为"影响民事法律行为的效力"与"不影响民事法律行为的效力"两类。既然《民法典》中的行政法规充当了私主体的义务来源,当私主体未遵从相关行政法规之时,就可能面临来自行政法规的"谴责",即承担某种不利后果。这种不利后果主要体现为民事法律行为的效力遭遇负面评价。最典型的例子就是第153条,即违反行政法规强制性规定的民事法律行为归于无效。这种消极性评价能够有效起到负面激励作用,督促私主体自觉遵守行政法规的相关规定并积极接受其约束,从而保证私权自治行为不越界。与此同时,"对公法性强制规范的违反并不必然导致民事法律行为的无效,否则,就会导致国家对民事行为的过当管

第三章 行政立法权作用于民事关系的机理与表现

制,由此危及民法由以维持自身存在的私法自治基础。"[1]《民法典》亦存在一些违反行政法规不必承担效力后果的规定。例如,第738条虽然要求租赁物的经营使用应依行政法规取得行政许可,但即便出租人未取得行政许可,出于保护善意承租人之目的,融资租赁合同的效力也不因此而受影响。

(二) 其他法律中作为民事活动评价尺度的行政立法

除了《民法典》,还有许多法律亦授权行政法规等行政立法作为民事活动的评价尺度,即明确规定了不遵循行政立法的法律后果。这些作为民事活动评价尺度的行政立法从内容上可以分为三类:

第一类体现为影响私法活动的开展。如《安全生产法》第20条规定,生产经营单位不具备行政法规和国家标准规定的安全生产条件的,不得从事生产经营活动。《商标法》第6条规定:"法律、行政法规规定必须使用注册商标的商品,必须申请商标注册,未经核准注册的,不得在市场销售。"《个人独资企业法》第16条规定:"法律、行政法规禁止从事营利性活动的人,不得作为投资人申请设立个人独资企业。"第二类体现为影响民事法律行为的效力,具体又可细分为导致民事法律行为无效、撤销与解除。违反行政立法导致民事法律行为无效的典型例子如《农村土地承包法》第58条规定,承包合同中违反行政法规有关不得收回、调整承包地等强制性规定的约定无效。再如《公司法》第25条规定:"公司股东会、董事会的决议内容违反法律、行政法规的无效。"违反行政立法导致民事法律行为撤销的典型例子如《公司法》第26条第1款规定:"公司股东会、董事会的会议召集程序、表决方式违反法律、行政法规……

---

[1] 刘志刚:《基本权利对民事法律行为效力的影响及其限度》,载《中国法学》2017年第2期,第94页。

股东自决议作出之日起60日内,可以请求人民法院撤销。……"违反行政立法导致民事法律行为解除的典型例子如《劳动合同法》第38条规定,用人单位的规章制度违反行政法规的规定,损害劳动者权益的,劳动者可以解除劳动合同。第三类体现为承担赔偿责任,前提条件是违反行政立法同时造成损失。如《公司法》第188条规定:"董事、监事、高级管理人员执行公司职务时违反法律、行政法规或者公司章程的规定,给公司造成损失的,应当承担赔偿责任。"

通过梳理以上法律可以发现,经授权作为民事活动评价尺度的行政立法在形式上均体现为行政法规,尚无违反规章导致民事活动无法开展、影响民事法律行为的效力或者导致私主体承担赔偿责任的情形。这实际上反映的仍是《民法典》第153条的辐射效果,即只有违反"法律、行政法规"的强制性规定的民事法律行为无效,违反规章的强制性规定并不会导致民事法律行为无效。这一点与作为私主体义务来源的行政立法则产生了较大分歧,虽然规章和规范性文件为私主体创设法律义务的情形较之于行政法规仍是少数,但起码认可了规章与规范性文件作为私主体义务来源的正当效力。应当指出,这种将作为民事活动评价尺度的行政立法严格限定于行政法规的做法对于私权自治之保障大有裨益。

三、行政立法权作为评价尺度的尺度

如上所述,当前有权作为民事活动评价尺度的行政立法局限于行政法规。依托行政法规作为民事活动的评价尺度固然重要,威慑机制与责任规则所能起到的规制效果也往往胜于纯粹命令式乃至建议式的行为规则。但同样需要警惕的是,行政法规可能借机压制乃至完全否定私权自治,形成对民事活动的过度化干预。因此,对于引入行政法规作为评价私权自治行为效

第三章 行政立法权作用于民事关系的机理与表现

力之工具的做法应当十分慎重。对此,一方面可以限定强制性规定的范围与适用情形;另一方面则可以借助"例外有效"减少对强制性规定的依赖。

(一)对强制性规定的性质限定

违反行政法规需承担民事后果意味着,行政法规是评价私权自治行为的尺度,私主体从事民事活动必须在行政法规限定的框架之内进行。但基于行政法规的强制性规定背后代表的政府管制对于市场自由之干预与破坏效力,必须对作为民事活动评价尺度的行政法规尤其是其中的强制性规定加以范围限定,并严格限于效力性强制性规定范畴。

1. 限于效力性强制性规定

行政法规作为私权自治行为的评价尺度并非意味着所有违反行政法规的私权自治行为均面临民法上的效力病态。理论上而言,在认定民事法律行为的效力之时,不应将强制性规定扩大为与效力无关的强制性规定,而必须根据效力相关规则进行认定。[1]这就涉及对强制性规定的理解。有学者经实证研究指出,导致合同无效的原因只能是市场交易本身存在着可责难性,强制性规定的属性不是影响合同效力的关键。[2]亦有学者从适用对象出发,主张《民法典》第153条多适用于财产行为而不完全适用于人身行为,因为对人身自由的限制只能由法律作出,人身行为违反行政法规的强制性规定并不会产生无效后果。[3]笔者认为,强制性规定有效力性强制性规定与管理性强制性规

---

[1] 参见王贵松:《行政协议无效的认定》,载《北京航空航天大学学报(社会科学版)》2018年第5期,第22页。

[2] 万江:《政府管制的私法效应:强制性规定司法认定的实证研究》,载《当代法学》2020年第2期,第105页。

[3] 参见申惠文:《论〈民法总则〉中的行政权》,载《新疆大学学报(哲学社会科学版)》2018年第6期,第48页。

定之分,只有效力性强制性规定指向合同效力,管理性强制性规定则无效力指向。管理性强制性规定在内容上指向要求当事人必须采用特定行为模式,"仅限制了形成法律关系的可能性"[1]而与法律关系的效力无涉。《民法典》第706条即规定,当事人未依照法律、行政法规规定办理租赁合同登记备案手续的,不影响合同的效力。此处行政法规关于"办理租赁合同登记备案手续"的强制性规定即属于管理性的而非效力性的。除此之外,将强制性规定严格限定于效力性强制性规定也是避免行政立法权过度积极介入民事关系、取消私法自治的必要举措。

2. 效力性强制性规定的具体认定

对于效力性强制性规定的认定,著名的民法学者史尚宽主张,不以违法的法律行为无效就不能达到立法目的的,为效力规范;否则为取缔规范。[2]笔者对这种观点深表赞同,认定效力性强制性规定的核心问题应当是规范目的的考察,即是否意在否定私主体的意思自治。例如,限制营业时间规定的目的在于保护劳动者而非禁止交易,因而属于管理性强制性规定而非效力性强制性规定,即便在禁止营业时间内营业也不会影响相关买卖合同的效力。[3]有学者直言,《民法典》第153条第1款第1句中的"强制性规定"是禁止当事人采特定行为模式的禁止性规定,第2句但书条款中的"强制性规定"则首先包括要求当时采特定行为模式的管理性强制性规定。[4]当然,如果行政

---

[1] 参见[德]维尔纳·弗卢梅:《法律行为论》,迟颖译,法律出版社2013年版,第404页。

[2] 参见史尚宽:《民法总论》,中国政法大学出版社2000年版,第330~331页。

[3] 参见史尚宽:《民法总论》,中国政法大学出版社2000年版,第330页。

[4] 参见王轶:《行政许可的民法意义》,载《中国社会科学》2020年第5期,第98页。

第三章　行政立法权作用于民事关系的机理与表现

法规明确规定了民事法律行为的效力，自当按照行政法规的规定执行。此外，强制性规定意在协调民事法律行为当事人的利益与公共利益之间的矛盾，[1]对于强制性规定的认定还可结合民事法律行为的损害后果展开：如果违反行政法规的民事法律行为损害了当事人以外的第三方利益、国家利益或者公共利益，即产生"显著负的外部效应"，[2]往往构成对行政法规强制性规定的悖反。

（二）借助"例外有效"

为了最大限度地维护私权自治，避免行政法规以无效等负面评价形式对民事法律行为施加过多的负担，除对强制性规定本身做内容上的限制以外，仍需借助于《民法典》第153条的但书条款即"但是，该强制性规定不导致该民事法律行为无效的除外"这一"例外有效"规则作为实现工具。事实上，《民法典》第153条的但书条款即在《合同法》第52条的基础上增设而来，相较于《合同法》第52条更具"灵活性和周延性"，[3]这也是大陆法系国家《民法典》的普遍做法。[4]具体而言：

1. 设立弹性化的效力评价机制

改变违反行政法规的强制性规定即无效的僵化观念与做法，设立弹性化的效力评价机制。从原则上来说，对于违反行政法规强制性规定的民事法律行为，并非一概认定其无效。正确的做法应是尽量对违反行政法规的强制性规定与无效之间的关系

---

[1] 参见王轶：《民法典物权编规范配置的新思考》，载《法学杂志》2019年第7期，第19页；杨阳：《论私法公法化的逻辑本位及其限度》，载《河北学刊》2015年第6期，第178页。

[2] 万江：《政府管制的私法效应：强制性规定司法认定的实证研究》，载《当代法学》2020年第2期，第106页。

[3] 钟瑞栋：《民法中的强制性规范——兼论公法与私法"接轨"的立法途径与规范配置技术》，载《法律科学（西北政法大学学报）》2009年第2期，第80页。

[4] 参见《德国民法典》第134条。

加以缓和,努力降低乃至避免行政法对民法的消极影响。对此,应当将决定权交由法院,"让法官就公法管制的政策与私法自治的保障,从管制涉及的法益,政策目的的强度,与私法行为的关联性,辅助或抵销效果大小,可预见性防免、信息等交易成本,以及补强执法成本的分析作综合、客观的权衡,而决定是否应完全或部分排除法律行为的效力。因此所谓效力规定只是法官权衡的结果,不是立法者已经有意以无效来配合公法的强制或禁止"。[1]换言之,立法不能解决的公私法接轨难题理应交由法院接手解决。这种对司法终局之遵循的做法有助于避免行政法规"越界"对私权自治行为形成过度的干预。至于有学者主张的"以是否违反公序良俗作为行为效力之判定标准",[2]则属于对公序良俗与强制性规定区分不明,不值得提倡。

2. 引入比例原则作为评价工具

应当引入比例原则作为判定违反行政法规强制性规定的民事法律行为效力之工具。行政法规的强制性规定应当扮演的是私权自治行为的底线角色,而不能以非底线姿态积极介入民事关系,因而需要比例原则作为判断工具。引入比例原则的核心在于判断让违反行政法规强制性规定的民事法律行为归于无效是否符合比例原则下的适当性、必要性、均衡性要求,尤其是必要性与均衡性要求。其一,必要性的关注点在于是否存在比认定无效成本更小或者说对民事法律行为干预更少的处理方式,例如对相关私主体进行行政处罚,但是认可违反行政法规强制性规定的法律效力。其二,均衡性的关注点在于认定民事法律行为无效所实现的管制收益是否远大于非认定其无效所耗费的

---

[1] 参见苏永钦:《寻找新民法》,北京大学出版2012年版,第328页。
[2] 参见杨阳:《论私法公法化的逻辑本位及其限度》,载《河北学刊》2015年第6期,第179页。

成本。也就是说，必须确保"确认违反行政法规强制性规定的民事法律行为无效"为特定情形下充分实现规范目的与维护公共利益目标的唯一选择和最优选择，行政处罚等手段则均不具备此种功能。[1]至于适当性要求，认定违反行政法规强制性规定的民事行为无效必然能够起到遏制自治、维护公共利益之效，无需赘言。

3. 语焉不详时充分尊重私权自治

法律或者行政法规语焉不详时充分尊重私权自治。诚然，行政法规的强制性规定或者授权性法律直接明确民事法律行为违反强制性规定的效力状况是最根本性的解决措施。但问题恰在于，大多数行政法规的强制性规定对于这种效力状况都语焉不详，导致违反行政法规的民事法律行为效力悬而待决，作为评价尺度的行政法规实际上很难发挥评价效用。对此，应当确立"以充分尊重私法自治为要旨作出解释"[2]原则，充分发挥"例外有效"条款的作用，避免以语焉不详的强制性规定条款作为民事法律行为无效的法律依据，保持行政法与民法评价的一致性，实现行政法与民法之间复杂关系的协调衔接。

---

[1] 参见王轶：《行政许可的民法意义》，载《中国社会科学》2020年第5期，第105~106页。

[2] 章剑生：《作为介入和扩展私法自治领域的行政法》，载《当代法学》2021年第3期，第51页。

第四章

行政执法权作用于民事关系的方式与表现

行政权进入私域,是行政国家和福利国家发展的必然结果。[1]作用于民事关系中的行政权集中表现为行政执法权,尤以行政执法权对民事关系的干预最多。以行政执法权作用于民事关系中的强度为视角,可以划分为刚性涉私行政执法权、中性涉私行政执法权与柔性涉私行政执法权。以行政执法权作用于民事关系中的功能为维度,又可类型化为限制性的涉私行政执法权与保护性的涉私行政执法权。二者存在交叉融合。

第一节 刚性涉私行政执法权:公用征收权

相较于中性涉私行政执法权与柔性涉私行政执法权而言,刚性涉私行政执法权对民事关系的干预程度最高。典型的刚性涉私行政执法权是行政许可权与公用征收权,前者决定了私主体是否具备从事特定民事活动的资格,后者直接构成对私主体财产权的强势剥夺。本节以公用征收权为观察对象,窥探其实质与合法性基础,并对其合法性限度进行厘定。

----

〔1〕 申惠文:《论〈民法总则〉中的行政权》,载《新疆大学学报(哲学社会科学版)》2018年第6期,第53页。

第四章 行政执法权作用于民事关系的方式与表现

一、公用征收权的实质：对民事关系的刚性介入

公用征收是行政主体根据社会公共利益的需要，按照法律规定的权限和程序并在给予相应补偿的情况下以强制方式取得相对人财产权益的一种行政行为。[1]公用征收权是一种非常常见的行政权形式，属于行政机关财产方面的权力，用于行政机关集结物质财富、积累物质基础，私主体即被征收对象则需要负担被征收义务。因此，公用征收权构成行政执法权对民事关系的刚性介入，并具体体现为对私主体财产权的强势剥夺。

（一）公用征收权相关条文梳理

行政机关的公用征收权首先由《宪法》赋予。《宪法》第10条第3款规定："国家为了公共利益的需要，可以依照法律规定对土地施行征收或者征用并给予补偿。"《宪法》第13条规定："国家为了公共利益的需要，可以依照法律规定对公民的私有财产实行征收或者征用并给予补偿。"根据《宪法》第10条和第13条，可以将行政征收权的要素总结如下：第一，征收的对象包括土地和私有财产；第二，征收的目的必须限于公共利益；第三，征收必须给予补偿；第四，征收须依照法律规定。有学者提出，《宪法》的征收条文虽未明确提出"正当程序"要求，但"隐含着增加国家行为程序化的要求"，由此也些许改变了宪法"重实体、轻程序"的倾向。[2]

《民法典》在《宪法》的基础上对公用征收权作出了进一步的赋权和详细规定。涉及第117条、第243条、第244条、第

---

[1] 应松年主编：《当代中国行政法》（第4卷），人民出版社2018年版，第1622页。
[2] 参见杨海坤、章志远：《中国行政法基本理论研究》，北京大学出版社2004年版，第53页。

327条和第338条共5个条文。其中总则编民事权利章第117条对《宪法》第10条和第13条进行了整合和补充:为了公共利益的需要,依照法律规定的权限和程序征收、征用不动产或者动产的,应当给予公平、合理的补偿。相较于《宪法》而言,《民法典》第117条的最大亮点即是将《宪法》中的"法律规定"延展为"法律规定的权限和程序",尤其是明确要求公用征收权的行使应当遵循法定程序。此外,《民法典》第117条还对《宪法》的"补偿"要求增加了"公平""合理"两个限定,折射出《民法典》的人权精神和"权利法典"本性,"权利是《民法典》和民事法律体系的逻辑起点、神经中枢和制度本体"。[1]物权编一般规定章第243条赋予了行政机关对集体所有土地和组织、个人的不动产的公用征收权,并用3款条文详细规定了行政机关在征收集体所有的土地和组织、个人的不动产时如何进行补偿,且明确要求任何组织或者个人不得贪污、挪用、私分、截留、拖欠征收补偿费等费用。物权编所有权分编一般规定章第244条从耕地保护的角度反向要求行政机关在征收集体所有的土地时不违反法律规定的权限和程序。物权编用益物权分编一般规定章第327条明确,因不动产或者动产被征收、征用致使用益物权消灭或者影响用益物权行使的,用益物权人有权依据第243条获得相应补偿。物权编用益物权分编土地承包经营权章第338条规定,承包地被征收的,土地承包经营权人有权依据第243条获得相应补偿。总的来说,《民法典》较之于《宪法》的进步有三:一是将《宪法》所规定的征收对象"土地和私有财产"细化为"集体所有的土地""组织、个人的房屋以及其他不动产""承包地";二是详细规定了征收补偿的要求和内

---

〔1〕 张文显:《中国民法典的历史方位和时代精神》,载《经贸法律评论》2018年第1期,第5页。

第四章 行政执法权作用于民事关系的方式与表现

容;三是明确要求公用征收权的行使需严格遵循法律规定的程序。

(二)公用征收权的运作逻辑与实质

公用征收是一种强制性的行政行为,作为公用征收行为实现工具的公用征收权实际上以牺牲被征收私主体的财产权为代价,体现了行政权对民事关系的高强度干预与刚性介入。但与此同时,公用征收权行使主体仍需对被征收的私主体负担补偿义务,无补偿则无征收。

1. 公用征收权的运作逻辑

从公用征收权的运作逻辑来看,公用征收权"表现为运用权力消灭行政机关对财产的义务和公民对财产的权利,再生成公民对国家的给付财产义务和国家对公民财产的给付请求权的过程"。[1]具体来说,公用征收权直接作用于私主体的财产权,作用方式体现为对私主体财产权的直接剥夺。对此,私主体不仅没有权利拒绝而且还有义务予以配合。关于私有财产权神圣不可侵犯,有句著名的古谚"风能进,雨能进,国王不能进"。但当国王以公用征收权之名来征收私主体的房屋时,私主体便不能再搬出"财产权神圣不可侵犯"来对抗国王。由此看来,行政权的增长常以私权利被限制乃至被剥夺为代价,伴随着公用征收权的是私主体对被征收财产的所有权之牺牲。从法律关系的视角观察,公用征收权实际上改变了私主体与行政机关之间原生的"私主体财产权—行政机关不侵犯义务"这一第一性的法律关系。从这个意义上说,公用征收权可以归类于哈特的改变权范畴,即改变或消灭原来的权利义务关系,生成新的法律关系。[2]

---

[1] 陈国栋:《我国不必建立行政附带民事诉讼制度——以行政权对民事争议的介入程度为切入点的反思》,载《政治与法律》2013年第8期,第120页。

[2] H. L. A. Hart, *The Concept of Law*, Oxford: Clarendon, pp. 91~92 (1994).

但是，公用征收权的运作并不到此为止，私主体建立在被征收不动产或动产上的财产权并非白白牺牲，行政机关亦非因公用征收权之行使而纯粹受益。与之相反，行政机关行使公用征收权以履行公平合理的补偿义务为前提，被征收私主体虽失去了针对被征收不动产或动产的财产权，却换回了针对征收机关的补偿请求权与获得公平合理补偿的权利。而且，行政机关在行使公用征收权之前必须先行补偿，如果行政机关未经补偿即行征收之实，构成违法，被征收私主体则有权拒绝，行政机关不能强制征收（如强制拆除私主体的房屋）。之所以要确立"先补偿、后征收"原则，根本目的还在于保障被征收私主体的生活或生产经营状况不因征收而降低。[1]但征收机关按照补偿协议或者补偿决定给予被征收私主体补偿之后，被征收私主体依然拒绝交出被征收不动产或动产的，征收机关有权强制执行。[2]

2. 公用征收权的实质

从实质层面来看，公用征收权以行政权对财产权的限制打破了私主体得自由处分其财产权的一般规律，因而构成行政权对民事关系的强势干预。就功能方面的行政权样态而言，公用征收权显然属于限制性涉私行政权范畴。就内容而言，公用征收权又属于行政机关在财产方面的权力，区别于事权与人事权。

财产权是《宪法》赋予公民的基本权利，《宪法》第13条第1、2款规定："公民的合法的私有财产不受侵犯。国家依照法律规定保护公民的私有财产权和继承权。"以德国基本权利教义学为参考，公法对于基本权利的保护主要通过如下方式展开：首先是国家的消极义务，即国家对私人自由和自治空间予以尊重、保持克制、不予犯进；其次是国家的积极义务，体现为私

---

[1] 参见最高人民法院［2018］最高法行申字第4205号行政裁定书。
[2] 参见最高人民法院［2020］最高法行申字第7789号行政裁定书。

第四章 行政执法权作用于民事关系的方式与表现

主体的给付请求权与受第三方影响时提供保护。[1]"为保障公民的基本权利而承担的义务"也是国家公法义务的重要方面。[2]因此,基于财产权的基本权利定性,行政机关既不得无故侵犯私主体的财产权,亦要积极促进其实现。《民法典》第3条与第207条即规定,行政机关负有不侵犯私主体财产权尤其是物权的公法义务,私主体则有权要求行政机关不实施侵犯其财产权的行为。征收是国家为了实现公共利益的需要,依照法定程序强制取得不动产所有权并给予公平补偿的一种行为。[3]行政机关享有征收权意味着,行政机关不再受制于对财产权的以上保护义务,而有权对私主体的财产通过征收予以剥夺和消灭,由此发生了被征收不动产或动产的物权转移:私主体永久失去物权,国家取得对私主体财产的支配权,且被征收的财产不会因公共利益的实现而回到私主体手中。因此,行政机关行使征收权的过程是私主体的财产权受到行政权强制限制的过程,行政机关借助公用征收权实现了对物权法律关系的强势干预。也有学者主张,应当将征收制度纳入私法视阈,行政机关与被征收人之间因征收行为形成的法律关系是民事法律关系。支撑理由主要在于,私法中的平等、等价有偿等原则可以实现对行政机关的有效制约,保障被征收人的合法权益不受行政权肆意侵害。[4]然而,这种民法模式主张注定只能是一种无法实现的美好愿景而已,因为征收必然排除自愿协商,从根本上有悖于私法精神。

---

[1] 参见赵宏:《〈民法典〉时代个人信息权的国家保护义务》,载《经贸法律评论》2021年第1期,第6页。
[2] 参见王锴:《基本权利保护范围的界定》,载《法学研究》2020年第5期,第107页。
[3] 参见房绍坤:《土地征收制度的立法完善——以〈土地管理法修正案草案〉为分析对象》,载《法学杂志》2019年第4期,第1页。
[4] 参见赵万一、叶艳:《从公权与私权关系的角度解读国家征收征用制度》,载《华东政法学院学报》2007年第2期,第12~13页。

如上所述，行政权介入民事关系的形态有刚性介入、柔性介入与中性介入之分，公用征收权体现为行政机关剥夺和消灭私主体的财产权利，构成行政权对私权自治领域的刚性介入。

二、公用征收权的合法性基础

如上所述，行政机关享有公用征收权反映的是对国家财产权保护义务的突破，构成行政权对民事关系的刚性介入，并具体体现为对私主体财产权的强势剥夺。而行政机关之所以可以利用公用征收权对私主体的财产权加以剥夺，其正当性来源与合法性基础则在于公共利益。

（一）公共利益目的如何成就公用征收权

根据前述关于公用征收权立法条文的梳理可以发现，不管是《宪法》还是《民法典》都要求行政机关基于"公共利益的需要"行使公用征收权。德国《魏玛宪法》亦规定"公用征收，仅限于裨盖公共福利及有法律根据时，始得行之"。[1]有学者直言不讳地指出，不为公共目的而征收是违反正当程序的。[2]随之而来的问题则是，为什么基于公共利益的需要就必然得出"征收权是必要的"这一结论即征收权应当作为实现公共利益的必要条件呢？原因在于，公共利益是不可能通过自由而任性的私人的行为而自动实现的，[3]也无法将公共利益寄托于私主体。进一步来说，出于自利本性，每一个私主体都倾向于最大限度地追求和实现私人利益，而不愿意为他人利益乃至公共利益承

---

〔1〕 由嵘等编：《外国法制史参考资料汇编》，北京大学出版社2004年版，第371~372页。

〔2〕 Dominique Custos & John Reitz, "Public-Private Partnerships", *The American Journal of Comparative Law*, Vol. 58: 1, pp. 555~584 (2010).

〔3〕 赵万一、叶艳：《从公权与私权关系的角度解读国家征收征用制度》，载《华东政法学院学报》2007年第2期，第16页。

第四章 行政执法权作用于民事关系的方式与表现

担费用支出,因而难免置其他个人的利益与公共利益于不顾,尤其是罔顾公共利益。而公共利益又是至关重要的,其直接决定了私人利益最终能否得以实现,例如高速公路建设。因此,既然无法依托私权自治实现公共利益,引入行政机关与行政权如公用征收权作为实现机制就无可厚非,即便行政权的行使必然造成对私权利之限制。事实上,公共利益可以归入兼具非排他性与非消费性的公共物品范畴,公共物品只能由国家提供而无法依赖私主体的力量。[1]此外,需要注意的是,行政机关在行使公用征收权的过程中并不总是理性代表公共利益,也可能以允诺或协议的形式牺牲公共利益,即超出征收决定的范围或者房屋征收补偿安置方案确定的补偿标准,这是法律所不容许的,不能将信赖利益保护原则置于依法行政之前。[2]

(二) 公共利益初步认知

在确证了公共利益作为公用征收权的合法性基础之后,仍需解决的问题是"什么是公共利益"。按照美国学者亨廷顿的看法,由于研究方法的不同,对公共利益的理解主要有如下三种看法:一是公共利益被等同于某些抽象的、重要的、理想化的价值和规范,如自然法、正义和正当理性等;二是公共利益被看作某个特定的个人、群体、阶级或多数人的利益;三是公共利益被认为是个人之间或群体之间竞争的结果。[3]第一种与第三种看法显然过于抽象,用于判断公用征收权的正当性与否可参考价值不大;第二种看法则是典型的形式标准,即着眼于涉及人数的多寡以及是否特定来区分公共利益与个人利益。一般

---

[1] 参见[美]E.S.萨瓦斯:《民营化与PPP模式:推动政府和社会资本合作》,周志忍等译,中国人民大学出版社2015年版,第47页。
[2] 参见最高人民法院[2019]最高法行再字第4号行政判决书。
[3] [美]塞缪尔·亨廷顿:《变革社会中的政治秩序》,李盛平等译,华夏出版社1988年版,第24页。

而言，公共利益是指非特定人的利益以及与非特定人相关的利益，[1]意即公共利益的受益主体具有不特定性和开放性，其体现的不是个人利益而是个人群体中多数人的共同利益。另一方面，公共利益也不是行政机关自身的利益。而在形式标准之外，公共利益的界定同样离不开实质标准。首先，公共利益不具有商事性质，其站在经济利益的对立面；其次，公共利益指向社会福祉与公众的生活质量，可以被理解为"涉及关系人们生活质量的环境、交通、医院、学校等社会公共事业或公众安全的国防事业等方面的利益"。[2]

三、公用征收权的合法性限度

从来没有哪个制度否认过宪法的征收权，重要的是征收的法律限制。[3]行政机关有权基于公共利益征收私主体的财产并非意味着所有的公用征收权都是合理的。相反，基于公共利益的抽象性与不确定性，行政机关常以公共利益之名非法侵犯私主体的财产权利。对此，应当从公共利益的范围界定、程序设置等方面为公用征收权设计合法性限度，避免行政机关无序行使征收权践踏私权利。

（一）公共利益的范围限定

《宪法》与《民法典》仅规定"为了公共利益的需要"可以征收财产，但对于何为公共利益、公共利益的范围与边界何

---

[1] 参见王春业：《公权私法化、私权公法化及行政法学内容的完善》，载《内蒙古社会科学》2008年第1期，第30页。

[2] 费安玲：《对不动产征收的私法思考》，载《政法论坛》2003年第1期，第121页。

[3] [美]路易斯·亨金、阿尔伯特·J. 罗森塔尔编：《宪政与权利：美国宪法的域外影响》，郑戈、赵晓力、强世功译，生活·读书·新知三联书店1996年版，第155页。

第四章 行政执法权作用于民事关系的方式与表现

在均未予以明确。管见认为，应当以公共用途标准作为检验和认定公共利益的根本标准，将合法化公用征收权的公共利益限定于合理的范围之内。

1. 公共利益的模糊性与危险性

"公共利益目的"看似为公用征收权套上了枷锁，解决了公用征收权的滥用问题，实则因模糊性问题常使公用征收权陷入滥用深渊。公共利益的模糊性是一个世界性的问题，在美国，公共利益即应予特殊保护的事物，包括资金、公共资源、公共服务等。[1]在罗马尼亚，公共利益被定义为旨在实现法治和宪政民主，保障各机构遵守公民的权利、自由和合法利益，满足社会需要等。[2]因为公共利益的这种模糊属性，有学者甚至对公共利益标准持否认态度："如果为了集体性质的善或政体性质的善，而牺牲每个单独个人的善，那么，一般的善，也就将被这一牺牲所摧毁。仅仅强调一般的善，并以此为名义，显然是会牺牲构成这种一般善的具体个别的快乐享受的总和。"[3]但是，公共利益的模糊性并没有影响到其广泛的适用。正如有学者所言："公共利益众所周知很难界定，但又被频繁地用于表达不仅服务于少数人利益的审慎、中立而且专家决定的偏好。"[4]公用征收权亦然。由此给公用征收权带来的问题却是，"给各种

---

[1] Emil Balan & Iulia Cospanarn, "Whistleblowing-a Mechanism for Collecting Data on Non–Compliance with the Principles of Administrative Law in Order to Mitigate Risks", *Acta Universitatis Danubius*, Juridica, Vol. 13: 1, pp. 5~23 (2017).

[2] Emil Balan & Iulia Cospanarn, "Whistleblowing-a Mechanism for Collecting Data on Non–Compliance with the Principles of Administrative Law in Order to Mitigate Risks", *Acta Universitatis Danubius*, Juridica, Vol. 13: 1, pp. 5~23 (2017).

[3] [英]约翰·奥斯丁：《法理学的范围》，刘星译，中国法制出版社2003年版，第125页。

[4] [美]朱迪·弗里曼：《合作治理与新行政法》，毕洪海、陈标冲译，商务印书馆2010年版，第602页。

征收理由混入公益'口袋'以可乘之机",[1]行政机关可能打着"公共利益"的幌子滥用征收权力,褫夺私主体合法的财产权,形成对私主体财产权的过度干预。因此,必须对合法化公用征收权的公共利益进行标准厘定与范围限定。

2. 公共利益的认定标准

对于公共利益的理解,有观点总结了以下四个因素:一是以宪法和法律为基础。宪法和法律是公共利益的集中体现,只要严格按照宪法和法律的规定行使征收权,就不会偏离公共利益。二是以利益衡量为手段。公共利益的界定不遵从简单的数量优势标准即少数服从多数,而须通过与私人利益的比较平衡判定。三是以客观公正为原则。公共利益的判断不能单纯取决于行政机关的主观判断,而应通过听证等方式征求公众对征收的意见。四是以民众感知为条件。公共利益应当落到实处,以个人在征收中的获得感与满足感作为评判公共利益的标准。[2]笔者认为,检验公共利益的根本标准在于,征收是否意在实现公共用途,即能否最终体现为反哺于私主体的公共服务、能够惠及社会公众,包括社会秩序与环境的整体改善,例如交通更为便利化、住房更为舒适化。如果受益主体为行政机关而非社会公众,就偏离了公共用途与公共利益。首先,"以宪法和法律为基础"标准反映的是公用征收权的形式正当性,即只有立法明确的建设项目才符合公共利益要求。而"以公共用途为目的的征用是符合法律的",[3]二者不谋而合;其次,就利益衡量而

---

[1] 张力:《民法典"现实宪法"功能的丧失与宪法实施法功能的展开》,载《法制与社会发展》2019年第1期,第116页。

[2] 参见贺小荣:《权利是权力的价值归属——论公法秩序与私法自治》,载《中国法律评论》2016年第4期,第144~145页。

[3] Nathan S. Chapman & Michael W. McConnell, "Due Process as Separation of Powers", *The Yale Law Journal*, Vol. 121: 7, pp. 1672~1807 (2012).

第四章　行政执法权作用于民事关系的方式与表现

言,公共用途相对于抽象性、普适性的公共利益更具功能属性也更容易限定和把握,[1]公共用途对被征收人的财产权之碾压优势是显而易见的。再次,客观公正追求的是公共利益论证过程中的公众参与,不属于实体范畴。最后,民众感知折射的是公众的满意度问题,既然公共用途必然正向作用于为私主体提供公共服务,那么凡是意在实现公共用途的征收都可认定为满足公共利益标准。此外,在立法不明确的情况下,应当认为,凡是经正当程序而形成的公共利益判断均具有约束效力,如地方人大及常委会、绝大多数被征收人同意的建设项目。[2]

(二) 征收主体的资格限制

征收主体资格限制主要是指限制有权作出征收决定的主体,从而在根源上减少公用征收权的动用频次,减少私主体财产权被剥夺情形。首先,征收主体资格限制意味着并非所有的行政机关都享有公用征收权。如上所述,公用征收权的本质是行政权对财产权的剥夺和限制,只有法律明确授权的行政机关才有权对私主体的不动产和动产进行征收。其次,针对不同类型的不动产和动产,享有征收权的行政机关亦存在明显区别。对于国有土地上的房屋,由市、县级人民政府作出征收决定;对于集体土地上的房屋,则需省级人民政府或国务院批准,由市、县级人民政府予以公告并组织实施。再次,征收主体不同于行为主体。根据《土地管理法》《土地管理法实施条例》等法律规范的相关规定,征收主体为市、县级人民政府,行为主体则多为具体负责实施的下级人民政府或者市、县级人民政府所属的部门。行为主体虽也有资格成为相关行政诉讼案件中的被告,

---

[1] 参见郭明瑞、于宏伟:《论公法与私法的划分及其对我国民法的启示》,载《环球法律评论》2006年第4期,第430页。

[2] 参见最高人民法院［2019］最高法行申字第8062号行政裁定书。

但并不因此升格为征收主体,无权作出征收决定。[1]最后,私主体不能作为征收主体。征收行为是行使公用行政权的活动,只得由代表公共利益的行政机关行使而不能转移至私主体手中,建设单位、施工单位等私主体不仅无权作出征收决定且不能强制拆除房屋等不动产,否则可能构成故意毁坏财物罪。

(三) 公用征收权的过程控制

防范公用征收权滥用不仅需要控制行使主体与行使目的,还需要从过程层面努力。对此:一是要求行政机关在行使公用征收权的过程中遵循正当程序,尤其是保证被征收私主体的参与权;二是要求征收机关给予被征收私主体公平合理的补偿且须遵循"先补偿后征收"原则。

1. 遵循正当程序

根据普通法法理,财产只有经正当程序才能被剥夺,[2]正义不仅要实现,而且要以看得见的方式实现,程序正当不仅能够保障被征收人的知情权、陈述权等诸项权利,还有利于实现实体公正。《国有土地上房屋征收与补偿条例》不仅确立了程序正当原则,而且对评估机构选择、评估过程运行、评估结果送达、申请复估、申请鉴定等关键程序作了具有可操作性的详细规定。但在实践运行中,片面追求效率、牺牲程序却恰恰成为我国当前公用征收权行使过程中最大的问题,实践中违反正当程序的征收案例比比皆是。如在"柴某善等五人诉酒泉市肃州政府房屋征收案"中,肃州政府没有保障被征收人对被征收房屋的评估权、评估机构选定权、房屋评估结果的复核权等重要

---

[1] 参见山东省临沂市中级人民法院 [2019] 鲁13行终字第446号行政判决书。

[2] Nathan S. Chapman & Michael W. McConnell, "Due Process as Separation of Powers", *The Yale Law Journal*, Vol. 121: 7, pp. 1672~1807 (2012).

第四章　行政执法权作用于民事关系的方式与表现

权利;[1]在"宋某贵诉兰州市城关区政府拆迁行政强制案"中,城关区政府以被征收房屋系危房为由,以紧急避险为名,规避征收程序。[2]由程序不规范导致的公用征收权滥用由此可见一斑。行政机关行使公用征收权应当遵循以下程序要求:

第一,不得以"拆违"替代拆迁来规避征收程序,径行将待征收财产认定为违法建筑并强制拆除。征收机关必须严格执行《国有土地上房屋征收与补偿条例》等规定,尤其是不能不做书面决定即实施强制拆除。第二,遵循先补偿后征收原则,无补偿则无征收。保障户有所居,避免被征收人流离失所是行政机关补偿安置所应遵循的原则,补偿问题未依法定程序解决前,被征收人有权拒绝交出房屋和土地。[3]行政机关亦不得在补偿安置手续尚未终结之前即对被征收不动产实施拆除或者实施断水断电行为,影响被征收人合法居住使用。[4]第三,征收过程中充分保障被征收人的参与权,确保被征收人能够参与并表达意见,且被征收人的意见能够对公用征收权的行使过程产生实质性影响。例如,就评估报告而言,应当依法送达被征收人,保障被征收人的复核权等。就征收补偿方案而言,行政机关应当依法组织论证并公开征求公众意见,征求意见情况与根据公众意见修改情况均需及时公布;就征收决定而言,行政机关应当进行社会稳定风险评估并及时予以公告。[5]当然,征收程序并非针对行政机关的单方要求,被征收人亦需基于公共利益之实现负担配合与协助义务。例如,被征收人应当配合协助

---

[1] 参见甘肃省高级人民法院[2017]甘行终字第213号行政判决书。
[2] 参见兰州铁路运输中级法院[2018]甘71行初字第53号行政判决书。
[3] 参见最高人民法院[2016]最高法行再字第80号行政判决书。
[4] 参见山东省高级人民法院[2020]鲁行终字第450号行政判决书。
[5] 参见最高人民法院[2019]最高法行申字第1637号行政裁定书。

行政机关实施评估,否则自行承担不利后果。[1]再如,被征收人在补偿决定规定的期限内拒不搬迁的,行政机关有权申请法院强制执行。[2]

2. 给予公平、合理的补偿

在任何情况下剥夺权利的制度必须考虑到多极关系中复杂的利益组合。[3]社会和经济的不平等只有在其结果能给每一个人,尤其是那些最少受惠的社会成员带来补偿利益时,它们才是正义的。[4]在"兴新电力公司诉屏山县政府移民补偿案"中,最高人民法院即指出,行政补偿是国家对行政主体的合法行政行为给行政相对人的合法权益造成损害所进行的给付救济。如果为了国家、社会和公共利益的需要,牺牲个人的利益是必要的,个人应当作出牺牲,但这种公众受益的国家行为造成的损害不应由个人来负担。因此,国家应该支付适当的补偿费用以弥补个别受到损害的个人。[5]既然公用征收权构成对个别私主体财产权的剥夺,给予被征收人相当的补偿就是正义价值的应有之义。2004年《宪法(修正案)》特意增加了补偿要求,法国的《人权宣言》与美国宪法修正案亦将"补偿"列为征收权行使的前提条件。[6]

---

[1] 参见浙江省高级人民法院[2016]浙行终字第626号行政判决书。
[2] 参见最高人民法院[2018]最高法行申字第5594号行政裁定书。
[3] Jerzy Parchomiuk, "The Protection of Legitimate Expectations in Administrative Law: A Horizontal Perspective", *Baltic Journal of Law & Politics*, Vol. 10: 2, pp. 1~25 (2017).
[4] [美]约翰·罗尔斯:《正义论》(修订版),何怀宏、何包钢、廖申白译,中国社会科学出版社2009年版,第12页。
[5] 参见最高人民法院[2020]最高法行再字第505号行政裁定书。
[6] 法国《人权宣言》第17条规定:所有权是神圣而不可侵犯的人权,除非为了公共利益的要求,以及事先给予公正的补偿,不得予以剥夺。《美国宪法修正案》第5条规定:任何人不经正当法律程序,不得被剥夺生命、自由或财产。未经公正补偿,私人财产不得征作公用。

具体而言,征收是行政机关基于公共利益需要而对个别私主体造成的特别异常牺牲,"基于公平正义的精神,这种牺牲应当由公众共同承担,以调节其个人损失"。[1]与此同时,行政机关承担补偿义务亦是对公共利益与私人利益之间矛盾之协调,从而能够兼顾公共利益与私主体的财产权利。而为了这种公平正义之最终实现,行政机关对被征收人的补偿应当公平合理,全面充分履行补偿义务,以匹配负载着"私有财产神圣不可侵犯"的财产权作为基本权利之定位。具体要求如下:其一,由具有相应资质的价格评估机构按照不动产征收评估办法评估确定被征收不动产价值;其二,保障征收补偿费用足额到位、专户存储、专款专用;其三,因行政机关原因导致补偿迟延且迟延期间被征收不动产价格明显上涨的,行政机关不得再按照征收公告的补偿标准进行补偿而必须根据市场价格合理上浮;[2]其四,征收机关不得出尔反尔,而须严格按照征收补偿协议或者征收决定书的内容对被征收人予以补偿,这也是诚信政府建设的内在要求。[3]其五,行政机关以拆违替代拆迁造成被征收人财产损失的,则应确保违法强拆获得的行政赔偿不低于行政机关合法征收所给予被征收人的行政补偿。[4]

第二节 中性涉私行政执法权:不动产登记权

中性涉私行政执法权对民事关系的介入强度介于刚性涉私

---

〔1〕 赵万一、叶艳:《从公权与私权关系的角度解读国家征收征用制度》,载《华东政法学院学报》2007年第2期,第20页。

〔2〕 参见广东省梅州市中级人民法院[2018]粤14行终字第33号行政判决书

〔3〕 Evan D. Bernick, "Faithful Execution Where Administrative Law Meets the Constitution", *The Georgetown Law Journal*, Vol. 108: 1, pp. 1~71 (2019).

〔4〕 参见最高人民法院[2017]最高法行申字第8578号行政裁定书。

行政执法权与柔性涉私行政执法权之间。典型的中性涉私行政执法权是《民法典》中的收养评估权与行政登记权。民事主体的诸多人身权和财产权的实现都离不开行政机关相应的登记行为,[1]其中以不动产登记[2]最为典型。本节以行政登记权中的不动产登记权作为观察对象,厘清不动产登记的属性与功能,明确审查义务之本质,并借助审查强度的限定来规范不动产登记权。

一、结果层面：不动产登记的属性与功能

不动产登记是不动产登记机关（以下简称"登记机关"）依法将不动产权利归属和其他法定事项记载于不动产登记簿的行为。[3]行政法学者大多认为,不动产登记的实质是国家公权力对物权设立及变动的干预,因而就不仅仅是一项民事法律制度,还涉及行政权的运用和行使,需要通过建立和完备行政法律制度去规范行政主体的登记行为。[4]其中明确不动产登记的属性与功能定位是规范不动产登记权的第一步。

（一）不动产登记属行政确认

就属性而言,不动产登记首先是一种行政行为。与此同时,不动产登记又不同于一般的行政行为,其一方面归属于行政确认这类型式化行政行为,另一方面又具有私法上的效果,可谓

---

[1] 章志远:《〈民法典〉时代行政诉讼制度的新发展》,载《法学》2021年第8期,第102页。
[2] 广义的不动产登记指涉及不动产的登记,包括不动产物权登记、更正登记、异议登记、预告登记、查封登记等类型。狭义的不动产登记仅指不动产物权登记。本书研究的不动产登记属于狭义的不动产登记范畴。
[3] 参见《不动产登记暂行条例》第2条第1款。
[4] 章志远:《〈民法典〉时代行政诉讼制度的新发展》,载《法学》2021年第8期,第102页。

第四章　行政执法权作用于民事关系的方式与表现

兼具私法属性与公法属性。

1. 不动产登记的行政行为属性

不动产登记源于当事人的申请，登记机关经审查发现符合登记条件的依法予以登记，不符合登记条件的则不予登记。对于不动产登记的行政行为属性，学界已成共识。[1]最高人民法院亦在"冠朝镇坎头村5组诉泰和县政府、吉安市政府行政登记案"中提出，行政登记是登记机构依法对权利归属或其他法定事项加以审查、记载和确认，并向社会宣告和公示的一种行政行为。[2]从理论角度观察，不动产登记的行政行为属性集中体现在以下三个方面：首先，从主体来来看，不动产登记是登记机关作出的行为，登记机关属于行政机关。其次，从内容来来看，不动产登记的对象是不动产这种重大财产，关系到社会稳定和秩序，故不动产登记具有社会公共事务的性质，是登记机关行使管理职能的行为。[3]进一步而言，不动产登记是行政机关的一种行政管理方式，借助于审查义务的履行有效管理和控制土地、房屋等不动产这种重要资源，实现国家对不动产交易的规制，"确保国家对不动产交易市场的宏观调控能力"。[4]最后，从后果来看，登记机关因登记错误承担的责任是行政赔偿责任而非民事赔偿责任。根据《民法典》第212条的规定，因登记错误，造成他人损害的，登记机构应当承担赔偿责任。这个赔偿责任即是指"行政赔偿责任"。在"蒙某周诉海南省东方市政

---

[1] 参见成协中：《行政民事交叉争议的处理》，载《国家检察官学院学报》2014年第6期，第70页。

[2] 参见最高人民法院［2017］最高法行申字第3761号行政裁定书。

[3] 参见李永军：《民法典编纂中的行政法因素》，载《行政法学研究》2019年第5期，第16页。

[4] 王利明：《试论我国不动产登记制度的完善（上）》，载《求索》2001年第5期，第49页。

府行政赔偿案"中,最高人民法院即指出,行政机关未尽合理审慎职责,违法颁证行为客观上为第三人购买涉案房屋增加了内心确信,是造成所有权人财产损失的另一原因,亦应承担相应的行政赔偿责任。[1]

2. 不动产登记的本质是行政确认

从行政行为型式化的角度考虑,则应当把不动产登记归入行政确认范畴。所谓行政确认,是指行政机关依法对行政相对人的法律地位、法律关系或者有关法律事实进行甄别,给予确定、认可、证明(或者否定)并予以宣告的行政行为。[2]行政确认是国家信用平台的产物,具有证明、公示等方面的作用。[3]就不动产登记而言,其过程体现为,在不动产物权因特定法律事实发生变动的情况下,依当事人的申请确认该法律事实成就并依法将相应的权利变动后果记载于登记簿。[4]换言之,不动产登记源于当事人的申请,并依职权对相关材料进行查验后作出决定,对符合条件的予以登记,并以国家信用为支撑赋予不动产物权变动以公信力与权利推定效力;不符合条件的则不予登记,代表国家不承认此物权变动,以提醒当事人谨慎交易。准予登记则代表国家层面对不动产物权变动的认可,即"当事人的法律行为非经国家同意不能有效地成立时,国家对之予以同意而完成其效力的公的意思表示而已",[5]实质是对当事人物权变动意

---

[1] 参见最高人民法院[2020]最高法行赔申字第1002号行政裁定书。

[2] 参见姜明安主编:《行政法与行政诉讼法》(第5版),北京大学出版社、高等教育出版社2011年版,第249页。

[3] 袁雪石:《民法典对行政执法的新要求》,载《中国司法》2020年第8期,第39页。

[4] 参见尹飞:《不动产登记行为的性质及其展开——兼论民法典编纂中不动产登记制度的完善》,载《清华法学》2018年第2期,第49页。

[5] [日]美浓部达吉:《公法与私法》,黄冯明译,周旋勘校,中国政法大学出版社2003年版,第183~184页

第四章 行政执法权作用于民事关系的方式与表现

思表示的确认。有学者直言,不动产登记只是一种行政确认,"是对民事关系变动的一种事后认可,也是民事行为的一种补强"。[1]

3. 不动产登记的私法效果

与其他行政行为相比,不动产登记的特殊性还在于发生民法上的效果和导致私法关系的变化。这种私法效果首先体现为,不动产登记作为不动产物权变动的生效要件而存在,不动产物权变动经不动产登记之后发生效力,未经登记则不发生物权变动的效果。这就意味着,不动产登记是不动产物权变动的最后一个步骤亦是核心步骤。以不动产物权的转让为例,受让人自不动产登记始从出让人处获得不动产物权,出让人则自不动产登记始失去该不动产物权。其次,不动产登记的私法效果还体现为对不动产物权权属之确认。[2]不动产登记簿上的权利人据此获得了不动产物权,并可据此对抗其他对该不动产主张物权的任何人。"作为第三人的不动产登记机关通过行使行政权,明示物权所有权,为民事主体之间交易提供了安全保障。"[3]但需要注意的是,不动产物权的变动是民事主体意思自治的行为和结果,物权变动的法律效力并不来源于不动产登记行为。因此,即便登记机关不予登记也并不意味着作为不动产登记基础的买卖、赠与、抵押等行为无效。这其实反映的是物权变动区分原则,即物权变动的原因与变动结果相区分,二者是两个不同的法律问题。最后,不动产登记构成对私主体意思自治的限制。

---

[1] 孙森森:《不动产登记错误的行政判决方式——以欺诈导致登记错误的行政案件为中心》,载《行政法学研究》2018年第2期,第138页。

[2] 参见熊剑波:《物权法领域公私法接轨的场域及实现路径——基于立法论的视域》,载《广东社会科学》2015年第3期,第252页。

[3] 章剑生:《作为介入和扩展私法自治领域的行政法》,载《当代法学》2021年第3期,第50页。

国家确立不动产登记制度的目的,并非要通过不动产登记来干预不动产物权变动与人民的私生活,不动产登记本身也并不体现登记机关代表国家对私法行为进行干涉。[1]但是,登记机关的审查义务却客观体现为国家公权力的行使,并最终对普通民事主体之间的意思自治形成了限制。而如果没有登记制度,私主体仅凭意思自治即可自主完成不动产物权变动。

(二) 不动产登记的制度功能

为落实对不动产的事先保护,《民法典》设定了不动产登记制度,并将登记作为不动产物权变动的生效要件。因此,不动产登记首先是为不动产物权提供的一种事先保护机制。与此同时,不动产登记还凭借交易安全之保障与权属确认实际上成为行政机关提供的一项公共服务。

1. 为不动产物权提供事先保护

保护不动产物权是行政机关的法定职责。事先保护是与事后保护相对的概念,对于不动产物权之保护,法院只能提供事后保护;行政机关则既可以行政处罚等形式提供事后保护,又能够通过登记确认物权等方式提供事先保护。[2]不动产登记具有管制功能兼及交易安全,旨在保护民事权利,[3]《不动产登记暂行条例》即把"保护权利人合法权益"列为立法目的之一。不动产登记这种事先保护功能的实现机制首先体现为登记作为不动产物权变动的生效要件。根据《民法典》第209条的规定,登记是不动产物权变动的生效要件,非经登记,不动产物权的

---

[1] 吴光荣:《行政审批对合同效力的影响:理论与实践》,载《法学家》2013年第1期,第105页。

[2] 参见应松年:《行政权与物权之关系研究——主要以〈物权法〉文本为分析对象》,载《中国法学》2007年第5期,第72页。

[3] 章剑生:《作为介入和扩展私法自治领域的行政法》,载《当代法学》2021年第3期,第50页。

第四章　行政执法权作用于民事关系的方式与表现

设立、变更、转让和消灭不生效力。对于出让人而言，在不动产物权转让过程中行欺诈之实的现象可经登记审查得以有效筛除；对于受让人而言，则可以通过登记合法取得不动产物权。其次，不动产登记的事先保护功能还得益于其行政确认属性。如上所述，不动产登记属于行政确认，即对不动产物权加以确认来"稳定物权关系，公示物权信息"，[1]"起着官方证明和赋予公信的作用"。[2]如此一来，受让人乃至权利人以外的任何人均可基于对登记机关之信赖，放心从权利人处受让不动产物权而不必担心被骗。因此，不动产登记对于不动产交易安全之保障大有裨益。

2. 公共服务效用

不动产登记是对当事人不动产物权变动意思表示的确认和对不动产物权变动法律关系的事后认可与补强，是国家履行公共服务职能的表现。具体而言，不动产登记的公共服务职能体现在以下几个方面：一是为不动产物权变动中的交易安全提供制度保障。不动产是个人生存与发展的基本资源，并直接影响社会秩序的稳定与否，[3]因而保障不动产交易安全尤为重要。不动产登记首先是不动产物权变动的公示方式和信息披露方法，登记机关公开不动产物权的设立、转移、变更等情况并让公众知晓，"任何人都可以放心地从登记权利人处受让物权"，[4]也能够有效避免不知情的受让人上当受骗。其次，不动产登记其

---

[1] 应松年：《行政权与物权之关系研究——主要以〈物权法〉文本为分析对象》，载《中国法学》2007年第5期，第73页。
[2] 参见最高人民法院［2017］最高法行申字第3761号行政裁定书。
[3] 章剑生：《行政不动产登记行为的性质及其效力》，载《行政法学研究》2019年第5期，第40页。
[4] 应松年：《行政权与物权之关系研究——主要以〈物权法〉文本为分析对象》，载《中国法学》2007年第5期，第73页。

实是国家的信用背书,目的是降低交易成本与风险。[1]"登记主要是为了交易的安全与稳定性预期,为了降低和减少善意第三人对于交易的不安全感和风险性,保证各种产品和资金的顺利流转,建立良好的市场秩序,必须从法律上拟制一种使社会公众相信登记簿所记载的内容真实的效力,这种拟制的效力就是公信力。"[2]不动产登记是由代表国家公权力的登记机关作出的行政活动,意在以国家信用为基础为不动产物权变动提供信用保障,因而经登记的不动产物权变动均获得了法律的保护与社会的普遍认可,从而能够达到保护善意第三人、维护交易安全与交易秩序的目的。二是预防纠纷与定纷止争。作为一种行政确认行为,不动产登记是行政权确认物权的方式,实质是对不动产物权归属之确认与物权关系之固定,从而可以预防不动产物权的冲突,起到定纷止争作用。也正是基于不动产登记的这种公共服务效用,有学者主张,行政机关在不动产登记过程中,应当牢固树立服务意识和保护物权意识,依法全心全意为物权人和物权登记申请人提供服务。[3]

二、过程层面:登记机关审查义务的本质

如上所述,不动产登记的制度功能集中体现为为不动产物权提供事先保护与保障交易安全、预防纠纷等公共服务效用,这两项功能之实现则以登记机关承担审查义务为依托。登记机关的审查行为实际上是一类程序性行政行为,并呈现为行政权

---

[1] 谢鸿飞:《民法典与特别民法关系的建构》,载《中国社会科学》2013年第2期,第105页。

[2] 陈国栋:《我国不必建立行政附带民事诉讼制度——以行政权对民事争议的介入程度为切入点的反思》,载《政治与法律》2013年第8期,第123页。

[3] 应松年:《行政权与物权之关系研究——主要以〈物权法〉文本为分析对象》,载《中国法学》2007年第5期,第73页。

第四章　行政执法权作用于民事关系的方式与表现

对物权法律关系的介入。

(一) 审查在不动产登记中的中枢作用

在不动产登记过程中，登记机关对不动产登记申请负有审查义务。该审查行为一方面在环节设置上构成不动产登记的核心环节，上承"申请"、下启"登记决定"；另一方面则主导和决定了不动产登记诸项功能之实现，直接关涉登记质量等问题。

1. 审查是不动产登记的核心环节

在行政过程论的视角下观察，不动产登记实际上由申请、受理、审查、记载于登记簿和发证五个环节组成，其中审查是核心，指登记机关依法对登记申请进行审核、查验，并作出是否予以登记结论的行为或过程。[1]在作出登记与否的决定之前，对不动产登记申请进行审查是登记机关的法定义务和必经环节，起到承上启下的中枢作用。一方面，审查上承"申请"，是当事人提出不动产登记申请后的关键步骤。这就意味着，针对当事人的不动产登记申请，登记机关并非会一律作出准许登记的行政结论，而需要通过审查义务的履行对登记申请进行筛选。另一方面，审查下启"登记决定"，审查过程直接决定了登记决定的内容。如果登记申请经审查符合登记要求，登记机关将作出准予登记的决定并进入登记簿记载与发证环节；如果经审查发现登记申请不符合登记要求，则作出不予登记的决定。而当登记机关没有尽到审查义务、导致登记错误时，如不该登记的予以登记，应当承担相应的法律责任（如登记被撤销、承担赔偿责任等）。实践中因登记机关未尽审查义务判决撤销登记行为的案例不在少数。如在"93305部队诉鞍山市自然资源局行政登记案"中，法院认为，被告在审核抵押登记时没尽到审慎

---

[1] 王亦白：《不动产登记审查的法理与构造》，中国政法大学出版社2018年版，第2页。

义务,在权属不清的情况下,作出的抵押登记事实不清证据不足,判决撤销。[1]

2. 不动产登记的功能以审查为依托

不动产登记的制度功能能否实现以及多大程度上实现,与登记机关的审查行为息息相关。一方面,不动产登记的审查涉及不动产登记的法律效力、登记效率、登记质量、登记错误的法律责任承担等问题,[2]尤其是直接关涉不动产登记的质量。就保障不动产登记的准确性而言,申请人是第一责任人。《不动产登记暂行条例》第16条第1款即规定:"申请人应当提交下列材料,并对申请材料的真实性负责:……"[3]但与此同时,登记机关亦负担一定的审查义务,以便及时发现和制止申请人的弄虚作假行为,提高登记的准确性。登记机关只有依法履行审查义务,才能及时发现和制止申请人的弄虚作假行为,排除不合法的登记申请,确保登记真实合法从而实现维护交易稳定与安全的制度目标。登记机关未全面及时履行审查义务,导致登记结果错误的,则既无法对不动产物权提供事先保护,亦有损于交易安全,更不能预防不动产物权纠纷,反而将登记机关牵扯进行政诉讼案件当中,加大不动产争议案件的复杂性与处理难度。另一方面,不动产登记的本质是行政确认,这种对不动产物权变动权属效果的确认能否产生公信效力,即能否固定不动产权属、有效预防不动产权属纠纷,仍然取决于登记机关

---

[1] 参见辽宁省鞍山市中级人民法院〔2021〕辽03行终字第27号行政判决书。

[2] 王克稳:《我国不动产登记中的行政法问题》,载《法学》2008年第1期,第71页。

[3] 已废止的《房屋登记办法》要求申请人不仅要对申请登记材料的真实性负责,还要对申请登记材料的合法性和有效性负责。参见《房屋登记办法》第11条第3款:申请人应当对申请登记材料的真实性、合法性、有效性负责,不得隐瞒真实情况或者提供虚假材料申请房屋登记。

的审查过程。换言之,不动产登记的公信力来源于登记机关的审查义务之承担。如果登记机关合法合理承担审查义务,不动产登记就是准确的、具有公信力的、为人所信服的;如果登记机关审查程度不够、未能尽到法定的审查义务,势必会影响不动产登记功能的发挥,立法设定的功能无法实现。

(二)不动产登记审查的本质

厘清不动产登记机关审查行为的性质与审查义务的本质是确定审查强度的关键环节。登记机关对不动产登记申请予以审查的行为不是私法行为,而应当结合审查主体与法律效果因素将其定性为程序性行政行为。另一方面,从行政权与私权利的关系角度考虑,登记机关的审查义务实际上是行政权对物权法律关系的介入与干涉,因而审查强度的确定决定了行政权介入物权法律关系的程度。

1. 审查行为的性质:程序性行政行为

长期以来,学界关于登记审查的研究集中于民法领域与私法视角。但就审查行为的性质而言,其并非属于私法行为,而是属于程序性的行政行为。有行政法学者敏锐地观察到了这个问题,并提出登记审查是一种"标准"的程序性行政行为,应当以行政程序为视角对其予以分析。[1]首先,就审查主体而言,我国的登记机关属于行政机关,行使行政权力。[2]从世界范围来看,登记机关的设置主要形成了三种模式:一是行政机关模式,如英国由受内阁领导的土地登记局主管土地登记;[3]二是司法机关模式,如德国由地方法院掌管不动产登记簿;三是混

---

[1] 杨寅、罗文廷:《我国城市不动产登记制度的行政法分析》,载《法学评论》2008年第1期,第68页。

[2] 参见《不动产登记暂行条例》第7条。

[3] Paul N. Balchin & Jeffrey L. Kieve, *Urban Land Economics*, The Macmillan Press Ltd, Second Edition, p. 6, p. 122 (1982).

合模式，如瑞士在联邦层面由行政机关负责不动产登记，州层面则分别由法院、行政机关与公证处负责。[1]但从总体来看，不管是行政机关还是司法机关负责不动产登记，登记机关行使的权力都趋近于行政权范畴，否则不动产权属争议就无需法院再行审理了。其次，就法律效果而言，审查是为登记服务的，相对于不动产登记这一结果性、终局性、成熟性的行政行为，审查行为属于不动产登记程序中的阶段性、过程性、程序性行为。如果申请人或第三人认为登记机关未尽审查义务，应当以吸收了审查行为的登记行为为对象提起行政诉讼。[2]换言之，审查行为是登记机关在处理不动产登记申请过程中收集信息、调查事实的活动，其目的在于查清不动产登记涉及的相关事实，并据此作出是否予以登记的判断。因此，审查行为实际上属于行政调查范畴，其法律效果集中体现为影响登记行为的作出，同时申请人与被调查人必须承担配合义务。[3]

2. 审查义务的本质：行政权介入物权法律关系

登记机关对不动产登记申请进行审查的行为实际上是行使行政权的行为，作为审查对象的则是不动产物权变动即民事法律行为。因此，登记机关的审查行为在构成程序性行政行为之外，还构成行政权对物权法律关系的介入与干涉，后者体现的是不动产登记的私法属性。而行政权对物权法律关系的干预程

---

[1] 参见程啸：《论我国不动产登记机构的统一》，载《中国房地产》2011年第7期，第28~30页。

[2] 参见《最高人民法院关于适用〈中华人民共和国行政诉讼法〉的解释》第1条第2款："下列行为不属于人民法院行政诉讼的受案范围：……（六）行政机关为作出行政行为而实施的准备、论证、研究、层报、咨询等过程性行为；……"

[3] 行政调查是行政机关收集信息、调查事实的活动，是行政过程中的一个环节，是行政程序中的一个阶段，是未来行政行为的预备和辅助。宋华琳：《行政调查程序的法治建构》，载《吉林大学社会科学学报》2019年第3期，第140页。

度的不同也构成了形式审查与实质审查的本质区别。[1]有学者表示反对,认为行政机关并没有真正涉入民事争议,因为行政机关并非一方当事人也不牵涉其中的利益纷争。[2]对此,笔者认为,尽管根据物权变动区分原则,登记机关的审查登记行为并不会影响合同、赠与等民事基础法律关系的效力,但登记机关是否审查通过予以登记却直接关涉不动产物权变动能否获得法律的认可,因而不动产物权的变动并非全然取决于当事人自身的意志。若其符合登记条件,那么登记机关准予登记的行为可视为当事人自由意志之表达;若其不符合登记条件,登记机关不予登记的行为则构成当事人自由意志之障碍。与此同时,不管登记机关最终是否作出准予登记决定,其介入审查当事人权属证明等材料的行为本身就是对当事人的不信任与自治之限制,遑论不同强度的审查义务对当事人私权自治的介入程度存在明显差异。有学者直言:"不动产登记审查是登记机构通过法律法规赋予的一系列公权力的行使,对私权利是什么和该怎样作出专业性判断,符合登记条件的启用国家权威予以保护,不符合登记条件的则排除在公权保护范围外,从而达到合理且有限度介入私权利的目的。"[3]

(三) 立法现状:不动产登记审查强度的不确定性

如上所述,登记机关对不动产登记申请的审查构成不动产登记的核心与中枢环节,且其本质体现为行政权对物权法律关

---

[1] 本书所指的形式审查仅指审查申请材料是否齐全以及形式上是否合法,至于申请材料的真实性与内容的合法性乃至原因行为的有效性,都属于实质审查范畴。

[2] 参见陈国栋:《我国不必建立行政附带民事诉讼制度——以行政权对民事争议的介入程度为切入点的反思》,载《政治与法律》2013年第8期,第124页。

[3] 王亦白:《不动产登记审查的法理与构造》,中国政法大学出版社2018年版,第64页。

系的介入。为了防范登记机关借助审查权与登记权过度介入不动产物权变动,登记机关的审查义务必须维持在一个合理的水平,界定不动产登记的审查强度至关重要。反观我国不动产登记的相关立法,均回避了这一问题,并导致了一系列问题。

1. 立法态度不明确

《民法典》关于不动产登记的规定基本沿袭《物权法》,并未准确释明不动产登记的审查强度。与审查强度有关的条文是第212条和第213条。其中第212条规定:"登记机构应当履行下列职责:(一)查验申请人提供的权属证明和其他必要材料;(二)就有关登记事项询问申请人;(三)如实、及时登记有关事项;(四)法律、行政法规规定的其他职责。申请登记的不动产的有关情况需要进一步证明的,登记机构可以要求申请人补充材料,必要时可以实地查看。"第213条规定:"登记机构不得有下列行为:(一)要求对不动产进行评估;(二)以年检等名义进行重复登记;(三)超出登记职责范围的其他行为。"但本质上而言,这两个条文只是明确了登记机关负有审查义务而已,并具体规定了登记机关的审查方式与审查内容,但无法据此准确推论出登记机关究竟在何种程度上承担审查义务为已足即审查强度。与此同时,《不动产登记暂行条例》《不动产登记暂行条例实施细则》以及各地的不动产登记条例均采用了与《民法典》类似的立法模式,回避了审查强度的问题。(详见表4-1)从规范分析的角度,可以将不动产登记机关的审查方式与审查内容概括如下:一是材料查验。查验的对象主要包括:申请人身份材料、不动产自然状况、不动产权属证明材料、法律、行政法规规定的完税或缴费凭证。二是询问和调查。询问和调查的对象是申请人所提供材料以外的事项,如意思表示是否真实、是否存在权属争议等。三是实地查看。实地查看的对象主

第四章　行政执法权作用于民事关系的方式与表现

要是不动产的自然状况，如是否灭失。

对于《民法典》等相关立法究竟对应何种审查强度，学者们的观点不尽一致。如吴兆祥法官认为我国《民法典》的规定接近于实质审查模式。主要理由在于：查验意味着需要查明材料的真实性，询问的目的在于确保登记内容的真实性，调查和实地查看则都属于实质审查模式的典型手段。[1]王利明教授主张《民法典》确立的是形式审查为主、实质审查为辅的模式。主要理由在于：实质审查意味着登记机关没有尽到审查义务就要全部承担责任，这对于登记机关来说要求过高也很难落实。其中查验是指检查验收而非查验无误，但也不是完全的形式审查；询问是指询问与登记事项有关的问题，重点在于是否询问，而非询问是否到位。[2]而且不论《民法典》等相关立法的态度尚不明确，形式审查与实质审查这种界分模式是否足以准确界定不动产登记的审查强度亦未可知。这种理论界观点的冲突进一步加剧了我国当前不动产登记审查强度的不确定性与模糊性。

表 4-1　相关立法中的登记机关审查义务

名称	层级	具体条文	审查方式
《民法典》	法律	第 212 条：登记机构应当履行下列职责：（一）查验申请人提供的权属证明和其他必要材料；（二）就有关登记事项询问申请人；（三）如实、及时登记有关事项；（四）法律、行政法规规定的其他职责	查验；询问；实地查看

---

[1] 参见吴兆祥：《论不动产物权登记机构的审查义务及其责任》，载《人民司法》2007 年第 7 期，第 13 页。
[2] 参见王利明：《物权法中与登记制度相关的几个问题》，载"中国民商事法律网"：http://old.civillaw.com.cn/article/default.asp? id = 31461，访问日期：2021 年 10 月 16 日。

续表

名称	层级	具体条文	审查方式
		申请登记的不动产的有关情况需要进一步证明的,登记机构可以要求申请人补充材料,必要时可以实地查看	
《不动产登记暂行条例》	行政法规	第18条:不动产登记机构受理不动产登记申请的,应当按照下列要求进行查验:(一)不动产界址、空间界限、面积等材料与申请登记的不动产状况是否一致;(二)有关证明材料、文件与申请登记的内容是否一致;(三)登记申请是否违反法律、行政法规规定。第19条:属于下列情形之一的,不动产登记机构可以对申请登记的不动产进行实地查看:(一)房屋等建筑物、构筑物所有权首次登记;(二)在建建筑物抵押权登记;(三)因不动产灭失导致的注销登记;(四)不动产登记机构认为需要实地查看的其他情形。对可能存在权属争议,或者可能涉及他人利害关系的登记申请,不动产登记机构可以向申请人、利害关系人或者有关单位进行调查。不动产登记机构进行实地查看或者调查时,申请人、被调查人应当予以配合	查验;实地查看;调查
《不动产登记暂行条例实施细则》	部门规章	第15条:不动产登记机构受理不动产登记申请后,还应当对下列内容进行查验:(一)申请人、委托代理人身份证明材料以及授权委托书与申请主体是否一致;(二)权属来源材料或者登记原因文件与申请登记的内容是否一致;(三)不动产界址、空间	查验;实地查看

第四章 行政执法权作用于民事关系的方式与表现

续表

名称	层级	具体条文	审查方式
		界限、面积等权籍调查成果是否完备，权属是否清楚、界址是否清晰、面积是否准确； （四）法律、行政法规规定的完税或者缴费凭证是否齐全。 第16条：不动产登记机构进行实地查看，重点查看下列情况：（一）房屋等建筑物、构筑物所有权首次登记，查看房屋坐落及其建造完成等情况；（二）在建建筑物抵押权登记，查看抵押的在建建筑物坐落及其建造等情况；（三）因不动产灭失导致的注销登记，查看不动产灭失等情况	
《天津市不动产登记条例》	地方性法规	第15条第1款：不动产登记机构受理不动产登记申请后，按照有关规定进行查验，必要时可以实地查看或者调查。……	查验；实地查看；调查
《江苏省不动产登记条例》	地方性法规	第24条：不动产登记机构受理不动产登记申请后，应当对申请材料进行查验，必要时可以进行实地查看、调查、公告。	查验；实地查看；调查
《无锡市不动产登记条例》	地方性法规	第13条第1款：登记机构受理不动产登记申请后，应当按照法律、法规的规定进行查验。需要实地查看的，登记机构应当按照法律、法规的有关规定进行实地查看。	查验；实地查看
《辽宁省不动产登记办法》	地方政府规章	第15条第1款：不动产登记机构受理不动产登记申请后，应当按照有关规定进行查验或者实地查看。	查验；实地查看

2. 立法不明确导致的问题

如上所述，上至《民法典》，下至《不动产登记暂行条例》《不动产登记暂行条例实施细则》以及各地的不动产登记条例，都只着眼于审查方式和审查内容，但均未准确释明登记机关的审查强度，由此产生的问题有三：一是立法缺失无形之中赋予了登记机关相当裁量空间，实践中登记机关的做法五花八门，极大地损害了政府形象。如有的登记机关只对申请材料作形式审查，有的则审查申请材料的内容乃至作为登记基础的民事法律关系。二是登记错误层出不穷，登记结果的准确性难以保证。由于缺乏刚性的制度约束，实践中登记机关履行审查义务时较为随意，很多本应避免的登记错误无法在审查环节得以过滤，形成大量不合法的不动产登记。三是不动产登记纠纷数量繁多，导致法院不堪重负。审查强度不明也为后续的行政诉讼纠纷埋下了隐患，实践中很多登记机关明明已经尽到审查义务，当事人仍然提起行政诉讼，而不是通过民事诉讼途径解决基础民事法律关系的合法性问题。在此背景下，明确不动产登记的审查强度就成了根本性的解决措施。对此，本书将着眼于影响审查强度的因素，构建科学合理可行的审查强度方案，力求既发挥审查的过滤器功能又不至于影响登记机关的审查效率。

三、不动产登记审查强度的限定

既然不动产登记审查涉及行政权对物权法律关系的介入，为了防范登记机关假审查之手过度干预不动产物权变动，首先应当明确的就是登记机关仅承担有限的审查义务，其次则应当从影响审查强度的因素入手，区分不同的审查事项分别确立不同的审查强度。

第四章 行政执法权作用于民事关系的方式与表现

（一）登记机关仅承担有限的审查义务

基于行政权的危险性、不动产登记的行政确认属性等因素，登记机关承担的审查义务应当是有限的。

1. 审查义务有限性之根源

如上所述，登记机关的审查行为是国家履行公共服务职能、为不动产物权提供事先保护的核心路径。但是，这并不意味着登记机关需要承担完全的审查义务，并为所有错误的登记行为买单。首先，就保障不动产登记的准确性而言，申请人是第一责任人。事实上，实践中绝大多数的不动产登记错误及纠纷都归咎于申请人提供虚假材料，要求申请人对申请材料的真实性负责是保障登记正确性的第一道屏障。如在"王某头等诉商水县政府房屋登记案"中，法院提出，申请人应对申请登记材料的真实性、合法性、有效性负责，房屋登记机构应对申请材料是否完整和齐备、是否符合法定形式进行审查，同时对相关材料的真实性在职责范围内尽合理审慎的审查义务。[1]其次，公权力不宜过多干涉私法行为。登记机关的审查行为体现为国家公权力的行使和对私权处分的直接介入，并最终对普通民事主体之间的意思自治形成了限制，带有强烈的管制色彩。过多、过频地诉诸公权力以及不使公权力的运作受刚性约束，总是使私人自治处于危险境地，[2]因而登记机关的审查义务必须维持在一个合理的水平，并具体体现为对审查强度之控制。再次，登记机关的审查行为不得超越其职权和能力范围，尤其是不能涉足不动产物权变动的原因关系。最后，不动产登记只是一种行政确认而非许可，"是对民事关系变动的一种事后认可，也是

---

[1] 参见中华人民共和国最高人民法院［2018］最高法行申字第990号行政裁定书。

[2] 易军:《私人自治与私法品性》，载《法学研究》2012年第3期，第85页。

民事行为的一种补强",[1]登记机关对于不动产物权变动申请的审查不应过度。

2. 影响不动产登记审查强度的因素分析

首先,应当排除以下伪因素对不动产登记审查强度的影响。一是登记规则。登记规则具有登记生效与登记对抗两种模式,前者一般对应实质审查,后者一般对应形式审查。但从比较法的角度来看,不动产登记规则与登记机关的审查强度之间并不存在必然联系。典型的如德国和瑞士一方面采登记生效主义,另一方面则通过强制公证等措施实现了审查内容的分流,呈现形式审查方案。同理,虽然我国《民法典》采登记生效模式,但并不意味着必须对应实质审查规则。二是不动产登记行为的性质。有学者主张,如果不动产登记属于行政行为,登记机关就有权对当事人的交易行为进行实质审查。[2]而依据不动产登记的行政确认属性,登记机关仅应对当事人的交易行为进行有限审查,无权判断其合法有效与否。三是公信力。公信力指"保护从事交易之善意第三人之机能",[3]学界通常认为,实质审查还是形式审查决定了不动产登记公信力的有无,采形式审查的登记无公信力,不得对抗善意第三人。[4]但事实上,形式审查与实质审查的区别在于登记机关的义务多寡,并不涉及第三人的信赖利益保护,审查强度与公信力分属不同的概念范畴。真正影响登记公信力的,不是体现不动产登记过程的审查强度,

---

[1] 孙森森:《不动产登记错误的行政判决方式——以欺诈导致登记错误的行政案件为中心》,载《行政法学研究》2018年第2期,第138页。

[2] 参见吴光荣:《行政审批对合同效力的影响:理论与实践》,载《法学家》2013年第1期,第105页。

[3] 孙宪忠:《德国当代物权法》,法律出版社1997年版,第439页。

[4] 参见孙鹏:《物权公示论——以物权变动为中心》,法律出版社2004年版,第158~160页。

第四章　行政执法权作用于民事关系的方式与表现

而是静态、结果意义上的登记权利与真实权利之间是否一致。

其次,不动产登记审查强度受制于审查的价值取向和功能。任何一项制度都具备独特的价值与功能,并反作用于制度的具体构建与未来走向。登记机关的审查强度首先取决于审查的价值取向和主要功能。其一,保证登记结果的真实性和合法性是各个国家和地区不动产登记制度追求的共同目标。[1]为了确保不动产登记的准确性:一方面,申请人应当作为第一责任人对申请材料的真实性负责;[2]另一方面,登记机关亦负担相当程度的审查义务,以便及时发现和制止申请人的弄虚作假行为,剔除有错误有问题的不动产登记申请,尽可能保证登记结果与真实权利相一致。其二,在追求登记准确性的同时,登记机关亦不能忽视效率需求。实质审查模式之所以饱受诟病,正是因为其需要开展大量的调查工作,严重影响登记效率。因此,效率与准确性一样都是登记机关审查工作的价值追求,妥当的审查强度应当"在实现高效登记的同时保证登记结果与真实权利间的高度盖然性"。[3]

最后,不动产登记审查强度应与登记机关的审查权限和能力相匹配。不管结果意义上确立哪种审查模式,但从过程面向来看,不动产登记的审查强度应以登记机关的审查权限和审查能力为限度。首先,有效政府理念要求政府是权力"有限"的政府,[4]不能要求登记机关审查权限范围以外的事实和材料。

---

[1] 参见刘燕萍、张富刚主编:《不动产登记制度理论探究》,北京大学出版社2016年版,第75~76页。

[2] 参见《不动产登记暂行条例》第16条第1款。

[3] 王亦白:《不动产登记审查的模式选择和标准确立》,载《中国土地科学》2018年第11期,第13页。

[4] 参见顾功耘主编:《公私合作(PPP)的法律调整与制度保障》,北京大学出版社2016年版,第159页。

法律保留原则意味着"法无授权不可为",近几年各地相继掀起的权力清单制度即是直接体现。根据《关于推行地方各级政府工作部门权力清单制度的指导意见》,权力清单是指"将地方各级政府工作部门行使的各项行政职权及其依据、行使主体、运行流程、对应的责任等,以清单形式明确列示出来,向社会公布,接受社会监督",意味着行政机关仅承担有限的权力,是深化放管服改革的重要措施。如在"木马业委会诉南京市规划和自然资源局行政登记案"中,法院认为,房屋登记行政主管机关对建设工程规划的审查权限主要在于项目所涉建设工程是否得到规划行政主管部门的许可。对于建设工程的规划许可审查,属于规划行政主管部门的法定职权,并不属于房屋登记主管部门的审查权限。[1]其次,要求登记机关承担能力范围以外的审查义务不现实。作为赔偿责任前提的"登记错误"是指登记机关因违反审查义务导致的登记簿记载内容与真实权利状态不符,[2]但赔偿责任承担与否必须考虑登记机关是否存在过错。因为有些登记错误可以通过登记机关严格履行审查义务予以避免,如申报面积与不动产实际面积是否一致。但有些错误即便登记机关穷尽人力、物力、财力也无法识别,如有些签名的造假技术足以以假乱真。这就是所谓的能力问题,对此片面主张增加审查强度或强化审查义务不仅无助于提高登记的准确性,而且徒增登记机关的负担,更无法苛求登记机关承担赔偿责任。因此,审查强度的确定必须考量登记机关的整体水平与审查能力,合理的审查强度应以法律允许的权力和能力为限。

[1] 参见江苏省南京市中级人民法院[2019]苏01行终字第694号行政判决书。

[2] 朱晓喆:《不动产登记机构赔偿责任若干问题探讨——析〈物权法〉第21条第2款》,载《法治研究》2011年第1期,第61页。

第四章　行政执法权作用于民事关系的方式与表现

(二) 限定不动产登记审查强度的既有方案

既然登记机关承担有限的审查义务,随之而来的问题则是,审查义务的边界在哪里即如何确定登记机关的审查强度。超出这个边界导致的登记错误不能归咎于登记机关,登记机关无需承担赔偿责任。目前有关审查强度的争议集中于以下两个维度:一是形式审查与实质审查之争;二是实践中广泛应用的合理审慎标准。

1. 形式审查与实质审查的博弈

从世界各国立法来看,存在形式审查与实质审查两种模式。但是,二者的区分标准并不统一:一是法律关系说。登记机关的审查权限及于原因关系者,为实质审查;反之为形式审查。[1] 二是材料真实说。登记机关的审查权限限于形式要件者,为形式审查;及于申请材料真实性者,为实质审查。[2] 三是法律关系和材料真实兼具说。实质审查意味着登记机关既审查不动产登记的原因行为有效与否,又审查申请材料的真伪。[3] 总的来说,形式审查仅指审查申请材料是否齐全以及形式上是否合法,至于申请材料的真实性与内容的合法性乃至原因行为的有效性,都属于实质审查范畴。

就登记机关审查模式的应然选择而言,学界的观点莫衷一是,并形成了形式审查说、实质审查说和形式审查为主、实质审查为辅说三种代表性观点。争议的核心集中于形式审查与实质审查的利弊分析,主张形式审查的观点多指摘实质审查效率过低,赞成实质审查的观点则认为形式审查导致的错误太多。

---

[1] 参见江必新、梁凤云:《物权法中的若干行政法问题》,载《中国法学》2007年第3期,第144页。

[2] 参见李鹿野:《比较法视域下中国不动产登记制度之建构》,载《学习与实践》2016年第1期,第56页。

[3] 参见王利明:《物权法研究》(修订版·上卷),中国人民大学出版社2007年版,第225页。

对此，可以引入行政效能原则作为分析工具。行政效能原则的规范内涵在于，当行政机关的制度建构旨在打造政府不可回避之干预或保障责任时，应该确保所设计的管理或服务制度达到效益最大化。[1]确保登记的准确性是审查制度的价值追求，其目标收益和产出价值显然具有正当性。因此，实现审查制度的收益最大化是选择审查模式的关键。收益最大化意味着投入与产出的比率最佳，在成本-收益理论看来，一项制度的好坏不能只注重结果，还必须考虑所付出的资源。因为希望追求愈精致的结果，通常要耗用愈多的资源（人力、物力）。[2]具体包括以下三种方案：收益差不多时成本最小、成本差不多时收益最大以及成本、收益同向变化时成本-收益最适当。对于不动产登记而言，审查越严格，登记错误的概率越低。也就是说，审查成本越低收益也小，审查成本越高收益越大。前者指向形式审查，低成本体现为登记机关的负担较轻；低收益体现为登记错误的概率较高。后者指向实质审查，高成本体现为登记机关需要承担非常严格的审查义务因而负担较重，审查速度较慢因而降低了交易效率；高收益体现为登记的准确性较高。（形式审查与实质审查的利弊分析详见表4-2）

表4-2 形式审查与实质审查利弊分析一览表

审查模式	负担	效率	准确性	公信力	公权干预	成本
形式审查	少	高	低	低	少	低
实质审查	多	低	高	高	多	高

---

[1] 沈岿：《论行政法上的效能原则》，载《清华法学》2019年第4期，第18页。

[2] 熊秉元：《正义的成本：当法律遇上经济学》，东方出版社2014年版，第31页。

第四章　行政执法权作用于民事关系的方式与表现

运用成本-收益方法来分析评价管制政策正在发展成为国外行政法的新一代控权模式。[1]在审查模式的选择上,应当秉持实现"对公共利益目标的理性追求"[2]的价值导向,既避免效率片面化,又防止因为过分追求准确性而忽略效率。一方面,不动产交易涉及人民群众的重大财产权益,登记机关承担一定程度的审查义务以减少登记错误非常必要。另一方面,当今市场经济高速发展,登记机关的过度介入又必然影响交易效率,增加当事人的交易成本。为此,登记机关也要投入更多的行政资源,承担较高的行政成本。此外,对于申请材料的真实性和内容的合法性尤其是原因行为而言,登记机关往往没有能力进行审查。职是之故,如果要在形式审查与实质审查之间做选择,实质审查不应成为原则性的审查模式,而仅应作为例外情形。当然,这并非意味着放任形式审查的弊病不管,而是一种成本-收益考量下的次优选择。至于其制度缺陷,仍需引入公证、异议登记等制度加以弥补。[3]正如有学者所说,一个制度的正当和合理并不在于其是否百分之百有效,或是否达到了设计者的预期,而是在于在社会层面上其收益是否大于其成本。[4]

2. 合理审慎标准及其理论缺陷

在形式审查与实质审查的争论之外,合理审慎是另一种关于不动产登记审查强度的方案。《最高人民法院关于审理房屋登

---

[1] Richard B. Stewart, "Administrative Law in the Twenty-first Century", *New York University Law Review*, Vol. 78, p. 101 (2003).

[2] [英]安东尼·奥格斯:《规制:法律形式与经济学理论》,骆梅英译,苏苗罕校,中国人民大学出版社2008年版,第164~165页。

[3] 参见朱岩:《形式审查抑或实质审查——论不动产登记机关的审查义务》,载《法学杂志》2006年第6期,第107页。

[4] 苏力:《制度是如何形成的》(增订版),北京大学出版社2007年版,第185页。

记案件若干问题的规定》第12条规定:"申请人提供虚假材料办理房屋登记,给原告造成损害,房屋登记机构未尽合理审慎职责的,应当根据其过错程度及其在损害发生中所起作用承担相应的赔偿责任。"2016年发布的《国土资源部办公厅关于办理不动产登记类行政复议案件有关问题的通知(试行)》沿袭了此种观点。[1]在最高人民法院的相关案例中,既有以"未尽合理审慎义务"为由判决登记机关败诉的,[2]也有以"尽到合理审慎义务"为由认定登记机关无过错的。[3]最高人民法院对合理审慎标准的理解可以从审查对象层面进行分析。首先,最高人民法院主张登记机关一方面主要审查申请材料的形式要件即是否完整与符合法定形式,另一方面也负有审查申请材料真实性和实质合法性的义务。但后者对应的审查义务具有不完全性,而是以登记机关的职责和能力范围为限,以合理审慎为度。在"宏福塑化公司诉灵宝市政府土地登记案"中,最高人民法院指出,登记机关应当在其职责和能力范围内,对登记材料的真实性尽到合理审慎的审查义务,努力让人民群众对已经登记的土地权属关系放心,从而保障国家物权登记的严肃性和权威性。[4]这就意味着,超出登记机关职责和能力范围的事项和材料不在登记机关的审查义务范畴。在"林某岸等诉临高县政府土地登记案"中,最高人民法院也指出,临高县政府进行地籍调查时根本无法知晓涉案土地上建有地基的情况,临高县政府

---

[1] 参见《国土资源部办公厅关于办理不动产登记类行政复议案件有关问题的通知(试行)》第3条。
[2] 参见中华人民共和国最高人民法院[2018]最高法行申字第1665号行政裁定书。
[3] 参见中华人民共和国最高人民法院[2018]最高法行申字第6790号行政裁定书。
[4] 参见中华人民共和国最高人民法院[2018]最高法行再字第183号行政判决书。

第四章 行政执法权作用于民事关系的方式与表现

的颁证程序不存在违法之处。[1]其次,登记机关对不动产物权的权属来源或原因关系是否负有审查义务,最高人民法院的态度并不统一。支持的案例如"沙塘村赖家村民小组等诉清新区政府土地登记案",最高人民法院指出,清新区政府依法核实土地登记申请、个人身份证明以及《断卖土地合约》等材料的真实性、合法性,其中最主要的是对于《断卖土地合约》能否作为证明土地合法来源的审查。[2]反对的案例如"张某诉富平县政府土地登记案",最高人民法院认为,张某主张王某民未取得该争议土地使用权的问题涉及其与王某民、到贤村村委会的民事争议,应当通过其他救济途径解决,不属于本案登记行为审查内容。[3]

但是,合理审慎标准也有自己的理论缺陷,并不足以作为替代性解决方案。合理审慎是指登记机关在职责和能力范围内对申请材料进行谨慎审查,最大限度地保证登记的真实性。如果套用形式审查与实质审查的二元区分,合理审慎标准显然属于形式审查与实质审查的杂交体。通俗地说,应当为登记机关的谨慎义务设置一个合理界限,为此登记机关既要承担一定的审查义务以确保登记真实准确,同时也要将审查义务界定在合理水平。[4]合理审慎包括以下三个方面的内容:一是依法履行法定职责,"合理审慎"是登记机关依法履行法定职责的程度;二是不得违背法律的禁止性规定;三是严格遵守相应的法律程

---

[1] 参见中华人民共和国最高人民法院［2018］最高法行申字第1123号行政裁定书。

[2] 参见中华人民共和国最高人民法院［2017］最高法行申字第2540号行政裁定书。

[3] 参见中华人民共和国最高人民法院［2017］最高法行申字第3135号行政裁定书。

[4] 参见于海涌:《论实质审查与登记机关谨慎义务的边界——以〈房屋登记办法〉为中心》,载《暨南学报(哲学社会科学版)》2009年第1期,第10页。

序。[1]由此观之，合理审慎本身是个不确定的法律概念，具有主观性与抽象性的特征，主观性是指"合理"与否需诉诸登记工作人员"通常所具有的知识能力"[2]，抽象性则主要指"谨慎"与否无法具象化，因而未见得比通常主张的形式审查和实质审查更为科学。对此，有学者主张对合理审慎标准进行改造，其中合理审慎只能作为实体审查标准，另外还需要正当程序这一程序审查标准，严格遵循告知、查验、异议中止和作出决定程序，通过程序管控规范登记审查。[3]但是，引入程序标准并不能从根本上缓解合理审慎标准在实体内容上的不确定性，与其改造合理审慎标准，还不如改造形式审查更为直接、有效和便利。

（三）限定不动产登记审查强度的方案构建：区分审查说

在以上两种方案中，形式审查与实质审查的界分虽具有一定的合理性，但问题在于过于笼统、可操纵性尚付阙如，无法为具体的审查事项提供明确指导。合理审慎标准则更加抽象，不适合作为替代性方案。限定不动产登记审查强度的正确思路在于，从影响不动产登记审查强度的关键因素入手，根据登记机关自身的权限和能力，区分审查事项，构建层次性、类型化的审查强度方案。

1. 第一层次：专家审查义务

有些事项本质上属于登记机关在履行行政管理职能过程中制作的信息即登记机关自身掌握的材料，如房产档案、抵押情

---

[1] 参见吴春岐：《论不动产登记机构登记错误侵权行为》，载《烟台大学学报（哲学社会科学版）》2015年第2期，第42~43页。

[2] 朱晓将：《不动产登记机构赔偿责任若干问题探讨——析〈物权法〉第21条第2款》，载《法治研究》2011年第1期，第63页。

[3] 参见邵亚萍：《行政法视野下的不动产登记审查标准——以房产登记为例》，载《浙江学刊》2009年第4期，第158~159页。

第四章 行政执法权作用于民事关系的方式与表现

况、共有情况等,登记机关需要承担最为严格和全面的审查义务,即站在专家或者上帝视角,全方位审查其形式和内容。一方面,登记机关需要审查这些申请材料是否符合形式要件;另一方面,也是更重要的,登记机关还需对申请材料的真实性、合法性和有效性进行深度审查。这类事项主要是指不动产权属信息,不动产登记簿由登记机关制作并保管,因而登记机关拥有全面审查的权力和能力。此外,不动产权属信息不依靠登记机关无法判断真伪,因而也只能由登记机关承担审查义务。登记机关对不动产权属信息承担专家审查义务体现为,登记机关应当审查不动产权属证书的真伪、申请材料与不动产的原始档案是否一致、不动产权属是否清晰及其转移情况等。专家审查义务等于形式审查与实质审查之和,登记机关需要对任何相关的登记错误负责,如果登记机关没有发现不动产权属信息的相关瑕疵予以登记进而造成他人损害的,应当承担败诉的法律后果乃至承担赔偿责任。如在"辽东高校后勤发展有限责任公司诉宽甸满族自治县自然资源局土地行政登记案"中,二审法院认为,宽甸县自然资源局在没有审查土地上附着物权属的情况下颁发包括涉案土地在内的土地使用权证,未尽到审查义务,应当予以撤销。[1]在专家审查义务这一层次下,登记机关对物权法律关系的介入程度也最深,当事人不可以意思自治加以对抗。需要注意的是,对初始登记申请而言,因为不存在建档的不动产登记簿及相关信息,故而专家审查义务没有适用空间。

2. 第二层次:准专家审查义务

有些事项虽然不为登记机关直接制作,但登记机关可以通过部门之间的信息共享机制灵活取得。对于这些事项而言,登

---

[1] 参见辽宁省丹东市中级人民法院[2019]辽06行终字第155号行政判决书。

记机关需要承担类似于第一层次的准专家审查义务，但没有第一层次严格，因为通过信息共享机制获取信息具有间接性、延迟性等特征。这类事项主要是指自然资源、住房城乡建设、农业、林业、海洋等部门对不动产的审批和交易信息，包括测绘证书、规划许可证、房产预售备案信息等。[1]合作治理是一种新兴的治理模式，[2]既包括公私部门之间的合作，也包括政府内部的协同合作，后者的要求之一即是部门间的信息共享。"建立政府信息资源的跨部门共享机制，是部门间开展有效协调与合作的前提。"[3]有些材料虽由登记机关以外的行政机关制作或保存，但随着政府数据共享大平台的建设完善，涵括各类不动产信息的统一不动产登记信息管理基础平台逐步形成，登记机关获取这类材料的原件及相关信息进而予以核对不是难事，因而同样具备审查其真实性和有效性的能力。因此，准专家审查义务同样跨越形式审查与实质审查两个维度，登记机关承担法律责任的风险较高。如在"嘉信房地产开发有限公司诉长兴县国土资源局行政登记案"中，原告即主张，土管部门应当共享房管部门的房产预售备案信息来防范抵押侵害购房者的合法权益，不应推卸责任认为购房者未办理预告登记。[4]而建立部门间的信息共享机制也是应对各类技术造假的客观需要。在准专家审查义务层次下，登记机关对物权法律关系的介入程度仅次于专家审查义务，当事人的意思自治空间也极为有限。

---

[1] 参见《不动产登记暂行条例》第 24 条。

[2] 邹焕聪：《公私合作（PPP）法律问题研究》，人民出版社 2017 年版，第 114 页。

[3] 宋华琳：《论政府规制中的合作治理》，载《政治与法律》2016 年第 8 期，第 19 页。

[4] 参见浙江省湖州市中级人民法院［2017］浙 05 行终字第 85 号行政判决书

第四章 行政执法权作用于民事关系的方式与表现

3. 第三层次：普通审查义务

有些事项既不为登记机关制作，登记机关也无法联网获取。但"在其位，谋其政"，从追求登记准确性的功能视角出发，适度的公权力介入仍有必要，只是登记机关仅需尽到一般性的审查义务即可。这类事项数量最多，包括不动产权属信息、不动产审批信息、不动产交易信息、当事人主观意思表示、机关文书内容以外的所有事项。如首次申请登记的房屋是否建造完成；申请人身份证明材料与申请人是否一致；法律、行政法规规定的完税或者缴费凭证是否齐全；当事人的婚姻状况；等等。尤其需要指出的是，不动产登记的原因关系行为如买卖、赠与合同是否合法有效，并不在登记机关承担审查义务的射程范围，代表国家行使行政公权力的登记机关无权更不宜全面介入审查。登记机关的审查对象是登记申请本身，而非登记申请背后的原因关系。至于当事人的意思表示是否真实等事项，登记机关实际上没有能力进行审查。所谓"登记机关查验的是材料，而不是事实本身"。[1]也就是说，登记机关无需为原因关系的合法性负责，原因关系不成立、无效或被撤销导致登记簿记载与现实权利状态不一致的，不能要求登记机关承担责任。原因在于，登记机关没有解决物权争议、确定物权归属的权力，该权力属于人民法院。[2]如在"蒙某诉柳州市自然资源和规划局行政登记案"中，二审法院指出，蒋某友与柳江银行签订的合同是否符合最高额抵押合同的相关规定，不属于市自然资源和规划局审查的职责范围。[3]但是，对于承载登记原因关系的申请材料，

---

[1] 梁宇菲：《实践进路与争议解决：不动产登记纠纷民、行交叉的司法对策——以司法个案为视角》，载《行政法学研究》2014年第2期，第120页。

[2] 参见梁慧星：《〈物权法司法解释（一）〉解读》，载《法治研究》2017年第1期，第5页。

[3] 参见南宁铁路运输中级法院［2019］桂71行终字第223号行政判决书。

登记机关仍然要承担基础性的形式审查义务,如买卖合同是否由双方当事人共同签字或者盖章。如果原因行为具有重大且明显瑕疵,即普通理性人均可发现的错误,登记机关有义务对其作出评价。如果买卖合同仅一方当事人签字,登记机关仍准予登记的,则需要依法承担登记错误的法律责任。因此,普通审查义务等于形式审查,登记机关只对申请材料是否齐全及形式合法性负责。在普通审查义务层次下,不动产登记机关对物权法律关系的介入极为有限,当事人的意思自治得到最大限度的保障。

4. 第四层次:"零审查"义务

在以上三类事项之外,还存在登记机关无需承担审查义务的一类事项。这类事项主要指向不动产登记的原因关系与国家机关出具的生效文书的内容。如当事人的意思表示是否真实,是否存在欺诈、胁迫等行为,登记机关既没有审查权限也不具备审查能力。再如法院的生效裁判文书具有既判力,登记机关应当一概认可其效力。如在"陈某诉耒阳市房产管理局行政登记案"中,二审法院主张,耒阳房产局根据邵东县人民法院作出的〔2007〕邵东执字第123-2号民事裁定书及〔2007〕邵东执字第123-2号协助执行通知书,将湘江城1栋一层101号至102号门面的房屋产权过户给金某顺所有,是一种司法协助行为,是其应尽的法定义务,其无权进行实质审查。[1]登记机关对以上事项承担"零审查"义务意味着,登记机关对其内容负有信赖义务,因原因关系违法或机关文书错误而导致登记错误的,登记机关不承担赔偿责任。但是,登记机关仍需从形式上审查其是否真实,如公证书的格式、所加盖公章是否符合

---

〔1〕 参见湖南省衡阳市中级人民法院〔2017〕湘04行终字第16号行政裁定书。

通常标准等。

第三节 柔性涉私行政执法权：侵权调查权

相较于刚性涉私行政执法权与中性涉私行政执法权而言，柔性涉私行政执法权对民事关系的干预程度最低。柔性涉私行政执法权均属于保护性涉私行政执法权，典型的柔性涉私行政执法权如监护权（《民法典》第35条）、人格保护权（《民法典》第1010条）、调查权（《民法典》第1254条）等。本节以高空抛坠物侵权案件中的调查权作为观察对象，将其定性为侵权调查权并从理论与实践层面论证其正当性。此外，为了防范公安机关不全面履行调查职责导致受害人私权利受损，应当明确调查不作为的情形与范围。

一、调查权的行政权属性：侵权调查权

为解决高空抛坠物侵权案件中侵权人查找难题，《民法典》第1254条为公安机关增设了调查权（以下简称"该调查权"）。虽然《民法典》是典型的私法，但公安机关的调查权并不属于私权利范畴，而是一种典型的国家公权力。具体来说，该调查权应当被定性为侵权调查权，是《民法典》为公安机关创设的新型调查权，区别于公安机关原有的治安调查权和刑事侦查权。

（一）以侵权调查权形式呈现的行政权

根据《民法典》第1254条，高空抛坠物造成他人损害的，公安等机关应当依法及时调查，查清责任人。本条规定的调查权首先属于公权力而非私权利；其次，该调查权具体属于公权力中的行政权；最后，该调查权不属于公安机关固有的治安调查权或刑事侦查权，而是一种新型的调查权，可称之为侵权调查权。

1. 行政权属性

该调查权是一种公权力,且属于国家公权力中的行政权。如第一章所述,公权力是相对于私权利的概念,分为国家公权力、社会公权力和国际公权力。国家公权力乃最基本也最主要的公权力类型,是国家所赋予的、运用国家强制力对公共利益进行维护和分配的权力,具体体现为立法权、行政权和司法权。就该调查权而言:其一,其行使主体是公安机关,具有公权性。根据《人民警察法》《治安管理处罚法》《刑事诉讼法》《公安机关组织管理条例》等相关规定,公安机关兼具行政机关与司法机关属性,是武装性质的国家治安行政力量和刑事司法力量,是"拥有合法暴力工具的垄断性权威机构"。[1]主体区别也是国家公权力与其他公权力区别的关键,国家公权力的主体是国家机关,社会公权力的主体是政府以外的社会组织。其二,设立该调查权的目的在于保障私权,具有公益性。"公权力的设立目标就是保障私权",[2]该调查权实际上以公安机关的介入作为私人力量不足以查找侵权人的应对之策,更是对受害人和无辜建筑物使用人的私权利提供的一种行政保护。因此,该调查权符合国家公权力的核心特征,属于国家公权力。进一步说,该调查权既非立法权也非司法权,而是行政权。行政职权是权力和职责的统一体,[3]相应地,调查也是公安机关的一项公法义务。

2. 侵权调查权定位

该调查权应当进一步定性为侵权调查权。结合公安机关的

---

[1] 徐靖:《论法律视域下社会公权力的内涵、构成及价值》,载《中国法学》2014年第1期,第83页。

[2] 汪习根主编:《发展、人权与法治研究——法治国家、法治政府与法治社会一体化建设研究》,武汉大学出版社2014年版,第268页。

[3] 周佑勇:《行政法原论》(第3版),北京大学出版社2018年版,第118页。

治安管理与刑事司法两项职能，调查应当作为治安管理处罚或追究犯罪的重要手段和前置程序，要么体现为刑事案件的侦查，要么体现为治安调查。换言之，公安机关的调查权法理上只得存在于行政法和刑法、刑事诉讼法领域，并分别表现为治安调查权和刑事侦查权，而不得涉足民事案件。理由在于，前者涉及公共利益与公共秩序，客观上需要公权力予以规范；后者则属于私法自治范畴，"国家原则上不主动干预和介入民事主体的私人事务"。[1]《民法典》第1254条的特殊之处恰在于，为公安机关创设了民法领域的调查权，取代了受害人的自行调查。治安调查权与刑事侦查权的适用对象是治安违法案件和刑事犯罪案件，因而分别以治安违法行为和刑事犯罪行为为适用前提。尽管高空抛坠物行为也可能属于治安违法行为甚至构成犯罪，但第1254条的规制对象显然是高空抛坠物侵权行为。此外，从目的角度观察，《民法典》增设该调查权并非为了实现治安调查权和刑事侦查权背后的行政目的和刑事目的，而是服务于高空抛坠物侵权纠纷的解决，保护当事人的私法权利，因而无法归类于治安调查或刑事侦查范畴，而应当定性为"侵权调查权"这一新型调查权。

（二）侵权调查权的法律特征

该调查权作为侵权调查权与公安机关的治安调查权和刑事侦查权具有显著区别，并具体体现在协助性、事实导向性、启动情形确定、调查结论多样四个方面。

1. 协助性

侵权调查权首先具有协助性。一是事实上的协助，即公安机关接手了原属于当事人的查找责任人任务，受害人不必自行

---

[1] 钟瑞栋：《"私法公法化"的反思与超越——兼论公法与私法接轨的规范配置》，载《法商研究》2013年第4期，第117页。

查找。二是法律上的协助,即公安机关的调查结论同时是受害人所提侵权诉讼的直接证据和主要依据。因而有学者主张该调查权"兼具私权协助与司法权协助的特征,属于民事司法协助权"。[1]而在治安违法案件和刑事犯罪案件当中,公安机关的治安调查权和刑事侦查权是主要和必需的任务,因为公安机关是行政法律关系和刑事诉讼法律关系的主体,调查治安违法行为人和犯罪嫌疑人只有也只能由公安机关负责。

2. 事实导向性

侵权调查权是一项事实导向性权力。公权力有事实导向性权力与法律导向性权力之分,前者是过程性的查清事实的技术手段,不涉及对法律关系的认定和价值判断。后者是结论性的价值判断,能够导致法律关系的成立、变更与消灭。赋予公安机关侵权调查权的直接目的在于查清责任人,至于侵权人与受害人以及可能加害人和建筑物管理人之间的应然性侵权法律关系,并不因该调查权的存在与否而产生丝毫改变。治安调查权与刑事侦查权则不同,二者既要作为事实认定工具,也要基于事实认定得出法律责任如何承担与分配的结论。换句话说,公安机关同时担负着事实调查者与法律责任确定者的双重角色,治安调查权和刑事侦查权的行使会导致法律关系的变化。

3. 启动情形确定

侵权调查权的启动条件具有确定性。是否启动侵权调查权取决于高空抛坠物是否构成侵权,而高空抛坠物侵权必然指向损害后果的发生即必须致人损害,因此侵权调查权的启动条件是确定且易于判断的,即所有的高空抛坠物侵权案件,从而能够有效避免侵权调查权的启动分歧。治安调查权和刑事侦查权

---

[1] 叶涛:《论高空抛坠物侵权案件中的公安机关调查权》,载《中国人民公安大学学报(社会科学版)》2020年第5期,第115页。

第四章 行政执法权作用于民事关系的方式与表现

则不同,二者的启动原因分别是行为"涉嫌"治安违法和刑事犯罪。一方面,在法律性质上不同于民事侵权行为;另一方面,"涉嫌"意味着治安调查权和刑事侦查权不能像侵权调查权那样依据行为性质来启动程序,而是通过调查来确定行为的性质。也正因为如此,实践中关于高空抛坠物案件中公安机关何时启动治安处罚程序和刑事追诉程序的认识很不统一。[1]

4. 调查结论多样

侵权调查权的调查结论呈现多样性。该调查权区别于治安调查权和刑事侦查权的地方还在于,后者的调查结论具有唯一性,即指向唯一性的治安违法行为人或犯罪嫌疑人,而不能以可能的几个或多个治安违法行为人或犯罪嫌疑人作为调查结论,否则就是调查过程尚未完成;对于前者而言,彻底查清案件事实,找到唯一的侵权人自然是最为理想的结果,但就算查不到真正的侵权人,也可以将确定的可能加害人作为调查结论,调查过程即告终结。但需要指出的是,在无法查清具体侵权人的情况下,确定可能加害人的范围是公安机关的法定义务,也是该调查权的应有之义。

二、侵权调查权的正当性证成

在公私法二元论的语境之下,"编纂《民法典》应该严格按照体系科学的要求,首先划清公法与私法的界限,有关公权力的内容应回归公法,不在《民法典》中规定"。[2] 如此一来,作为公权力的侵权调查权出现在《民法典》中难免会遭遇正当

---

[1] 参见叶涛:《论高空抛坠物侵权案件中的公安机关调查权》,载《中国人民公安大学学报(社会科学版)》2020年第5期,第113页。
[2] 柳经纬:《中国民法典编纂若干问题探讨》,载《中国高校社会科学》2015年第2期,第154页。

性诘问。对此,可以从理论层面的辅助原则和现实层面的法律意义加以证成。其正当性不仅源于理论层面的积极面向的辅助原则,更归功于其对权利保障的现实意义。

(一) 理论依据:积极面向的辅助原则

前文述及,辅助原则主要用于处理下位组织与上位组织的关系,包含消极与积极两个面向:前者是指"排除干预",意在保障下位组织的自由自主权;后者是指"要求干预",强调下位组织不能实现其目标时,上位组织应当且必须介入,但只能限于下位组织无法实现的范围。[1]《民法典》增设该调查权,正是积极面向的辅助原则之体现。

同其他侵权案件一样,在高空抛坠物侵权案件中,理应由受害人自行查找确定侵权人并以其为被告提起侵权诉讼。但囿于高空抛坠物行为的隐蔽性和瞬时性等特征,受害人能够依靠自己的力量查清侵权人的案例屈指可数。在这种情况下,受害人多会选择起诉全楼业主寻求救济,法院也倾向于依据《侵权责任法》第 87 条采取加害人推定规则,[2]即无法确定具体侵权人时,判决受害人的损失由举证不能的可能加害人承担。[3](见图 4-1) 这种责任分担机制固然能够在一定程度上救济受害人,却让真正的侵权人逍遥法外,存在打击面过广、有违归责原则基

---

〔1〕 参见毕洪海:《国家与社会的限度:基于辅助原则的视角》,载《中国法律评论》2014 年第 1 期,第 152~153 页。

〔2〕 也有学者称其为"行为推定",以区别于过错推定、因果关系推定等一般的侵权责任构成要件。参见鲁晓明:《论民事侵权行为的推定及类型化——从抛物行为展开》,载《法律科学(西北政法大学学报)》2008 年第 4 期,第 88 页。

〔3〕 参见广西壮族自治区河池市中级人民法院 [2019] 桂 12 民终字第 1453 号民事判决书;四川省宜宾市中级人民法院 [2017] 川 15 民终字第 1877 号民事判决书;等等。

第四章 行政执法权作用于民事关系的方式与表现

本法理、受害人救济不及时、不利于查找侵权人等问题,[1]可谓"没有伦理上的公平正义性,侵害全体社会成员的自由"。[2]这就意味着,在高空抛坠物侵权案件中,无法单凭私人自治的理念和规范予以应对,也无法通过民法的一般规定在逻辑上实现自治和统一。[3]为了消除以上副作用,必须将视野拓宽至公法领域,积极寻求公权力的介入。即着力于侵权人查找难这一根源性问题,为公安机关增设调查权,架构起"谁侵权,谁担责;查不清,才连坐"的责任承担逻辑。(见图4-2)该调查权的核心优势在于,凭借公安机关的调查权限、调查能力等优势迅速准确锁定侵权人,便于受害人有针对性地寻求救济,也避免无辜的建筑物使用人被动承担受害人损失。即便公安机关经调查无法确定具体的侵权人而只能划定可能加害人,其调查结论仍可以作为受害人要求可能加害人承担责任的直接证据,从而得以比较顺畅地获得补偿性救济。与此同时,该调查权的介入并未减少受害人需承担的举证责任,责任主体、侵权事实、损害结果、因果关系、过错等要素仍然由受害人负责举证,公安机关取代受害人的只是责任主体的查找过程。这恰恰体现了积极面向辅助原则的适用,即国家承担补充功能,在一般情况下不介入私人法律关系。而只有当个人无法照顾自己时,国家公权力才能且必须介入。[4]

---

〔1〕 最高人民法院民法典贯彻实施工作领导小组主编:《中华人民共和国民法典侵权责任编理解与适用》,人民法院出版社2020年版,第697页。

〔2〕 张新宝:《侵权责任法立法研究》,中国人民大学出版社2009年版,第42页。

〔3〕 参见齐建辉:《我国民法典编纂的现代性及其限度》,载《行政管理改革》2020年第2期,第42页。

〔4〕 参见袁文峰:《公私合作在我国的实践及其行政法难题研究》,中国政法大学出版社2018年版,第86页。

图 4-1 《侵权责任法》第 87 条的责任承担逻辑

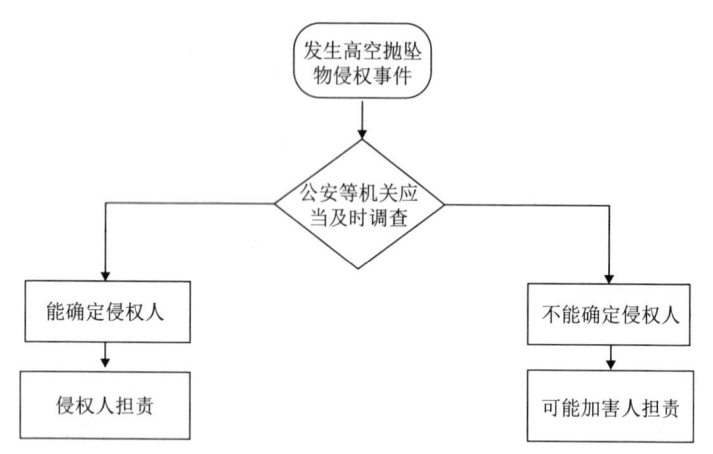

图 4-2 《民法典》第 1254 条的责任承担逻辑

(二) 侵权调查权的法律意义

从法律意义来看,《民法典》创设侵权调查权首先将公安机关在高空抛坠物侵权案件中的调查义务法定化,有助于避免公安机关打着法律未明文规定的旗号不作为。其次,对于侵权法律关系中的当事人尤其是受害人来说,侵权调查权则作为权利保障机制而存在。

1. 调查义务法定化

《民法典》创设侵权调查权首先将调查升级为公安机关的法

定义务,有助于解决实践中对公安机关启动调查权的条件、程序等认识不一的问题。在《民法典》创设该调查权之前,公安机关亦基于"高空抛坠物致人损害行为本身也是一种危害公共安全的违法行为,甚至可能涉嫌行政违法甚至刑事犯罪",根据《人民警察法》第6条[1]行使调查职权。其问题在于,《人民警察法》第6条规定的公安机关职权只是宏观意义上的管理职权,不针对具体的领域,也未指明公安机关应当如何履行相应职责,以及具体由哪一级别、哪个地域的公安机关履行,而需要借助于法律、法规乃至规章的具体规定。但因缺乏启动调查权的条件、程序等明示规定而有不当推脱维护公共安全的职责之虞,也很容易导致执法乱象。但是,《民法典》第1254条则将"调查"变为了公安机关的一项法定义务,并提出了"依法及时调查,查清责任人"的具体履行内容和方式,可谓将依据《人民警察法》第6条而来的含糊逻辑推理明确反映到具体的法律条文之中。而当公安机关不履行或不完全履行调查义务时,将构成行政法上的不履行法定职责乃至刑法上的渎职犯罪,需要依法承担法律责任。

2. 权利保障机制

此外,侵权调查权有助于发挥公安机关的调查优势,最大可能地确定具体侵权人,为受害人寻求救济和减轻无辜建筑物使用人的责任承担提供一种行政保护机制。其一,保障当事人

---

[1]《人民警察法》第6条详细规定了公安机关和警察的职责:"(一)预防、制止和侦查违法犯罪活动;(二)维护社会治安秩序,制止危害社会治安秩序的行为;……"因此,为了维护公共安全、惩治高空抛坠物这类违法犯罪行为,公安机关理当通过行使包括调查权在内的公权力加以介入。此外,《治安管理处罚法》第2条也明确,对"妨害公共安全"的行为根据违法程度分别给予治安管理处罚与追究刑事责任;《最高人民法院关于依法妥善审理高空抛物、坠物案件的意见》(以下简称《意见》)更是专门规定了高空抛坠物行为可能构成的罪名。

的民事权利。首先,有助于保障受害人的人身权、财产权等民事权利。调查权条款同时是公安机关承担调查义务的强制性规定,并提出了"查清责任人"的具体要求。受害人可依据公安机关的调查结论主张救济,从而将《宪法》与《民法典》规定的人身权、财产权等基本权利有效转化为现实享有的权益。[1]其次,有助于保护无辜建筑物使用人的财产权。随着科技的发展进步,如果公安机关切实履行调查等职责,查明侵权人并没有多少障碍,从而可以避免无辜之人承担不必要的责任。而即便公安机关竭尽调查义务仍不能确定侵权人,也可以借助调取监控、采集指纹等措施尽可能缩小连坐范围,从而整体减轻无辜建筑物使用人的责任。其二,间接生成公权利。公权利是相对于私权利而言的概念,指个人依据法律请求国家为一定行为或不为一定行为的权利。[2]对于公权利的判定可以引入保护规范理论作为解释路径,即所涉及的客观法规范必须是纯为个人利益,或是在为公共利益外兼为个人利益时,该规范始生成主观公权利。[3]《民法典》增设侵权调查权的直接目的是解决侵权人查找难问题,保障受害人合法权益;[4]还可以通过限缩责任人的范围减轻无辜建筑物使用人的责任。因此,侵权调查权具有鲜明的个人利益导向,从保护规范理论出发,可以推导出其间接生成公权利之功效。具体到侵权调查权生成的公权利类

---

[1] 参见《宪法》第13条第1款、第27条第1款;《民法典》第3条,第4编第2章。

[2] 参见[德]格奥格·耶利内克:《主观公法权利体系》,曾韬、赵天书译,中国政法大学出版社2012年版,第47页。

[3] Wilhem Henke, Das subjective Recht im System des öffentlichen Rechts, DÖV 17 (1980), S.621, 转引自赵宏:《保护规范理论的误解澄清与本土适用》,载《中国法学》2020年第4期,第169页。

[4] 参见石冠彬:《民法典侵权责任编:体系解读与立法评析》,载《中国人民大学学报》2020年第4期,第49页。

型而言,集中体现为以下两类:一类是保护请求权。即当公民的人身权、财产权受到他人损害时,有权请求行政机关采取相关保护措施。[1]在高空抛坠物侵权案件中,当事人有权请求公安机关履行调查职责,查清责任人,公安机关不得以仅构成侵权责任为由要求当事人自行查找。另一类是救济权,包括行政复议权与行政诉权。[2]当公安机关怠于履行调查职责或者调查行为违法时,受害人或无辜建筑物使用人既可以选择申请行政复议,也可以向法院提起行政诉讼,包括履责之诉、撤销之诉、确认违法之诉、赔偿之诉[3]等。

三、调查不作为的认定

根据权责一致原则,《民法典》第 1254 条赋予公安机关侵权调查权的同时也为公安机关增设了调查义务,并明确了其承担调查义务的要求和目标,前者体现为"依法及时",后者体现为"查清责任人"。随之而来的问题是,如果公安机关的调查行为不符合"依法及时"的要求或没有实现"查清责任人"的目标,是否必然构成行政不作为?之所以要研究这个问题,是因为公安机关承担此调查义务的背后是保护受害人之考量,公安机关不作为则间接影响受害人的合法权益。合理界定调查不作为的情形与范围对于督促公安机关全面履行调查职责、保护受

---

[1] 周佑勇:《面对民法典时代的行政法变革》,载《法制日报》2020 年 6 月 17 日。

[2] 有学者主张,诉权属于公法权利。参见梁君瑜:《行政诉权研究》,中国社会科学出版社 2019 年版,第 24~25 页。

[3] 《最高人民法院关于公安机关不履行、拖延履行法定职责如何承担行政赔偿责任问题的答复》规定:"公安机关不履行或者拖延履行保护公民、法人或者其他组织人身权、财产权法定职责,致使公民、法人或者其他组织人身、财产遭受损失的,应当承担相应的行政赔偿责任。"

害人大有裨益。

(一)"依法""及时"要求引致的不作为

"依法""及时"看似是对公安机关的刚性约束,实则具有很强的模糊性。有学者主张,"依法"指向《人民警察法》第21条第1款,即"人民警察遇到公民人身、财产安全受到侵犯或者处于其他危难情形,应当立即救助;对公民提出解决纠纷的要求,应当给予帮助;对公民的报警案件,应当及时查处"。"及时"指向本款之"及时"。[1]笔者对上述"依法"的理解自无异议,但问题在于,《人民警察法》第21条第1款基本停留在抽象层面的指引意义上,相较于《民法典》第1254条并无多少实益可言,调查的程序、方式等具体的要求和内容仍有待于进一步挖掘。对于"及时"的理解除了可以根据体系解释的方法排除"立即"之外,满足何种条件为"及时"尚不可知,从而回避了履责期限问题。公安机关由此增加了裁量机会,滥用调查权的可能性也随之扩张。[2]但所谓"兵贵神速",如果公安机关未能及时履行调查义务,很可能发生证据毁损、侵权人出逃等情况,影响调查效率和结果。因此,公安机关拖延履行调查职责的行为必然构成行政不作为。事实上,拖延履行法定职责是不履行法定职责案件的重要类型之一,也是司法审查事项之一。[3]而为了准确认定"拖延"与否,通过配套立法明确公安机关履行调查职责的具体期限就显得尤为重要。此外,根据《行政诉讼法》的规定,拒绝履行法定职责构成"危险防止

---

〔1〕参见曹险峰:《侵权法之法理与高空抛物规则》,载《法制与社会发展》2020年第1期,第58页。

〔2〕参见孙笑侠:《法律对行政的控制》(修订二版),光明日报出版社2018年版,第253页。

〔3〕参见李泠烨:《论不履行法定职责案件中的判断基准时》,载《当代法学》2018年第5期,第51页。

型行政不作为",属于行政不作为案件,[1]因而公安机关对于调查申请的直接拒绝也构成行政不作为。

(二)"查清责任人"目标引致的不作为

《民法典》第 1254 条以"查清责任人"为侵权调查权的目标,如果公安机关的调查结论中没有明确的责任人指向,构成调查义务的不完全履行,同样属于行政不作为。可能有学者质疑,公安机关不是万能的,有时穷尽调查手段也无法确定或短时间内无法确定责任人,不能简单地以"是否查清责任人"为标准判断公安机关是否构成不作为。需要明确的一点是,侵权调查权行使的目标是查清"责任人"而非"侵权人",前者包括后者。"责任人"是指"承担责任之人",在一般的侵权案件中自然指向且唯一指向侵权人。但就高空抛坠物侵权案件而言,基于"加害人推定规则"和建筑物管理人的安全保障义务,除了侵权人是天然的责任人,还存在"可能加害人"乃至"建筑物管理人"作为责任人的情形。这是对第 1254 条进行体系解释的必然结果:第 1 款是关于整体责任分配的规定,分别采用"侵权人"和"可能加害的建筑物使用人"两个概念,后者包括建筑物的所有权人、承租人、借用人及其他使用人;[2]第 2 款规定了物业服务企业等建筑物管理人的安全保障义务及其侵权责任;第 3 款即调查权条款则采"责任人"之表述。因此,即便在有些情形下公安机关未查明具体的侵权人,但确定了可能加害人、建筑物管理人等其他责任人,就可能不构成行政不作为。而第 1254 条保留了《侵权责任法》第 87 条的"加害人

---

[1] 参见章志远:《司法判决中的行政不作为》,载《法学研究》2010 年第 5 期,第 20 页。

[2] 全国人大常委会法制工作委员会编,王胜明主编:《中华人民共和国侵权责任法释义》,法律出版社 2010 年版,第 430 页。

推定规则"也意味着,立法者早就意识到,即便让公安机关替代受害人承担调查义务,也仍然存在不能查清具体侵权人的情形。但与此同时,调查权条款也表明,公安机关查不到侵权人的情形常有,查不到责任人的情形则无。如果公安机关既无法查明侵权人也没有确定哪些建筑物使用人是"可能加害人",则当然构成不作为。

此外,"可能加害人"不是所有的建筑物使用人,而是排除了一定规模的建筑物使用人。公安机关将所有的建筑物使用人都列为"可能加害人"或者存在其他"可能加害人"范围过大情形的,同样构成不作为。原因在于,依据科技手段和日常生活经验法则必然可以排除相当范围的建筑物使用人,例如可以通过抛坠物的高度测算排除此高度以下住户,将"可能加害人"的范围限缩在合理范围。[1]但是,其具体标准是明显不合理,而非必须将"可能加害人"的范围确定到无法再予以限缩的程度,后者是法院的职权范围,因为部分"可能加害人"可以通过举证证明自己不是侵权人。以上两种情形属于不完全履行法定职责,也有学者称之为"形式作为而实质不作为",即行政机关虽然启动了行政程序但是并未实质性地履行法定义务,在实质上并没有达成法定的目标,且这种未达成是行政主体具有达成的可能性而由于其主观上的原因所造成的。[2]至于未采取必要安全保障措施的建筑物管理人,应当列入责任人范围而公安机关未予列入的,并不构成行政不作为。这是因为,建筑物管理人"是否采取必要安全保障措施"属于法律问题,应当由法院予以

---

[1] 参见王竹:《侵权责任法疑难问题专题研究》,中国人民大学出版社2018年版,第338页。

[2] 黄学贤:《形式作为而实质不作为行政行为探讨——行政不作为的新视角》,载《中国法学》2009年第5期,第47页。

认定和判断,而非公安机关的事实导向性侵权调查权所能涵摄。

　　也就是说,公安机关是否构成行政不作为与调查结果没有必然联系。在有些情形下,即便公安机关没有查清侵权人,也不构成行政不作为,如划定了合理的"可能加害人"范围;在有些情形下,即便公安机关查清了责任人,依然构成行政不作为,如拖延履行调查义务。据此,可以将公安机关构成不作为的情形总结如下:第一,拒绝履行调查义务,即对当事人的调查申请明确予以拒绝;第二,拖延履行调查义务,即未在合理的期限内着手调查;第三,不完全履行调查义务,即客观上能查清责任人而未予查清,包括既未确定侵权人也未确定可能加害人与可能加害人的范围明显不合理两种情形。

第五章

行政司法权作用于民事关系的典型制度安排：行政裁决

作用于民事关系的行政司法权集中体现为行政裁决权。2019年，中共中央办公厅、国务院办公厅印发了《关于健全行政裁决制度加强行政裁决工作的意见》（以下简称《裁决意见》）。《裁决意见》指出，行政裁决是指行政机关根据当事人申请，根据法律法规授权，居中对与行政管理活动密切相关的民事纠纷进行裁处的行为。行政裁决是行政机关行使行政权的活动，并具体体现为对民事争议的介入。本章拟以防范行政裁决权滥用导致侵犯私权自治为出发点，把握行政裁决制度的运行现状，并提出必要的规制路径。

第一节 行政裁决的属性：行政司法权介入民事关系的活动

目前学界对行政裁决的认识趋于统一，即行政机关以居中裁判者的身份，对与行政管理活动密切相关的特定民事纠纷进行审查并作出处理的一项制度。[1]因此，行政裁决首先是一类

---

〔1〕 参见姜明安主编：《行政法与行政诉讼法》（第5版），北京大学出版社、高等教育出版社2011年版，第254页；胡建淼：《行政法学》，法律出版社2003年

第五章　行政司法权作用于民事关系的典型制度安排：行政裁决

民事纠纷解决机制，体现为行政机关对民事纠纷的居间裁断。其次，从行政权与私权利的关系视角观察，行政裁决则是行政机关行使行政司法权介入民事关系的活动。最后，行政裁决还是政府为民事主体提供的一项救济式法律服务，意在通过民事纠纷之化解来维护稳定的社会秩序。

一、表面属性：民事纠纷解决机制

行政裁决在我国经历了广泛应用、退缩到回归的历史变迁，[1]是"以市场经济体制、政府职能转变为基础，根据依法治国方略创新发展起来的纠纷解决机制"。[2]具体而言，行政裁决是一种非常重要也独具特色的民事纠纷解决机制，更是在解决民事纠纷的过程中发挥了不可替代的重要作用。

（一）行政裁决是一种民事纠纷解决手段

行政裁决是国家行政机关根据法律的授权，以第三者的身份依照一定的程序，裁决平等主体之间与行政管理相关的民事权益纠纷的行政行为。[3]行政裁决以与行政管理活动直接相关的特定民事纠纷为适用对象，可谓针对民事纠纷的一种非诉解决机制。

1. 对象：特定的民事纠纷

民事纠纷是行政裁决的基础性纠纷，没有民事纠纷就不会产

(接上页) 版，第 273 页；罗豪才主编：《行政法学》，北京大学出版社 2000 年版，第 173 页。

[1] 参见李先伟：《多元化纠纷解决机制中的行政裁决权》，载《北京科技大学学报（社会科学版）》2010 年第 2 期，第 77~80 页。

[2] 张维：《行政裁决的过去、现在和将来》，载"法制日报"微信公众号 2019 年 6 月 2 日。

[3] 莫家齐、张尚清：《城市房屋拆迁补偿、安置纠纷法律救济手段研究》，载《行政法学研究》1998 年第 4 期，第 69 页。

生行政裁决制度。有学者主张,"对私法上的争议进行裁断"是行政裁决的法律特征之一。[1]《湖南省行政程序规定》第109条也规定,行政裁决指行政机关根据法律、法规的授权,处理公民、法人或者其他组织相互之间发生的与其行政职权密切相关的民事纠纷的活动。对于民事纠纷的理解需要注意以下两点:

第一,排除行政争议。民事纠纷即平等民事主体之间的纠纷,民事法律关系是行政裁决所解决纠纷中的基础法律关系。换言之,行政裁决并不是行政纠纷的解决机制,行政机关之间、行政机关与相对人之间的纠纷都不属于行政裁决的适用对象。有学者认为,行政裁决的争议既可以是与行政管理相关的民事争议,也可以是政府与市场主体之间的协议纠纷如PPP合同争议。[2]这属于对行政裁决适用范围的扩大化误读。的确,在行政裁决制度确立之初,行政裁决被视为是行政纠纷解决制度体系的重要组成部分,域外许多国家亦将行政裁决的适用范围界定为"民事争议+行政争议"。[3]甚至有学者认为,行政裁决就是解决私人与行政机关之间纠纷的制度。[4]但发展至今,行政裁决不再用于解决行政争议,而以民事纠纷为适用对象。《城市房屋拆迁管理条例》的失效即是明例,标志着拆迁补偿这类行政

---

[1] 参见王小红:《行政裁决制度研究》,知识产权出版社2011年版,第35页。

[2] 参见付大学、段杰:《PPP合同争议解决之行政裁决路径》,载《天津法学》2020年第4期,第27~28页。

[3] 英美行政司法裁判范围既有民事争议又有行政争议。如英国由各种行政裁判所来裁判财产权、税收、社会福利、公私合作等方面的争议,并以行政争议为主;美国的行政法官也有类似的裁判领域。参见刘善春、刘雪梅:《行政司法主体制度之比较研究》,载《行政法学研究》2001年第4期,第83页;成协中:《通过修法建立更加完善的政府采购行政裁决制度》,载《中国政府采购报》2021年3月2日。

[4] Michael Asimow, "Five Models of Administrative Adjudication", *The American Journal of Comparative Law*, Vol. 63: 1, pp. 3~31 (2015).

第五章　行政司法权作用于民事关系的典型制度安排：行政裁决

纠纷不再属于行政裁决的适用范围。[1]

第二，民事纠纷具有特定性、有限性。并非所有的民事纠纷都可借助于行政裁决加以解决，行政裁决的适用范围限于那些与行政管理活动、行政权密切相关且具有高度技术性的特定民事纠纷。"与行政管理活动密切相关"是指"行政机关在进行行政管理过程中引起的私法上的争议或者与行政管理活动密切相关的私法上的争议"。[2] 主要包括两种情况：一是与某些技术含量高、专业性强的行政管理事项密切相关因而宜由专门的行政机关裁决的民事纠纷；二是与发挥行政机关对社会的有效管控作用密切相关的民事纠纷。[3] 如由土地、森林、草原等资源的所有权和使用权引起的争议，由医疗事故、环境污染、产品质量等引起的赔偿争议。[4] 行政机关对其他民事纠纷的解决都作为行政调解对待。[5]《中共中央关于全面推进依法治国若干重大问题的决定》（以下简称"十八届四中全会决定"）即提出，健全行政裁决制度，强化行政机关解决同行政管理活动密切相关的民事纠纷功能。有学者还特意强调，作为行政裁决对象的民事纠纷必须与合同无关，[6] 当事人之间因合同产生争议可

---

[1]《昆明市城市房屋拆迁纠纷裁决程序》《南京市征地房屋拆迁裁决暂行规定》等地方拆迁补偿裁决规定亦先后失效。

[2] 王小红：《行政裁决制度研究》，知识产权出版社2011年版，第73页。

[3] 赵德铸：《论行政居间裁决案件的司法救济》，载《山东师范大学学报（人文社会科学版）》2005年第1期，第74页。

[4] 吴传毅：《征地补偿安置争议裁决与相关法律制度的关系》，载《行政论坛》2009年第5期，第48页。

[5] 郑太福、唐双娥：《论司法变更范围的扩大与行政裁决之诉中的司法变更——兼析〈解释〉第六十一条的完善》，载《湖南社会科学》2006年第2期，第70页。

[6] 参见余德厚、蒋文玉：《论行政诉讼司法审查的强度》，载《西南民族大学学报（人文社科版）》2020年第6期，第91页；沈开举：《论行政机关裁决民事纠纷的性质》，载《昆明理工大学学报（社会科学版）》2009年第5期，第25页。

以通过和解、调解、仲裁或诉讼解决。[1]而之所以要求民事纠纷与行政管理事项密切相关：一则是因为这些民事纠纷涉及公共利益，属于行政权的管辖范围，对其进行裁决亦有助于实现行政管理目的；二则是为了发挥行政机关的专业优势。行政机关拥有与其管理职能相关的信息资料，从而能够妥善、高效地解决民事纠纷。否则创设行政裁决制度的意义无存，借助于行政机关以外的任何中立第三方均可达致处理民事纠纷之目的。另一方面，如果民事纠纷与行政管理活动没有关联，行政机关相较于其他个人和组织的优势也不复存在，其对民事争议的解决只能谓之行政调解。[2]而民事纠纷的特定性、有限性也决定了行政裁决的设定权不可无度，行政机关有权裁决的事项必须来源于法律的明确规定。此外，对于法院来说，民事纠纷的技术性与行政机关的专业性决定了法院对行政裁决案件的审理有赖于行政机关的专业意见。

2. 功能导向：非诉纠纷解决机制

对于民事纠纷而言，其处理机制从理论上可以被分为三大类型：一是私力救济，即私主体完全依凭自身的力量解决民事争议，可谓自我修复，典型的如和解；二是公助救济，即由公权主导或者由公权认可的社会纠纷解决机制，[3]常在私力救济无效之时发挥作用，典型的如居委会调解；三是公力救济，即公权力直接介入民事纠纷并作出裁断，具有较强的权威性和强制性，典型的是民事诉讼。行政裁决是一种非诉类型的民事纠

---

[1] 孔繁华：《行政与司法之间：行政裁决范围的厘定与反思》，载《甘肃政法大学学报》2021年第1期，第23页。
[2] 参见郑太福、唐双娥：《论司法变更范围的扩大与行政裁决之诉中的司法变更——兼析〈解释〉第六十一条的完善》，载《湖南社会科学》2006年第2期，第69~70页。
[3] 马佳：《论我国行政处理民事纠纷机制的完善》，载《湖北行政学院学报》2007年第1期，第36页。

第五章　行政司法权作用于民事关系的典型制度安排：行政裁决

纷解决机制，且属于公力救济范畴。

第一，行政裁决同民事诉讼、和解、调解一样同为民事纠纷的解决途径。行政裁决虽然体现为行政权的行使，但与行政许可、行政处罚等一般的行政管理行为具有本质区别，后者是行政机关对行政相对人实施的自上而下的管理行为，[1]行政裁决则体现为行政机关以中立第三方的身份对民事纠纷的裁断处理，民事纠纷双方当事人作为被裁决者存在。例如，《民法典》第233条规定，物权受到侵害的，权利人可以通过和解、调解、仲裁、诉讼等途径解决。有学者指出，行政裁决即属于该条尚未列举出来的一种纠纷解决途径。[2]需要注意的是，尽管行政机关在裁决过程中也实现了一定的行政管理目的，但只是附带性的，误将行政裁决视为行政管理而非纠纷解决手段属于行政裁决制度的理念错位。[3]从内容上看，行政裁决的实质是对民事权利义务的分配，"行政裁决行为的合法性取决于对民事权利、义务分配的正误"。[4]

第二，行政裁决是一种非诉类型的区别于其他民事纠纷解决机制的独特机制。如上所述，民事纠纷的解决方式包括调解、和解、仲裁、诉讼等多种类型，这些解决方式不存在优劣之分，最适合的就是最好的。[5]《关于建立健全诉讼与非诉讼相衔接的

---

[1]　参见余德厚、蒋文玉：《论行政诉讼司法审查的强度》，载《西南民族大学学报（人文社科版）》2020年第6期，第91页。

[2]　参见应松年：《行政权与物权之关系研究——主要以〈物权法〉文本为分析对象》，载《中国法学》2007年第5期，第67页。

[3]　参见卢护锋：《我国行政裁决制度陷入困境的成因分析》，载《东北师大学报（哲学社会科学版）》2011年第4期，第248~249页。

[4]　韩波：《民事、行政交叉司法机制的困局与出路》，载《河南社会科学》2013年第3期，第20页。

[5]　李先伟：《多元化纠纷解决机制中的行政裁决权》，载《北京科技大学学报（社会科学版）》2010年第2期，第80页。

矛盾纠纷解决机制的若干意见》（以下简称《衔接意见》）也提出，充分发挥各方面的力量，推动各种纠纷解决机制的组织和程序制度建设，为人民群众提供更多可供选择的纠纷解决方式。行政裁决首先不是自我修复型的私力救济，而体现为行政机关对民事纠纷的裁断和处置；其次，行政裁决也不是社会第三方介入型的公助救济，其主体是行政机关而非社会组织，实际上是行政权的行使方式。因此，同民事诉讼一样，行政裁决也是公权力对民事纠纷的直接介入，是行政机关对与行政管理相关民事纠纷的处理，相当于额外赋予了行政机关解决民事纠纷的行政职权，是一种典型的公力救济方式。与此同时，行政裁决又与民事诉讼这种诉讼类纠纷解决机制具有本质性区别，属于《衔接意见》中的非诉讼解决机制，又称替代性纠纷解决机制（ADR）。[1]

（二）行政裁决是对民事纠纷的居间裁判

作为一种非诉类型的民事纠纷解决机制，行政裁决却同民事诉讼一样属于"居间裁断行为"。[2]行政裁决体现为行政机关以中立第三方的角色介入平等民事主体之间的特定民事纠纷，并借助于行政裁决权的行使对民事纠纷加以审理、作出决断。这种居间裁判一方面体现为行政机关的国家公断人角色，另一方面体现为行政裁决所造就的特殊三角型双重法律关系。

1. 行政机关的角色：国家公断人

行政裁决是行政机关以中间人身份对平等民事主体的民事纠纷进行裁断的过程，行政机关的身份首先是居间（中）人或者说是中间人。所谓居间（中），即行政机关居于特定民事纠纷

---

[1] 参见曹雯艳：《论医疗纠纷的非诉讼纠纷解决机制》，载《法治论丛（上海政法学院学报）》2009年第5期，第46页。

[2] 王小红：《行政裁决制度研究》，知识产权出版社2011年版，第35页。

第五章　行政司法权作用于民事关系的典型制度安排：行政裁决

的双方当事人之间，对特定的民事纠纷予以裁处。在行政裁决中，行政机关扮演的法律角色是中立的裁决者，相较于民事纠纷的双方当事人属于非当事人的第三方，民事纠纷双方当事人则同属于被裁决者。这种居间人身份体现了行政机关的价值中立理想，即与民事纠纷双方当事人的利益均无干系，其地位类似于诉讼关系中的法官。[1]有学者直言，在行政裁决中，"行政机关并不是作为公益代言人而出现的，而只是作为中立的裁决者来决定私人之间是否有某种私法关系或者这种私法关系是否被侵犯"。[2]此外，行政机关在行政裁决中的第三方身份亦与行政调解存在明显区别。行政调解与行政裁决同为行政机关解决民事纠纷、实现"诉源治理"的两大主要制度支柱，[3]行政机关在行政调解中同样以第三方身份主持调解，但行政裁决本质上是行政机关单方意志的表达，行政调解则是民事纠纷双方当事人的意志表达，而不掺杂行政机关的意志。其次，行政裁决中的行政机关不仅是居间人，还是"国家公断人"。[4]如上所述，国家认可的社会组织第三方调解也是解决民事纠纷的重要制度。二者的共同点之一即在于，行政机关与社会组织都处于中立第三方的角色。二者的区别则是，行政机关是代表国家行使行政权的主体，以国家权威作为信用支撑，因而相较于普通的社会组织具有更强的公信力与公正性，也更容易被民事纠纷当事人认可与接受。"任何纠纷解决制度的关键问题是公正。

---

[1] 参见陆平辉：《行政裁决诉讼的不确定性及其解决》，载《现代法学》2005年第6期，第102页。

[2] 陈国栋：《我国不必建立行政附带民事诉讼制度——以行政权对民事争议的介入程度为切入点的反思》，载《政治与法律》2013年第8期，第124页。

[3] 王聪：《作为诉源治理机制的行政调解：价值重塑与路径优化》，载《行政法学研究》2021年第5期，第55~56页。

[4] 吴传毅：《征地补偿安置争议裁决与相关法律制度的关系》，载《行政论坛》2009年第5期，第47页。

中立的纠纷解决机构是纠纷解决制度的灵魂，缺乏中立的纠纷解决机构的纠纷解决制度很难说得上是公正的制度。"[1]行政裁决以中立的行政机关作为民事纠纷的解决主体，行政裁决的公信力、权威性、可接受度均得以保障。

2. 行政裁决造就双重法律关系

行政裁决是对民事纠纷的居间裁判，不仅体现为行政机关的中立者角色，还体现为行政裁决所形成的双重法律关系：一是民事纠纷双方当事人之间的民事法律关系；二是行政机关与双方当事人之间的行政法律关系。以行政裁决的启动和决定作出为基准点，可将两种法律关系的时间轴概括如下：民事法律关系产生于行政裁决启动之前，且不因行政裁决的启动或者行政裁决的决定作出而终结，但会因行政裁决决定的作出发生改变；行政法律关系则自行政裁决决定作出之时才告成立。（详见图5-1）换言之，行政裁决的作出使得民事纠纷被行政权介入与调整，原来单一的民事法律关系被杂糅了行政法律关系与民事法律关系的双重法律关系所取代。具体而言，行政裁决一经作出，首先在行政机关与双方当事人之间形成行政法律关系，"纠纷双方均成为行政裁决行为所产生的权利和义务的直接承继者"，[2]行政裁决对双方当事人具有拘束力和执行力。其次，行政裁决的作出还在民事争议双方当事人之间设立了一种新的民事法律关系或者说改变了原来的民事法律关系，双方当事人之间的民事权利义务得以重新配置。而且行政法律关系对民事法律关系具有拘束力，当事人不可自行改变或者推翻。（详见图5-

---

[1] 应松年：《构建行政纠纷解决制度体系》，载《国家行政学院学报》2007年第3期，第28页。

[2] 吴汉全：《论行政裁决社会公信力的提升》，载《江苏行政学院学报》2005年第5期，第90页。

第五章　行政司法权作用于民事关系的典型制度安排：行政裁决

2）有学者据此主张，当事人不满行政裁决处理结果的，应以行政裁决而非民事纠纷为诉讼对象。[1]而当私主体以行政裁决为对象提起诉讼时，"便必然意味着原先双方当事人间的民事之争尚未消除"。[2]进一步说，在两种法律关系的主次关系上，行政裁决的核心内容是在民事争议的双方当事人之间设定私法上的权利义务，即民事权利义务，而不是去设立公法上的权利义务，即行政法上的权利义务。[3]

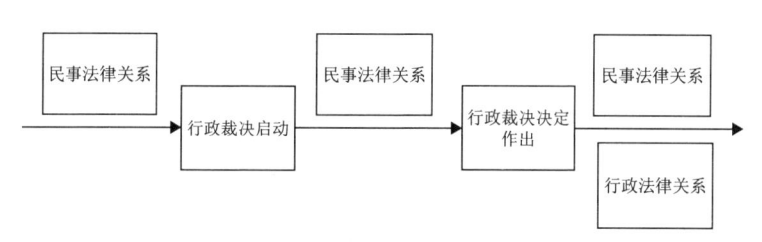

图 5-1　行政裁决法律关系变化轴

而之所以说行政裁决所造就的双重法律关系体现了行政机关的居间属性，则是因为民事法律关系虽然受到行政法律关系的影响，但即便行政法律关系不存在即没有行政裁决，民事法律关系并不会不发生也不会就此消逝。换言之，民事法律关系产生于民事纠纷双方当事人的民事法律行为（如侵权），民事法律关系独立于行政裁决权行使产生的行政法律关系，并可脱离于行政机关的介入而独立存在。有学者直言，行政机关与当事人之间并无实体性法律关系，充其量只有程序性法律关系。因

---

[1]　参见赵德铸：《论行政居间裁决案件的司法救济》，载《山东师范大学学报（人文社会科学版）》2005年第1期，第77页。
[2]　杨伟东：《行政附带民事诉讼探略》，载《行政法学研究》1998年第1期，第62页。
[3]　陆平辉：《行政裁决诉讼的不确定性及其解决》，载《现代法学》2005年第6期，第101页。

为行政机关并不是运用第二性的变更权去改变自己与公民之间的权利义务关系，而只是运用第二性裁判权去审判其中有无既定民事法律关系被侵犯的情形。[1]

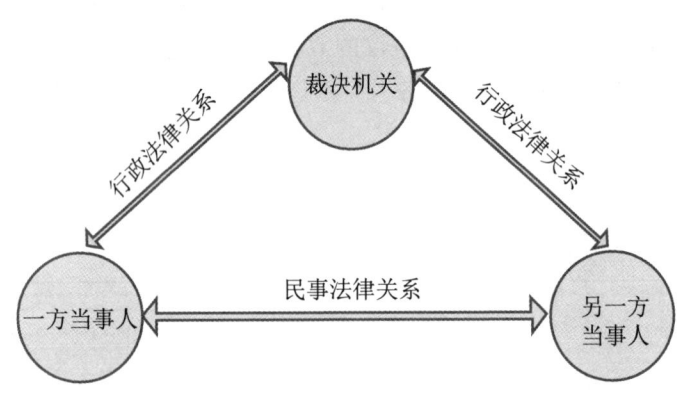

图 5-2 行政裁决形成的双重法律关系

二、实质属性：行政权作用于民事关系的活动

行政机关是行政权的主要行使主体且其行政权呈现扩大化趋势，行政机关不仅具有行政职能，更拥有立法职能与司法职能。行政裁决即是行政权的行使与行政机关司法职能之体现，并在内容上体现为对民事关系的干预。事实上，由法律授权的行政机关对特定的民事纠纷进行裁决，是当今世界许多国家普遍存在的一个现象，也是现代行政表现出的一个显著特点。[2]

---

[1] 陈国栋：《我国不必建立行政附带民事诉讼制度——以行政权对民事争议的介入程度为切入点的反思》，载《政治与法律》2013年第8期，第123页。

[2] 罗豪才、湛中乐主编：《行政法学》（第3版），北京大学出版社2012年版，第129页。

第五章 行政司法权作用于民事关系的典型制度安排：行政裁决

（一）行政裁决是行使行政司法权的行为

行政权分为行政立法权、行政执法权与行政司法权，[1]其中行政司法权是行政机关充当民事纠纷、行政纠纷的化解者与裁判者的权力，体现为行政裁决、行政复议、行政调解。[2]行政裁决是行政机关以准司法方式解决纠纷的行政行为，[3]行政裁决权是具有司法性的行政权，当事人有权就行政裁决提起行政诉讼。

1. 行政裁决是行使行政权的行政行为

行政裁决是行政机关行使行政裁判权的活动，是行政机关行使行政权作出的具有法律效力与法律效果的行政行为。也正是行政权要素赋予了行政裁决强制性与权威性。

第一，行政裁决是行政机关单方意志的表达，具有单方性。行政机关按照自己的单方意志对民事纠纷作出强制性的处理决定，既不掺杂民事纠纷任何一方当事人的意志，也非行政机关与双方当事人协调一致的共同意志。而且无论当事人是否同意或接受，都不影响行政裁决的成立和实施。进一步而言，行政裁决实际上是国家管理社会的意志，行政裁决本质上是行政机关管理社会事务的行政行为，服务于行政管理目标之实现。[4]这是因为，作为行政裁决对象的民事纠纷具有特定性，即与行政管理活动密切相关，对民事纠纷的解决自然也同时意味着行

---

[1] 参见胡建淼主编：《公权力研究——立法权、行政权、司法权》，浙江大学出版社2005年版，第282~285页。

[2] 耿玉基：《超越权力分工：行政司法化的证成与规制》，载《法制与社会发展》2015年第3期，第184页。

[3] 韩思阳：《行政裁决纠纷的诉讼选择》，载《政法论丛》2014年第4期，第97页。

[4] 参见陆平辉：《行政裁决诉讼的不确定性及其解决》，载《现代法学》2005年第6期，第101页。

政管理目标的实现。有学者将行政行为划分为形成性行政行为和确认性行政行为两类,认为行政裁决属于行政确认。[1]抛开行政裁决是否属于行政确认不谈,可以取得共识的是,行政裁决是行政机关行使行政权实施行政管理的活动,应当归入行政行为行列。

第二,从行政裁决的效力来看,行政裁决一经作出便具有法律效力,并主要表现为公定力、拘束力与执行力。首先,行政裁决对双方当事人具有拘束力。行政裁决一经作出就会在当事人之间设定一种民事上的法律关系,[2]当事人必须自觉履行行政裁决所设定的私法上的权利和义务,而不能自行改变或者推翻。其次,行政裁决具有强制执行力,不同于行政调解。如果当事人不申请行政复议或提起诉讼,又拒不履行行政裁决,行政机关有权直接强制执行或申请法院强制执行。至于公定力,有学者主张行政裁决具有公定力,[3]也有学者持反对意见,认为行政裁决不牵涉实体公益与私益的冲突协调,不具有产生公定力的理由。[4]笔者认为,公定力归根结底是源于行政权的公共利益趋向,行政裁决直接服务于民事纠纷的解决,但因民事纠纷与行政管理活动相关同时也起到行政管理的效用,因而具备公定力的产生基础。

第三,从行政裁决的法律效果来看,行政裁决是依法产生

---

[1] 参见[德]汉斯·J.沃尔夫、奥托·巴霍夫、罗尔夫·施托贝尔:《行政法》,高家伟译,商务印书馆2002年版,第43页。

[2] 李华菊、侯慧娟:《试论行政裁决的司法审查程序——兼谈行政附带民事诉讼案件的审理》,载《行政论坛》2002年第2期,第45页。

[3] 侯茜、宋宗宇:《环境纠纷行政处理的国际实践与借鉴》,载《社会科学家》2005年第5期,第52页。

[4] 陈国栋:《我国不必建立行政附带民事诉讼制度——以行政权对民事争议的介入程度为切入点的反思》,载《政治与法律》2013年第8期,第122~123页。

第五章 行政司法权作用于民事关系的典型制度安排：行政裁决

法律后果的行为，[1]区别于不产生法律效果的行政调解等事实行为。行政裁决一经作出，便在行政机关与民事纠纷双方当事人之间成立了行政法律关系，当事人受行政裁决的约束，只不过这种约束体现为对另一方面当事人负担民事权利义务，而非针对行政机关。换言之，行政裁决的法律效果体现为三方法律关系的塑造：一方面是行政裁决形式上体现出来的行政机关与双方当事人之间的行政法律关系，即当事人应当严格按照行政裁决承担义务、享受权利；另一方面是由行政裁决的内容所决定的民事纠纷双方当事人之间的民事权利义务变更与确定。与之形成鲜明对照的是行政调解，后者不产生法律效果也不具有强制性的约束效力："是一种服务性行政事实行为，是行政机关基于服务行政的法律精神，基于行政职权为社会提供纠纷解决服务的行为。"[2]

2. 行政裁决的司法特性

奥托·迈耶曾提出，法治国意味着对行政尽可能地司法化。只有这种为人所不熟知的做法才能使得国家为实现其目的的工作——生动的行政——被迫依照司法的、被紧密约束的、有规律的形式进行。[3]行政裁决是行政机关居间裁判民事纠纷的活动，不仅体现为行政权的行使，同时具有司法裁判的特征。[4]相较于行政性，行政裁决的司法性常被忽略，后者集中体现在以下几个方面：

---

[1] 应松年主编：《行政法学新论》，中国方正出版社1999年版，第182页。
[2] 何炼红：《论中国知识产权纠纷行政调解》，载《法律科学（西北政法大学学报）》2014年第1期，第157页。
[3] [德]奥托·迈耶：《德国行政法》，刘飞译，商务印书馆2013年版，第65~66页。
[4] 参见张树义主编：《纠纷的行政解决机制研究——以行政裁决为中心》，中国政法大学出版社2006年版，第36页。

第一，行政裁决的功能定位是民事纠纷解决机制，目的在于化解民事纠纷，维护私人利益。在行政裁决之中，裁决机关不是通过调解来解决民事纠纷，而是充当民事纠纷的化解者与裁判者，行政裁决权则属于一种典型的判断性质的权力。[1]反映到目的导向层面，行政裁决实际上是针对侵害他人民事合法权益的行为责令一方承担民事责任，目的在于维护私主体的私人利益与私法秩序。第二，行政机关扮演的是中立的裁断者角色。行政裁决是行政机关对民事纠纷进行居间裁判的行为，行政机关既非民事纠纷的当事人，也与当事人之间不存在利害关系，"不能戴'有色眼镜'而要居中并超脱地对案件进行判断"，[2]其地位类似于民事诉讼中的法官。第三，行政裁决多贯彻不告不理原则。"不告不理"是一项古老的司法原则，体现的是司法的消极、被动特征。[3]行政裁决的启动在多数情况下亦以当事人的申请为条件，行政机关不能主动启动裁决程序。[4]其背后的法理在于，行政裁决"作为维护民事主体个人利益的行政司法行为，应当尊重民事主体的意思自治"。[5]需要注意的是，行政裁决的申请不必由双方当事人共同提出，只要一方提出请求即可。不管另一方愿意与否，行政机关都须行使行政裁决权，对民事纠纷进行审理并作出裁决。第四，行政裁决的程序具有司

---

[1] 严垠章：《论我国不服行政裁决民事争议司法审查模式的选择》，载《温州大学学报（社会科学版）》2018年第1期，第69页。

[2] 耿玉基：《超越权力分工：行政司法化的证成与规制》，载《法制与社会发展》2015年第3期，第179页。

[3] 参见张韶华：《我国行政司法理论之批判与重构》，载《行政法学研究》1999年第3期，第31页。

[4] 如《专利法实施细则》第91条规定："……请求国务院专利行政部门裁决使用费数额的，当事人应当提出裁决请求书……"

[5] 胡建淼、吴恩玉：《行政主体责令承担民事责任的法律属性》，载《中国法学》2009年第1期，第85页。

第五章 行政司法权作用于民事关系的典型制度安排：行政裁决

法程序的自然公正属性。从裁决过程来看，行政裁决同法院审理民事案件一样，须以事实为依据，以法律为准绳。从裁决程序来看，行政裁决的基本程序包含申请、受理、通知、开庭、裁决，并遵循回避、调查取证等规则，接近于司法程序。[1]美国、日本和法国等国家享有准司法权的反垄断执法机关经过类似法院审理程序后所作出的行政裁决具有相当于法院一审判决的效力。[2]

因此，行政裁决权是行政机关居中对民事纠纷进行审理和裁判的司法性权力，"在某种意义上也可视为行政权向司法权领域的延伸"，[3]扩大了行政机关的职能。行政裁决的司法性可回溯至行政裁决权的来源。根据传统的权力分工原则，平等民事主体之间的民事纠纷由法院管辖并负责裁判。但伴随着社会经济的迅速发展，民事纠纷大量涌现并超出了法院的承受范围，这就为行政裁决作为一种民事纠纷解决机制登上舞台提供了现实土壤。也正因为如此，最高人民法院于2009年发布了《衔接意见》，要求充分发挥调解、仲裁、裁决等非诉纠纷解决机制的作用。而另一方面，某些民事纠纷与行政管理活动密切相关甚至发生在行政管理过程之中，客观上也要求拥有专业知识的行政机关积极介入与处理。在两种机制的共同作用之下，法律将原本由法院管辖的部分民事纠纷授权行政机关予以管辖，由此行政机关经法律授权获得了居中裁断民事纠纷的行政权能，即行政裁决权。换言之，将民事纠纷的管辖权由法院移至行政机

---

[1] 参见周小明、孙海涛：《论民事权利的行政裁决救济——以我国的征地及城市房屋拆迁行政裁决为例》，载《广西社会科学》2010年第1期，第71页。
[2] 朱宏文、王健：《从"两权合一"走向"三权合一"——我国反垄断执法机关导入准司法权的理论、路径和内容》，载《法学评论》2012年第5期，第107页。
[3] 卢护锋：《我国行政裁决制度陷入困境的成因分析》，载《东北师大学报（哲学社会科学版）》2011年第4期，第247页。

关的过程是法院将部分司法权让渡给行政机关的过程,只是裁断者发生了变化,但裁断纠纷所具有的司法性依旧。尽管行政机关并非像法院一样属于经典意义上的司法机关,但行政裁决权却是一类典型的审判权。[1]这就意味着,在传统的行政执法权之外,行政机关被赋予了司法性行政权,用以解决民事争议。一般认为,行政裁决是一种类似于司法判断行为的准司法行为。[2]

3. 行政裁决属可诉范畴

行政裁决的司法性并不会改变行政裁决的行政本质。通说认为,行政裁决属于行政行为,相对人有权针对行政裁决提起行政诉讼。《行政诉讼法》明确将行政裁决纳入行政诉讼的受案范围,[3]《关于行政案件案由的暂行规定》亦将行政裁决列为二级案由。这意味着,行政机关可能因行政裁决权之行使而担当行政诉讼的被告角色,法院审查的对象是行政裁决合法公正与否,即行政机关对民事纠纷的处理合法公正与否。[4]

行政裁决的可诉性首先源于司法最终原则。在现代法治社会,司法是国家为当事人双方提供不用武力解决争端的方法,司法被视为解决社会冲突的最终方式、实现公平正义的最后屏障。[5]如上所述,行政裁决是一类重要的民事纠纷解决机制并

---

[1] 参见陈国栋:《我国不必建立行政附带民事诉讼制度——以行政权对民事争议的介入程度为切入点的反思》,载《政治与法律》2013年第8期,第121页。

[2] 余德厚、蒋文玉:《论行政诉讼司法审查的强度》,载《西南民族大学学报(人文社科版)》2020年第6期,第91页。

[3] 参见《行政诉讼法》第61条第1款:"在涉及行政许可、登记、征收、征用和行政机关对民事争议所作的裁决的行政诉讼中,当事人申请一并解决相关民事争议的,人民法院可以一并审理。"

[4] 参见郭修江:《一并审理民行争议案件的审判规则——对修改后的〈行政诉讼法〉第六十一条的理解》,载《法律适用》2016年第1期,第76页。

[5] 魏玮:《知识产权侵权纠纷行政裁决若干问题研究》,载《华东政法大学学报》2007年第4期,第57页。

第五章　行政司法权作用于民事关系的典型制度安排：行政裁决

呈现扩大化趋势。但是，"司法机关对民事纠纷的最终裁判权，并没有因此而被取消，因为司法是正义的最后堡垒"。[1]司法终局是行政法领域的原则之一，"司法权存在的基础之一就在于为各种各样的权利提供一种最终的救济机制"，[2]终局的裁决须由法院作出。因此，作为一种民事纠纷的解决机制，行政裁决具有非终局性即不具有最终效力，而只能被定位为对民事纠纷的"初审"，"应当允许当事人不服行政机关对民事纠纷的处理提起诉讼"。[3]换言之，行政裁决并没有剥夺民事纠纷当事人寻求司法救济的权利，如果当事人不服行政裁决，有权向法院提起行政诉讼予以推翻。行政裁决与司法最终并行不悖，行政裁决不仅不一定能最终解决民事纠纷，成为民事纠纷的终点，而且很有可能是民事纠纷的新起点，"关键在于保障民事纠纷的解决由法院享有最后的最终的裁决而非第一手发言权"。[4]

其次，要求行政裁决可诉也是监督行政机关依法行使行政裁决权、防范行政裁决权滥用的必要途径。如前所述，行政权具有天然的扩张性，行政机关容易自我膨胀，并倾向于介入越来越多的民事活动。将行政机关与人民之间的纠纷交由法院进行审查，通过司法权对行政权加以制衡，能够有效防止行政权滥用。[5]对于行政裁决而言，将其纳入司法审查的范围一方面

---

[1] 陈国栋：《我国不必建立行政附带民事诉讼制度——以行政权对民事争议的介入程度为切入点的反思》，载《政治与法律》2013年第8期，第121页。
[2] 谢卫华：《论赋予法院对行政裁决司法变更权的必要性》，载《行政法学研究》2003年第3期，第19页。
[3] 游振辉：《论行政机关对民事纠纷的主管》，载《中国法学》1992年第4期，第51页。
[4] 张树义主编：《纠纷的行政解决机制研究——以行政裁决为中心》，中国政法大学出版社2006年版，第38页。
[5] 参见彭情宝：《论司法审查行政裁决的强度——基于商标行政裁决"循环诉讼"的分析》，载《学术论坛》2014年第9期，第95页。

可以发挥行政机关在处理民事纠纷方面的专业性、高效性等优势,实现案件分流,减轻法院负担;另一方面也可以借助司法权的监督功能防范行政机关滥用行政裁决权,尤其是作出不公正的裁决。此外,法院对民事争议本来就具有当然的、概括的管辖权,在行政裁决案件中实行继审主义不会造成司法代替行政作决断的问题。[1]

最后,将行政裁决纳入法院的审查范围也是由行政裁决的内容所决定的。行政裁决的内容体现为民事纠纷双方当事人之间的权利义务配置,且作为一种行政行为,行政裁决非经法律程序不得改变,即双方当事人的权利义务关系必须经复议、诉讼等法律程序才得变更。因此,若双方当事人想要变更这种民事权利义务配置关系,就必须首先打破行政裁决的法律效力,即首先对行政裁决本身的合法性进行确认,而这种合法性认定需要法院才能完成。

(二) 行政裁决体现为行政权对民事关系的介入

如前所述,行政裁决是行政机关介入民事纠纷的行政性纠纷解决机制。[2]从权力与权利的视角观察,行政裁决是行政权扩张的结果与行政权的行使方式,实质上是行政权对民事关系的介入,反映的是行政权广泛介入平等主体之间干涉私权自治的过程,以实现秩序目标。

1. 行政权的扩张和与三权分立的冲突弥合

在现代社会,伴随着社会经济生活的发展与行政管理领域的扩大,行政机关被赋予了越来越多的权力,不仅传统的行政

---

〔1〕 余德厚、蒋文玉:《论行政诉讼司法审查的强度》,载《西南民族大学学报(人文社科版)》2020年第6期,第95页。

〔2〕 参见范愉:《纠纷解决的理论与实践》,清华大学出版社2007年版,第263页。

第五章　行政司法权作用于民事关系的典型制度安排：行政裁决

执法权呈现扩张之势，行政机关亦在行政执法权之外被额外赋予了行政立法权与行政司法权。由行政机关行使行政司法权作为纠纷解决机制正变得日益普遍，且呈现扩张趋势。[1]随着行政范式从"官僚行政"到"公共行政"的转换，以及民众法律意识的觉醒，在行政管理、公共服务等领域中，行政一贯秉持的执行性和管制性权能式微，其纠纷解决、公力救济等功能反而凸显。[2]行政机关行使行政司法权的活动主要是指处理各类行政争议与民事争议，前者指向行政复议，后者指向行政裁决与行政调解。因此，由行政机关主管民事纠纷是行政权的主要组成部分，也是行政权行使的重要表现形式。作为现代国家一项重要的政府职能，行政裁决的兴起是行政权不断扩张的结果，也是社会发展和国家管理之必需。[3]

由此产生的问题是，行政机关行使司法权是否构成对三权分立的悖反？三权分立理论由孟德斯鸠首创，"如果司法权不与立法权和行政权分立，自由也就不存在了"。[4]进一步而言，司法权只能由法院等司法机关行使，行政机关只拥有行政权而不能行使司法权。既然解决民事纠纷属于司法职能，那么行政裁决就具有司法属性，行政裁决权就不能由行政机关行使。[5]有学者直言："行政裁决的出现正是对西方'三权分立'体制的超

---

〔1〕　有学者总结了行政司法权扩张的外在表现：一是介入领域扩大到私人领域；二是介入力度增强；三是裁量权增大；四是程序宽泛化。参见刘琼豪：《行政司法的正义追求及其实现的伦理思考》，载《齐鲁学刊》2018年第1期，第77页。

〔2〕　耿玉基：《超越权力分工：行政司法化的证成与规制》，载《法制与社会发展》2015年第3期，第178页。

〔3〕　周佑勇、尹建国：《我国行政裁决制度的改革和完善》，载《上海政法学院学报》2006年第5期，第32页。

〔4〕　[法]孟德斯鸠：《论法的精神》（上卷），许明龙译，商务印书馆2009年版，第103页。

〔5〕　参见陈锦波：《我国行政裁决制度之批判——兼论以有权社会机构裁决替代行政裁决》，载《行政法学研究》2015年第6期，第88页。

越和突破。"[1]施瓦茨教授也指出，由于当代复杂社会的需要，行政法需要拥有立法职能和司法职能的行政机关，为了有效地管理经济，三权分立的传统必须抛弃。[2]笔者认为，赋予行政机关行政裁决权并不违反行政权与司法权分立的基本法理，也不构成行政权对司法权的侵犯。

首先，三权分立直接指向国家机关之间的分工，即行政机关主要行使行政权，司法机关主要行使司法权，既不允许侵蚀其他部门的职能，也不允许任何人同时是一个以上部门的成员。[3]但是，这种权力分工是相对的，尤其是从功能主义的角度出发，应当允许三种公权力的部分混合。"对于社会主义国家来说，权力分工不是目的，而是要通过分工的体制和国家组织机构保证人民的民主权利得以真实的实现。"[4]以有效保护公民权益为基点，国家权力运行的规则正在不断发展与变化，现代法治社会的一种趋势即是司法与行政在保持各自权力运作特征的同时出现一定程度的交叉与融合。[5]换言之，立法机关、行政机关与司法机关不必强行坚守三权界限，为了达致防止公权力滥用、保障人民的民主权利之目的，立法机关可以授权行政机关行使司法权，对相关纠纷进行居中裁断。此外，行政权的扩张也使得传统的三权分立理论无力应对权力属性识别方面的挑战，实际上真

---

〔1〕 周佑勇、尹建国：《我国行政裁决制度的改革和完善》，载《上海政法学院学报》2006年第5期，第32页。

〔2〕 [美]伯纳德·施瓦茨：《行政法》，徐炳译，群众出版社1986年版，第6页。

〔3〕 参见[英]M.J.C.维尔：《宪政与分权》，苏力译，生活·读书·新知三联书店1997年版，第303页。

〔4〕 王小红：《和谐社会建设需要行政裁决制度》，载《北方法学》2008年第4期，第95页。

〔5〕 齐树洁主编：《纠纷解决与和谐社会》，厦门大学出版社2010年版，第260~261页。

第五章　行政司法权作用于民事关系的典型制度安排：行政裁决

正可以保留下来仅仅是"机构的分立"这一较易实现的目标。[1]

其次，三权分立所强调的，是立法权、行政权、司法权三种权力之间的相互制衡而"不是说立法、行政、司法部门不应部分参与或支配彼此的行动"。[2]对于行政裁决权来说，只要遵循司法最终原则，就不暌违三权分立理论。有学者洞鉴，坚持司法最终原则是防止行政裁决权专横和滥用的必然，也是对分权制衡理论最好的坚持。[3]"司法权力的委任是否符合宪法的分权原则，以是否接受司法审查作为标准。"[4]至于行政裁决可诉可能引发的诸如僭夺行政机关的权威等质疑，行政机关原本就非民事争议的专门处理机关，授权行政机关裁决民事纠纷不过是让行政机关承担"初审"职能，因而允许当事人就行政裁决提起行政诉讼并让法院开展实质性审查乃至直接改判不仅可行，而且能够有效增拓社会公正。[5]

最后，行政裁决是国家职能分工的一种自我调节与完善。[6]根据社会发展的需要，国家权力机关对行政机关与司法机关的职能进行了调整，将原属于法院管辖的部分民事纠纷授权行政机关予以管辖，便产生了作为行政职能的行政裁决权。[7]这主

---

〔1〕 参见沈开举：《论行政机关裁决民事纠纷的性质》，载《昆明理工大学学报（社会科学版）》2009年第5期，第25页。

〔2〕 参见［美］汉密尔顿、杰伊、麦迪逊：《联邦党人文集》，程逢如、在汉、舒逊译，商务印书馆1980年版，第247页。

〔3〕 参见段守万：《行政调解和裁决的强化及法律控制的完善》，载《云南行政学院学报》2007年第6期，第140页。

〔4〕 沈开举：《委任司法初探——从行政机关解决纠纷行为的性质谈起》，载《郑州大学学报（哲学社会科学版）》2007年第1期，第43页。

〔5〕 参见余德厚、蒋文玉：《论行政诉讼司法审查的强度》，载《西南民族大学学报（人文社科版）》2020年第6期，第91页。

〔6〕 罗豪才、湛中乐主编：《行政法学》（第3版），北京大学出版社2012年版，第页。

〔7〕 参见谢卫华：《论赋予法院对行政裁决司法变更权的必要性》，载《行政法学研究》2003年第3期，第18页。

要是因为：一方面，很多民事纠纷具有较强的专业性和技术性，客观上要求解决主体掌握丰富的专业知识技术，而行政机关常比法院更为专业；另一方面，民事纠纷数量的飙升使得单靠法院的力量无法应对，客观上需要行政机关等公权力主体予以分流。

2. 行政裁决的实质是行政权介入民事关系

行政裁决表面上是行政机关居中审理民事纠纷并加以裁断的过程，实际上是将民事关系纳入到了行政权的管辖范围，体现了行政权对私法领域的介入与对私权自治的"侵扰"。之所以要设计行政裁决制度安排行政机关介入民事争议的解决，可以归结为社会发展与国家管理的需要。随着社会的发展，社会关系趋于复杂，不仅民事纠纷的数量呈现爆炸式增长，而且民事纠纷的专业性与技术性飙升。对于法院而言：一方面面对数量繁多的民事纠纷显得力不从心，另一方面对于某些专业性、技术性较强的民事纠纷则根本上缺乏专业的裁断能力。与之形成鲜明对照的是，行政机关既拥有较强的专业技术知识和专门的行政管理经验，从而擅长对那些行政管理相关的民事纠纷进行专业裁断。同时，行政裁决与司法裁判相比具有程序简便、方法灵活、结案迅速等优点。[1]以知识产权侵权纠纷为例，其可行政裁决的合理性有三：一是知识产权与行政权密切相关且有赖于行政权提供保护；二是处理知识产权侵权纠纷要求较高的技术性；三是包括行政裁决在内的多元化纠纷解决机制正成为方兴未艾的时代潮流。[2]

---

〔1〕 参见莫家齐、张尚清：《城市房屋拆迁补偿、安置纠纷法律救济手段研究》，载《行政法学研究》1998年第4期，第70页。

〔2〕 参见魏玮：《知识产权侵权纠纷行政裁决若干问题研究》，载《华东政法大学学报》2007年第4期，第53~55页。

第五章　行政司法权作用于民事关系的典型制度安排：行政裁决

行政机关通过行使行政裁决权介入民事争议造成的影响主要有三个方面：一是对事先存在的民事法律关系产生变更之效。行政裁决的核心内容是对民事纠纷双方当事人的民事权利义务进行重新配置，并多体现为责令一方承担民事责任。因此，行政裁决对双方当事人的拘束力必然导致双方当事人之间业已存在的民事法律关系在内容上发生变更。二是形成行政法律关系。行政裁决是行政机关行使行政权的行为，并在行政机关与双方当事人之间搭建起了行政法上的权利义务关系，这是没有行政裁决便不会产生的质变。具体而言，双方当事人均有义务遵守行政裁决，行政机关则负有不随意变更行政裁决的法律义务。三是使得民事争议复杂化。民事纠纷经行政裁决之前，双方当事人之间的民事争议是非常纯粹的民事争议，而经行政裁决过的民事争议则被行政裁决所裹挟，此时当事人仍认为民事争议未化解的，须先涤除行政裁决的法律效力才能谋求民事争议的重新解决。

由行政机关裁决与行政活动有关的民事纠纷，已成为世界性的发展趋势。[1]既然行政裁决本质上体现为行政权对私权自治领域的介入，就不可避免会发生行政裁决权过度介入私权自治的问题。每个人都需要私法自治，只有这样他才能在自己的切身事务方面自由地作出决定，他才能充分发展自己的人格，维护他自己的尊严。[2]行政权与私权自治天然存在对立紧张关系，行政权是私权自治的一大侵害源。如果行政裁决权过度介入私权自治领域，如对于选择性的行政裁决，在当事人未申请的情况下主动作出裁决，就侵犯了当事人根据自身实际情况选择

---

[1]　袁雪石：《行政处罚附带民事纠纷解决机制研究》，载《中国法律评论》2020年第5期，第20页。

[2]　[德]卡尔·拉伦茨：《德国民法通论》，王晓晔等译，法律出版社2013年版，第54页。

符合自己利益最大化纠纷解决方式的自治权利。[1]因此，行政裁决制度的设计必须妥善处理好行政裁决权与私权自治的关系，严防行政机关以行政裁决权为媒介，戕害私主体的自治权利。此外，行政裁决主要服务于对民事主体个人权益的维护，兼及考虑民事争议相关的行政管理目标。从私主体的个人利益出发，行政机关在行使行政裁决权的过程中必须恪守法律对行政裁决权限、程序等方面的具体要求，遵循不告不理原则，充分尊重当事人的意思自治。

3. 行政裁决介入民事关系的程度与行政调解不同

与此同时，介入民事纠纷程度的不同是行政裁决与行政调解最大的区别之处。较之于行政调解，行政裁决对民事纠纷的介入程度更高，对双方当事人权利义务的影响也更大。行政裁决程序虽多肇始于民事纠纷当事人的申请，但行政裁决本身却是行政机关单方意志的表达，并具体体现为行政机关把自身的意志强加给民事纠纷当事人。行政调解则是双方当事人的意志表达，行政机关虽介入民事纠纷的处理，但纯粹作为中立第三人存在。行政调解可归结为行政机关主导的基于意思自治原则的活动，行政调解书也不掺杂行政机关的意志。正因为如此，行政裁决具有法律效力并应受司法审查的监督，行政调解则仅具有事实效果而不具有强制性的约束效力，其能否获得执行完全取决于当事人的意志，也不属于法院的审查范围。例如，《专利法》第 65 条规定："未经专利权人许可，实施其专利，……专利权人或者利害关系人……可以请求管理专利工作的部门处理。……当事人不服的，可以自收到处理通知之日起十五日内依照《中华人民共和国行政诉讼法》向人民法院起诉；……"该"处理"

---

[1] 熊琦、朱若含：《论著作权法中的"行政介入"条款》，载《山东大学学报（哲学社会科学版）》2020 年第 1 期，第 116 页。

第五章　行政司法权作用于民事关系的典型制度安排：行政裁决

具备可诉性，应当解释为行政裁决。

基于行政裁决与行政调解对民事纠纷介入强度的区别与充分尊重私权自治之精神，如果通过行政调解完全可以实现解决民事争议之目的，就没有必要启动行政裁决。[1]对此，应当改变行政调解与行政裁决相分离的传统模式，建立行政调解与行政裁决衔接机制，实现二者的一体化结合。例如，2020年8月，深圳市财政局出台的《政府采购行政裁决规程（试行）》明确了"受理—调查（调解）—审查—决定及送达"的政府采购投诉案件办理流程，将行政调解纳入行政裁决流程。[2]

三、行政裁决的服务属性与服务型政府建设

面对层出不穷的社会问题，"福利国家、保护国家、助长行政、给付行政等新颖之国家目的观及行政作用论渐渐被接受，行政机能遂呈几何级数之增繁多涉"，[3]各国普遍进入行政国家、福利国家时代，强调服务型政府之建设。由此导致的现象是，行政机关广泛介入国民生活尤其是传统的私权自治领域。行政裁决即是服务型政府建设的产物，并凭借对民事纠纷的化解客观上产生促进服务型政府建设之效。

（一）服务型政府建设呼唤行政裁决

与消极行政、守夜人国家的传统理念日薄西山形成鲜明对比，"服务行政"及"生存照顾"的现代行政理念深入人心，[4]服务

---

[1] 参见孔繁华：《行政与司法之间：行政裁决范围的厘定与反思》，载《甘肃政法大学学报》2021年第1期，第24页。

[2] 参见王聪：《作为诉源治理机制的行政调解：价值重塑与路径优化》，载《行政法学研究》2021年第5期，第63~64页。

[3] 城仲模：《行政法之基础理论》，三民书局1980年版，第156页。

[4] 参见陈新民：《公法学札记》（增订新版），法律出版社2010年版，第39~46页。

型政府建设成为新时代法治政府建设的新命题。服务型政府之建设对行政权提出了新的任务和要求，政府职能不可避免地走向扩张，纠纷解决即是其中之一。作为民事纠纷解决机制之一的行政裁决由此登上历史舞台。

1. 服务型政府要求行政权扩张

经济调节、市场监管、社会管理、公共服务与生态环境保护是政府的基本职能。自2005年《政府工作报告》正式提出"建设服务型政府"以来，服务型政府建设被中央和地方的各类文件多次强调，"已被确立为我国各级政府及其职能部门为社会经济、文化发展提供更好的公共服务的基本价值目标"。[1]《法治政府建设实施纲要（2021—2025年）》也将"加快建设服务型政府，提高政务服务效能"作为"实现法治政府建设全面突破"的任务之一。服务型政府是在公民本位、社会本位理念指导下，在整个社会民主秩序的框架下，通过法定程序，按照公民意志组建起来的以为人民服务为宗旨并承担着服务责任的政府。[2]服务型政府意味着，政府应以为人民提供优质的公共服务为出发点和落脚点，行政权的行使应当围绕"服务"展开，致力于为人民提供全方位、高质量的服务。"200年前，人们希望国家不要压迫他们，100年前，人们希望国家给他们更多自由，而在今天，人们则期待国家为他们多做些事情。"[3]服务型政府与有限政府不同，有限政府强调"管的最少"，服务型政府强调"提

---

〔1〕 陆伟明：《服务型政府的行政裁决职能及其规制》，载《西南政法大学学报》2009年第2期，第25页。

〔2〕 刘熙瑞：《服务型政府——经济全球化背景下中国政府改革的目标选择》，载《中国行政管理》2002年第7期，第5页。

〔3〕 李东方：《近代法律体系的局限性与经济法的生成》，载《现代法学》1999年第4期，第17页。

第五章　行政司法权作用于民事关系的典型制度安排：行政裁决

高福利"。[1]因此，服务型政府要求政府承担越来越多的公共服务职责，必然指向行政权的扩张与行政职能范围的增拓。具体而言，服务型政府要求政府必须同时具备以下四种行政职能：一是提供秩序保障的管制行政职能；二是提供公共产品和服务的给付行政职能；三是与公民、法人或其他组织合作的非权力行政职能；四是提供纠纷解决机制的解纷行政职能。[2]相应地，行政权应当服务于秩序保障、服务供给、纠纷解决等事项，其中行政裁决就是政府以行政裁决权为媒介承担解决纠纷职能的重要体现。

2. 政府的纠纷解决职能依赖行政裁决

解决纠纷可谓服务型政府的刚性约束和必然要求，国家治理模式从管制政府向服务政府的变迁体现在行政判断上，就是部分行政权从以命令式判断为主转变成以司法性判断为主。[3]行政裁决固然是政府承担解决纠纷职能的工具之一，但疑问仍在于：为什么必须建立行政裁决制度作为民事纠纷的解决机制呢？换言之，既有的行政调解、行政仲裁是否尚不能满足民事纠纷解决的现实需要？答案是肯定的。纠纷解决机制必须是正义的，因而其具体的制度设计必须在平衡准确性、效率与公平的基础上实现效用最大化。[4]"面对专业性、技术性、即时性事件及其

---

[1] 王小红：《和谐社会建设需要行政裁决制度》，载《北方法学》2008年第4期，第94页。

[2] 参见陆伟明：《服务型政府的行政裁决职能及其规制》，载《西南政法大学学报》2009年第2期，第26页。

[3] 耿玉基：《超越权力分工：行政司法化的证成与规制》，载《法制与社会发展》2015年第3期，第179页。

[4] Michael Asimow, "Five Models of Administrative Adjudication", *The American Journal of Comparative Law*, Vol. 63: 1, pp. 3~31 (2015).

引发的纠纷",[1]法院常常无能为力,行政调解、仲裁则缺乏强制性的约束效力。也就是说,就专业性的民事纠纷而言,唯有行政裁决才能达到案结事了的目的。例如,基于政府采购投诉处理的专业化优势之考量,有学者建议按照行政裁决理论来改革政府采购投诉处理制度。[2]因此,作为民事纠纷非诉解决机制,行政裁决的产生与发展跟福利国家与服务型政府建设以及行政职能的强化关系重大。此外,构建多元化的民事纠纷解决机制以满足人民群众多样化的需求也为行政裁决制度的生根发芽提供了土壤。

另一方面,政府的"服务员"与"裁判员"角色有赖于介入民事争议的行政裁决制度。行政机关介入民事争议是行政权不断发展的结果,随着社会发展,行政权从最初的维持社会秩序扩展至提供福利和服务以及防范社会风险,行政机关开始掌握和行使具有一定立法和司法特点的权力。[3]在服务型政府理念之下,政府与公民的关系不是简单的管理与被管理关系乃至政治上的主仆关系,而是商家与顾客、服务与被服务的关系。换言之,公民既是政府的管理对象,也是政府的服务对象,政府的意义与价值需以公民的满足程度为评判标准。[4]政府充当的则是"服务员"与"裁判员"的角色。而为了扮演好"裁判员"角色,行政机关必须同时拥有行政裁决权、行政调解权、行政仲裁权等全方位多类型的裁判权力。也就是说,服务型政府建设有赖于政府"裁判员"角色之发挥,后者则需要借助行

---

[1] 赵银翠、杨建顺:《行政过程中的民事纠纷解决机制研究》,载《法学家》2009年第3期,第148页。
[2] 参见成协中:《通过修法建立更加完善的政府采购行政裁决制度》,载《中国政府采购报》2021年3月2日。
[3] 孔繁华:《行政与司法之间:行政裁决范围的厘定与反思》,载《甘肃政法大学学报》2021年第1期,第32页。
[4] 参见崔卓兰、卢护锋:《非强制行政的价值分析》,载《社会科学战线》2006年第3期,第247页。

第五章　行政司法权作用于民事关系的典型制度安排：行政裁决

政裁决这种民事争议的介入机制才能达成。

（二）行政裁决助推服务型政府建设

不仅服务型政府建设有赖于赋予行政机关裁决权力，行政裁决自身亦具有服务属性，并在纠纷解决、秩序保障、行政活动方式转型、公共利益维护等方面对服务型政府建设厥功至伟。

1. 行政裁决的服务属性：非行政管理

强调行政裁决的服务属性主要是警惕"误将行政裁决视为行政管理而非纠纷解决手段"[1]这样一种错位理念。理念是法律制度的灵魂，并直接决定了法律制度的走向与具体的操作机制设计。我国的行政裁决制度设计之初，即被定位为行政管理手段：一方面，相关法律规范侧重于赋予行政机关行政裁决权而较少关注对行政裁决权的监督控制，尤其是缺乏行政裁决的程序性规定；另一方面，相关法律规范多强调相对人的法律义务而缺乏行政机关义务的规定。[2]不可否认，行政裁决的确具有行政管理之效，行政裁决的适用对象即限于与行政管理活动相关的民事纠纷，因而对民事纠纷的解决必然附带性地产生行政管理效果。有学者直言，行政裁决是"现代国家行政管理的一种重要手段"。[3]但是，行政管理目的之实现充其量只是行政裁决的附随性效果，对民事纠纷进行裁断并服务于民事纠纷的化解才是行政裁决制度的设计初衷与根本目标。具体而言，行政裁决的服务属性主要见之于以下两个层面：

其一，对于行政机关而言，行政裁决是行政机关作为国家

---

[1] 卢护锋：《我国行政裁决制度陷入困境的成因分析》，载《东北师大学报（哲学社会科学版）》2011年第4期，第249页。

[2] 参见张树义主编：《纠纷的行政解决机制研究——以行政裁决为中心》，中国政法大学出版社2006年版，第135页。

[3] 李华菊、侯慧娟：《试论行政裁决的司法审查程序——兼谈行政附带民事诉讼案件的审理》，载《行政论坛》2002年第2期，第45页。

公断人对相关民事纠纷进行居中裁断的过程,行政机关不应与民事纠纷双方当事人存在利害关系,而是作为纯粹的中立第三人对民事纠纷加以审查并重新配置当事人之间的民事权利义务,力图彻底化解民事纠纷,实现公平正义。至于是否能够产生促进行政管理的效果,并不应当在行政机关的考虑之列。其二,对于私主体而言,其有权就某些特定的民事纠纷请求行政机关介入解决,行政机关则不得拒绝,其不仅有责任而且有义务行使行政裁决权对相关民事纠纷作出裁断,定纷止争。进一步而言,在行政裁决制度确立之前,行政机关不得主动介入民事纠纷,当事人亦享有要求行政机关不予介入的权利;而在行政裁决制度建立之后,当事人则获得了针对行政机关的"行政介入请求权",当事人有权选择以行政裁决作为民事纠纷的解决机制,以获得最为符合案件实际情况的纠纷解决方案。[1]可以说,以行政裁决为代表的"行政性纠纷解决机制已被视为社会福利资源,成为政府的服务功能和责任"。[2]

2. 行政裁决对建设服务型政府的积极意义

行政裁决的服务属性决定了行政裁决对于服务型政府建设也具有非常显著的促进意义。首先,服务型政府要求民事纠纷解决路径多元化且可自由选择,行政裁决则为私主体提供了一种独特的民事纠纷解决路径。随着新时代我国社会主要矛盾的新变化,人民所向往的美好生活需要日益广泛,政府所应当担负的"生存照顾"责任,不仅在于满足人民的物质及精神生活需要,更在于为公民提供一条多元化的权利救济渠道,创造一

---

[1] 参见[日]盐野宏:《行政法》,杨建顺译,法律出版社1999年版,第238~242页。

[2] 范愉等:《多元化纠纷解决机制与和谐社会的构建》,经济科学出版社2011年版,第380页。

第五章　行政司法权作用于民事关系的典型制度安排：行政裁决

个公平正义的社会秩序。[1]行政裁决与民事诉讼、行政调解、仲裁等诉讼与非诉民事纠纷解决机制一道构成了民事纠纷解决机制群，民事纠纷当事人则可以根据需要、喜好等因素自由加以选择。其次，服务型政府要求纠纷解决机制专业、高效，行政裁决仅适用于行政管理相关的民事纠纷，这些民事纠纷多具有专业性与技术性等特征，行政机关具有法院所不具备的专业、技术与资源优势，从而能够助力这些民事纠纷的专业化、高效化解决。再次，服务型政府要求秩序良好，行政裁决化解民事纠纷之功效有助于消除社会矛盾、维护当事人的合法权益、保障社会秩序。民事纠纷是社会矛盾之反映，如果民事纠纷得不到解决，会造成社会秩序失范，激化社会矛盾。因此，处理民事纠纷是行政机关"维护社会秩序，保护私权，营造市场的良好发展环境的需要"。[2]复次，服务型政府要求行政机关对民事关系的介入是非强制的、协商的、温和的，行政裁决一般是依当事人申请发起的对民事纠纷的居中裁断，可谓打破了"命令-服从"式的行政管制模式，转而对私主体提供纠纷解决这一公共服务。最后，服务型政府要求行政活动必须有助于公共利益之实现，行政裁决在化解民事纠纷的同时也实现了行政管理目的，从而维护了公共利益。例如，在著作权领域，作为行政裁决对象的著作权侵权案件多同时损害了科学文化传播、市场秩序等公共利益。[3]因此，行政机关在化解著作权侵权争议的同时必然也起到维护市场秩序等公共利益之作用。也正是基于这

---

[1] 王聪：《作为诉源治理机制的行政调解：价值重塑与路径优化》，载《行政法学研究》2021年第5期，第65页。

[2] 马佳：《论我国行政处理民事纠纷机制的完善》，载《湖北行政学院学报》2007年第1期，第39页。

[3] 参见熊琦、朱若含：《论著作权法中的"行政介入"条款》，载《山东大学学报（哲学社会科学版）》2020年第1期，第113页。

些积极意义,有学者主张拓宽行政裁决的发展空间,一方面将更多民事纠纷纳入行政裁决范围,另一方面将原来由行政许可等方式调控的行政事项转由行政裁决方式调整。[1]

第二节 行政裁决运行现状考察与行政裁决权的滥用

既然行政裁决属于行政权介入民事关系的活动,防范行政裁决权滥用戕害私权利就成了规制行政裁决的出发点与落脚点。有必要基于行政裁决运行现状之考察,把握当前我国行政裁决立法与实施过程中存在的问题,从而为必要规制路径之提出奠定现实基础,最终服务于行政裁决服务功能的现实发挥与私权利侵害最小化。

一、行政裁决的立法现状与适用范围廓定

爬梳行政裁决的立法现状、研判行政裁决的适用范围是掌握行政裁决制度运行现状、去芜存菁的关键。行政裁决立法在我国经历了"兴起—没落—回归"的变化,当前行政裁决的适用范围呈现有限而多样化之特点。

(一)行政裁决立法的整体趋势与分类

通过梳理我国历史各阶段行政裁决立法可以发现,我国的行政裁决立法经历了"兴起—没落—回归"的起伏过程。在现行有效的行政裁决立法中,行政裁决的适用范围相对有限但仍然广泛。以民事纠纷的性质、行政裁决的内容、行政裁决与行政机关专属职权行使的关联程度为维度,可对行政裁决作出不同的分类。

---

[1] 参见陆伟明:《服务型政府的行政裁决职能及其规制》,载《西南政法大学学报》2009年第2期,第27页。

第五章　行政司法权作用于民事关系的典型制度安排：行政裁决

1. 行政裁决立法的整体趋势

目前，我国尚无中央层面统一的行政裁决制度，关于行政裁决的规定散见于各领域的规则中。[1]根据叶必丰教授于2011年底所做的统计，我国现有行政裁决的法律、法规和规章88件，规范性文件527件。[2]《商标法》是我国最早规定行政裁决的法律。20世纪90年代以前，我国多部法律保留了行政裁决权，比较有代表性的法律有9部：《海洋环境保护法》《食品卫生法（试行）》《专利法》《商标法》《药品管理法》《草原法》《治安管理处罚条例》《土地管理法》《大气污染防治法》。[3]但20世纪90年代之后，行政裁决的范围整体呈现缩减趋势，并多被调解、仲裁所取代。在以上9部代表性法律之中，除《专利法》和《商标法》保留并完善了行政裁决权之外，其他7部法律均取消了行政裁决权。[4]2014年十八届四中全会决定提出"健全行政裁决制度"以来，行政裁决又得以勃兴，尤其是2019年《裁决意见》的颁布将行政裁决制度推向了新的应用高潮，各地纷纷推出行政裁决事项清单，[5]以规范行政裁决权的行使，助力于发挥行政裁决在化解矛盾纠纷、维护社会稳定方面的积极作用。

2. 行政裁决的理论分类

行政裁决是以特定民事纠纷作为适用对象的民事纠纷处理

---

[1] 董妍、赵天翼：《行政裁决制度的地方立法安排——以避免行政法律风险为视角》，载《辽宁行政学院学报》2021年第2期，第92页。

[2] 叶必丰、徐键、虞青松：《行政裁决：地方政府的制度推力》，载《上海交通大学学报（哲学社会科学版）》2012年第2期，第6、11页。

[3] 参见李先伟：《多元化纠纷解决机制中的行政裁决权》，载《北京科技大学学报（社会科学版）》2010年第2期，第77页。

[4] 参见李先伟：《多元化纠纷解决机制中的行政裁决权》，载《北京科技大学学报（社会科学版）》2010年第2期，第78页。

[5] 辽宁、山东、广东、浙江、云南、河北、承德等省、市先后公布了当地的行政裁决事项清单。

机制，以民事纠纷的内容、性质等作为分类标准，可将行政裁决进行不同的类型化解读。首先，根据民事纠纷解决与行政机关专属职权行使的关联程度，行政裁决可以分为职权性、同源性与选择性三种类型。[1]职权性行政裁决指民事纠纷必须凭借行政机关专属职权的行使才能解决，如《森林法》《草原法》规定的林木、草原权属纠纷，法院往往无能为力。[2]同源性行政裁决指行政机关行使专属职权、采取行政处罚等措施与行政裁决皆系同一事件所引起。例如，专利强制许可使用费裁决与强制许可决定均源于专利权人不允许相关单位或个人使用其专利。[3]选择性行政裁决指就某些民事纠纷而言，当事人既可选择向行政机关申请裁决也可直接向法院起诉。[4]如《种子法》第72条规定："……有侵犯植物新品种权行为的，……可以请求县级以上人民政府农业、林业主管部门进行处理，也可以直接向人民法院提起诉讼。"其次，根据民事纠纷的性质，行政裁决可以分为处理专业性民事争议如专利实施强制许可使用费争议的行政裁决；处理行政民事关联争议如行政处罚领域的行政裁决；处理表面上是民事争议，但实质上是行政争议如房屋拆迁补偿争议的行政裁决；处理包含公共利益判断的民事争议如自然资源领域的行政裁决。[5]但只有第一种和第四种是合理的应然意义上的行政裁决，当前行政裁决立法也多体现为这两类。也有学者主张，将行政裁决分为确权性行政裁决与归责性行政裁决两

---

[1] 参见肖泽晟：《行政裁决及法律救济》，载《行政法学研究》1998年第3期，第76~77页。

[2] 参见《森林法》第22条、《草原法》第16条。

[3] 参见《专利法》第62条。

[4] 参见《商标法》第60条。

[5] 参见韩思阳：《行政裁决纠纷的诉讼选择》，载《政法论丛》2014年第4期，第102~103页。

第五章　行政司法权作用于民事关系的典型制度安排：行政裁决

类，前者用于解决权属争议，后者用于解决侵权纠纷与损害赔偿纠纷。[1]

(二) 行政裁决适用范围的现实图景

梳理我国现行的行政裁决立法可以发现，行政裁决的设定领域主要集中于知识产权与自然资源领域，其他领域也少有分布。从民事纠纷类型来看，行政裁决仅适用于权属纠纷、侵权纠纷、强制许可使用费给付纠纷、损害赔偿纠纷与少数其他纠纷。各地的行政裁决事项清单则暴露出，地方对行政裁决事项的梳理存在对相关行政裁决立法的误解，呈现诸多不科学之处。

1. 行政裁决的设定领域

如上所述，行政裁决所适用的民事纠纷必须与行政管理活动密切相关，因而行政裁决必然涉及众多行政管理领域。目前，我国对行政裁决范围的规定采取列举模式，可将行政裁决的设定领域概括分类如下：

第一，知识产权领域，主要包括专利领域和商标领域。专利领域的行政裁决集中体现为专利强制许可使用费裁决（《专利法》第62条），具体包括中药仿制使用费裁决（《中药品种保护条例》第19条）、植物新品种强制许可使用费裁决（《植物新品种保护条例》第11条）、集成电路布图设计强制许可使用费裁决（《集成电路布图设计保护条例》第28条）。此外，植物新品种权侵权裁决（《种子法》第72条、《植物新品种保护条例》第39条、《农业植物新品种权侵权案件处理规定》第10条）也是专利领域的重要行政裁决类型。2019年，国家知识产权局办公室还专门发布了《国家知识产权局办公室关于开展专利侵权纠纷行政裁决示范建设工作的通知》，以发挥行政裁决在化解专利

---

[1] 参见文正邦：《论行政司法行为》，载《政法论丛》1997年第1期，第18页。

侵权纠纷中的"分流阀"作用。商标领域的行政裁决集中体现为侵犯注册商标专用权纠纷裁决(《商标法》第60条)。

第二,自然资源领域。自然资源领域的行政裁决主要体现为两类:第一类是权属纠纷类行政裁决,具体包括土地所有权和使用权纠纷裁决(《土地管理法》第14条)、林木、林地所有权和使用权纠纷裁决(《森林法》第22条)、草原所有权和使用权纠纷裁决(《草原法》第16条)、养殖业的水域、滩涂使用权纠纷裁决(《渔业法》第13条)、矿区范围划定纠纷裁决(《矿产资源法》第49条)。第二类是电力纠纷裁决,包括电力并网交易纠纷裁决(《电力法》第22条)、电信领域的码号资源使用纠纷裁决(《电信网码号资源管理办法》第17条)和电信网间互联争议裁决(《电信条例》第20条)。

第三,其他领域。主要包括医疗领域的医疗事故纠纷裁决(《医疗事故处理条例》第38条)、国有资产领域的国有资产经营权、使用权纠纷裁决(《国有资产产权界定和产权纠纷处理暂行办法》第29条,《事业单位国有资产管理暂行办法》第36条)、政府采购领域的投诉裁决(《政府采购法》第56条)、广告领域的侵权赔偿裁决(《广告管理条例》第20条)、企业管理领域的企业名称侵权纠纷裁决(《企业名称登记管理规定》第21条、《医疗机构管理条例实施细则》第49条)。

之所以在这些领域设定行政裁决,大多是基于这些领域的专业性和技术性,知识产权领域尤为明显。需要注意的是,原来行政裁决亦作用于环境保护[《环境保护法》(1989年)第41条;《海洋环境保护法》(1982年)第42条等]、食品卫生[《食品卫生法(试行)》(1982年)第40条;《药品管理法》(1985年)第56条等]、治安管理[《治安管理处罚条例》(1994年)第38条]等领域,近年来纷纷被取消。至于原因,有学者

第五章　行政司法权作用于民事关系的典型制度安排：行政裁决

研判认为，一是误认为行政裁决制度破坏了权力分工原则；二是与行政裁决纳入行政诉讼受案范围有关。[1]

2. 行政裁决适用的民事纠纷

行政机关作为中立第三方参与处理民事主体之间的民事纠纷，包括一般民事纠纷（如邻里纠纷）、特定类型的专门纠纷（如环境纠纷）以及各种现代新型纠纷（如产品责任）等。[2]行政裁决要解决的民事纠纷则具有特定性与有限性，通过梳理我国现行有效的行政裁决立法可以发现，行政裁决所要解决的民事纠纷主要是权属纠纷、侵权纠纷、强制许可使用费给付纠纷与损害赔偿纠纷。从理论上讲，这些纠纷在性质上可以被分为财产权益纠纷和非财产权益纠纷。[3]

第一，权属纠纷。即私主体之间就财产所有权、使用权归属发生的争议，[4]具体包括两类：一类是自然资源所有权、使用权争议，具体体现为土地（《土地管理法》第14条）、林木和林地（《森林法》第22条）、草原（《草原法》第16条）、养殖水域和滩涂（《渔业法》第13条）和矿区（《矿产资源法》第49条）五类自然资源权属争议。第二类是国有资产经营权、使用权争议。包括全民所有制单位之间的国有资产经营权、使用权纠纷（《国有资产产权界定和产权纠纷处理暂行办法》第29条）和事业单位与其他国有单位之间的国有资产产权纠纷（《事业单位国有资产管理暂行办法》第36条）。

---

〔1〕参见王小红：《和谐社会建设需要行政裁决制度》，载《北方法学》2008年第4期，第91~94页。

〔2〕参见范愉：《行政调解问题刍议》，载《广东社会科学》2008年第6期，第178页。

〔3〕参见陈锦波：《我国行政裁决制度之批判——兼论以有权社会机构裁决替代行政裁决》，载《行政法学研究》2015年第6期，第97页。

〔4〕吴传毅：《征地补偿安置争议裁决与相关法律制度的关系》，载《行政论坛》2009年第5期，第48页。

第二,侵权纠纷。这类纠纷的特点是,当事人的侵权行为既侵犯了另一方当事人的民事权利,同时也损害了社会秩序构成行政违法。[1]行政裁决适用于侵权纠纷的功能在于制止侵权行为,主要包括以下三类:第一类是知识产权侵权纠纷,包括侵犯专利权纠纷(《专利法》第65条)、侵犯注册商标专用权纠纷(《商标法》第60条)与侵犯植物新品种专用权纠纷(《种子法》第72条、《植物新品种保护条例》第39条);第二类是企业名称侵权纠纷(《企业名称登记管理规定》第21条、《医疗机构管理条例实施细则》第49条);第三类是医疗事故侵权纠纷(《医疗事故处理条例》第38条)。

第三,强制许可使用费给付纠纷。这类纠纷因行政机关强制许可而产生,具体表现为权利人与使用人之间的使用费争议。[2]强制许可使用费纠纷主要产生于知识产权领域,包括专利强制许可使用费纠纷(《专利法》第62条)、中药品种仿制使用费纠纷(《中药品种保护条例》第19条)、植物新品种使用费纠纷(《植物新品种保护条例》第11条)、集成电路布图设计强制许可使用费纠纷(《集成电路布图设计保护条例》第28条)。

第四,损害赔偿纠纷。即一方当事人的合法权益受到侵害的事实被确认后,合法权益受侵害的一方当事人与侵害人就赔偿所发生的纠纷。[3]损害赔偿纠纷以侵权行为为前提,但侵权行为并不必然引发损害赔偿纠纷。损害赔偿纠纷大量存在于环境保护、药品管理、治安管理等领域,但近年来绝大多数立法

---

[1] 参见孔繁华:《行政与司法之间:行政裁决范围的厘定与反思》,载《甘肃政法大学学报》2021年第1期,第27页。

[2] 参见孔繁华:《行政与司法之间:行政裁决范围的厘定与反思》,载《甘肃政法大学学报》2021年第1期,第28页。

[3] 吴传毅:《征地补偿安置争议裁决与相关法律制度的关系》,载《行政论坛》2009年第5期,第48页。

第五章 行政司法权作用于民事关系的典型制度安排：行政裁决

都删除了针对损害赔偿纠纷的行政裁决规定，如《环境保护法》《水污染防治法》《药品管理法》等。现存适用行政裁决的损害赔偿纠纷主要是广告损害赔偿纠纷（《广告管理条例》第20条）、河道损害赔偿纠纷（《河道管理条例》第47条）。

第五，其他纠纷。一类是政府采购质疑纠纷（《政府采购法》第56条）；第二类是电力交易纠纷，包括电力并网争议和电力互联争议（《电力法》第22条第3款、《电力监管条例》第26条）；第三类是客运经营发车时间安排纠纷（《道路旅客运输及客运站管理规定》第74条）；第四类是电信网码号资源使用纠纷（《电信网码号资源管理办法》第17条）和电信网间互联争议（《电信条例》第20条）；第五类是民间纠纷（《人民调解委员会组织条例》第9条、《民间纠纷处理办法》第17条）。

3. 各地行政裁决事项清单梳理

自《裁决意见》发布以来，很多省都启动了行政裁决事项梳理工作，并发布了省级部门行政裁决事项清单。例如，《河北省行政裁决事项基本清单》包括17类行政裁决事项，《云南省行政裁决事项清单（第一批）》《云南省行政裁决事项清单（第二批）》包括16类行政裁决事项，《广东省行政裁决事项基本清单（第一批）》包括5类行政裁决事项，《辽宁省（中）直部门行政裁决事项基本清单（第一批）》《辽宁省（中）直部门行政裁决事项基本清单（第二批）》包括17类行政裁决事项，《浙江省省级部门行政裁决事项基本清单（第一批）》包括17类行政裁决事项，《山东省行政裁决事项清单（第一批）》包括17类行政裁决事项。这些裁决事项可以合并概括为以下20个：土地权属争议、探矿权勘查范围争议、采矿权矿区范围争议、林木林地权属争议、侵犯植物新品种权争议、专利侵权纠纷、企业名称争议、政府采购投诉处理、违反河道管理条例经济损失处理、电源并网协议纠纷、电信网间互联争议、电力并网互联争议、客运经营发车时间安排纠纷、医疗机构名称争议、草原权属争议、计量纠纷仲裁检定、水事纠纷、移民安置纠纷、征地补偿标准争议、海域使用权争议。

通过分析对比可以发现，各地行政裁决事项清单均不甚科学，并主要呈现以下两个问题：一是均或多或少存在梳理不完整现象。如浙江遗漏了草原权属争议，山东遗漏了电力并网互联争议，辽宁遗漏了客运经营发车时间安排纠纷等；二是均将部分非行政裁决事项纳入了行政裁决事项范围。一方面，将部分非民事纠纷纳入行政裁决范围。如水事纠纷、移民安置纠纷、征地补偿标准争议。另一方面，混淆了行政裁决与行政调解、行政仲裁的概念，将调解、仲裁事项纳入行政裁决事项清单，如计量纠纷仲裁检定、海域使用权争议。

二、行政裁决的正当基础：法律功能与制度优势

帮助法院承担部分民事纠纷、减轻法院负担是行政裁决制度的设置初衷，[1]也是行政裁决的法律功能与正当基础所在。行政裁决在专业性、效益性与权威性方面的优势则进一步强化了行政裁决作为"化解民事纠纷的分流阀"之功能的发挥，且能够附带实现行政管理目标。而行政裁决的法律功能与制度优势亦客观论证了行政裁决制度的必要性与合理性。

（一）行政裁决的法律功能

行政裁决制度设置的功能是明确的，就是化解社会矛盾纠

---

〔1〕参见余德厚、蒋文玉：《论行政诉讼司法审查的强度》，载《西南民族大学学报（人文社科版）》2020年第6期，第95页。

第五章 行政司法权作用于民事关系的典型制度安排：行政裁决

纷。[1]作为一种非诉类型的民事纠纷解决机制，行政裁决首先能够过滤掉一大批民事争议，缓解法院的压力，弥补法院之不足；另一方面，作为行政裁决适用对象的民事纠纷均与行政管理密切相关，因而行政裁决在化解民事纠纷的同时也能附带实现行政管理目标。

1. 化解民事纠纷的分流阀

化解民事纠纷是行政裁决制度的设立初衷和目的设定，也是行政裁决发挥的首要法律功能与直接功能，更是行政裁决的主要社会效益所在。"行政裁决制度运行的中心是相对人相互间纠纷的解决",[2]行政裁决对于民事纠纷的消解作用必然对社会矛盾的化解与社会秩序的恢复具有重要意义。

按照传统观念，法院是解决纠纷的唯一法定机关，行政机关只能下达命令，实施管理，无权解决民事争议。[3]但现代社会，社会关系趋于复杂，民事纠纷的数量明显超出法院的承受范围，行政机关"被迫"成为解决民事纠纷的重要力量。"认为解决纠纷只是法院的事情，这种观念已不适应现代社会的发展和要求。"[4]行政裁决即是行政机关替代法院承担民事纠纷化解职能的表现之一。研究表明，行政裁决是解决农村宅基地权属争议的主要形式，通过人民政府或土地主管部门下达处理决定解决宅基地权属争议案件数占总数量的47.4%。[5]可以说，行

---

[1] 闫志开、高正文、田原：《行政裁决制度的功能检视与完善路径》，载《中国司法》2021年第3期，第49页。

[2] 叶必丰、徐键、虞青松：《行政裁决：地方政府的制度推力》，载《上海交通大学学报（哲学社会科学版）》2012年第2期，第16页。

[3] 马怀德：《行政裁决辨析》，载《法学研究》1990年第6期，第15页。

[4] 应松年：《构建行政纠纷解决制度体系》，载《国家行政学院学报》2007年第3期，第29页。

[5] 参见叶亚杰：《宅基地纠纷处理的法律程序问题》，载《中国土地》2015年第9期，第32页。

政裁决对民事纠纷之解决实际上担当起缓解法院压力与负担的分流阀角色,帮助法院解决民事纠纷,为法院分流诉讼。[1]其一,行政裁决能够有效弥补法院的不足。行政裁决适用于行政管理相关的民事纠纷,这些民事纠纷多具有专业性、技术性强的特点,且超出了法院的专业知识水平。行政机关相较于法院而言具有更强的裁断能力,将纠纷交付行政机关既能发挥行政机关的专业优势,也能有效缓解法院的工作负担。此外,与法院相比,由行政机关来裁决民事纠纷具有高效、成本低等优势,呈现较高的社会效益。其二,行政裁决能够分担法院的压力。我国处于经济社会转型时期,民事纠纷爆炸性增长,法院客观上没有足够的人力、物力等资源加以应对并长期超负荷运转,且"单一的司法路径难以满足纠纷解决的多元化需求"。[2]行政裁决的制度设计则可以依托行政机关的权威性,将部分民事纠纷消化于行政管理过程之中即诉讼之前,减少进入诉讼的民事纠纷数量,可谓法院的分流机制。《最高人民法院关于深化人民法院司法体制综合配套改革的意见——人民法院第五个五年改革纲要》即提出,完善"诉源治理"机制,坚持把非诉讼纠纷解决机制挺在前面,推动从源头上减少诉讼增量。即便民事主体对行政裁决存在异议,也可能因考虑诉讼成本过大而不再提起诉讼,并直接履行行政裁决确定的义务,从而大大减轻法院的压力。[3]

2. 附带实现行政管理目标

行政裁决是行使行政权的活动,具有行政属性。马怀德教

---

〔1〕 参见余德厚、蒋文玉:《论行政诉讼司法审查的强度》,载《西南民族大学学报(人文社科版)》2020年第6期,第95页。

〔2〕 付大学、段杰:《PPP合同争议解决之行政裁决路径》,载《天津法学》2020年第4期,第25页。

〔3〕 参见肖泽晟:《行政裁决及法律救济》,载《行政法学研究》1998年第3期,第75页。

第五章　行政司法权作用于民事关系的典型制度安排：行政裁决

授早在20世纪90年代就提出，行政裁决是行政机关实施行政管理的主要形式。[1]行政裁决的适用对象限于与行政管理活动相关的民事纠纷，如自然资源领域的权属纠纷，因而行政裁决对民事纠纷的解决会附带产生有效配置国家资源等行政管理目标，维护公共利益。具体而言：一方面，行政裁决仅适用于与行政管理密切相关的民事纠纷，故而民事纠纷化解与行政管理一衣带水，二者具有一致性。鉴于民事纠纷与行政管理的相关性，行政机关对于民事纠纷的化解实际上就是行政管理活动的开展，解决了民事纠纷也多意味着行政管理目标的实现。例如，根据《土地管理法》第14条的规定，土地所有权和使用权争议由人民政府居中裁决。这主要是因为，土地资源关乎社会主义公有制与社会经济的可持续发展，而平息土地权属争议则有利于保护、开发土地资源与合理利用土地，这正是行政管理目标之体现。另一方面，行政裁决对民事纠纷的解决有助于维护社会秩序的稳定，后者正是行政管理的目标之一。进言之，行政裁决服务于民事纠纷的解决，属于行政机关为公民、法人和其他组织提供的一种服务性质的民事纠纷解决机制，对于化解民事纠纷、维护社会秩序的稳定具有十分重要的积极作用。

（二）行政裁决的制度优势

法律创制行政裁决的本意是因为这种制度安排不但程序简便、办案迅速、费用低廉，而且由行政专家解决这些争议往往比法官在专业知识方面更胜一筹。[2]与其他民事纠纷的解决机制相比，专业性强是行政裁决的独特优势也是最重要的优势。

---

[1] 马怀德：《行政裁决辨析》，载《法学研究》1990年第6期，第15页。
[2] 唐明良：《行政裁决及其司法审查中的"证据规则"——"路华诉吉利"案的思考》，载《浙江工商大学学报》2011年第5期，第96页。

此外,行政裁决制度还具有效益与权威优势,是行政机关为公众提供的一种廉价、高效、权威的民事纠纷解决机制。

1. 专业性强

"因为专业,所以高效;因为专业,所以公正。"[1]专业性强是行政裁决的突出优势之一,也是核心优势所在,行政机关对于特定民事纠纷往往拥有丰富的专业知识与管理经验,也更能迎合民事纠纷各方当事人的真实需求,从而能够较为彻底地解决民事纠纷。《裁决意见》即提出,对专业性和技术性较强、与行政管理活动密切相关、由行政机关裁决更简便快捷的民事纠纷,可以开展行政裁决制度试点。

现代社会的分工越来越精细也越来越专业,民事纠纷趋于专业是市场经济发展的必然结果。由此导致,要想圆满解决很多民事纠纷,不仅需要相应的法律知识,更需要相关的专业知识。作为行政裁决对象的民事纠纷均与行政管理紧密相关,呈现很强的专业性,纠纷解决"需要综合运用特定领域的专业知识、行政政策及法律经验"。[2]这种专业性主要是指技术性问题的事实认定,需要认定主体具备专业的知识,例如是否构成专利侵权。法院虽然在法律认定层面更为权威,但一般缺乏专业性的知识,其有限的知识和能力决定了面对技术性问题的认定必然力不从心,无力应对所有的民事纠纷。"由于分工的不同,行政主体在其职能范围内是专家,对事实的认定具有相当的优势,在有一定技术要求的事实认定中尤其如此。"[3]"一个只懂

---

[1] 闫志开、高正文、田原:《行政裁决制度的功能检视与完善路径》,载《中国司法》2021年第3期,第52页。

[2] 齐树洁、丁启明:《完善我国行政裁决制度的思考》,载《河南财经政法大学学报》2015年第6期,第9页。

[3] 李先伟:《多元化纠纷解决机制中的行政裁决权》,载《北京科技大学学报(社会科学版)》2010年第2期,第79页。

第五章　行政司法权作用于民事关系的典型制度安排：行政裁决

法律不懂技术的法官审理的专利侵权纠纷，无论如何也不会比一个既懂法律又懂技术的专利管理人员更快更好。"[1]与依托于法院的诉讼纠纷解决机制不同，行政裁决对于行政管理相关的民事纠纷具有事实认定方面的优势。行政机关具有掌握丰富专业知识与专业经验、精通专业领域的工作人员，所以在信息收集与判断方面具有优势，[2]从而能够轻而易举地抓住民事纠纷的病灶，查明民事案件的真相，与特定民事纠纷案件的专业性需求相契合。另一方面，某些民事纠纷的专业性与技术性也是立法授权行政机关处理民事纠纷的考量因素之一，意味着行政机关在特定领域的专业性为法律所承认，体现了行政保留与法律的实用主义态度。[3]例如，知识产权侵权纠纷处理中较高的技术性要求是知识产权侵权纠纷可行政裁决的重要原因。[4]这种专业优势是法院无可比拟的，法官受制于知识、观念和技术的原因而不宜承担审理任务。[5]与此同时，行政机关的专业性优势也得到了学界的广泛认可。[6]

2. 效益优势

为了节省国家和当事人的开支应当使争议得到迅速和经济地

---

[1] 魏玮：《知识产权侵权纠纷行政裁决若干问题研究》，载《华东政法大学学报》2007年第4期，第54页。

[2] 参见[日]棚濑孝雄：《纠纷的解决与审判制度》，王亚新译，中国政法大学出版社1994年版，第75~76页。

[3] 参见袁雪石：《行政处罚附带民事纠纷解决机制研究》，载《中国法律评论》2020年第5期，第23页。

[4] 魏玮：《知识产权侵权纠纷行政裁决若干问题研究》，载《华东政法大学学报》2007年第4期，第53页。

[5] 参见肖爱、梁志文：《论专利行政机关"责令停止侵权"的法律属性》，载《政治与法律》2011年第8期，第123页。

[6] 参见周佑勇、尹建国：《我国行政裁决制度的改革和完善》，载《上海政法学院学报》2006年第5期，第33页。

处理,[1]行政裁决即成本低、效率高的一类民事纠纷解决方式:

第一,成本低。成本高低是当事人选择纠纷解决方式的考量因素之一,以最低的成本解决纠纷是最为理想的方案。诉讼收费是世界各国的通例,我国亦不例外且收费偏高。[2]加之律师服务费、交通费等支出,通过民事诉讼来解决民事纠纷可谓诸多民事纠纷解决方式中成本最高的一个。很多当事人即因经济原因对诉讼渠道望而却步。我国行政裁决既是行政机关为公众提供的一种解纷法律服务,便具有无偿属性,民事纠纷当事人无需缴纳任何费用;而且相较于诉讼需要律师的可能性更低,因而也可以在律师费方面减少开支。因此,行政裁决首先可以降低民事纠纷当事人的个人成本。另一方面,相较于调解经常伴随诉讼而言,行政裁决实质性解决民事纠纷的可能性更高,因而能够切实减轻法院负担,降低社会成本。即便在收费国家,行政裁决的费用也相对低廉。例如,美国社会保障局裁决残疾人案件所需要的费用仅占其预算的3.7%,法院裁决侵权案件需要花费其所获收入的50%。[3]整体而言,行政裁决产生费用相对较少,当事人需要承担的纠纷解决及权利救济的成本较低。[4]有学者直言,行政裁决是整体成本最小的民事纠纷解决方案。[5]

第二,效率高。效率标准是法律经济学视角研究法律问题

---

[1] [英]威廉·韦德:《行政法》,徐炳等译,中国大百科全书出版社1997年版,第620~621页。

[2] 参见《诉讼费用交纳办法》第13条。

[3] 参见[美]理查德·J. 皮尔斯:《行政法》(第一卷),苏苗罕译,中国人民大学出版社2016年版,第108页。

[4] 周小明、孙海涛:《论民事权利的行政裁决救济——以我国的征地及城市房屋拆迁行政裁决为例》,载《广西社会科学》2010年第1期,第70页。

[5] 李先伟:《多元化纠纷解决机制中的行政裁决权》,载《北京科技大学学报(社会科学版)》2010年第2期,第79页。

第五章　行政司法权作用于民事关系的典型制度安排：行政裁决

的突出特点，要求所有法律活动都以效率最大化（即资源的有效配置和合理利用）为目的。[1]与司法过程相比，行政过程更加注重行政效率。通过行政裁决来解决特定的民事纠纷，有利于及时化解该纠纷，进而有利于及时、有效地保障行政相对人（民事纠纷当事人）的合法权益。[2]其一，从期限来看，行政裁决相较于民事诉讼具有明显优势，可以节约办案时间。根据《民事诉讼法》的规定，民事案件的审限一般为 6 个月；而行政裁决的期限一般为 2 个月左右，可以大大节约办案时间。例如，《江苏省政府办公厅关于规范行政裁决工作的意见》与《浙江省人民政府办公厅关于健全行政裁决制度加强行政裁决工作的实施意见》均规定，行政裁决机关一般应当自受理申请之日起 60 日内作出行政裁决。之所以行政裁决的效率更高，则主要得益于行政机关的专业性，即对专业知识的精准把握，[3]以及丰富的行政管理经验。其二，从程序来看，行政裁决相对于司法程序而言更为简便快捷，从而大大节约了办案时间。为了保证司法公正，民事诉讼的程序严密而烦琐。[4]行政裁决一方面吸收了司法程序的公正特点，另一方面又不拘泥于完全的诉讼程序，并可根据不同的民事纠纷选择不同的程序规则。在美国，为了追求效率，行政机关更为倾向于选择非正式的行政裁决程序。总的来说，行政裁决所耗费的社会资源与当事人所需要负担的成

---

[1] 参见李丽峰：《城市房屋拆迁运作方式的法律经济学评价及矫治》，载《河北法学》2008 年第 5 期，第 132 页。

[2] 茅铭晨、李春燕：《行政裁决法治化研究》，载《行政论坛》2003 年第 3 期，第 54 页。

[3] 参见官继慧：《论美国行政裁决中的行政法官制度》，载《大连海事大学学报（社会科学版）》2012 年第 2 期，第 56 页。

[4] 参见游振辉：《论行政机关对民事纠纷的主管》，载《中国法学》1992 年第 4 期，第 49 页。

本应当显著低于司法程序。[1]

3. 权威性高

行政裁决是行政机关居间裁断民事纠纷的活动,得益于行政机关本身的权威性,行政裁决也被赋予了权威性。行政机关的权威具有历史渊源。在我国历史上,行政权威一向较强,人们面对争议和纠纷最先想到的就是求助行政权威而非司法权威。[2]换言之,渴望清官、"诉诸官府"是老百姓根深蒂固的纠纷解决思维模式,人们对行政机关具有天然的依赖与信赖。有学者就提出,我国的行政机关拥有较多的社会资源,具有很强的权威性,因而可以行政权威解决民事纠纷和救济民事权利。[3]其次,行政裁决的权威性还得益于行政机关的专业性。行政机关日常承担行政管理职能,因而对于行政管理相关的民事纠纷(如自然资源权属纠纷)具有人员、知识、经验等方面的优势,从而可以在全面掌控基本事实的基础上作出公正合理的裁断结果,甚至比法院的判决更为公平,起到定纷止争的积极效用。在很多情况下,通过行政裁决解决民事纠纷比诉讼途径更容易实现民事纠纷的实质性解决。最后,行政裁决的权威性亦与裁决程序的司法性密不可分。就权威性的表现而言,行政裁决的权威性一是体现为强制性的约束效力,当事人不得拒绝执行。二是体现为"举一反三"的普适效力。"以个别的纠纷处理为起点,通过自己的管理权限进一步发掘问题并谋求更具一般性的根本解

---

[1] 齐树洁、丁启明:《完善我国行政裁决制度的思考》,载《河南财经政法大学学报》2015年第6期,第12页。

[2] 参见王小红:《和谐社会建设需要行政裁决制度》,载《北方法学》2008年第4期,第96页。

[3] 参见周小明、孙海涛:《论民事权利的行政裁决救济——以我国的征地及城市房屋拆迁行政裁决为例》,载《广西社会科学》2010年第1期,第71页。

第五章　行政司法权作用于民事关系的典型制度安排：行政裁决

决，正是行政性纠纷处理机关的最大优点。"[1]由此可见，行政裁决是具有公信力与较高判断力的权威性活动。

三、行政裁决权滥用问题透视

在现代社会，由于法治自身的局限性以及行政机关管理职权的不断深化，导致人们对行政的依赖与日俱增，各国普遍进入行政国家时代，行政机关广泛而全面地介入国民生活领域。[2]行政裁决既是行政国家时代行政权扩张与政府提供解决民事纠纷法律服务之体现，同时也面临着行政裁决权滥用问题，并肇始于立法、实施与救济三个方面。

(一) 立法问题引致行政裁决权滥用

如上所述，行政裁决的实质是行政权对民事关系的介入。如果适用范围不清晰，必然导致行政机关过度侵入民事纠纷或者推诿裁决职责，前者造成自由与自治价值的牺牲，导致强权政治；后者则无助于服务型政府建设。而当行政裁决权运行的程序规则亦不规范时，行政机关滥用裁决权便如探囊取物般容易。反观行政裁决立法现状，恰恰呈现适用范围不清晰与程序规则不规范两大问题，从而为行政裁决权之滥用提供了便利。

1. 适用范围不清晰

从当前的行政裁决立法来看，立法用语不规范乃至混乱是最为直观的问题。实质意义的行政裁决在称谓上分别体现为裁

---

[1] [日] 棚濑孝雄：《纠纷的解决与审判制度》，王亚新译，中国政法大学出版社1994年版，第87页。
[2] 赵银翠、杨建顺：《行政过程中的民事纠纷解决机制研究》，载《法学家》2009年第3期，第148页。

决〔1〕、处理〔2〕、决定〔3〕和裁定〔4〕,呈现随意性。单从字面上看,"裁决""裁定"和"决定"都是行政主体单方面的决定,属于具体行政行为。"处理"则是一个中性概念,可以是调解处理也可以是单方决定。〔5〕可见,对于行政裁决的辨别不能局限于字面含义乃至名称,不以"裁决"命名的未必不是行政裁决,而以"裁决"命名的亦不全属于实质上的行政裁决。例如,《立法法》第 105 条第 2 款规定:"行政法规之间对同一事项的新的一般规定与旧的特别规定不一致,不能确定如何适用时,由国务院裁决。"国务院裁决的对象是行政法规如何适用,与民事纠纷无关,因而不属于行政裁决。再如,"裁决"也出现在《行政复议法》当中,用于表达国务院复议终局制度,即国务院对行政复议决定进行最终裁决。〔6〕总之,现行立法中的"行政裁决"存在明显的名不副实现象,这种现象可能导致行政机关不当推诿行政裁决职责,也可能在无形中扩大行政裁决权的范围。

当前行政裁决立法的第二个特点是适用范围呈现广泛与有限、概括与列举并存之特点。行政裁决的广泛性与概括性主要

---

〔1〕 如《专利法》第 62 条规定:"……付给使用费,其数额由双方协商;双方不能达成协议的,由国务院专利行政部门裁决。"

〔2〕 如《土地管理法》第 14 条第 1 款规定:"土地所有权和使用权争议,由当事人协商解决;协商不成的,由人民政府处理。"

〔3〕 如《电力法》第 22 条第 3 款规定:"并网双方应当按照统一调度、分级管理和平等互利、协商一致的原则,签订并网协议,确定双方的权利和义务;并网双方达不成协议的,由省级以上电力管理部门协调决定。"

〔4〕 如《道路旅客运输及客运站管理规定》第 74 条第 3 款规定:"客运经营者在发车时间安排上发生纠纷,客运站经营者协调无效时,由当地县级以上道路运输管理机构裁定。"

〔5〕 叶必丰、徐键、虞青松:《行政裁决:地方政府的制度推力》,载《上海交通大学学报(哲学社会科学版)》2012 年第 2 期,第 7 页。

〔6〕 《行政复议法》第 26 条:"……行政复议决定不服的,可以向人民法院提起行政诉讼;也可以向国务院申请裁决,国务院依照本法的规定作出最终裁决。"

第五章 行政司法权作用于民事关系的典型制度安排：行政裁决

体现为，《民间纠纷处理办法》第17条规定："经过调解后，仍达不成协议的纠纷，基层人民政府可以作出处理决定。"这就意味着，行政裁决可以适用于所有的民事纠纷。而事实上，经过细致梳理相关立法可以发现，行政裁决的适用范围限于权属纠纷、侵权纠纷等几种特定的民事纠纷类型，涉及的领域也极为有限。由此产生的问题是，行政裁决究竟是仅适用于特定的民事纠纷还是不区分民事纠纷的具体类型一律可适用之，令人费解，更为行政机关滥用行政裁量权提供了可能。

当前行政裁决立法的第三个特点是分散化与差异化。一方面，我国没有统一的行政裁决立法抑或行政程序法乃至行政法总则，关于行政裁决的设定权缺乏统一的规制。结合《裁决意见》对于行政裁决的定义，似是把行政裁决的设定权交给了法律与法规，但《裁决意见》本身的效力几何实属难让人信服。另一方面，从现实行政裁决立法层级来看，上到法律，下到行政法规和部门规章乃至地方性法规，均存在为行政机关创设行政裁决权现象。由此可能导致的结果是，行政机关可能通过行政立法的形式自我创设行政裁决权，并大肆侵入民事纠纷，戕害私权利。

关于行政裁决的适用范围，理论界的通说是"与行政管理密切相关的民事纠纷"。其问题在于：一则"行政管理"内涵宽泛；二则"密切相关"表意模糊。因而二者的结合仅仅是一种含混的限定。[1]基于理论界定的含混与立法的不周延，行政裁决的适用范围并不清晰，行政机关对于是否行使行政裁决权、何种场合行使行政裁决权则存在不同的理解。一方面，行政机关可能出于不当被告的心理等因素不当推脱自身职责范围内的

---

[1] 参见卢护锋：《我国行政裁决制度陷入困境的成因分析》，载《东北师大学报（哲学社会科学版）》2011年第4期，第248页。

行政裁决事项。这种不作为虽然不会对民事纠纷当事人造成直接伤害，但会因行政冷漠使当事人丧失对行政权的信任，[1]波及服务型政府乃至法治政府建设，同时也会间接导致法院压力之增加；另一方面，行政机关可能把本不属于自身权限范围的民事纠纷纳入行政裁决范围，过度干预私人权利与私法自治。例如，有学者对2019年某设区的市行政裁决工作的调研显示，民政部门报送的市县部分界限争议案例，不是通过行政裁决方式解决，而是通过政府会议纪要予以明确。[2]

2. 程序规则不规范

程序的重要性不言而喻，行政裁决的运行效果与解决民事纠纷等法律功能的有效发挥亦有赖于规范的程序。尽管行政裁决的程序不必如同诉讼程序那般复杂，但仍需遵从基本的程序要求。而且，作为民事纠纷解决机制的行政裁决具有显著的司法性，司法正义依托于程序正义，如果缺乏保证民事案件公正处理所需的程序规定，双方当事人就很难有质证、辩论的机会，行政机关则极有可能"暗箱操作"，作出不公正的处理结果。而从现行的行政裁决立法来看，有关行政裁决的立法不少，但涉及行政裁决程序的规定不多，在程序构建上远远不足。具体而言：

一是缺乏统一的行政裁决程序规定，这与我国没有制定专门的行政程序法或行政裁决法，甚至缺乏行政程序基本原则的规定相关。二是既有的行政裁决立法多限于实体层面，即赋予或确认行政机关行政裁决权，而忽略了有关行政裁决程序的规定。例如，《土地管理法》《森林法》《草原法》等关于行政裁

---

[1] 参见刘琼豪：《行政司法的正义追求及其实现的伦理思考》，载《齐鲁学刊》2018年第1期，第78页。

[2] 闫志开、高正文、田原：《行政裁决制度的功能检视与完善路径》，载《中国司法》2021年第3期，第50页。

第五章　行政司法权作用于民事关系的典型制度安排：行政裁决

决的规定都只是赋予了人民政府对权属纠纷的裁决权，至于裁决程序则未见涉及。三是既有的程序规定寥寥无几且呈现概括性、分散化与粗疏化，既不具体也不细致，对于行政裁决的立案、受理、管辖、裁定、期限、回避等内容缺乏详细规定，也不具备可操作性。以管辖规则为例，缺乏裁决机关管辖规则容易导致裁决机关不明确，引发职权争议。[1]正如有学者所言，行政听证、回避制、职能分离制度、公开制等基本的现代正当程序制度在行政裁决中的引入还不充分。[2]四是行政裁决的启动规则不清晰，即必须依申请还是行政机关可以依照职权主动启动行政裁决。有的立法明确由当事人请求行政机关进行裁决。如《商标法》第60条第1款规定："……不愿协商或者协商不成的，商标注册人或者利害关系人可以向人民法院起诉，也可以请求工商行政管理部门处理。"有的立法则似乎表明行政机关有权主动裁决。如《草原法》第16条规定："草原所有权、使用权的争议，由当事人协商解决；协商不成的，由有关人民政府处理。"

概言之，我国的行政裁决立法呈现"重授权轻控权"局面，"行政机关只好或是自行创设一套行政裁决程序，或是参照行政程序，或是根本没有程序规则，呈现极端混乱状态"。[3]而这种程序上的混乱直接导致的后果是对行政裁决权的约束不足，行政机关"无规可循，效率低下"[4]，"直接影响依法行政的实施效

---

[1] 参见董妍、赵天翼：《行政裁决制度的地方立法安排——以避免行政法律风险为视角》，载《辽宁行政学院学报》2021年第2期，第94页。

[2] 周佑勇、尹建国：《我国行政裁决制度的改革和完善》，载《上海政法学院学报》2006年第5期，第34页。

[3] 卢护锋：《我国行政裁决制度陷入困境的成因分析》，载《东北师大学报（哲学社会科学版）》2011年第4期，第248页。

[4] 杜国明、杨建广：《我国征地纠纷解决机制的构建》，载《求索》2007年第6期，第45页。

力和实体正义,也使当事人对行政裁决产生不信任感"[1]。需要注意的是,尽管较低层级的立法不应享有行政裁决创设权,但是应允许它们规定行政裁决程序。有学者质疑有地方通过基层政府的规范性文件对医疗机构名称争议裁决程序进行规范的科学性,[2]笔者认为这有待商榷。

(二) 实施问题导致行政裁决权滥用

不仅立法中的适用范围与程序规则问题会导致行政裁决权滥用,在行政裁决权的具体实施过程中,裁决主体独立性欠缺与实效性方面的不尽如人意亦对行政裁决权滥用之结果有"襄赞之功"。

1. 裁决主体的独立性不足

行政裁决主体不独立是目前制约行政裁决制度健康发展的关键因素,[3]因为独立性不足直接影响行政裁决的公正性、公信力与权威度。此外,作为行政裁决对象的民事纠纷多具有较强的专业性,因而客观上需要设立专门的裁决机构、配置相关领域的高素质专家来具体负责裁决工作。

行政裁决不同于行政执法,行政执法一般指向行政违法行为,行政裁决则是行政机关居间裁断民事纠纷的活动。二者在适用对象与价值目标方面的差异决定了裁决主体应当独立于执法主体而存在,以保证裁决主体的中立地位,防止裁决主体掺杂执法主体的利益考量,作出不公正的裁决。目前的行政裁决立法对于裁决主体的规定仅停留在明确负责的行政机关层面,

---

[1] 闫志开、高正文、田原:《行政裁决制度的功能检视与完善路径》,载《中国司法》2021年第3期,第50页。

[2] 参见孔繁华:《行政与司法之间:行政裁决范围的厘定与反思》,载《甘肃政法大学学报》2021年第1期,第34页。

[3] 参见沈开举:《委任司法初探——从行政机关解决纠纷行为的性质谈起》,载《郑州大学学报(哲学社会科学版)》2007年第1期,第45页。

第五章　行政司法权作用于民事关系的典型制度安排：行政裁决

相关表述如"国务院""县级以上人民政府""省级以上电力管理部门"。在行政机关内部，则缺乏专门的、独立的裁决机构和人员，而是交由一般的工作人员"兼职"充当裁决者，即执法主体与裁决主体相混淆。由此导致的问题是：一方面，行政裁决与行政执法的主体并没有分开，导致行政裁决主体专业性不足、独立性缺失；[1]另一方面，裁决人员在人事方面受制依赖于执法主体必然影响其独立行使行政裁决权，因而行政裁决的合法性、准确性和效率均难获保证。[2]以征地拆迁补偿裁决为例，《城市房屋拆迁管理条例》虽已废除，但很多地方的征地拆迁补偿裁决规则依然大行其道，[3]云南等地的行政裁决事项清单也将征地补偿标准争议纳入其中。其根本性的问题就在于，政府既是拆迁主体又是裁决机关，既是运动员又是裁判员，而不具备独立属性，故而很难保证裁决结果的公正性，更难以为被拆迁人提供有效的保护。此外，这种非独立性还会使得裁决机构与裁决人员出于部门利益或个人利益的不当考量主动就民事纠纷作出行政裁决，谋求不正当利益。

2. 行政裁决的实效性不彰

从法律功能来看，行政裁决既是化解民事纠纷的分流阀，也能附带实现行政管理目标。但就运行效果观察，行政裁决应有的功能和作用远未得到发挥，"实际运行效果日渐薄弱"，[4]一定程度上背离了行政裁决制度的设计初衷。

---

[1] 龙飞：《论多元化纠纷解决机制的衔接问题》，载《中国应用法学》2019年第6期，第133页。

[2] 参见王文惠：《行政裁决法律制度主要问题探究》，载《法学杂志》2010年第2期，第37页。

[3] 如《呼和浩特市城市房屋拆迁纠纷行政裁决规则》《辽宁省征地补偿安置争议裁决办法》等。

[4] 龙飞：《论多元化纠纷解决机制的衔接问题》，载《中国应用法学》2019年第6期，第133页。

其一，行政裁决的范围遭遇人为缩减。《行政诉讼法》明确将行政裁决纳入行政诉讼的受案范围，[1]意味着民事纠纷当事人可就行政裁决提起行政诉讼，也培植造就了行政机关对行政裁决的抵触情绪。为了避免成为被告，实践中很多被赋予行政裁决权的行政机关纷纷想方设法逃避行政裁决权之行使，转而通过行政调解等方式化解民事争议，甚至直接拒绝受理当事人的行政裁决申请。此外，如果行政机关对于裁决与否享有裁量权，本着"多一事不如少一事"的理性思维与减轻工作负担的考量，选择不插手民事纠纷加以裁决的概率很高。[2]有学者经调研发现，除了拆迁补偿、权属确认中的林地确认和征地补偿3项裁决制度都在运行外，其他行政裁决制度都处于名存实亡的状态。[3]与行政许可、行政处罚等其他案件相比，行政裁决的数量更是小巫见大巫。[4]这种为避免行政权力扩张而"一刀切"限制行政裁决权的做法，从根源上看是惰性行政的表现，不仅有悖于现代行政权力扩张的基本趋势，也不利于我国当事人权利救济的实现。[5]

其二，行政裁决服务于民事纠纷解决的效益性存疑。如果

---

[1] 参见《行政诉讼法》第61条第1款："在涉及行政许可、登记、征收、征用和行政机关对民事争议所作的裁决的行政诉讼中，当事人申请一并解决相关民事争议的，人民法院可以一并审理。"

[2] 参见陈锦波：《我国行政裁决制度之批判——兼论以有权社会机构裁决替代行政裁决》，载《行政法学研究》2015年第6期，第89页。

[3] 叶必丰、徐键、虞青松：《行政裁决：地方政府的制度推力》，载《上海交通大学学报（哲学社会科学版）》2012年第2期，第16～17页。

[4] 据对2019年某设区的市行政裁决工作的调研显示，2019年该市各直属部门、各县区共上报行政裁决案件37件，经审查发现确属行政裁决事项的共23件。而同期的行政处罚、行政许可、行政检查、行政确认等其他行政执法行为的数量则成百上千件。闫志开、高正文、田原：《行政裁决制度的功能检视与完善路径》，载《中国司法》2021年第3期，第50页。

[5] 齐树洁、丁启明：《完善我国行政裁决制度的思考》，载《河南财经政法大学学报》2015年第6期，第10页。

第五章　行政司法权作用于民事关系的典型制度安排：行政裁决

行政裁决能够对民事纠纷作出公正的处理结果，为民事纠纷当事人所信服和接受，相较于民事诉讼来说自然是成本较低、效率更高的民事纠纷解决方式。但裁决主体独立性的缺失必然使得公正性难获保证，加之行政裁决的非终局性和可诉性，行政裁决很难实质性解决民事纠纷，化解民事纠纷的服务功能不强。另一方面，行政裁决还会创造新的行政纠纷，即行政机关与民事纠纷当事人之间就行政裁决权行使发生的纠纷，使得简单问题复杂化。因为如果民事纠纷当事人直接选择其他纠纷解决方式，只会存在一个法律纠纷即原来的民事纠纷；经行政裁决之后又不服转而提起行政诉讼的，摆在民事纠纷当事人面前的则是行政纠纷+原来的民事纠纷，不管是对于当事人还是国家，都造成了法律成本的增加：对于当事人而言，相较于直接提起民事诉讼增加了时间成本；对于国家而言，行政机关行使裁决权的行为不仅没有任何产出，反而将自己置于行政诉讼之中，需要投入人力与时间成本加以应对。

其三，行政裁决的公信力不足。公信力指向公众的认同感、信任度和满意度，因而是检验各类民事纠纷解决机制实效性的重要指标。行政裁决制度既未能以社会公信力作为自身活动的价值目标，[1]也没能在实践运行中得到公众的广泛认可与信任，因而运行效果欠佳。作为一种民事纠纷解决机制，行政机关应当以中立的第三方身份出现在行政裁决之中，而不能够掺杂任何自身的利益。但是，行政机关及其工作人员也都是有限理性的而非绝然超脱，均力图使自身利益最大化。一方面，行政机关具有部门利益，可能基于绩效考评、工作量大小等因素逃避行政裁决职责，或者积极主动地对民事纠纷进行行政裁决。例

---

[1] 吴汉全：《论行政裁决社会公信力的提升》，载《江苏行政学院学报》2005年第5期，第90页。

如，个别地方政府为了所谓服务招商引资与企业发展，在没有法律授权的情况下，自我赋权或以"协调"名义，来裁决或处理企业之企业与私人之间、企业与金融机构的债权债务纠纷。[1]另一方面，具体负责行政裁决的工作人员可能为了谋取不正当利益滥用行政裁决权，甚至袒护一方当事人，导致当事人无法建立对行政裁决的信赖，行政裁决权的服务功能也就无从发挥。

(三) 救济问题加剧行政裁决权滥用

从现代行政裁决制度产生和发展的历史路径上看，其并非脱胎于某种先验的理论，而是政治国家立基于社会现实的需要主动进行的制度构建。[2]但就救济制度而言，既有的行政附带民事诉讼方案有失轻率，尤其是以裁决机关为被告可能导致裁决机关怠于行使裁决权力。

1. 法定的行政附带民事诉讼方案及其出发点

关于不服行政裁决的救济方式，我国《行政诉讼法》第61条确认了行政附带民事诉讼方案：涉及行政机关对民事争议所作的裁决的行政诉讼中，当事人申请一并解决相关民事争议的，人民法院可以一并审理。这就意味着，当事人可以就行政裁决提起行政诉讼时一并请求法院解决民事争议，法院则既审查行政裁决的合法性又处理当事人之间的民事纠纷。《行政诉讼法》确立行政附带民事诉讼方案主要基于行政裁决的行政行为定性与行政裁决以民事争议为裁决对象两方面因素的考量，力图"一揽子"解决行政裁决的合法性判断与民事争议化解两个问题，减少重复诉讼现象。此外，这种一并解决行政争议与民事

---

[1] 耿玉基：《超越权力分工：行政司法化的证成与规制》，载《法制与社会发展》2015年第3期，第189页。

[2] 卢护锋：《我国行政裁决制度陷入困境的成因分析》，载《东北师大学报（哲学社会科学版）》2011年第4期，第248页。

第五章　行政司法权作用于民事关系的典型制度安排：行政裁决

争议的方案还有助于民事法律关系的稳定与社会秩序的安定。这种方案亦得到了不少学者的支持。如有学者主张，根据诉讼经济原则和判决的确定性原则，应按行政附带民事诉讼来处理。既可避免相互矛盾的法律文书，同时减少了当事人讼累与法院负担，也有利于迅速平息纠纷，彻底解决争端；既可监督行政机关依法行政，也有效地保障了公民的合法权益。[1]

2. 行政附带民事诉讼方案的漏洞

自行政附带民事诉讼方案确立以来，反对的声音就不绝于耳，并主要集中于以下质疑：一是行政附带民事诉讼的前提要件不存在。一方面，行政裁决的本质是对民事权利义务的重新调整分配，行政裁决生效意味着当事人之间的基础民事法律关系已为行政裁决法律关系所吸收而不复单独存在，因而不具备"附带"之基础。[2]故而当事人只能通过行政诉讼来获得救济而不再属于"附带"问题。另一方面，行政附带民事诉讼制度系从刑事附带民事诉讼制度演化而来，后者源于刑事诉讼与民事诉讼所依据法律事实的同一性（如盗窃行为），刑事诉讼对于法律事实的审查即为民事诉讼扫清了事实层面的障碍；对于行政裁决而言，行政诉讼源于裁决机关与当事人之间的行政纠纷，民事诉讼则由双方当事人之间的民事纠纷而起，即便民事纠纷与行政管理密切相关，二者仍不具有同一性。这就意味着，法院对行政裁决法律关系的审查并不必然能够对民事争议的解决起到积极的助推作用。二是行政附带民事诉讼方案将裁决机关置于被告角色，成为裁决机关的沉重负担，导致行政机关消极

---

〔1〕 参见游振辉：《论行政机关对民事纠纷的主管》，载《中国法学》1992年第4期，第52页。

〔2〕 参见成协中：《行政民事交叉争议的处理》，载《国家检察官学院学报》2014年第6期，第71页。

行使裁决权力。尤其是随着行政负责人出庭应诉等制度付诸实施，行政机关行使行政裁决权的成本陡升。由此导致的结果是，行政机关多倾向于以调解替代行政裁决，甚至立法也出现了行政裁决范围缩减局面。而基于行政调解的非强制性，当事人仍难免求助于法院解决，徒增法院负担。另一方面，以裁决机关为被告还会衍生行政机关与当事人之间的矛盾，行政机关甚至可能出于报复心理在后续的执法过程中"修理"当事人。再一方面，以裁决机关为被告还会导致显著的不公平。例如，当事人在行政裁决过程中未提出的关键证据却在诉讼过程中呈现，裁决机关对此并无责任，客观上却可能因"事实不清、证据不足"承担败诉责任。三是增加诉讼复杂性与审理难度。其一体现为管辖问题，行政附带民事诉讼要求法院同时对行政争议与民事争议具有管辖权，但二者的管辖规则并不一致，受理行政裁决案件的法院不一定有权管辖民事争议。其二体现为规则问题，行政诉讼与民事诉讼的规则尤其是举证规则、权利义务分配等方面存在诸多区别，需要审判人员同时掌握两个领域的专业知识。其三体现为诉讼结果问题，作为当事人一方的行政诉讼原告可能在行政诉讼中胜诉但又在民事诉讼中败诉，亦可能在行政诉讼中败诉但又在民事诉讼中胜诉。[1]

第三节　防范行政权滥用视角下行政裁决的必要规制

如上所述，行政裁决权滥用问题不可谓不严峻，不管是行政裁决权的过度行使还是行政裁决权的缺位，都对私权利构成威胁。从防范行政裁决权滥用、保护私主体合法权益的角度出

---

〔1〕 参见翟晓红、吕利秋：《行政诉讼不应附带民事诉讼》，载《行政法学研究》1998年第2期，第79页。

第五章　行政司法权作用于民事关系的典型制度安排：行政裁决

发，就必须对行政裁决权进行必要的规制：一是事前的适用范围限制；二是事中的程序控制；三是事后的合理救济。

一、有限的适用范围

作为一种民事纠纷的解决机制，行政裁决因其所提供的解纷服务与制度优势而取得存活空间。但与此同时，基于行政裁决对民事纠纷的介入与干预之实质属性，必须警惕行政裁决权的滥用，通过立法将其适用范围限定于特定的民事纠纷就成了防范行政裁决权滥用的首要性也是根本性的举措。

（一）行政裁决权的适用范围何以必须有限

基于行政权的天然扩张趋向与私权自治的优先保护地位，行政裁决权绝对不可无度无序行使，而必须将行政裁决的适用范围控制在有限的合理范围，努力在行政裁决的服务功能与私权自治之间谋求平衡。

1. 行政裁决权是必要的

在论证行政裁决适用范围的有限性之前，应当首先明确的是，行政裁决作为一种可供选择的民事纠纷解决机制仍有存在的必要。行政裁决产生于社会发展的需要，较之于立法与司法，行政所特有的积极、主动和连续性性格使行政机关发挥的作用越来越大，并可行使传统上属于法院的权力来裁决民事纠纷，维系社会稳定。[1]有学者基于行政裁决在性质界定与所涉权力分工、实效性、经济性、结果效率性以及利益性等方面的缺陷，主张解构行政裁决制度。[2]尽管行政裁决不具有不可

---

〔1〕 参见金光明：《论治安赔偿裁决的废止——基于行政权和司法权分立的法理分析》，载《四川师范大学学报（社会科学版）》2005年第3期，第39~40页。
〔2〕 参见陈锦波：《我国行政裁决制度之批判——兼论以有权社会机构裁决替代行政裁决》，载《行政法学研究》2015年第6期，第87~92页。

替代性,所谓"前可调解,后可诉讼,旁可仲裁";[1]而且行政裁决制度不管是立法还是实践运行都面临诸多问题。但是基于专业、高效率、低成本、权威等方面的优势仍可推断得出,行政裁决是一项"收益大于成本"的制度。既然如此,就应当从满足民事纠纷解决方式多样性的需求出发,认可行政裁决制度的必要性与合理性。有学者甚至主张,对于某些专业性较强的民事纠纷,需要将行政裁决等行政解决机制前置于诉讼。[2]

2. 行政裁决权的适用范围应当有限

同样需要注意的是,虽然行政裁决权不可避免亦有其积极意义,但绝对不能无限扩大,而必须控制在合理的范围之内。如前所述,行政裁决的实质属性是行政权对民事关系的介入。"如果没有必要且充足的理由,应使行政权尽量远离私权领域,减少国家公权力对私权的干涉,给私权足够大的自我发展空间。"[3]既然涉及行政权的行使,基于行政权的天然扩张趋向,就必须防范行政权的滥用;加之行政权过度介入民事关系会导致私权利受损,因而行政裁决权的设定与行使必须慎之又慎。具体而言:一方面,从私权自治的视角出发,行政权应当是谦抑的、克制的,非经法律授权不得擅自介入民事纠纷,"替代"民事纠纷的当事人作出处理决定。即便行政机关享有法律授予的行政裁决权,亦不可任意任性主动启动行政裁决程序。可以说,对于民事纠纷而言:"政府最佳的角色似乎是'调停者'而

---

[1] 参见闫志开、高正文、田原:《行政裁决制度的功能检视与完善路径》,载《中国司法》2021年第3期,第52页。

[2] 参见安丽娜、胡洪玉:《台湾地区行政解纷机制研究及其借鉴——以行政调解与行政裁决为视角》,载《海峡法学》2014年第4期,第46页。

[3] 陈锦波:《我国行政裁决制度之批判——兼论以有权社会机构裁决替代行政裁决》,载《行政法学研究》2015年第6期,第92页。

第五章　行政司法权作用于民事关系的典型制度安排：行政裁决

不是'决定者'。"[1]另一方面，从依法行政、建设法治政府与政府治理现代化、推动营商环境优化的视角出发，行政机关行使行政权力既要严格遵从法律保留与法律优先原则，亦要着力避免行政权对民事纠纷的过度干预，这实际上"与从计划经济向市场经济的转型、变革相一致"。[2]此外，行政裁决权的适用范围过宽亦有侵犯司法权领地之嫌。因此，从理论上而言，行政裁决权应当限于与行政管理活动密切相关且具有高度技术性的民事纠纷类型。

（二）行政裁决权的适用范围如何有限

保障行政裁决适用范围的有限性主要依托立法手段，即在行政裁决的设定问题上下功夫。首先，应从设定权限上限制行政裁决的适用范围，将行政裁决的设立权限于法律；其次，法律设定行政裁决亦应遵循公共利益、技术性等实质性要求；最后，对于现存不恰当的行政裁决规定，亦应适时启动废除程序。

1. 设定权采相对法律保留原则

设定权是指何种位阶的法律规范有权创设行政裁决，通过限制行政裁决的设定权可以从源头上减少行政裁决的数量。既有方案包括：一是法律法规。这种方案以《裁决意见》为代表，亦有不少学者持此主张，即行政裁决处理的只能是法律法规明确规定的民事纠纷，[3]排除规章与规范性文件的设定权。还有学

---

[1] 陆伟明：《服务型政府的行政裁决职能及其规制》，载《西南政法大学学报》2009年第2期，第24页。

[2] 叶必丰、徐键、虞青松：《行政裁决：地方政府的制度推力》，载《上海交通大学学报（哲学社会科学版）》2012年第2期，第8页。

[3] 参见吕艳滨：《我国民事纠纷的行政介入机制研究》，载《公法研究》2009年卷，第105页；宋智敏：《论政府社会管理创新的法治化路径——由"法治湖南"引发的思考》，载《湖南科技大学学报（社会科学版）》2012年第1期，第63页。

者提出,法规可以设定行政裁决,但行政裁决只能是选择性的而不能是强制性的,即行政裁决必须以当事人申请为前提。[1]二是限于法律。即行政裁决只能由法律设定,行政机关通过行政法规、规章自设行政裁决的做法颇值质疑。[2]三是法律和行政法规。有学者主张,行政裁决设定的规范依据仅限于法律和行政法规,对规章甚至规范性文件设定的行政裁决进行及时清理,确有存在必要的,应上升为法律和行政法规。[3]管见认为,为了防范行政裁决权之滥用,行政裁决权的设定应采相对法律保留原则,即原则上行政裁决只能由法律设定;在个别情形下法律可授权行政法规创设行政裁决权。

虽然行政机关可以借助行政自制即自我约束使行政权在合法合理范围内运行,[4]但不得不承认行政机关自我约束能力的内在缺陷,因而规制行政裁决权的尺度应由立法机关而非行政机关自己来把握。[5]最理想的方案是,制定统一的《行政裁决法》,提升行政裁决的法律依据层级,明确行政裁决的事项范围,解决行政裁决依据分散、体系化不够、地方法制不统一等问题;[6]其他单行法则根据《行政裁决法》圈定的行政裁决事

---

[1] 参见游振辉:《论行政机关对民事纠纷的主管》,载《中国法学》1992年第4期,第51页。

[2] 参见叶必丰、徐键、虞青松:《行政裁决:地方政府的制度推力》,载《上海交通大学学报(哲学社会科学版)》2012年第2期,第7页;张晓永、耿智霞:《论食品安全纠纷解决机制的完善》,载《法学杂志》2009年第8期,第75页。

[3] 孔繁华:《行政与司法之间:行政裁决范围的厘定与反思》,载《甘肃政法大学学报》2021年第1期,第35页。

[4] 参见于立深:《现代行政法的行政自制理论——以内部行政法为视角》,载《当代法学》2009年第6期,第9页。

[5] 参见卢护锋:《我国行政裁决制度陷入困境的成因分析》,载《东北师大学报(哲学社会科学版)》2011年第4期,第247~248页。

[6] 参见耿玉基:《超越权力分工:行政司法化的证成与规制》,载《法制与社会发展》2015年第3期,第189页。

第五章 行政司法权作用于民事关系的典型制度安排：行政裁决

项范围对特定领域的行政裁决事项作出具体规定。但从目前或者说短期来看，制定《行政裁决法》的可能性微乎其微。在此情形下，为了达致合理限制行政裁决的适用范围之目的，应当明确只有法律有权创设行政裁决权，即遵循法律保留原则。对此，《民事诉讼法》第 127 条第 3 项之规定可佐证之。其规定："依照法律规定，应当由其他机关处理的争议，告知原告向有关机关申请解决。"换言之，民事纠纷原则上由法院主管，法律明文规定由行政机关主管时，才由行政机关主管。[1]

此外，行政裁决的司法性也决定了其立法层次不可太低。《立法法》第 11 条规定，诉讼和仲裁事项只能制定为法律，加以参考，即可排除立法层次太低的规章、地方性法规设定行政裁决之权限。[2]但在特定情形下，尤其是为了契合行政裁决适用范围仍在探索之中的现实，全国人大也可授权国务院通过行政法规设定行政裁决权。[3]也就是说，行政裁决应当采取相对法律保留而非绝对法律保留方式，努力实现行政裁决范围的有限性与预留发展空间之间的相对平衡。《裁决意见》有关"行政裁决源于法律法规授权"的规定则缺乏慎思。亦有学者主张，由全国人民代表大会授权地方立法进行行政裁决"先行先试"。[4]这种改革不仅于法无据，而且极易导致行政裁决权的无序扩张。例如，《道路旅客运输及客运站管理规定》第 74 条第 3 款规定：

---

[1] 参见谢卫华：《论赋予法院对行政裁决司法变更权的必要性》，载《行政法学研究》2003 年第 3 期，第 18 页。

[2] 参见周小明、孙海涛：《论民事权利的行政裁决救济——以我国的征地及城市房屋拆迁行政裁决为例》，载《广西社会科学》2010 年第 1 期，第 71 页。

[3] 参见闫志开、高正文、田原：《行政裁决制度的功能检视与完善路径》，载《中国司法》2021 年第 3 期，第 53 页。

[4] 参见张树义主编：《纠纷的行政解决机制研究——以行政裁决为中心》，中国政法大学出版社 2006 年版，第 36 页；王小红：《行政裁决制度研究》，知识产权出版社 2011 年版，第 54 页。

"客运经营者在发车时间安排上发生纠纷,客运站经营者协调无效时,由当地县级以上道路运输管理机构裁定。"即属部门规章创设行政裁决,不具有合法性。进言之,特定行政机关是否拥有行政裁决权、哪些行政机关拥有行政裁决权、行政机关就何种民事纠纷享有行政裁决权都应由法律明确规定,如此方能保证行政裁决适用范围的有限性,为行政裁决的合法正当运行与防范行政裁决权滥用侵犯私权利奠定基础。规章与规范性文件则不得设定行政裁决,但可以规定具体的行政裁决程序。对于行政法规,其虽可以在法律授权的情形下创设行政裁决权,但为了避免其泛滥化,宜强调行政法规只能创设选择性的行政裁决而不能创设强制性的行政裁决,即行政法规创设的行政裁决权之行使以当事人申请为前提。综观英国、美国等国家的行政裁决主体制度也可发现,对行政裁决主体行政裁决权的授予都是立法机关通过法律直接赋予的,而不是由行政机关制定的法规授权。[1]

2. 设定行政裁决权的实质要求

即便是有权设定行政裁决权的法律和行政法规,也不能恣意为行政机关增设行政裁决权。有学者梳理了四类适合由行政裁决权来解决的民事纠纷:事实上不平等的双方当事人之间的民事纠纷;专业性和技术性强的民事纠纷;小额民事纠纷尤其是小额消费纠纷;群体纠纷。[2]笔者认为,法律和行政法规创设的行政裁决必须符合以下实质性标准与要求:一是民事纠纷必须与行政管理密切相关或者说涉及公共利益。《著作权法》第

---

〔1〕 周佑勇、尹建国:《我国行政裁决制度的改革和完善》,载《上海政法学院学报》2006年第5期,第33页。
〔2〕 参见李先伟:《多元化纠纷解决机制中的行政裁决权》,载《北京科技大学学报(社会科学版)》2010年第2期,第81页。

第五章 行政司法权作用于民事关系的典型制度安排：行政裁决

53条即规定："……侵权行为同时损害公共利益的，由主管著作权的部门责令停止侵权行为，予以警告，没收违法所得，……"有学者也主张，可以设立行政裁决事项的民事纠纷应当包括自然资源权属纠纷、知识产权纠纷、环境污染损害赔偿纠纷、医疗事故纠纷、交通事故纠纷、消费者权益纠纷、物业管理纠纷、保险纠纷、不动产产权纠纷以及其他与行政管理活动密切相关或政策性较强的纠纷。[1]对于与行政管理无关的民事纠纷，法律和行政法规均不得将其纳入行政裁决事项范围，赋予行政机关裁决权力。但对于这些民事纠纷而言，行政机关仍可通过行政调解手段予以化解。二是民事纠纷具有较强的专业性和技术性。这些民事纠纷一般对于法院而言专业"超纲"，行政机关则具有专业优势。例如，有学者主张，将政府采购投诉处理认定为行政裁决可以充分运用财政部门的专业知识和政策手段。[2]如果行政机关对于相关民事纠纷不具有特别的专业知识与专业能力，那么将这些民事纠纷列入行政裁决范围就没有实际意义，遑论作为分流阀与过滤器。对于同时符合以上两个条件的民事纠纷，法律可以创设强制性的行政裁决，而不限于选择性的。除此之外，对于类似劳动者与用人单位等事实上不平等主体之间的民事纠纷，法律亦有权创设强制性的行政裁决，从而最大限度地保护弱者权利。例如，《劳动法》第91条规定："用人单位有下列侵害劳动者合法权益情形之一的，由劳动行政部门责令支付劳动者的工资报酬、经济补偿，并可以责令支付赔偿金：……"至于小额民事纠纷与政治性群体纠纷，基于民事诉讼程序的无

---

[1] 齐树洁、丁启明：《完善我国行政裁决制度的思考》，载《河南财经政法大学学报》2015年第6期，第11页。
[2] 参见成协中：《通过修法建立更加完善的政府采购行政裁决制度》，载《中国政府采购报》2021年3月2日。

力与法院的能力有限,应当允许法律和行政法规创设选择性的行政裁决权,即赋予当事人纠纷解决方式选择权。

3. 需要废弃一些行政裁决

对行政裁决适用范围的限制除了从形式与内容两个层面廓定行政裁决权之设定,亦需要对现行有效的行政裁决进行清理:

第一,损害赔偿争议裁决。该类裁决的内容体现为责令一方当事人向另一方赔偿损失,以弥补当事人所受损害。《水土保持法》《环境保护法》《水污染防治法》《大气污染防治法》《海洋环境保护法》《食品卫生法(试行)》《药品管理法》《治安管理处罚条例》先后删除了行政机关有权就损害赔偿纠纷进行裁决的规定,现行有效的损害赔偿裁决体现在《劳动法》第91条、《劳动合同法》第85条、《河道管理条例》第47条、《产品质量法》第40条。有学者认为,废弃损害赔偿争议的原因是其不符合必要性原则,具体而言,损害赔偿争议不具有时间上的紧迫性,即便行政机关不予处理也不会影响当事人的权益更不会扩大损害,当事人完全可以通过诉讼等途径进行救济,且赋予行政机关行政裁决权可能破坏司法权与行政权的分工。[1]除此之外,这些损害赔偿案件既与行政管理活动无关也缺乏技术性要求,因而不具备设定行政裁决的基础性条件。而且,行政机关就损害赔偿争议行使裁决权也会无端扩大行政机关的裁决权限,破坏私权自治。以治安赔偿裁决为例,其不仅不利于维护当事人的权益,也不利于控制行政权,而且有违行政权与司法权的分立原理。[2]

---

[1] 参见孔繁华:《行政与司法之间:行政裁决范围的厘定与反思》,载《甘肃政法大学学报》2021年第1期,第28页、第34页。

[2] 金光明:《论治安赔偿裁决的废止——基于行政权和司法权分立的法理分析》,载《四川师范大学学报(社会科学版)》2005年第3期,第40页。

第五章　行政司法权作用于民事关系的典型制度安排：行政裁决

第二，征地（拆迁）补偿争议裁决。在这类纠纷中，行政机关系实质上的征地（拆迁）人，拆迁人即建设单位则仅是形式上的征地（拆迁）人。"政府以行政裁决的方式介入拆迁纠纷，既充当行政裁决的当事人，又充当行政裁决机关。"[1]因而允许行政机关对这类纠纷进行行政裁决实际上是默认了行政机关兼任运动员与裁判员的角色设置，即自己做自己案件的法官，有违自然公正原则。至于有学者主张的扩大征地争议裁决的受案范围，纳入征地补偿安置争议、地上附着物和青苗的补偿费争议之观点，[2]更不足取。目前，《城市房屋拆迁管理条例》已告失效，意味着拆迁补偿争议不再属于行政裁决范围；《土地管理法实施条例》也删除了征地补偿裁决的规定。

二、公正的程序设计

为了防范行政机关滥用行政裁决权，对于行政裁决权的现实运行过程而言，则需要设计相对公正的程序要求来为裁决机关套上枷锁。其中最为核心的要求是裁决机关保持中立，二是遵循正当程序要求。

（一）保证行政裁决机关中立

保证裁决机关的中立地位是实现行政裁决公正的前提、基础与关键，也是完善行政裁决制度的重要目标与改革方向。有学者直言："保障行政裁决机关的中立性是完善行政裁决制度的基础。"[3]其重要性可见一斑。

---

[1]　康贞花：《试论城市房屋拆迁中政府职能的错位及其对策》，载《延边大学学报（社会科学版）》2009年第4期，第124页。

[2]　参见杜国明、杨建广：《我国征地纠纷解决机制的构建》，载《求索》2007年第6期，第46页。

[3]　周小明、孙海涛：《论民事权利的行政裁决救济——以我国的征地及城市房屋拆迁行政裁决为例》，载《广西社会科学》2010年第1期，第73页。

1. 设置独立的行政裁决机关

行政裁决机关的中立以独立为前提,独立是中立的必要条件,只有独立才能中立。裁决机关独立是保证其可以居间裁判民事纠纷、担负起民事纠纷解决机制功能的重要一环,独立性亦是各国行政裁决机关的最显著特征。[1]针对我国当前裁决机构处于行政机关内部或者说直接缺乏专门的裁决机构(裁决人员与执法人员相混同)之现状,强化裁决机关独立性的首要工作即是将裁决机构从所属的行政机关独立出来,设置专门的行政裁决机关。有学者主张行政裁决机构的相对独立,即"行政裁决机构虽然在行政主管机关之内,可以利用行政机关内相对集中的行政资源,但工作人员的工作具有相对的独立性"。[2]笔者认为,这种做法无异于现在的行政复议体制,只要裁决机构受制于行政主管机关,裁决人员就仍然无法脱离行政主管机关的管控,因而难免面临独立性、公正性与公信力隐忧。这是因为,行政机关并不是法院一样纯粹的裁决机构,而是同时拥有调查权、追诉权、听证权和裁决权,这种职能的集合注定了裁决机构无法独立或者说无法让当事人信服其独立。[3]正确的做法应当是一步到位,即省、市、县每一级政府设立专门的与行政主管机关平级的裁决机关(而非主管机关的内设机构),统一管辖各地域范围内的行政裁决事项。此种设置下的裁决机关不管是在职权、人员、财政方面均获独立,如此方可保证裁决机关行使行政裁决权不受其他行政机关的干预。进言之,裁决机

---

〔1〕 周佑勇、尹建国:《我国行政裁决制度的改革和完善》,载《上海政法学院学报》2006年第5期,第33页。

〔2〕 吴汉全:《论行政裁决社会公信力的提升》,载《江苏行政学院学报》2005年第5期,第91页。

〔3〕 参见周佑勇、尹建国:《我国行政裁决制度的改革和完善》,载《上海政法学院学报》2006年第5期,第34页。

第五章 行政司法权作用于民事关系的典型制度安排：行政裁决

关是否启动行政裁决、如何裁断民事纠纷均属于裁决机关的权限范围，其他行政机关不得横加干涉，从而可以从外部性层面剔除行政裁决权的滥用因素。

2. 保证行政裁决处理人员独立

加强裁决机构独立性无外乎有两种选择：一是实现机构层面的独立；二是实现人员层面的独立。[1]如果裁决机关本身实现了独立于行政主管机关而裁决人员尚未独立，某种程度上来说问题更为严重，因为行政裁决归根结底是由裁决人员作出。因此，在裁决机关独立之外尚需保证裁决人员的独立，才能真正为裁决中立保驾护航。在英国，行政裁判所主席由大法官任命或由部长从大法官同意的预定名单中挑选人员任命，其他人员也不由行政裁判所单方决定，而必须考虑行政裁判委员会的意见。[2]在美国，行政法官的任命权也不是行政机关，行政机关只能从文官事务委员会确认合格的名单中选择行政法官。[3]《世界知识产权组织的专家裁决规则》亦明确要求裁决专家具有公正性和独立性。[4]首先，就裁决人员的任命而言，享有任命权应是裁决机关所属的本级政府，而不宜由与裁决机关平级的其他行政机关任命，避免后者不当干预行政裁决权的行使；其次，就裁决人员的要求而言，为了发挥行政裁决的专业优势，裁决人员应当是专业的，具体的裁决委员会则应由经济、技术和法律方面的专家构成，如此才能满足解决民事纠纷的专业化

---

[1] 成协中：《通过修法建立更加完善的政府采购行政裁决制度》，载《中国政府采购报》2021年3月2日。
[2] 参见王名扬：《英国行政法》，北京大学出版社2007年版，第111～113页。
[3] 参见王克稳等：《城市拆迁法律问题研究》，中国法制出版社2007年版，第242页。
[4] 参见付大学、段杰：《PPP合同争议解决之行政裁决路径》，载《天津法学》2020年第4期，第28页。

需要。最后,就具体案件裁决人员的组成而言,应当实行合议制与少数服从多数规则,审理案件的组成人员必须是三人以上的单数,避免一人独断。[1]

(二) 正当程序要求之落实

如上所述,程序规则不规范是当下我国行政裁决制度运行中现实存在的问题,亦是行政裁决权滥用的源头之一。正当程序原则是行政法的基本原则,行政裁决程序亦应符合最低限度的程序要求。而且完善的行政裁决程序能够在约束和限制行政裁决权的同时有效发挥行政裁决解决民事纠纷的功能,提高行政裁决的权威性与社会认可度,因此有必要为行政裁决设计一套良善的程序规则。

1. 程序对规范行政裁决权的重要性

行政裁决的程序是指行政机关在解决民事纠纷过程中应当遵循的步骤和方式,"它直接关系到行政裁决的具体实施,行政裁决的作用能否发挥以及行政裁决的目标与功能能否实现"。[2]之所以要依托正当程序原则来规范行政裁决权之行使,原因主要有三:一是源于程序本身对行政权的控制和约束作用。程序规范之存在意味着行政裁决权的行使必须严格履行这些程序要求,如听证、答辩、回避等,而不能随心所欲、无所顾忌、恣意而为。因而程序构成了行政裁决权的外在形式要求,程序要求可谓行政裁决权的紧箍咒与控制阀。而当行政机关严格按照相关程序要求行使行政裁决权时,实际上"也是对行政主体的一种'自我保护',即消解行政权运行过程中产生'负外部性'

---

[1] 参见沈开举:《委任司法初探——从行政机关解决纠纷行为的性质谈起》,载《郑州大学学报(哲学社会科学版)》2007年第1期,第46页。
[2] 王文惠:《行政裁决法律制度主要问题探究》,载《法学杂志》2010年第2期,第38页。

第五章　行政司法权作用于民事关系的典型制度安排：行政裁决

的压力"[1]。有学者一针见血地指出，程序不是次要的事情，随着政府权力持续不断地急剧增长，只有依靠程序公正，权力才可能变得让人能容忍。[2]二是程序规制的成本较低。程序的本质是一种形式合理性，是把利益的博弈和价值衡量转化为在法治规程上表达的诉求。通过程序实现对行政权的控制，可以有效地降低规制行政权的成本。[3]具体而言，通过程序防范行政裁决权滥用的作用机理在于，为行政裁决权运行的步骤、方式、顺序、时效等进行外在束缚，只要行政裁决权的行使不突破程序规范，很大程度上就可保证行政裁决权的合法性乃至合理性。三是源于行政裁决的司法性。行政裁决不同于行政处罚等一般的传统型行政行为，"是行政机关在纠纷解决中进行利益再分配的过程"。[4]其司法属性决定了其程序要求也应当向司法程序靠拢，努力让民事纠纷当事人在行政裁决中感受到公平正义，建立对行政裁决制度的合理信赖。

2. 设计行政裁决程序的价值遵循

第一，兼顾效率与公平。一方面，作为一种民事纠纷解决机制，行政裁决必须能够公正处理民事争议，贯彻听证程序等环节设置，实现对民事权利义务的公平分配。而当行政裁决决定失之偏颇，就构成行政裁决权之滥用，必然会牺牲一方当事人的合法权益，激化社会矛盾。另一方面，作为一种非诉类型

---

[1] 万里鹏：《行政权的边界界定及其规制研究》，载《宁夏社会科学》2019年第1期，第91页。

[2] [英] 威廉·韦德：《行政法》，徐炳等译，中国大百科全书出版社1997年版，第94页。

[3] 万里鹏：《行政权的边界界定及其规制研究》，载《宁夏社会科学》2019年第1期，第90页。

[4] 齐树洁、丁启明：《完善我国行政裁决制度的思考》，载《河南财经政法大学学报》2015年第6期，第10页。

的纠纷解决机制，行政裁决相较于法院而言的显著优势即是效率较高，因而行政裁决的程序设计应当相对灵活简单，而不宜过于烦琐，尤其是不应像法院审理民事案件的诉讼程序那般复杂。也就是说，行政裁决的程序不必照搬法院，也无需遵循法院形式化、刻板化的程序要求。

第二，公开。阳光是最好的防腐剂。如果行政裁决全程公开，行政裁决权行使就是透明化的并受民事纠纷当事人全程监督，必然能够防范裁决权的滥用与无序，避免私权利遭受行政裁决权的不当侵犯。具体而言：其一，行政裁决的依据、程序提前向社会公开，让民事纠纷当事人对行政裁决的公正性、效率性建立相对稳定的预期。其二，行政裁决相关材料和证据向双方当事人公开，让双方当事人在全面掌握相关信息的基础上作出反应。其三，行政裁决的审理过程公开，即采言词审理原则，要求裁决机关"公开接纳证据、向所有当事人公开、给予当事人向证人和鉴定人发问的机会和互相辩论的机会"。[1]其四，行政裁决决定包括依据、理由、结果公开。一方面表明行政裁决行为的公开性，另一方面也表明纠纷双方有服从行政裁决的义务，同时也向社会各界表明行政裁决具有法律的影响力并接受社会的监督。[2]

第三，依申请原则。行政裁决本质上体现为行政权对民事纠纷的介入，从保护私权利的视角出发，限制行政裁决权之启动至关重要。为了有效防范行政机关恣意行使裁决权力，宜明确行政裁决权的启动以当事人申请为原则、裁决机关主动发起

---

[1] 徐继敏：《行政裁决证据规则初论》，载《河北法学》2006年第4期，第13页。

[2] 吴汉全：《论行政裁决社会公信力的提升》，载《江苏行政学院学报》2005年第5期，第92~93页。

第五章 行政司法权作用于民事关系的典型制度安排：行政裁决

为例外。而将行政裁决限定为依申请的行政行为，既是对行政相对人自主选择救济的尊重，也为防止行政裁决权的肆意运行设置了一道屏障。[1]

3. 行政裁决的具体程序设置

正当程序是法律发展的一部分，也是法律发展的一面镜子。[2]为了有效防范行政机关滥用行政裁决权戕害私权利，宜设置如下具体程序：

其一，行政裁决程序采对抗（抗辩）式设计。行政裁决的过程体现为民事纠纷双方当事人两造对抗，而不是行政机关主导的纠问式。行政机关扮演的是居间裁断者的法律角色，民事纠纷双方当事人分别处于天平的两端，行政机关裁决的目的在于维持天平的平衡状态，而不至于失衡。其过程体现为，行政机关在听取双方意见的基础上进行裁判，行政机关既不牵涉进入双方当事人的争论过程也不能偏袒任何一方当事人。对于当事人而言，两方当事人均能够完整参与行政裁决的作出过程，全程了解对方的观点与论据，所谓既能知己也能知彼。

其二，从流程来看，行政裁决应当遵循"申请—受理—审理—裁决"程序。申请即当事人向有管辖权的行政机关申请行政裁决，一般不允许行政机关主动启动裁决程序。受理即行政机关受理民事争议，并通知双方当事人，为行政裁决权的启动环节。审理即事实认定与证据审查，其与其他行政行为不同的点在于，行政裁决的审理过程应当是抗辩式的，即行政机关应完整主导立案通知、答辩、开庭审理、举证质证、辩论程序进

---

[1] 茅铭晨、李春燕：《行政裁决法治化研究》，载《行政论坛》2003年第3期，第54页。

[2] 何海波：《司法判决中的正当程序原则》，载《法学研究》2009年第1期，第125页。

程。裁决即根据认定的事实适用法律,作出行政裁决。行政裁决书应载明当事人的基本情况、争议的内容、对争议的裁决及其理由和法律根据,并注明是否为终局裁决。[1]如果说传统的民事纠纷处理采用的是"事实认定+法律适用=处理结果"范式,行政裁决则在事实认定的过程中糅进了司法化的听证、答辩等抗辩式程序,促使各方当事人达成共识与"服判息诉"。[2]

其三,抗辩式的程序设计机制有赖于听证、公开、回避、证据规则、听取意见、说明理由、时限、代理等具体程序制度。此处笔者重点探讨行政裁决程序不同于诉讼程序之处。就听证而言,听证是行政裁决作出过程中、行政裁决结论作出前的中心环节,[3]应当对听证的时限、方式、程序等作出具体的规定,确立案卷排他规则。听证制度的核心在于保障当事人的陈述申辩权,即"行政机关真心诚意地邀请人家发表意见,并真心诚意地考虑人家的意见"。[4]不管是正式裁决还是非正式裁决,都应举行听证会,通知"事实和法律事项""双方有机会提交事实和论点"。[5]就证据规则而言,主要应当明确证据形式、举证责任分配、"优势证据"[6]证明标准,尤其是行政机关有权主动调查收集证据,这一点不同于法院。此外,行政裁决有赖于行

---

[1] 李先伟:《多元化纠纷解决机制中的行政裁决权》,载《北京科技大学学报(社会科学版)》2010年第2期,第92页。

[2] 参见耿玉基:《超越权力分工:行政司法化的证成与规制》,载《法制与社会发展》2015年第3期,第187页。

[3] 周佑勇、尹建国:《我国行政裁决制度的改革和完善》,载《上海政法学院学报》2006年第5期,第34页。

[4] 何海波:《司法判决中的正当程序原则》,载《法学研究》2009年第1期,第143页。

[5] Michael Xun Liu, "Patent Policy Through Administrative Adjudication", *Baylor Law Review*, Vol. 70:1, pp. 43-90 (2018).

[6] 徐继敏:《行政裁决证据规则初论》,载《河北法学》2006年第4期,第14页。

第五章 行政司法权作用于民事关系的典型制度安排：行政裁决

政机关的专业性，应当允许裁决人员在证据之外依据专业知识与专业经验进行裁决，而不限于证据本身。就时限而言，主要应当明确立案审查时限、立案通知时限、答辩时限、送达时限、决定时限等。听取意见与说明理由都是强制性的程序规定，行政机关不得行使裁量权自由决定，二者均有助于行政裁决的正确性，"必要时可通过交叉辩论厘清案件争点"。[1]此外，还应当明确，行政裁决当然适用调解原则，[2]而且行政机关必须先行调解，调解不成方可裁决。与此同时，应当允许行政机关自我纠错，即行政机关可以自己对有误的行政裁决予以撤销，从而有效减少行政裁决机关的涉诉风险。[3]至于有学者主张的裁决前置问题，笔者认为并不妥当。有学者主张，介于部分民间纠纷的特殊性，可实行行政裁决先行，以减轻法院的压力。[4]但是，这种前置机制构成对民事纠纷当事人自治自主权的破坏，并与行政机关依职权裁决异曲同工，不值得提倡。

三、救济途径重塑

司法终局裁决是法治国家的一个基本要求，除了具备正当性理由之外，任何争议的裁断和行为合法性的判断法院都有最终的决定权。[5]尽管行政裁决具有司法属性，但并不能抹煞其

---

[1] 齐树洁、丁启明：《完善我国行政裁决制度的思考》，载《河南财经政法大学学报》2015年第6期，第12页。

[2] 参见茅铭晨、李春燕：《行政裁决法治化研究》，载《行政论坛》2003年第3期，第55页。

[3] 董妍、赵天翼：《行政裁决制度的地方立法安排——以避免行政法律风险为视角》，载《辽宁行政学院学报》2021年第2期，第96页。

[4] 鲜智凯：《论我国民间争议解决机制之重构》，载《四川行政学院学报》2005年第2期，第34页。

[5] 卢护锋：《我国行政裁决制度陷入困境的成因分析》，载《东北师大学报（哲学社会科学版）》2011年第4期，第248页。

行政本性。为了监督行政裁决权的合法正当行使，除了事前的范围限制与事中的程序规制之外，还应当引入规范的事后救济体系。

（一）行政附带民事诉讼的替代方案梳理与评析

在《行政诉讼法》确立的行政附带民事诉讼方案之外，理论界还提出了行政诉讼、民事诉讼、当事人诉讼、民事裁处诉讼等多种替代性方案。不无遗憾的是，这些替代性方案均存在不同程度的内在龃龉，不足以产生替代之效。

1. 既有替代方案简介

第一，行政诉讼。即基于行政裁决的行政行为定性，不服行政裁决的应当通过行政诉讼的方式予以救济。此外，将行政裁决作为行政诉讼案件处理也有助于维护行政权与司法权的分工原则，健全法律监督机制。[1]20世纪末，《关于贯彻执行〈中华人民共和国行政诉讼法〉若干问题的意见（试行）》即持此种观点，并把针对权属纠纷、赔偿纠纷与补偿纠纷的行政裁决纳入了行政诉讼的受案范围。[2]有学者提出，民事纠纷一经裁决便成了行政裁决的一部分，因而行政裁决中只存在行政争议，只能通过单独的行政诉讼予以解决。[3]

第二，民事诉讼。当事人不服行政裁决意味着行政裁决未能解决民事争议，因而应当从根源出发就民事争议本身提起民事诉讼。支持者认为，行政裁决既以解决民事纠纷为要并因民事纠纷而起，不服行政裁决的就应直接以民事纠纷为诉讼对象，

---

[1] 参见陆平辉：《行政裁决诉讼的不确定性及其解决》，载《现代法学》2005年第6期，第104页。

[2] 参见《关于贯彻执行〈中华人民共和国行政诉讼法〉若干问题的意见（试行）》第4~7条。

[3] 参见成协中：《行政民事交叉争议的处理》，载《国家检察官学院学报》2014年第6期，第67页。

第五章 行政司法权作用于民事关系的典型制度安排：行政裁决

才能有效化解民事纠纷，防止"案结事不了"状况。另一方面，在纠纷的最终裁决权保留在法院的背景下，直接以民事诉讼的方式处理纠纷减少了诉讼环节，使纠纷的解决变得更加经济和有效，既可以防止出现案了事未了的状况，也可以保护行政机关裁决纠纷的积极性。[1] 至于行政裁决，则属于民事诉讼中的证据之一，法院应当依据证据审查规则对行政裁决的客观性、关联性与合法性进行审查。[2]

第三，当事人诉讼。[3] 当事人诉讼源于日本，形式上的当事人诉讼是有关确认或形成当事人之间法律关系的处分或裁决的不服诉讼，当事人不以行政厅而以具有直接利害关系的当事人为被告，其目的不是撤销行政处分或裁决而是确认或形成民事法律关系，[4] 裁决机关则作为第三人参与诉讼。[5] 法院直面民事纠纷，主要适用民事诉讼程序，可以作出给付、确认或变更判决，且判决对裁决机关同样具有约束效力，裁决机关必须服从之。[6] 因此，当事人诉讼方案既能解决裁决机关与当事人之间的行政争议，也能化解当事人之间的民事争议，避免另行提起民事诉讼。裁决机关不作被告是当事人诉讼的核心特征，因而某种程度上可以避免行政诉讼以及行政附带民事诉讼方案所招致的"涤除裁决机关行使行政裁决权之积极性"后果。

---

[1] 陆平辉：《行政裁决诉讼的不确定性及其解决》，载《现代法学》2005年第6期，第105页。

[2] 齐树洁、丁启明：《完善我国行政裁决制度的思考》，载《河南财经政法大学学报》2015年第6期，第14页。

[3] 参见朱辉：《行政附带民事诉讼程序整合问题探讨》，载《甘肃政法学院学报》2014年第6期，第107页。

[4] 参见［日］室井力主编：《日本现代行政法》，吴微译，中国政法大学出版社1995年版，第233~234页。

[5] 参见齐树洁主编：《英国司法制度》，厦门大学出版社2007年版，第408页。

[6] 参见王小红：《和谐社会建设需要行政裁决制度》，载《北方法学》2008年第4期，第96~97页。

第四,民事裁处诉讼。即一方当事人以另一方当事人为被告、裁决机关作为参与人的诉讼,同时解决行政争议与民事争议。[1]就行政争议与民事争议的关系而言,民事裁处诉讼以解决民事争议为主、解决行政争议为辅,属于民事诉讼方案的修正版本。[2]就判决内容而言,民事裁决诉讼既要裁断民事纠纷又要对行政裁决进行裁断,裁决机关若对诉讼结果不满意,可以提起上诉。就属性而言,民事裁处诉讼是一类独立的诉讼形式。就程序而言,民事裁处诉讼原则上适用民事诉讼程序,但判断行政裁决合法性与效力的部分应适用行政诉讼程序。支持者认为,其既可以避免行政附带民事诉讼的麻烦,又能克服单纯行政诉讼或民事诉讼的理论障碍。[3]

第五,其他方案。一是民事附带行政诉讼。即在审理民事案件的过程中一并审理行政裁决的合法性。其本质是民事诉讼,对行政行为的审查不是主要问题。[4]二是上诉。即行政裁决构成对民事纠纷的初审,当事人不服行政裁决不应以裁决机关为被告提起诉讼,而应针对初审性质的行政裁决提起上诉。[5]三是先行政诉讼后民事诉讼。二者相互独立但由同一审判组织进行审理。[6]

---

[1] 参见江雪:《行政机关居间裁决的性质》,载《法学杂志》1988年第3期,第33页。

[2] 参见陆平辉:《行政裁决诉讼的不确定性及其解决》,载《现代法学》2005年第6期,第107页。

[3] 参见江雪:《行政机关居间裁决的性质》,载《法学杂志》1988年第3期,第33页。

[4] 参见赵德铸:《论行政居间裁决案件的司法救济》,载《山东师范大学学报(人文社会科学版)》2005年第1期,第76页。

[5] 参见沈开举:《委任司法初探——从行政机关解决纠纷行为的性质谈起》,载《郑州大学学报(哲学社会科学版)》2007年第1期,第45~46页。

[6] 参见陆平辉:《行政裁决诉讼的不确定性及其解决》,载《现代法学》2005年第6期,第107页。

第五章　行政司法权作用于民事关系的典型制度安排：行政裁决

2. 既有替代方案的不妥帖

行政诉讼方案的不足之处在于：一是不能实质性解决民事争议，"使得司法解决纠纷的畅通社会管理、降低矛盾解决成本的功能受到严重削弱"。[1]在行政诉讼中，法院审查的对象是行政裁决本身的合法性即职权、程序、证据、适用法律等方面是否存在不足，进而作出撤销、确认违法或无效等判决，而不能对行政裁决直接加以变更。对于民事争议本身来说，则再次因行政裁决违法回归到原始未决状态，所谓"兜兜转转，无功而返，且损耗了时间、精力等资源"。而解决民事争议才是当事人就行政裁决提起行政诉讼的实质诉求，行政诉讼方案对民事争议的置之不理显然是未着眼于当事人的"实质诉求"[2]，无法一揽式彻底解决纠纷。二是同行政附带民事诉讼方案一样面临行政机关作被告、导致行政机关逃避行政裁决权行使之乱象。

持民事诉讼方案的学者认为民事诉讼可以有效避免行政诉讼的以上两点不足，既可防止案结事未了现象，也可以保护行政机关行使行政裁决权的积极性。[3]其理论悖论却在于：一是忽视了行政裁决法律关系的复杂性。如上所述，行政裁决权的行使形成了裁决机关与双方当事人之间的行政法律关系以及双方当事人之间的民事法律关系。民事诉讼方案弃行政法律关系于不顾，容易产生行政裁决与司法审判的冲突，如出现行政裁决一方胜诉而民事诉讼另一方胜诉的尴尬局面。二是民事诉讼

---

[1] 严垠章：《论我国不服行政裁决民事争议司法审查模式的选择》，载《温州大学学报（社会科学版）》2018年第1期，第70页。

[2] 江必新：《以推进三项重点工作为契机 努力破解行政案件申诉上访难题——全国法院行政审判工作座谈会上的讲话》，载中华人民共和国最高人民法院行政审判庭编：《行政执法与行政审判》，中国法制出版社2010年版，第8页。

[3] 参见陆平辉：《行政裁决诉讼的不确定性及其解决》，载《现代法学》2005年第6期，第105页。

方案将裁决机关排斥在外,裁决机关行使公权力的行为处于监督缺位状态,加剧行政裁决权的滥用。三是有悖于行政行为的约束力与公定力原理。作为行政行为的行政裁决对当事人具有约束效力与合法推定效力,非经法定程序不得推翻。民事诉讼方案则直接跳过了行政裁决,又以民事判决间接否定行政裁决的效力,于理不合。有学者主张:"按照司法最终裁判权的原则,当事人提起民事诉讼后,行政裁决即自行失去法律效力。"[1]这属于对行政行为效力规则的误读,行政裁决只有经过针对行政裁决的诉讼才会失效。此外,民事诉讼方案目前也缺乏法律依据的支撑。

民事裁处诉讼与当事人诉讼表面上兼顾了行政裁决造就的双重法律关系,实际上并没有直面行政裁决的约束效力。具体而言,二者虽然将裁决机关以第三人的身份纳入诉讼程序,一定程度上解决了民事诉讼面临的"忽视行政裁决法律关系的复杂性""行政机关监督缺位"问题,但本质上都属于民事诉讼范畴,均无法摆脱行政裁决的约束效力,即同样面临以上民事诉讼的第三个正当性诘问。

至于其他三种方案,民事附带行政诉讼适用于民事争议源于行政行为的纠纷类型,行政行为的合法性是当事人诉讼请求能否得到支持的先决问题。[2]而在行政裁决案件中,是行政争议源于民事争议而非相反。上诉方案将裁决机关视为司法机关,与我国现行的权力分立体制并不相符。先行政诉讼后民事诉讼方案的主要难题是行政诉讼与民事诉讼如何衔接。

(二)救济方式关注要点:双重法律关系和双重纠纷

与一般行政行为不同的是,行政裁决形成的法律关系既有

---

[1] 严惠仁:《民事侵权赔偿行政裁决案不宜纳入行政诉讼受案范围》,载《行政法学研究》1994年第2期,第94页。

[2] 参见江雪:《行政机关居间裁决的性质》,载《法学杂志》1988年第3期,第33页。

第五章　行政司法权作用于民事关系的典型制度安排：行政裁决

裁决机关与双方当事人之间的行政法律关系，又有双方当事人之间的民事法律关系。因而，如果当事人对行政裁决不甚满意，那么经过行政裁决的民事纠纷又额外被笼罩上了行政纠纷。此时若要彻底解决民事纠纷必须同时处理好两种法律关系、两种法律纠纷。进言之，如果当事人不服行政裁决即对民事权利义务的配置不满意，当然有权求助于诉讼途径加以解决。而如果法院意欲从根本上化解两种法律纠纷，就必须既裁判行政裁决的合法性又裁判当事人之间的民事争议，真正实现案结事了。

1. 通过行政诉讼对行政裁决进行裁断

有学者质疑，行政裁决并未改变当事人之间民事纠纷的法律性质，行政机关只是以第三方身份主持解决纠纷的裁判，不能对主持解决纠纷的裁判提起诉讼。[1]此外，以行政案件受理也会有忽略行政裁决之纠纷解决机制定位之嫌。[2]诚然，行政裁决具备司法属性与裁判属性，但究其本质，行政裁决是具有公定力、约束力的行政行为，行政法律关系源于民事争议也拘束着民事法律关系。进一步说，经行政裁决确认的民事权利义务状态非经法定程序和方式不得任意改变，所以当事人若不满意行政行为确定的民事权利义务状态，[3]必须要对行政裁决的合法性与效力作出判断，方能将民事纠纷从行政裁决的约束力之下解脱出来，进而重新配置双方当事人的权利义务关系。诚如有学者所言："一旦行政机关对相关的民事权利义务之争作出裁决，则意味着当事人之间的民事权利义务关系已得到有权机

---

[1] 参见方世荣主编：《行政法与行政诉讼法》，中国政法大学出版社1999年版，第206页。

[2] 参见马佳：《论我国行政处理民事纠纷机制的完善》，载《湖北行政学院学报》2007年第1期，第40页。

[3] 赵德铸：《论行政居间裁决案件的司法救济》，载《山东师范大学学报（人文社会科学版）》2005年第1期，第77页。

关的确认,当事人只能通过对该行政裁决提起行政诉讼来满足自己民事权益的请求。"[1]如果行政裁决合法,则认可裁决机关所确认的民事权利义务关系,在维持既有裁决的基础上对民事争议作出判决。[2]判决内容既可能与行政裁决完全一致即体现为直接维持行政裁决,也可能基于当事人提出的新证据而对行政裁决的内容加以变更,但可以排除裁决机关承担不利后果的情形。如果行政裁决存在合法性瑕疵,法院应判决撤销、确认违法或者无效。而在行政裁决被撤销或确认无效的情形下,当事人之间的民事争议复归原始状态,并由法院直接对民事争议予以裁断。

法院对行政裁决的审查既包括合法性审查也包含合理性审查,以实现"合理确定民事纠纷各方权利和义务"的公平原则。[3]但与一般行政行为不同的是,法院对行政裁决的审查是有限的审查:一方面是有限的事实审查,法院一般认可行政机关的事实认定;另一方面是有限的程序审查,对于轻微的程序瑕疵,法院一般不予撤销,而允许行政机关自行修正。有限的司法审查体现的是司法的谦抑与对行政的尊让。[4]

2. 法院应享有直接变更权

如上所述,不管当事人不服行政裁决本身还是不服行政裁决承载的民事争议,都应先以行政裁决作为诉讼对象,而不能径直选择民事诉讼途径。对于民事争议而言,尤其是法院认定

---

[1] 杨伟东:《行政附带民事诉讼探略》,载《行政法学研究》1998年第1期,第64页。

[2] 陆平辉:《行政裁决诉讼的不确定性及其解决》,载《现代法学》2005年第6期,第108页。

[3] 参见《民法典》第6条:"民事主体从事民事活动,应当遵循公平原则,合理确定各方的权利和义务。"

[4] 参见耿玉基:《超越权力分工:行政司法化的证成与规制》,载《法制与社会发展》2015年第3期,第190~191页。

第五章　行政司法权作用于民事关系的典型制度安排：行政裁决

行政裁决不合法或者不合理的情形，则应当赋予法院直接变更权。传统观点认为，法院的变更权极为有限，仅针对合理性审查，并作用于裁量空间。《行政诉讼法》即采此种观点，认为仅当"行政处罚明显不当""其他行政行为涉及对款额的确定、认定确有错误"时法院才有权判决变更。法院对于行政裁决则无变更权限，而只得审查其合法性，合法的予以维持，不合法的予以撤销。[1]笔者认为，将司法变更权等同于合理性审查有失偏狭，随着形式法治向实质法治转变，合理性审查已被合法性审查所吸收糅合，因而不能再以合理性审查或者说裁量范围来度量司法变更权的适用范围。对于行政裁决而言，赋予法院变更权还具有以下几个方面的支撑：

首先，赋予法院变更权具有法理基础：一方面，行政裁决是解决民事争议的活动，法院同样有权解决民事争议且解决民事争议本就属于法院的职权范畴，法院直接变更行政裁决即对民事争议进行直接裁断不过是"让司法的归司法"而已。进一步来说，赋予法院变更权不会发生司法权侵犯行政权或者替代行政权的问题。[2]另一方面，我国之所以将变更判决的适用范围限定于行政处罚行为，主要是因为行政处罚对相对人的权益具有直接重大影响，需要强化司法监督。行政裁决的本质是行政权对民事纠纷的介入，并直接左右当事人之间的财产权利分配，同样具备强化司法监督的现实条件。而且行政裁决在很多情形下也涉及对侵权、赔偿款额的确定、认定，本来也可划归变更判决的适用范围。其次，赋予法院对行政裁决的变更权具

---

[1] 参见莫家齐、张尚清：《城市房屋拆迁补偿、安置纠纷法律救济手段研究》，载《行政法学研究》1998年第4期，第71页。

[2] 参见谢卫华：《论赋予法院对行政裁决司法变更权的必要性》，载《行政法学研究》2003年第3期，第20页。

有实质性解决民事争议的积极意义。实质性解决争议要求法院"依法作出具有明确时间和内容指引性要求的判决""审慎适用宣告性判决"。[1]法院享有对行政裁决的变更权意味着,法院能够直接改变行政裁决决定,即对民事争议进行替代性裁断,直接固定双方当事人之间的权利义务关系,而非打回裁决机关令其重新加以裁决。后者不仅难免再度出现波折,形成循环诉讼,而且会增加程序运作成本,有悖经济原则。因而赋予法院变更权可谓兼顾公正与效率价值的路径选择,既有利于提高审判效率、减少当事人诉累也有助于民事纠纷的实质性化解。事实上,行政附带民事诉讼方案正是对于行政诉讼方案法院缺乏变更权的补救措施。最后,赋予法院变更权,即对民事争议进行直接裁断也符合司法最终原则。此外,赋予法院变更权也是世界各国的通行做法。例如,法国的法院变更权集中于完全管辖之诉,重在保护当事人的主观权利;德国的变更权则集中适用于金钱给付之诉与确认之诉。[2]

言而总之,在法院对行政裁决具有变更权的情况下,如果行政裁决明显不当,法院即可判决变更,并实质体现为对当事人之间民事权利义务的重新部署安排。当然,需要注意的是,法院享有变更权的前提是事实清楚。如果裁决机关尚未查明民事争议的基本事实,导致双方当事人对事实情况存有争议,基于作为行政裁决对象的民事纠纷之专业性,法院宜发回裁决机关令其重新调查基本事实。换言之,法院对行政裁决合法性的审查聚焦于裁决职权、裁决依据、裁决程序方面,且法院的审

---

[1] 章志远:《行政争议实质性解决的法理解读》,载《中国法学》2020年第6期,第139页。

[2] 参见周佑勇、尹建国:《我国行政裁决制度的改革和完善》,载《上海政法学院学报》2006年第5期,第39页。

第五章 行政司法权作用于民事关系的典型制度安排：行政裁决

查限于法律问题，事实问题则多尊重具有专门知识的行政机关的认定。[1]此即享有盛誉的 Chevron deference 原则，要求法院尊重行政机关对自主立法的合理解释。[2]行政裁决更为依赖于裁决机关的专业性，因而法院对行政裁决的审查更加不会涉及事实认定。

3. 裁决机关不想做被告心理消解

由上可见，与现行有效的行政附带民事诉讼方案一致，"行政诉讼+变更权"方案亦无法摆脱裁决机关当被告问题，这个问题正是反对行政附带民事诉讼方案的主要缘由。笔者认为，根据权责一致原则，既然行政机关有进行行政裁决、干涉民事争议的行政权力，就不能妄想不因不恰当的行政权行使行为而受苛责。有学者主张，为了使行政裁决制度的权利救济功能得到充分发挥，可以借鉴英国行政裁判制度中的上诉制度，即向部长或者法院上诉，但行政裁决机关不做被告。[3]事实上，包括上诉、民事诉讼等方案都可谓"处心积虑"规避裁决机关成为被告的成果。但是，对行政裁决的救济不能单凭裁决机关个人的喜好，不能片面因为其不想做被告而拉起反对行政诉讼的大旗。既然行政裁决一经作出就对当事人产生约束效力，不服行政裁决就应以破除这种约束效力为第一要务，以裁决机关为被告提起行政诉讼就是必然之举。但可以明确的是，即便民事争议事后被法院改判，只要裁决机关对于民事争议的裁断无过错，裁决机关即不必承担败诉后果或者其他形式的法律责任。至于具体的裁决人员，其同样不因不属于个人的过错而受追究。

---

[1] 参见廖永安：《诉讼内外纠纷解决机制的协调与整合》，载《云南大学学报（法学版）》2004 年第 3 期，第 56 页。

[2] Michael Xun Liu, "Patent Policy Through Administrative Adjudication", *Baylor Law Review*, Vol. 70：1, pp. 43~90（2018）.

[3] 参见王名扬：《英国行政法》，北京大学出版社 2007 年版，第 112~113 页。

第六章
行政权作用于民事关系的制度困境与破解

行政权介入民事关系固然有其必要性与积极意义,但并不总是美妙的田园诗。它同时是行政权滥用的导火索,会滋生过度行政化、政府失灵、牺牲自由与自治等一系列问题,使行政权沦为名副其实的"达摩克利斯之剑"。因此,应视涉私行政权为"一头必须关在笼子里的狮子"[1],严格划定行政权介入民事关系的界限,让涉私行政权保持必要的谦抑,从而既能维护公共利益又不至于戕害私权利。

第一节 行政权作用于民事关系的制度困境

公权力与私权利的冲突主要体现为公权力侵蚀私权利所致的公权力畸形发达与私权利过度萎缩。[2]如果行政权对民事关系的介入超出了法律允许的合理范围,一方面会因行政权的扩张性导致过度行政化,不仅侵犯私权利而且容易滋生腐败;另一方面体现为逃逸法律约束和突破公共利益的政府失灵;再一

---

[1] [美]伯纳德·施瓦茨:《美国法律史》,王军、洪德、杨静辉译,法律出版社2018年版,第74页。

[2] 参见汪渊智:《理性思考公权力与私权利的关系》,载《山西大学学报(哲学社会科学版)》2006年第4期,第65页。

方面，对私权自治领域而言，则会侵蚀自由与自治价值。

一、过度行政化

行政权对民事关系的过度干预首先体现为行政权的扩张。更为致命的是，行政权的扩张无度不仅无利而且贻害无穷，一方面对私权利形成了巨大威胁，另一方面也因腐败的滋生而动摇了整个行政法的根基。

(一) 行政权的扩张性

包括政府公权和个体私权的任何"权能"都有一个共同特点，那就是先天的扩张性和放大性，都容易翻越法律许可的边界到对方的田野采摘甘美的果实。[1]自我扩权与天然扩张是行政权的内在特征，并裹挟着巨大的危险。

1. 行政权的扩张何以可能

第一，内在扩张本性。其一，权力总是趋向于无限扩张，行政权亦具有天然扩张属性。[2]主要原因在于：首先，控制与支配是行政权的本质特征，扩张是行政权的天然本能，"强制国家尊重法比较不易，因为国家掌握着实力"。[3]"如果政府没有足够的节制自我的理性的话，就会不自觉地展示这种自我膨胀的能力。"[4]也正因如此，对行政权的制衡成了一个亘古不变的话题。[5]其次，

---

[1] 韩锦霞:《论行政公权的软化与私权的硬化》，载《河北法学》2013年第7期，第189页。

[2] Mark Aronson, "Private Bodies, Public Power and Soft law in the High Court", *Federal Law Review*, Vol. 35: 1, pp. 1~24 (2007).

[3] [法] 勒内·达维德:《当代主要法律体系》，漆竹生译，上海译文出版社1984年版，第74页。

[4] 张康之:《限制政府规模的理念》，载《行政论坛》2000年第4期，第7页。

[5] 参见曾楠:《公权力与私权利之间：政治认同的张力与流变》，载《理论与改革》2014年第1期，第19页。

作为行政权行使者的政府也不是绝对理性的，政府"并非为超越于个人之上的有机体，并非与个人分离和对立的神秘的决策主体"[1]，而是一个独立的利益主体。出于自利考虑，政府自然倾向于最大化自身利益，而行政权的扩张无疑是最简单快捷、一本万利的手段。例如，行政强制权的存在为拆迁工作的顺利推进提供了强大推力。最后，部门利益乃至私人利益的加入无疑进一步扩大了政府背后的利益群，为行政权的内在扩张创造了空间。一方面，政府虽然是公共利益的代表者，但部门利益亦客观存在，且常与公共利益相睽违。另一方面，代表政府具体行使行政权的是个人，主观局限性与个体差异性的客观存在导致个人利益的掺杂难以避免。其二，行政权的核心价值追求是效率，[2]以此为指引，我国的行政权具有"自我授权"特征，并形成了独特的"行政保留"[3]空间，行政权的扩张与私权利的被动萎缩遥相呼应。此外，行政权与私权利的边界划分并不是一个纯粹理性的数学问题，二者之间的界限并不十分清晰，客观上也为行政权的内在扩张提供了便宜。

第二，外在扩张推力。一方面，各类社会问题的出现为行政权的扩张提供了现实基础。萨瓦斯教授指出，服务需求的增长是政府增长的原因之一。[4]面对复杂的生产关系、社会关系、问题与矛盾，政府不得不发挥其"看得见的手"之力量，并从传统的治安维护逐渐扩展到福利分配、城乡规划、环境保护等

---

[1] 包万超：《行政法与社会科学》，商务印书馆2011年版，第106页。

[2] 张峰振：《违法行政行为治愈论》，中国社会科学出版社2015年版，第214页。

[3] 行政保留是指在权力分立的基础上尊重和保障行政权的应有空间，这一空间是指"具有宪法效力的、避免国会干涉的、行政权得自己形成的领域"。周佑勇：《行政裁量基准研究》，中国人民大学出版社2015年版，第51页。

[4] 参见［美］E.S.萨瓦斯：《民营化与PPP模式：推动政府和社会资本合作》，周志忍等译，中国人民大学出版社2015年版，第22页。

第六章 行政权作用于民事关系的制度困境与破解

诸多领域,也借此实现了从干预行政、秩序行政到给付行政、服务行政的根本性转变,催生了全能型政府的出现。此外,中国作为一个地域、自然环境、人口、民族关系、文化和国际政治环境都较特殊的国家,发生突发事件的频率很高,为应对突发事件必然要求扩张某些行政权力。[1]原因在于,私主体自治的力量极为有限,单靠市场这只"看不见的手"根本无力应对复杂的社会现实。换言之,私权利对行政权天然具有依附属性,这种依附性为行政权的扩张创造也提供了条件。而为了保障新职能新权力能够顺利实施,政府不得不增设新的机构与人员,新机构新人员的存在又进一步推动了行政权的外在扩张,如此循环反复。另一方面,从经济学的角度来看,行政权扩张的收益明显超出成本。如果行政权行使的成本远高于收益,行政权自然退避三舍,遑论扩张。但事实在于,行使行政权造就的收益、取得的成效如此显著以至于扩张行政权成了政府首选的应对措施。例如,行政权对著作权的介入性保护有助于建立保护规则与交易秩序,防止著作权市场失灵,也有利于作品创新。[2]加之行政权介入私权利的门槛过低与公共利益标准的缺乏,行政机关甚至无须承担说明理由义务,行政权的扩张成为必然。

2. 行政权扩张之表现

行政权的扩张首先在宏观上表现为政府职能的扩大与全能政府趋向。发达国家和发展中国家都会对市场进行介入,差别只体现在介入程度上。[3]进一步而言,行政权的触角延伸到人

---

[1] 崔卓兰、于立深:《行政自制与中国行政法治发展》,载《法学研究》2010年第1期,第43页。

[2] Peter S. Menell, "Economic Analysis of Copyright Notice: Tracing and Scope in the Digital Age", *Boston University Law Review*, Vol. 96: 3, pp. 967~1023 (2016).

[3] Joseph E. Stiglitz, "Markets, Market Failures, and Development", *The American Economic Review*, Vol. 79: 2, pp. 197~203 (1989).

们生活的衣食住行等方方面面,其功能涵盖秩序维护、公共服务等多个层次。典型的如行政计划,为了实现一定的公共目的,行政权开创了通过事先设定目标并综合提出实现该目标的手段这一形式。[1]尤其是在专家理性模型看来,新行政权的行使范围应当尽量扩张,努力追求公益与立法机关设定的社会目标,以弥补或矫正立法的不足。[2]其次,就行政权的内容而言,行政权扩张的一个结果是行政权在内容上发生了重大质变,即具有裁量性质的行政权构成了现代行政权的核心。[3]受制于立法时无法准确预判未来的问题和解决方案,立法者只能设定规制目标,将巨大的裁量权授予行政机关。[4]由此导致的结果是,裁量权存在于一切行政权领域之中,[5]且法院通常很难或不可能加以限制。[6]而"无限的自由裁量是残酷的统治,它比其他人为的统治手段对自由更具有破坏性"[7],为了避免与克制行政权借裁量权之名行无序扩张之实,反对广泛的裁量权成了应然之举。再次,就行政权的行使方式而言,行政权的扩张和滥用主要见之于行政行为,即"国家行政机关或法律法规授权的

---

[1] 参见[日]盐野宏:《行政法总论》,杨建顺译,北京大学出版社2008年版,第142页。

[2] 参见王锡锌:《公众参与和行政过程——一个理念和制度分析的框架》,中国民主法制出版社2007年版,第20页。

[3] 章剑生:《现代行政法基本理论》(第二版)(上卷),法律出版社2014年版,第70页。

[4] 王万华:《我国行政法法典编纂的程序主义进路选择》,载《中国法学》2021年第4期,第110页。

[5] 参见周佑勇:《行政法原论》(第3版),北京大学出版社2018年版,第69页;茅铭晨:《行政行为可诉性研究——理论重构与制度重构的对接》,北京大学出版社2014年版,第44页。

[6] Katie R. Eyer, "Administrative Adjudication and the Rule of Law", *Administrative Law Review*, Vol. 60:3, pp. 647~706 (2008).

[7] [美]伯纳德·施瓦茨:《行政法》,徐炳译,群众出版社1986年版,第567页。

第六章 行政权作用于民事关系的制度困境与破解

组织和个人具有行政职权因素的行为,包括行政法律行为、准行政法律行为和行政事实行为"。[1]行政许可、行政强制、行政指导等都属于典型的行政行为范畴。以行政强制为例,行政强制是行政权行使的重要方式,包括行政强制措施和行政强制执行。前者旨在制止违法行为、防止证据损毁、避免危害发生、控制危险扩大,后者意在促进公法义务的履行,可谓"现代政府职能的扩大和依法行政必然的产物"。[2]最后,就行政权对民事关系的介入而言,呈现高强度介入、中强度介入与低强度介入三个不同的层次与多元化特点。高强度介入以行政处罚为代表,中强度介入以行政裁决为典型,低强度介入则以行政调解为特色。[3]

（二）涉私行政权过度的危险性

公权单方治理模式在流动性很强的开放型社会中面临威慑信号和相对人行为预期不稳定的风险,难以避免断崖式风险。[4]行政权是危险的,行政权的扩张与过度介入民事关系更加后患无穷。一方面,行政权对民事关系的过度介入会给私权利造成损害;另一方面,行政权的过度对行政法领域也是有弊无利,会导致行政秩序的无序并滋生政治腐败。因此,防止涉私行政权的过度与恣意侵犯私权利既是私法的要求也是行政法的任务。

1. 侵犯私权利

行政权的效能性是指行政主体总是积极、主动、及时、实

---

[1] 应松年主编:《当代中国行政法》（第4卷）,人民出版社2018年版,第772页。

[2] 韩锦霞:《论行政公权的软化与私权的硬化》,载《河北法学》2013年第7期,第190页。

[3] 参见熊琦、朱若含:《论著作权法中的"行政介入"条款》,载《山东大学学报（哲学社会科学版）》2020年第1期,第116~117页。

[4] 唐清利:《公权与私权共治的法律机制》,载《中国社会科学》2016年第11期,第118页。

效地把权力指向社会生活,从而实现行政目的。[1]然而,行政权并不总是具有效能性或者说其效能性会失真,行政权的效用范围一旦突破权力与权利的边界,就会堕入戕害私权利的深渊,产生侵犯私权利的负面效果。经验和理性告诉我们,权力有被滥用或误用的可能,任何指望于行政机关完全准确无误地依法行政的政治设计都是不现实的。[2]行政权过度介入民事关系意味着,在诸多现存的涉私行政权当中有一部分是不需要的、多余的,或者说依靠私权自治足以应对。

涉私行政权过度的根源有二:一是超越了立法授予的合法范围。合法的行政权应当奉行"法无授权即禁止"原则,行政机关不能在没有获得立法授权的情况之下擅自动用行政权。例如,在"赵某诉北京市顺义区胜利街道办事处履行法定职责案"中,法院指出,根据《城市居民委员会组织法》第2条,[3]街道办事处对辖区居民委员会的工作仅给予指导、支持和帮助,无权干涉居民委员会自治。[4]如果任由街道办事处随意干涉辖区内居民委员会的工作,居民委员会的所谓自由自治必将化为泡影。二是裁量权的现实存在。裁量权是行政权扩张乃至过度的主要工具。诚然,在许多国家的大监管环境之下,大量的裁量权不可避免。[5]但是,如果行政机关滥用裁量权或是行使不

---

[1] 金伟峰:《无效行政行为研究》,法律出版社2005年版,第31页。

[2] 金光明:《论治安赔偿裁决的废止——基于行政权和司法权分立的法理分析》,载《四川师范大学学报(社会科学版)》2005年第3期,第37页。

[3] 《城市居民委员会组织法》第2条规定:"居民委员会是居民自我管理、自我教育、自我服务的基层群众性自治组织。不设区的市、市辖区的人民政府或者它的派出机关对居民委员会的工作给予指导、支持和帮助。居民委员会协助不设区的市、市辖区的人民政府或者它的派出机关开展工作。"

[4] 参见北京市第三中级人民法院[2019]京03行终字第2号行政裁定书。

[5] Zachary S. Price, "Enforcement Discretion and Executive duty", *Vanderbilt Law Review*, Vol. 67: 3, pp. 671~769 (2014).

第六章　行政权作用于民事关系的制度困境与破解

必要的裁量权,就可能是以私权利的牺牲为代价。如在"杨某居诉兰考县政府行政强制案"中,法院认定,兰考县政府不遵循法定的组织实施程序,径行将涉案房屋认定为违法建筑并强制拆除,其执法目的不是严格农村土地的管理使用,而是为了避开法定的组织实施程序、加快拆除进程,属于滥用职权行为。[1] 也正因为如此,裁量基准制度悄然兴起,旨在通过诉诸对法律情节的细化与法律效果的格化,最大限度地促成裁量正义的完整实现。[2] 溯源到价值层面,涉私行政权过度之所以会造成侵犯私权利之后果,源于公共利益与私人利益的对立:行政权强调公共利益本位,私法领域则以私人利益最大化为追求,行政权过度介入民事关系代表公共利益的泛滥与私人利益的侵蚀,私权利受到挤压和侵犯在所难免。

2. 滋生腐败

行政权过度介入民事关系不仅会侵犯私权利,另一个严重后果作用于行政体制内部,即滋生政治腐败。英国历史学家佛路德一针见血地指出,权力导致腐败,绝对的权力导致绝对的腐败。行政权对民事关系的过度介入反映的是行政法的管理型导向,而行政权具有单方意志性,独裁、专断应运而生。具体而言,在本不该出现行政权的场合,行政机关打着公共利益的旗帜侵入到民法领域,而其用公共利益之名掩盖的目的其实昭然若揭,或者是为了完成上级交代的任务,或者是为了谋求本部门的利益,或者是为了替开发商等具体的个人谋求纯粹的经济利益,等等。其背后暗潮涌动的是赤裸裸的权钱交易、贪污受贿等政治腐败问题。在2018年广州市纪委通报的侵害群众利

---

[1] 参见河南省高级人民法院 [2017] 豫行终字第2450号行政判决书。
[2] 参见周佑勇:《行政裁量基准研究》,中国人民大学出版社2015年版,第24页。

益的"四风"和腐败问题典型案例当中包括如下违规办理产权证案例：2005-2009年期间，黄埔区鱼珠街茅岗社区第四股份经济合作社董事长程树新利用职务便利，为程某某、周某某、林某某等人承租茅岗四社集体土地、物业，以及在政府征地过程中通过违规办理产权证以获取巨额征地拆迁补偿款提供帮助，先后多次收受好处费共计人民币125万元。[1]这种违规办理产权证的行为表面看似是行政权的正常行使，实则是以权谋私的手段，构成行政权的滥用。腐败一直是令世界各国长期困扰和棘手的难题，不仅影响经济发展，带来社会不公，激化社会矛盾，导致贫富差距过大，甚至引发社会动荡，产生暴力冲突。[2]

德国法治国概念的成型，动因来自对行政权运作加以拘束的法治化及司法化所作的努力。[3]如若对行政权不作拘束，尤其是任由其干涉私权利乃至涉足民事关系，行政权就会异化为腐败的利器，并最终威胁到行政权的正当性根源。典型的例子是，违反行政法规强制性规定的民事合同无效，但如果行政法规的强制性规定并不都是必要的，"无效制度很可能会假平等、安全、公共利益为名而践踏自治，专制、暴虐等自治的天敌在这些正当理据的帷幕下会借尸还魂"。[4]至于防范和治理腐败的工具，应当首先认可立法的力量，如《行政许可法》的一个重

---

[1]《腐败典型案例：侵占百万征地款 村支书村主任被追责》，载 https://www.sogou.com/link?url=hedJjaC291NnbZMJ-ZnHkZI805wWDKvdaV-pFYezKhCJsK6HbjiNVK02kBtlht1e，访问日期：2021年8月9日。

[2] 董娟：《预防、控制与补救：国外政府的行政监督方式——基于成因与实践的探析》，载《湖南社会科学》2020年第4期，第40页。

[3] 陈新民：《德国公法学基础理论》（增订新版·上卷），法律出版社2010年版，第31页。

[4] 易军：《法律行为制度研究》，中国人民大学2004年博士学位论文，第3页。

第六章 行政权作用于民事关系的制度困境与破解

要目标即通过限制额外收费等措施减少腐败。[1]

二、政府失灵

行政的本质在于弥补市民社会的不足,纠正市场失灵,实现国家和社会公共利益。[2]也正是基于此,行政权对民事关系的介入与干预同时具备了必要性与正当性。然而,政府也不是万能的、超脱的、超个人主义的、无懈可击的,政府失灵经常与市场失灵相伴而行,行政权对民事关系的介入尤其是过度介入很多时候并非治愈市场失灵的良策,而是损害私权利的一剂毒药。

(一)政府为什么会失灵

行政权介入民事关系以公共利益为出发点。公共利益规制理论隐含三个基本假设:第一,市场自行运转脆弱,易发生无效率或不公平,即出现市场失灵;第二,政府规制是应社会或公众对效率和公平的要求所做出的无成本、有效和慈善的反映;第三,政府是慈善的、无所不能的和无所不知的,能实现社会福利最大化。[3]但其缺陷在于,高估并过分信任政府的力量。恰恰与之相反,政府不仅不是万能的,而且同市场一样会失灵。

1. 政府的有限理性

私权自治本身的不足是行政权介入民事关系的正当性依据之一。延伸到经济社会领域,矫正市场失灵、维护市场秩序是

---

[1] Vivienne Bath, "Reducing the Role of Government-The Chinese Experiment", *Asian Journal of Comparative Law*, Vol.3:1, pp.1~37 (2008).

[2] 杨建顺:《行政规制与权利保障》,中国人民大学出版社2007年版,第51页。

[3] 张红凤:《西方规制经济学的变迁》,经济科学出版社2005年版,第31页。

证明政府存在必要性的主要论据,市场失灵的苦果让人们对政府萌生了一种近乎迷信的情愫。当然,如果政府确实全知全能,凭借全方位的信息优势并借助于以行政权为核心的政策制定、行政执法等手段防御和矫正市场失灵并非难事。残酷的现实却是,政府实际上不可能获得充足的信息因而认知偏差在所难免。"政府非但理性有限,而且经常显得无知、盲目和莽撞","无论是在何种政治体制和政权运作模式下,都根本不存在所谓'全知全能,理性无所不及'的政府"。[1]典型的例子是,为了抑制房价,中央和地方政府都出台了很多政策性文件,但就实施效果而言,政府出台的这些政策和文件并没有触及房地产市场的症结,学区房大行其道,房子炒的成分远多于住的部分……这些现象仍然客观存在且有愈演愈烈之势足以说明,政府的所谓规制措施并没有起到预想的效果,垄断、不完全竞争、负外部性、两极分化依然是房地产市场的常态。也正因为如此,有学者直言不讳地指出,企求一个合适的非市场机制去避免非市场缺陷并不比创造一个完整的、合适的市场以克服市场缺陷的前景好多少。换言之,在市场"看不见的手"无法使私人的不良行为变为符合公共利益行为的地方,可能也很难构造看得见的手去实现这一任务。[2]周佑勇教授亦言:"市场机制一定程度上具备消解'市场失灵'的内生机制。"[3]

2. 政府的非中立性

政府干预能够治愈市场失灵以政府中立为前提,即政府应

---

[1] 钟瑞栋:《"私法公法化"的反思与超越——兼论公法与私法接轨的规范配置》,载《法商研究》2013年第4期,第121页。

[2] [美]查尔斯·沃尔夫:《市场或政府——权衡两种不完善的选择/兰德公司的一项研究》,谢旭译,中国发展出版社1994年版,第34页。

[3] 周佑勇:《法治视野下政府与市场、社会的关系定位——以"市场在资源配置中起决定性作用"为中心的考察》,载《吉林大学社会科学学报》2016年第2期,第28页。

第六章 行政权作用于民事关系的制度困境与破解

当扮演的是公正的裁判员角色,而不应掺杂自身的利益,或者单纯以维护公共利益为目标。但事实却是,政府在介入和干涉市场活动的过程中常常掺杂了私利要素,并以私利的实现作为政府介入市场活动的主要考量因素。换言之,政府不仅是非中立性的,而且是自利性的,"具有追逐自身利益的倾向和动机"。[1]"一方面,政府官员是独立的有限理性经济人,有着自身利益最大化的强烈动机,可能利用其掌握的国家强制力保证这种利益的实现。另一方面,国家既有提供公共物品的职能,也有维持和增加自身长远利益的需要。"[2]原因主要在于,政治家、官僚或政党比较关心自己能否再次当选,[3]追求的是"选票的最大化",为了获取选民的支持常常作出一些并不利于市场调节的决策。另一个原因在于,行政权设置的出发点是实现公共利益,但行政主体落实到具体的个人就存在着"经济人"本能的逐利偏好。[4]行政权是抽象的,但行政权的运行却是具体的。[5]卢梭曾提出,政府的自利性源于行政官身上三种截然不同的意志:一是倾向私利的个人意志;二是公共团体意志;三是代表公意的人民意志。[6]因此,在介入市场活动的过程之中,政府并非

---

[1] 刘桂芝、崔子傲:《地方政府权责清单中的交叉职责及其边界勘定》,载《理论探讨》2019年第5期,第173页。

[2] 余华:《负面清单嵌入行政审批制度改革研究》,载《甘肃社会科学》2015年第5期,第249页。

[3] 李健:《规制俘获理论跨学科研究进展评述》,载《经济评论》2012年第1期,第154页。

[4] Michael Reksulak & William F. Shughart Ⅱ, "What Should Government Do? Problems of Social Cost, Externalities and All That", *Public Choice*, Vol.152: 1, pp. 103~114 (2012).

[5] 万里鹏:《行政权的边界界定及其规制研究》,载《宁夏社会科学》2019年第1期,第90页。

[6] 参见[法]卢梭:《社会契约论》,何兆武译,商务印书馆1980年版,第83页。

没有感情的机器,而是带有自身利益偏好的非中立主体,政府的决策经常以破坏市场为代价。政府的这种非中立性一方面体现为企业俘获,即企业借助于能力、数量等优势对政治环境产生影响。例如,20世纪80年代,美国汽车工业成功地使联邦政府对日本的小汽车实施进口限额。仅1984年,限额这种做法就使汽车公司的利润增加了3亿美元,却使消费者蒙受了20亿美元以上的损失。[1]另一方面体现为部门俘获,即政府完全出于自身利益乃至个别部门的利益之考虑干预市场活动。不管是企业俘获还是部门俘获,都体现了政府规制的失灵,即"利益集团通过向规制者进行不透明的私人支付,以影响法律、政令和规章的形成"。[2]

(二) 政府失灵的具体表现

虽然市场失灵确实为各种类型的政府干预提供了理由,但政府面临的信息和激励问题并不比私人市场少。[3]政府权力的强制性和服务的公共性决定了一旦政府失灵,影响面和破坏性会更大。[4]在有限理性与非中立性的共同作用之下,政府失灵在所难免,行政权对民事关系的介入也并不总是发挥正向效果。一方面,涉私行政权可能脱离法律的正当约束,与依法行政原则相扞格;另一方面,涉私行政权可能超出公共利益维护的正当范畴,使得行政权对民事关系的过度干预部分无法站稳脚跟;再一方面,涉私行政权可能因过度干预、干预不足与不公平干

---

[1] 参见[美]保罗·A. 萨缪尔森、威廉·D. 诺德豪斯:《经济学》,高鸿业等译,中国发展出版社1992年版,第1189页。

[2] 李健:《规制俘获理论跨学科研究进展评述》,载《经济评论》2012年第1期,第153页。

[3] Joseph E. Stiglitz, "Markets, Market Failures, and Development", *The American Economic Review*, Vol. 79: 2, pp. 197~203 (1989).

[4] 沈志荣、沈荣华:《公共服务市场化:政府与市场关系再思考》,载《中国行政管理》2016年第3期,第66页。

第六章　行政权作用于民事关系的制度困境与破解

预导致政府干预的低效能性。

1. 逃逸法律约束

依法行政是行政法的基本原则之一，亦是行政权行使应遵循的首要原则，政府失灵首先表现为政府脱离了法律的正当约束。依法行政原则包括职权法定、法律优先与法律保留三个子原则。职权法定指任何行政职权的来源与作用都必须具有明确的法定依据，"法定职责必须为，法无授权不可为"。[1]职权法定意味着，未经法律授权，行政机关不得剥夺或限制私权利，否则构成行政权的违法或不当行使，需追究法律责任。法律优先是指，在法律规范位阶体系当中，法律的地位高于行政法规、规章等行政立法，后者若与法律相抵触，应以法律为依据且后者归于无效。而当行政法规、规章甚至规范性文件构成对私权利的侵犯时，一般也违反了法律优先原则。实践中这种现象屡见不鲜。法律保留指向立法机关与行政机关在立法权限上的分工问题，强调必须由法律规定的事项不能由行政立法所替代，当且仅当行政机关获得法律授权时方可染指特定事项而不构成违法。根据法律保留原则，行政立法权不可膨胀不可越界，尤其是不得未经法律授权规定有损个人私权利的内容。有学者直言，行政机关的宪法职责应当是执行法律而不是制定法律。[2]就法律优先与法律保留二者的关系而言：一方面，法律保留原则对行政机关的要求比法律优先原则严格；[3]另一方面，法律保留自行且普遍地事先发生作用，法律优先依据已颁布的法律

---

[1] 周佑勇：《行政法总则中基本原则体系的立法构建》，载《行政法学研究》2021年第1期，第21页。

[2] Zachary S. Price, "Enforcement Discretion and Executive Duty", *Vanderbilt Law Eeview*, Vol. 67: 3, pp. 671~769 (2014).

[3] 周佑勇：《行政法基本原则研究》，武汉大学出版社2005年版，第49页。

才形成。[1]

体现在行政权与私权利的关系上,依法行政原则意味着,所有对私权利的干涉都需要法律基础。基于政府的有限理性与非中立性,政府在介入私权自治领域的过程中同市场一样也会面临失灵之窘境,表现之一即为抵牾依法行政原则,逃逸法律的正当约束。首先,就行政立法权而言,行政机关可能出于个别部门的利益考虑或者基于不全面的信息掌控制定行政法规、规章或规范性文件。一方面,这些行政立法可能违反了法律优先原则,为法律的相关规定所不许。另一方面,这些行政立法也极有可能违背了法律保留原则。例如《立法法》第11条规定,对非国有财产的征收、征用等只能由法律规定。如果行政法规、规章、规范性文件对非国有财产的征收、征用做了规定,自然因违背法律保留原则而有违依法行政原则。其次,就行政执法权与行政司法权而言,"不允许行政机关未经立法授权便行使裁量权"。[2]但同样基于政府的有限理性与非中立性,行政执法权与行政司法权在介入民事关系的过程中亦可能违反职权法定原则:一方面,表现为行政机关"应作为而不作为",即行政机关不通过行政权之行使履行法定职责,尤指保护性涉私行政权。面对市场失灵与私主体自治不能,这种怠于履责的行为必然有损于私权利的优化保障,更是极大破坏了政府的形象。另一方面,行政机关"应不作为而作为",即行政机关行使了法定行政权之外的权力。这种情形往往指向限制性涉私行政权对私权利的过度干预,既构成行政权的不当行使,亦损害了自由与自治的价值实现。

---

[1] 参见[德]奥托·迈耶:《德国行政法》,刘飞译,商务印书馆2013年版,第76页。

[2] Zachary S. Price, "Enforcement Discretion and Executive Duty", *Vanderbilt Law Review*, Vol. 67: 3, pp. 671~769 (2014).

第六章 行政权作用于民事关系的制度困境与破解

2. 突破公共利益

政府的有限理性与非中立性所造就的政府失灵还体现为对公共利益的突破。首先，政府的有限理性决定了行政权在很多场合之下都无力判断是否应对民事关系进行干预以及干预的限度如何，并在规制思维的控制下倾向于选择"宁滥勿缺"的干预思路，最终形成了对民事关系的过度干预。诚如有学者所言，政府选择只能在市场失灵或暂时难以发挥作用的有限条件下起作用，而且前提是政府判断不失误，不作出违背市场发展方向的错误选择。[1]与此同时，这种过度的干预也并非全然出于维护公共利益之目的，既然政府同个人一样是有限理性的，那就极有可能基于政治家的个人利益、个别部门的利益而借行政权之手对私权自治领域进行不当干预，这也突破了公共利益维护的基本红线。其次，政府的非中立性意味着，行政权对民事关系的干预既有可能出于为私人利益充当保护伞之目的，也有可能是纯粹为了个别部门的利益。需要强大的、独立的政府作为执法者自是共识，[2]但如果政府一味溢出公共利益而为私人利益或者部门利益服务，行政权就会成为私权利最大的威胁所在。事实上，"官僚主义问题"[3]仍然是当今社会一个比较突出的问题，"官僚作为独立的利益主体，具有一定的官场潜规则和文化，甚至把国家的目的变成了单个官僚的个人目的，变成了其升官发财、飞黄腾达的手段，运用手中掌握的权力谋一己之私"。[4]

---

[1] 张维迎、林毅夫:《政府的边界》，民主与建设出版社2017年版，第192页。

[2] William P. Barr, "The Role of the Executive", *Harvard Journal of Law and Public Policy*, Vol. 43: 3, pp. 605~631 (2020).

[3] David H. Rosenbloom, "Reflections on 'Public Administrative Theory and the Separation of Powers'", *American Review of Public Administration*, Vol. 43: 4, pp. 381~396 (2013).

[4] 周发源:《官僚主义的内涵、源流、形态与防治研究——以社会分工为视角》，载《船山学刊》2014年第3期，第113页。

3. 行政干预的低效能性

"效能"指向目的的实现程度,当政府政策或集体行动所采取的手段不能改善经济效率或实现道德上可接受的收入分配时,政府失灵便产生了。[1]当行政权对民事关系的介入不产生正向收益时,便出现了行政干预的低效能性,并具体体现在以下三个方面:一是过度干预,即行政权对民事关系的介入超出了应对自治不能所需的合理范围。过度干预导致的后果是,政府的力量替代了市场机制,非但无法矫正市场失灵,反而阻滞市场的正常运转。这是因为,个体的自由全面发展是社会发展的终极目的,国家意志过度介入私人生活的效果往往适得其反。在掌舵与划桨之间,政府的优势在于掌舵而非划桨,"政府并不擅长划桨"[2]。如果政府一意孤行,以亲自划桨替代市场行为,只能是费力不讨好。由于缺乏竞争力、缺乏对降低成本的激励机制以及缺乏对政府提供的服务的有效监督,会出现政府失灵,导致服务成本增加,服务治理和服务效率低下。[3]二是干预不足,即行政权对民事关系的介入不足以应对自治不能导致的弊害。干预不足的后果显而易见,即市场失灵依然大行其道,市场垄断、贫富悬殊等社会问题无法根治,未能对公共利益的实现发挥正面激励作用。对于政府而言,则因投入资源不足以应对市场失灵问题导致了既有投入资源的浪费。三是不公平的干预,即行政权对民事关系的介入不能兼顾每个人的不同利益,

---

[1] 参见[美]保罗·A. 萨缪尔森、威廉·D. 诺德豪斯:《经济学》,高鸿业等译,中国发展出版社1992年版,第1189页。

[2] [美]戴维·奥斯本、特勒·盖布勒:《改革政府——企业精神如何改革着公营部门》,上海市政协编译组、东方编译所编译,上海译文出版社1996年版,第1页。

[3] 张一雄:《公私合作行政行为形式选择之理论与实践》,东南大学出版社2018年版,第53页。

第六章　行政权作用于民事关系的制度困境与破解

且常常以牺牲少数人的利益为代价。简单多数是政府决策的核心规则，即政府决策的通过无需所有的投票人一致同意，而只需超过半数的投票人同意即可。其问题在于，容易导致多数人的暴政，即多数人可以投票通过歧视某一群体、加剧收入分配不公等内容的法案，并把他们的抑制强加给少数人，造成不公平的后果。[1]因此，不公平干预的问题在于因未能兼顾少数群体的利益而脱离了公共利益的轨道。由此可见，政府干预可能并非市场失灵的解决方案。[2]

三、自由与自治价值的牺牲

从行政权的视角来看，行政权对民事关系的过度介入归根结底反映的是行政权的过分扩张。而如果从私权利的角度来看，行政权对民事关系的过度介入则构成对私权利的侵蚀，并客观上造成了自由与自治价值的牺牲。

（一）自由与自治的价值

价值判断是法律推理的灵魂，[3]自由与自治的价值如此重要以至于行政权介入民事关系不应对自由和自治有所冒犯或者产生任何贬低效果，相反应当服务于自由与自治价值的实现。自由与自治不仅本身具有极其重要的地位，而且能够对经济社会的发展产生积极的辐射作用。

---

〔1〕 参见钟瑞栋:《"私法公法化"的反思与超越——兼论公法与私法接轨的规范配置》，载《法商研究》2013年第4期，第122页。

〔2〕 Michael Reksulak & William F. Shughart Ⅱ, "What Should Government Do? Problems of Social Cost, Externalities and All That", *Public Choice*, Vol.152: 1, pp. 103~114 (2012).

〔3〕 张继成:《价值判断是法律推理的灵魂》，载《北京科技大学学报（社会科学版）》2001年第1期，第65页。

1. 自由的价值

自由即不受拘束，尤其是不受外在因素的约束，指"不同的个人和群体在公正的行为规则中，根据自己的知识追求各自的目标"。[1]自由指向行为自由，允许个人不受拘束地追求并实现权利，反对行政权的束缚。自由意味着，个人有权根据自己的意志和利益选择是否参加某项活动，反映在私法领域，即个人拥有产生、变更或消灭民事法律关系的自由。

就自由本身的价值而言：其一，自由是人主体性价值的集中体现。自由是人性没有经过社会修饰的天然状态，符合人的生物属性。[2]即便是在战争、传染病、自然灾害等紧急状态之下，行政权的行使也不能以人主体性的沦丧为代价，其最终目的与使命仍然是保障人的自由。[3]代孕之所以饱受诟病，一个重要支点即是其涉及对代孕母亲人身自由的限制，"只有限制之理由而无放任之道理"。[4]其二，自由是国家治理现代化的目标所在，国家治理现代化的最高目标是实现"人的现代化"，而"人的自由全面发展"是"人的现代化"的核心内容和本质要求。[5]自由的价值如此重要以至于道义论自由主义主张，契约的正当性源于契约是自由意志的表达。契约自由即是自由在法律领域的重要体现，是行为自由的重要组成部分，也是自由经

---

[1] [英]弗里德里希·冯·哈耶克：《经济、科学与政治——哈耶克论文演讲集》，冯克利译，江苏人民出版社2003年版，第343页。

[2] 谢鸿飞：《民法典与特别民法关系的建构》，载《中国社会科学》2013年第2期，第101页。

[3] 参见谢晖：《论紧急状态中的国家治理》，载《法律科学（西北政法大学学报）》2020年第5期，第40页。

[4] 曹相见：《物质性人格权的尊严构成与效果》，载《法治研究》2020年第4期，第69页。

[5] 宋才发：《国家治理现代化的法治保障及其路径》，载《东方法学》2020年第5期，第76页。

第六章　行政权作用于民事关系的制度困境与破解

济不可或缺的重要特征。

除了本身的价值之外，自由还会创造其他的价值或者造就积极正态的结果。其一，自由是经济发展的内生动力。改革开放以来，中国经济的迅速发展与市场主体自由的扩大紧密相连，自由意味着机会、自由意味着创造、意味着潜能的发挥。[1]具体而言，自由对经济发展的促进作用主要依靠合同自由，其提高了资源配置的效率、市场主体对交易的预期与市场交易的安全性。[2]对此，行政权当然应当保持谦抑，鼓励自由竞争，如此才能激发市场主体的创造活力，促进经济的正向发展与财富的增加。其二，自由还有助于民主政治环境之塑造，避免独断专行的极权主义统治。"民法传统中的权利神圣和契约自由精神，构成了人权保障、有限政府、分权制横、依法治国等法治原则的文化源泉。"[3]个人自由既是行政权的价值取向，也是行政权的外部边界。行政权存在的全部意义是保卫个人自由且不侵入个人自由的领地。[4]其三，自由有助于提高人的思想活力，增进思想文化领域的成果创造。

2. 自治的意义

自治是某个人或集体管理其自身事务，并且单独对其行为和命运负责的一种状态。[5]自治是相对于他治而言的，强调排除他人的干涉。对自治最为通俗的理解是"我的事情我做主"：

---

[1] 王利明：《市场主体法律制度的改革与完善》，载《中国高校社会科学》2014年第4期，第137页。

[2] 参见贺小荣：《权利是权力的价值归属——论公法秩序与私法自治》，载《中国法律评论》2016年第4期，第146页。

[3] 郝铁川：《物权法（草案）"违宪"问题之我见》，载《法学》2006年第8期，第42页。

[4] 章剑生：《现代行政法基本理论》（第二版）（上卷），法律出版社2014年版，第377页。

[5] ［英］戴维·米勒、韦农·波格丹诺编：《布莱克维尔政治学百科全书》，邓正来等译，中国政法大学出版社2002年版，第693页。

一方面，法不禁止即自由，只要法律未明确禁止，个人便可自由地自治而不必担心逾越法律的界限；另一方面，在法律规定的范围之内，个人可以自主选择和决定其行为方式、内容与尺度。在经济领域，自治意味着交由市场规律去调节交易行为，政府不得强行干预。在法律领域，自治意味着，每个人对自己的行为负责，要求民事主体在行使权利的同时自觉履行约定或法定的义务，并承担相应的法律后果。[1]对于行政机关而言，对法律允许范围以内的自治行为不予干涉就是对自治最大的贡献。

就自治的价值而言，自治显然是自由的下位概念但同时也是自由的核心理念，因而自治应当具有以上自由所蕴含的全部内生与外在价值。但除此之外，自治尤其指向意思自治或者说私法自治，后者不仅是私法的最高核心精神，且其意旨正在于成就个人的自我决定。[2]具体而言，自治兼具个体意义与整体意义。从个体意义的角度而言：一方面，一个人有能力实现某些目标的信念应该源于自主决定与决策，[3]自治既是对个人理性的最高信任也是个体意义的最佳实现机制，充分体现个人人格并保证人的基本尊严之实现。因此，自治是个人独立自主人格的表现，强调自治能够最大限度地发挥个人的主观能动性，减少矛盾和冲突的可能；另一方面，意思自治是防止个人和组

---

[1] 黄薇主编：《中华人民共和国民法典总则编解读》，中国法制出版社2020年版，第14~15页。

[2] Christian Heinrich, Formale Freiheit und materiale Gerchtigkeit, Mohr Siebeck, 2000. S. 43f, 转引自易军：《"法不禁止皆自由"的私法精义》，载《中国社会科学》2014年第4期，第125页。

[3] Namkje Koudenburg, Jolanda Jetten & Genevieve A. Dingle, "Personal Autonomy in Group-based Interventions", *Contemporary Politics*, Vol. 47：5, pp. 653~660 (2017).

第六章 行政权作用于民事关系的制度困境与破解

织极端任性、为所欲为的根本途径。[1]而在个体意义之外,自治亦对政府治理与社会发展意义重大。对于政府而言,强调自治一方面能够有效减少公共资源的投入,集中力量办大事;另一方面则有助于发挥个人的主体性,集思广益,为国家治理建言献策。对于社会而言,自治的效率明显高于他治,从而能够加速资源的流通与社会价值的创造。

3. 自由与自治有赖于行政权的保障

自由与自治绝不是凭空实现的,亦无法纯粹依靠个人的力量即能抵御来自各方面的侵害。当然,行政权本身也是一种侵害源,但若行使得当,对自由与自治的实现则是一种无可替代的保障机制。这种保障主要体现在两个方面:

一是需要通过限制行政权来为自由与自治让路。"过于强调国家的能力是错误的,甚至是可怕的,它严重压抑了个人的创造性和自由,甚至导致了社会的倒退。"[2]私权利是自由与自治的法律媒介,行政权当然不能恣意介入私权自治,进而损害人的自由与自治。二是需要借助行政权来为自由与自治铺路。一方面,自由与自治之实现需要以秩序为前提。良好、稳定的秩序是市民社会正常运转所必需的,无法想象在无秩序的社会中人们能够行使或者保护其权利。[3]而秩序不是自发实现的,单纯依托自由与自治不仅不能为秩序助力,反而会在极端自由与自治之下造就杂乱无章的无序状态。与此同时,维护秩序正是行政权的初衷与主要任务之一,并借此成了自由与自治的重要

---

[1] 邱本、崔建远:《论私法制度与社会发展》,载《天津社会科学》1995年第3期,第54页。

[2] 潘萍、徐强胜:《公私法关系论纲》,载《河北法学》2003年第4期,第159页。

[3] 郭明瑞、于宏伟:《论公法与私法的划分及其对我国民法的启示》,载《环球法律评论》2006年第4期,第429页。

推力。事实上,行政权对民事法律关系的适当介入和调整对于促进和实现民事主体之间法律秩序的和谐、营造良好营商环境都具有积极意义。[1]另一方面,平等是自治与自由的必要条件。缺乏平等的自由,听起来高尚合理,结果却污秽不堪。[2]面对自由与自治导致的不正当竞争、消费者等弱势群体遭受不公等社会现象。行政立法权、行政执法权乃至行政司法权可以通过对自由与自治一定程度的否定和限制来保护个人自由与自治免受不平等不公正的对待,将现存的自由与自治状态输送到更高的境界,更是行政权积极保护与促进自由自治之重要体现。

(二) 行政权过度干预对自由自治价值的侵蚀

公法对私法领域的过多介入和渗透,可能给市场主体的行为带来不确定的法律风险,其既可能表现为通过强制性规定否定市场主体法律行为的效力,也可能表现为在法律空白领域事后否定市场主体法律行为的效力。[3]如果行政权不能把握合理的界限,肆意对民事关系进行干预和介入,那么对私权利而言,行政权就不再是"老大哥"似的保护机制,而是洪水猛兽一般的野蛮存在,并在很大程度上使得自由与自治沦为泡影。

1. 解体自由

国家授权与威望的增加,个人自由及其重要性的减少。[4]同理,如若行政权对民事关系形成了过度干预之势,私权利将不可避免地受到限制。而私权利是自由自治的主要载体,当私

---

〔1〕 参见江必新:《〈民法典〉的颁行与营商环境的优化改善》,载《求索》2020年第6期,第17页。

〔2〕 [美]本杰明·N.卡多佐:《法律的成长——法律科学的悖论》,董炯、彭冰译,中国法制出版社2002年版,第171页。

〔3〕 王利明:《负面清单管理模式与私法自治》,载《中国法学》2014年第5期,第35页。

〔4〕 [美]罗斯托:《宪法专政——现代民主国家中的危机政府》,孟涛译,华夏出版社2015年版,第316页。

第六章　行政权作用于民事关系的制度困境与破解

权利身陷囹圄时,所谓自由自治也必将一起遭受吞噬。为私权利服务是行政权的正当性根源,行政权应当为私权利保驾护航而不是让其实现不能,进而殃及自由甚至导致自由解体。我国的市民社会本就远未臻成熟,应当对自由与自治持开放和鼓励态度,而不是假行政权之手加以吞噬和湮灭。但不容忽视的现实却是,行政权在很多时候对自由自治的影响都是消极的、负面的。例如,在"王某林诉汉台区政府不履行法定职责案"中,汉台区政府通过堵门断路的方式逼迫王某林搬迁,当然构成对王某林搬迁自由、出行自由等自由权利的非法限制。[1]

涉私行政权对自由的解体主要体现于以下几个方面:其一,行政立法权对自由的解体。行政机关常以行政法规、规章和规范性文件尤其是规范性文件的形式干涉民事法律关系,干扰正当的私权自治,破坏人的行为自由。其二,行政执法权对自由的解体。行政执法权是行政权最重要的表现形式,行政机关对民事关系的过度干预大多以登记权、征收权、调查权等行政执法权为工具,并不可避免地威胁到私主体的人身自由与财产自由。例如,行政机关为了公共利益之外的目的征收个人的不动产,就侵犯了个人在不动产之上的占有、使用、收益、处分权。其三,行政司法权对自由的解体。在行政立法权与行政执法权之外,行政机关还可能通过裁决权、调解权等行政司法权的行使对民事争议予以过度干预,从而对当事人的争议解决方式选择自由形成限制。另一方面,基于行政行为的约束力,行政司法权还会基于对民事争议的解决,通过责令承担责任等形式限制私主体的人身、财产自由。

2. 降低效率

行政权对民事关系的过度干预还可能降低效率。效率通俗的

---

[1] 参见最高人民法院[2019]最高法行申子第3036号行政裁定书。

理解是"单位时间完成的工作量",在经济学家看来,效率隐含着向前看的视野,也就是以手中的资源,创造最可观的未来。[1]如果行政权对民事关系的干预超出了法律规定的必要限度,那么自由与自治便不得不被约束与管制所替代,原本短时间内可以完成的事项趋向于消耗更久的时间,原来以较低成本、较少资源消耗即可完成的事项现在则不得不花费和投入更多的成本与资源。民营化之所以异军突起并广受欢迎,原因之一即在于,民营化是改进政府机构生产率的根本战略之一。它能够引发私人产权、市场和竞争的力量,从而为公民提供更有效率的服务。[2]

以行政登记为例。根据《民法典》的规定,不动产登记机构享有登记权,不动产物权变更未经登记不生效力。而登记机构作出登记与否决定的关键环节在于审查,后者以安全和效率为价值追求,审查模式与审查强度的选择不仅直接关系到登记公信力的强弱与交易安全,亦关乎登记效率与不动产交易效率的高低。[3]如果审查强度得当,行政权自然不会对不动产物权变更法律关系形成过度的干预,并能够兼顾安全与效率,即在为交易安全提供公信力保障的同时也不会以降低交易效率为代价。但是,如果登记机构对不动产物权登记申请的审查过于严格,对于交易安全的保障自然是好事一桩,但对于不动产交易市场而言则会成为一个沉重的负担,参与不动产交易的当事人将不得不投入和消耗巨大的时间成本、材料成本、人工成本来助力于登记事项的尽快终结。由此,交易效率的降低成为一道

---

[1] 熊秉元:《正义的成本:当法律遇上经济学》,东方出版社2014年版,第257页。

[2] [美] E.S. 萨瓦斯:《民营化与PPP模式:推动政府和社会资本合作》,周志忍等译,中国人民大学出版社2015年版,第6页。

[3] 参见王亦白:《不动产登记审查的法理与构造》,中国政法大学出版社2018年版,第65页、第92页。

迈不过去的槛,长此以往,人们对于不动产交易的积极性也会受到负面影响。诚然,登记机构的审查权力不可或缺,但亦不可无度。过分审查的背后,表面牺牲的是交易效率,深层次绕不开的则是经济与市场的飞速运转。也正因为如此,学界对审查强度的认识在反对实质审查层面趋于一致。[1]

第二节 行政权作用于民事关系的界限设定原则

对行政权的正确理解要求尊重权力的限制。[2]而过度行政化、政府失灵以及自由自治价值的牺牲等问题决定了行政权对民事关系的介入绝不可无度,必须遵循一定的界限。本书认为,行政权对民事关系的介入首先应当奉行自治优先与忍无可忍原则,即作为备位选择;其次应当遵循法律保留原则,即以法律授权为前提;再次应接受合比例性原则审查,最大限度地缩小裁量权,严格控制干预程度;最后应当遵循正当程序原则,充分尊重私主体的意见。

一、自治优先与忍无可忍原则

明确行政权介入民事关系的界限归根结底需要解决的是公法与私法、行政权与私权利的关系问题。私法相较于公法的优越地位决定了行政权应当尊重并服务于私权利的保护,并只在私权自治之外起辅助作用。对此,行政权应当奉行自治优先与

---

[1] 参见吴光荣:《行政审批对合同效力的影响:理论与实践》,载《法学家》2013年第1期,第105页;曾祥生:《不动产物权登记之公信力问题研究》,载《法学论坛》2015年第4期,第42页;王利明:《试论我国不动产登记制度的完善(下)》,载《求索》2001年第6期,第45页。

[2] Zachary S. Price, "Enforcement Discretion and Executive Duty", *Vanderbilt Law Review*, Vol. 67: 3, pp. 671~769 (2014).

忍无可忍原则，只在维护公共利益与保护私权利需要时才介入民事关系。

(一) 私法优位与自治优先

在私法与公法的关系上，基于个人利益本位，私法应当优先于公法而成为法律体系的本位所在。在具体的目的实现路径上，则反映了自治优先于管制的基本地位，因而对于能够在私法范围内依托自治机制实现的事项，公法与公权力就应当保持谦抑而非肆意干预。

1. 私法优位而非公法优位

法律有公法和私法之分。就公法与私法的优先关系而言，存在公法优位说与私法优位说两种学说。公法优位说主张以公共利益为重，"公法所确立的价值、秩序优越于私法的价值、秩序，公法凌驾在私法之上"。[1]公法优位说通常意味着，公法规范可以肆无忌惮、最大限度地涉足私法领域，行政权介入民事关系也可谓理所应当。私法优位说认为，个人利益至上，私法优先于公法。在两种学说的斗争过程中，私法优位说取得了十足的胜利，古今中外的学者们也多支持私法优位说。例如，哈耶克认为，法治的核心在私法之治，而不应是公法之治。[2]耶林主张，不是公法而是私法才是各民族政治教育的真正学校。[3]我国亦有学者提出，良法善治的法律体系，必然是以私法为本位的法律体系。[4]

从法理而言，之所以私法是优位的，首先源于私法的内容。

---

[1] 解亘：《论管制规范在侵权行为法上的意义》，载《中国法学》2009年第2期，第62页。

[2] 张东华、潘志瀛：《公法与私法的区分——哈耶克的进路》，载《河北法学》2005年第4期，第156页。

[3] [德]鲁道夫·冯·耶林：《为权利而斗争》，郑永流译，法律出版社2007年版，第17页。

[4] 刘士国：《编纂民法典的时代背景与指导思想》，载《法治研究》2016年第3期，第6页。

第六章 行政权作用于民事关系的制度困境与破解

十八届四中全会决定指出,实现良法善治,以人为本是根本。私法源于生活更是生活的直接反映,"它告诉人们为人处世之方、待人接物之法、安身立命之术""私法就是生活的范式、生活的法则"。[1]私法最贴近生活也最具有生活品格,生活中人们主要是跟私法打交道。另一方面,私法不仅是个人利益的保护法,同时是自由的保障法,可以说"私法支撑着人类的横向互动"。[2]而公法也应当以实现个人利益为己任,公法的各项制度尤其是行政权的行使都应当围绕个人利益的最大化具体展开。其次,从公私法二分的根源来看,公法与私法的区分源于商品经济的产生与发展,因而私法应当是一个社会的基础性法律,公法则是为私法所规定的私权服务的法律。[3]事实上,在没有宪法之前,私法扮演的就是宪法的角色,宪法则是以私法的基本精神、理念和制度作为原型改造而来。最后,从功能来看,私法是市场经济发展的主要推力和核心法律机制,因而许多世纪以来仅仅是私法才是人们认真注意的对象,公法则仿佛是个徒有其名、无用的,甚至是危险的对象。[4]因此,私法的地位较之于公法应当更为优越,反映到私权利与行政权的关系上,则是私权利优于行政权,行政权应当以保护私权利为目的和归宿。在行政权日益扩张的今天,防止对私法与私权利的忽视应为法治建设的主要任务之一。

2. 自治优先于管制

自治即自主治理(个人或者共同体)、自行管理本人或者本

---

[1] 邱本、崔建远:《论私法制度与社会发展》,载《天津社会科学》1995年第3期,第52页。

[2] Hanoch Dagan, "Between Regulatory and Autonomy-Based Private Law", *European Law Journal: Review of European Law in Context*, Vol. 22: 5, pp. 644~658 (2016).

[3] 潘萍、徐强胜:《公私法关系论纲》,载《河北法学》2003年第4期,第159页。

[4] 沈宗灵:《比较法研究》,北京大学出版社1998年版,第105页。

共同体的私人或者公共事务，[1]尊重个人的自由意志、给予个人充足的独立空间是自治的基本要素。自治不光是民法的灵魂而且是整个法治秩序的基础，更是社会发展创新的动力所在。谢鸿飞教授即主张，自治是个体最重要的德性与底限道德，其首先是市场繁荣的基本保证与核心支撑，其次可以减轻国家的财政和福利负担，因而属于国家必须保护的权利范畴。[2]

所谓自治优先，是指在公共性问题或事项上，优先考虑市场或社会的自我调节、自我管理、自我服务的有效性；仅在市场或社会失效的情形下，政府才有进入、发挥效能的必要。[3]在"赵某诉北京市顺义区胜利街道办事处履行法定职责案"中，法院即指出，居民委员会是居民自我管理、自我教育、自我服务的基层群众性自治组织，建新北区×号楼北侧设带门禁小门属该居民委员会对该小区自我管理、自我服务的措施，街道办事处无权干涉。[4]再如，根据《民法典》，合同应办理批准手续才生效的，依照其规定。但在实践中，法院并不倾向于认定未办理批准手续的合同无效，这其实反映的就是自治领域尽量排除行政干预的基本思想与价值取向。[5]此外，在解释主义进路上，如果某规范是否具有自治属性不甚明确，则应尽量避免做扩大解释得出行政权干预正当的结论，而应尽量维护其自治性。在传统民法理论上，以私法自治防御或者对抗行政权侵犯是一

---

〔1〕 张清：《基层自治制度的理论阐述与路径选择》，载《法律科学（西北政法大学学报）》2020年第2期，第49页。

〔2〕 参见谢鸿飞：《〈民法典〉中的"国家"》，载《法学评论》2020年第5期，第20页。

〔3〕 沈岿：《论行政法上的效能原则》，载《清华法学》2019年第4期，第17页。

〔4〕 参见北京市第三中级人民法院［2019］京03行终字第2号行政裁定书。

〔5〕 参见李永军：《民法典编纂中的行政法因素》，载《行政法学研究》2019年第5期，第10页。

第六章　行政权作用于民事关系的制度困境与破解

条经典教义,与之并列的传统行政法,则被定格为消极控制行政权的法。[1]反映到行政法上,自治优先是行政效能原则的体现,凡是私主体自治能够解决的事项,以行政权为代表的公权力没有干预的空间与必要,"政府的唯一作用就是承认私权并保证私权的实现"[2],即把有限的资源用到"刀刃"上。即便到了行政权非得干预不可的境地,行政机关也应当为私权自治预留充足的空间而不能彻底扼杀之。

3. 行政权介入禁止义务

当代学术界的一个中心假设是,在过去的四十年中,世界从以公权力为中心转变为被私权利所控制。[3]私法自治是关于市民社会是一个没有国家干预(甚至不存在国家)的理想,[4]私法优位与自治优先意味着,行政权的行使应当奉行"尊重自治原则(The principle of respect for autonomy)"[5]。换言之,行政机关在一般情况下应当负担介入禁止义务,尽可能赋予私主体广阔的自治空间。所谓行政权介入禁止,是指除非有充分的正当的理由,行政机关不得主动介入私权自治领域、干预私人事务,尤其是擅自变自治为管制,侵犯私主体的自治权利。

---

[1] 章剑生:《作为介入和扩展私法自治领域的行政法》,载《当代法学》2021年第3期,第43页。

[2] [美]约翰·亨利·梅利曼:《大陆法系》(第2版),顾培东、禄正平译,李浩校,法律出版社2004年版,第97页。

[3] Poul F. Kjaer, "From the Private to the Public to the Private? Historicizing the Evolution of Public and Private Authority", *Indiana Journal of Global Legal Studies*, Vol. 25:1, pp. 13~36 (2018).

[4] 张力:《民法典"现实宪法"功能的丧失与宪法实施法功能的展开》,载《法制与社会发展》2019年第1期,第111页。

[5] Lisa Guntram & Nicola Jane Williams, "Positioning Uterus Transplantation as a 'More Ethical' Alternative to Surrogacy: Exploring Symmetries Between Uterus Transplantation and Surrogacy Through Analysis of a Swedish Government White Paper", *Bioethics*, Vol. 32:8, pp. 509~518 (2018).

进一步而言，行政机关应当最大限度地保持沉默，最大可能地减少对私人领域的干涉和控制。即必须从私权自治的内在运行逻辑出发，以最大限度地确保私权的实现为"最优选择"，回归到私法自治的"个人优位"本质。[1]

行政权介入禁止义务原则来源于宪法，"私法的归私法"是其最直观的表达。这主要是因为，公权力尤其是行政权的干预是私法自治与私权利的头号威胁，历史表明，过度的行政权不仅损及私法自治的支配性地位，更会破坏私法本身的实质价值与形式理性。[2]"私权"所在，"公权"所止。[3]对于私权自治领域与私权自治事项而言，不介入不干涉是行政机关的底线义务。以身份关系为例，身份关系的成立、变更与消灭属于私法领域的自治事项，尽管身份登记制度是公法上的一项重要制度，但其对于身份关系的成立、变更或消灭并无实质性影响，甚至不涉及身份关系的赋权或确认，其真正的价值乃在于以国家的公信力与权威度对身份关系予以证明和公示。[4]

（二）忍无可忍原则下的强势介入

苏永钦教授用私法自治中的国家管制来表述私法自治与国家预间的主次关系，表明民事生活领域应始终以私法自治为原则，管制与干预为例外。[5]但私法优位与自治优先以及行政权介入禁止义务并不意味着行政权绝对不可以介入民事关系。国

---

[1] 齐恩平：《私法自治与民事政策的互动及检视》，载《政法论坛》2021年第1期，第66页。
[2] 参见周华：《民法现代化进程中的私法自治及其限制》，载《学术探索》2020年第4期，第92页。
[3] 张改清、白洪涛：《中国语境下公权与私权的博弈——兼论我国征地与拆迁制度的完善》，载《河北法学》2006年第4期，第17页。
[4] 参见霍振宇：《行政登记与司法审查》，法律出版社2010年版，第264页。
[5] 周华：《民法现代化进程中的私法自治及其限制》，载《学术探索》2020年第4期，第92页。

第六章　行政权作用于民事关系的制度困境与破解

家的公法义务包括两方面：一是为保障公民的基本权利而承担的义务；二是为保障公共利益而承担的义务。[1]拓展到私权自治领域，公共利益的维护与私权利的补强保护恰构成行政权强势介入的正当性基础。

1. 直接维护公共利益

公共利益是行政权的逻辑起点和最终归宿，行政权的目的在于为管理和追求公共利益服务。[2]有学者指出，政府的建立是出于两种不同的安全原因——确保国内的安宁和为抵御外部危险提供保障。[3]当原属于私法领域的自治事项涉及公共利益而自治行为又无力维护公共利益之时，行政权的介入就成了公共利益支配下忍无可忍的必然选择。与此同时，膨胀的公共利益会导致权力的无限性，因为公共利益的范围越广，公共权力介入社会经济生活的强度和烈度就越大。[4]

行政权介入民事关系首先应当以私权自治行为损害公共利益为前提。例如，根据《著作权法》的规定，当且仅当著作权侵权行为同时损害公共利益之时，行政权才能介入著作权市场。[5]也就是说，公共利益受损是行政权介入著作权市场的必要前提条件，且行政权的介入范围以公共利益受损为限，以起到过滤行

---

[1] 王锴：《基本权利保护范围的界定》，载《法学研究》2020年第5期，第107页。

[2] [日]原田尚彦：《诉的利益》，石龙潭译，中国政法大学出版社2014年版，第249页。

[3] William P. Barr, "The Role of the Executive", *Harvard Journal of Law and Public Policy*, Vol. 43: 3, pp. 605~631 (2020).

[4] 赵万一、叶艳：《从公权与私权关系的角度解读国家征收征用制度》，载《华东政法学院学报》2007年第2期，第22页。

[5] 参见《著作权法》第53条。

政权不当干预的作用。[1]再如，在"韩某超诉中牟县公安局不履行法定职责案"中，法院指出，如果民事纠纷不涉及违反治安管理秩序，公安机关无权亦无需介入。但当民事纠纷扰乱治安管理秩序之时，公安机关虽然不必对民事争议进行认定和裁决，但应以恢复秩序、引导当事人通过合法途径解决争议为原则，适当并有效地作出处置行为。换言之，公安机关履行法定职责的范围和程度应当是"恢复正常秩序"。[2]此外，需要注意的是，行政权介入民事关系不仅应当出于保护公共利益之目的，而且应当以保护公共利益为直接目的，不能只是间接性、反射性地起到保护公共利益之效果。例如，教育行政主管部门从教育资源角度考虑对儿童在哪地求学所做的强制性干涉虽有利于儿童受教育权的更优实现，但无疑无端侵入了监护人在孩子教育问题上自主决定的私人领域范畴，应为法律所禁止。[3]

2. 补强保护私权利

在现代法治社会，正当限制公民权利只能基于"权利与权利冲突"和"公共利益需要"两种情形。[4]除了直接保护公共利益免受过度自治的戕害，行政权还得在私权利冲突与需要保护的场合之下强势介入民事关系。后者意味着，行政权介入民事关系不是出自行政权自身的扩张或者公法优位之考虑，而必须置于私权自治的运行逻辑之中，致力于为私权利创造一种额外的保护机制，致力于实现实质正义。因此，行政权介入民事关系在很多情形下是国家履行保护义务之体现，属于"锦上添

---

[1] 参见熊琦、朱若含：《论著作权法中的"行政介入"条款》，载《山东大学学报（哲学社会科学版）》2020年第1期，第120页。
[2] 参见河南省高级人民法院［2020］豫行再字第89号行政判决书。
[3] 参见北京市朝阳区人民法院［2018］京0105行初字第88号行政判决书。
[4] 梅扬：《比例原则的适用范围与限度》，载《法学研究》2020年第2期，第60页。

第六章 行政权作用于民事关系的制度困境与破解

花"之举。恰如有学者所言,公法制度应在伦理上给私法减轻负担,而不是让其解体。[1]

保护私权利是现代法治的核心理念,也是国家治理现代化的关键任务。国家权力的行使归根到底是围绕对公民基本权利的确认和保障而进行的,[2]个人与公权力之间的关系应从管理中释放出来,即行政机关单方面将意志强加于个人。[3]换言之,行政权应被定位为私权利的保护工具和手段,并以保护私权利为国家和社会发展的终极目标。对此,行政机关在行使行政权的过程中必须树立权利意识,处理好职权法定原则(尤指"法定职责必须为")与私权利的关系,只得服务于私权利的最优实现而不得演变为侵权机制。从这个意义上来说,行政权与私权利可谓保护私权利的"命运共同体",行政机关同时也是私权利的服务者,以私权利的保护为优先任务。那种认为唯有公法服务于公共利益、私法只保护个人私利的观点,乃是对是与非的完全颠倒。[4]而保护私权利本身在一定程度上又充当了行政权介入民事关系的边界。这是因为,行政权虽然有保护私权利"善"的一面,但同时也是私权利的强力破坏源,因而控制行政权的滥用"一直是公共领域最主要的功能",[5]也是保障私权利最有效的途径之一。例如,保障公民的自由与财产权利不受

---

[1] [德]罗尔夫·克尼佩尔:《法律与历史——论〈德国民法典〉的形成与变迁》,朱岩译,法律出版社2003年版,第42页。

[2] 熊剑波:《物权法领域公私法接轨的场域及实现路径——基于立法论的视域》,载《广东社会科学》2015年第3期,第251页。

[3] Rafat Szczepaniak, "The Nature of the Division into Public and Private Law, with Particular Emphasis on the Polish Experiences", *Comparative Law Rview*, Vol. 20, pp. 33~53 (2016).

[4] [英]弗里德利希·冯·哈耶克:《法律、立法与自由》(第1卷),邓正来等译,中国大百科全书出版社2000年版,第209页。

[5] 石佑启、陈可翔:《论互联网公共领域的软法治理》,载《行政法学研究》2018年第4期,第55页。

行政恣意之侵害即是行政行为明确性的核心考量所在。[1]

需要注意的是,行政权通过介入民事关系而对私权利提供的保护是一种补强性质的保护。换言之,对于私权利的保护而言,自治即自我保护仍然是首选路径,不允许涉私行政权作为首要保护措施。在高空抛坠物侵权案件中,面对受害人查找责任人困难之现实窘境,《民法典》为公安机关增设了调查权(义务),这种调查权(义务)直接服务于责任人的查找,首先对于受害人具有直接的受益价值:一方面,盖和替代了受害人的查找义务;另一方面,因责任人的大概率确定为受害人直面责任人寻求民事救济提供了便利。此外,其他的建筑物使用人也因责任人的确定而免去无辜承担人道主义补偿责任之苦。但如果受害人凭借一己之力即可确认责任人,公安机关自然无需投入行政资源作重复调查。而之所以需要以行政权的介入作为补强保护机制,还源于我国私权利的欠发达性,"其不自足的属性尤为突出,更多的事务仅仅靠私权自身的行使是无法开展的,尚需公权力在许多方面为其提供保障和条件"。[2]

二、法律保留原则

限制行政权是保护私权利的核心路径,要求之一即"行政权的运作必须获得授权",奉行"无授权无权力"的原则。因为行政权极有可能侵害私权利,只有控制行政权的泛滥,才能真正起到保护私权利的作用。[3]我们不否认行政权介入民事关系

---

〔1〕 参见王留一:《论行政行为的明确性》,载《法商研究》2019年第4期,第156页。

〔2〕 徐继敏:《行政裁决证据规则初论》,载《河北法学》2006年第4期,第18页。

〔3〕 参见甄子昊、李耕坤、刘道远:《国家治理现代化视阈下私法调整制度体系完善路径》,载《海南大学学报(人文社会科学版)》2020年第4期,第158页。

的必要性与正当性,但同样要防范涉私行政权的过度化,尤其是防范其在设定层面的过度化,因而引入以事先授权为核心的法律保留原则作为控制工具成为必然。

(一) 法律保留原则的行政法精义

法律保留原则是指,凡属宪法、法律规定只能由法律规定的事项,则只能由法律规定,或者必须在法律有明确授权的情况下,才能由行政机关作出规定。[1]因此,"法无授权即禁止"是法律保留原则的核心精义;另一方面,法律保留原则直接指向对行政权的拘束效力。

1. 法无授权即禁止

"法无授权即禁止"是法治政府应当遵循的一项重要原则。行政权力应当来自法律授权,无法律即无行政。[2]有学者将其形象地解读为"画地为牢",只有"规定动作"而无"自选动作"。[3]进言之,行政活动应当受到法律的严格约束,行政权来源于法律、法规、规章的授予,行政机关不得自行增加或者减少行政权的类型、数量、对象、内容等。反映到行政权与私权利的关系,行政权是有限的,法无授权即禁止;私权利是无限的,法无禁止即合法。正如有学者所言,公权力和私权利就像一个圆的内外,尽管圆的直径不断扩大,但其内部的面积依然是有限的;尽管外部空间不断被日益扩大的圆所压迫,但它仍然是无限的。[4]

---

[1] 周佑勇:《行政法基本原则研究》,武汉大学出版社2005年版,第187~188页。

[2] 魏琼:《简政放权背景下的行政审批改革》,载《政治与法律》2013年第9期,第60页。

[3] 易军:《"法不禁止皆自由"的私法精义》,载《中国社会科学》2014年第4期,第123页。

[4] 汪渊智:《理性思考公权力与私权利的关系》,载《山西大学学报(哲学社会科学版)》2006年第4期,第66页。

法律保留原则对于"法无授权即禁止"的贯彻落实主要体现在以下四个方面：首先，法律保留与法律优先不同。法律优先对行政机关的要求是消极不抵触，"只要存在法律，一切行政活动即不得违反法律"，[1]"行政机关当然必须遵守法律，否则其决定就是无效的"，[2]因而反映的是消极的依法行政原则。法律保留则要求，行政机关非但不能消极抵触法律，行政活动还必须具有法律依据，属于积极的依法行政范畴。其次，法律保留指涉行政权的设定制度，"所谓设定，就是在没有上位法依据的情况下，对行政权力进行规定"。[3]对于法律保留事项而言，在宪法和法律没有授权的情况下，包括行政法规在内的行政立法均无权设定行政权。其初衷在于，从源头入手控制涉私行政权的增量，防范其对私权利的不当干预。再次，关于法律保留的内容，学说史上形成了全部保留说、干预保留说、重要事项保留说等不同的学说，其中重要事项保留说可谓通说。重要事项保留说认为，涉及公民基本权利的事项应当有明确具体的法律依据。[4]进言之，重要性理论包含消极与积极两部分内容，积极部分即涉及基本权利的重要事项，需由法律规定；消极部分即不涉及基本权利的非重要事项，不是必须由法律规定。[5]最后，法律保留原则属于行政机关以及行政权的外在约束机制，其一方面意味着，对于只能由法律规定的事项，行政法规等行政立

---

[1] 王贵松：《论行政法上的法律优位》，载《法学评论》2019年第1期，第47页。

[2] Cass R. Sunstein, "Beyond Marbury: The Executive's Power to Say What the Law Is", *The Yale Law Journal*, Vol. 115: 9, pp. 2580~2610 (2006).

[3] 陈斯彬：《权力清单的两个面向及其效力》，载《求索》2018年第5期，第98页。

[4] 周佑勇：《行政法基本原则研究》，武汉大学出版社2005年版，第190页。

[5] 参见王锴：《论组织性法律保留》，载《中外法学》2020年第5期，第1317页。

第六章 行政权作用于民事关系的制度困境与破解

法不得染指;另一方面,对于法律明确授权行政机关的事项,行政机关有权通过行政立法、行政执法等形式予以落实。

2. 法律保留原则对行政权的约束效力

对于一个负责任的政府而言,行政行为受立法制约是应有之义。[1]法律保留原则对行政权的约束效力分别体现于对行政立法权、行政执法权与行政司法权的约束之中,凡是法律无规定的,行政机关不得以行政权的名义行为;凡是法律未授权的,行政机关不得以行政立法的形式作出这样那样的规定,尤其是对私权利进行限制。进言之,行政权应当"法定行使",以法律许可的底线为界,绝不能一味认为行政权就应该扩大化或者强硬化,私权利必须完全服从行政权的需要。[2]

首先,就行政立法权而言,法律保留原则反映的是法律与行政立法的关系。"法无授权即禁止"意味着法律至上,"法律是具有最高效力的规范依据","国家治理的规范根据,必须以法律为准"。[3]具体而言,行政法规、规章与规范性文件等行政立法不得规定必须由法律规定的事项,即行政机关不能自主设定某些行政权;另一方面,在法律授权行政立法规定某些事项的情况下,行政法规等行政立法不得超越法律的授权范围,否则依然构成对法律保留原则的悖反,不具有合法效力。正如毛雷尔所言:"随着给付行政法律规范化的范围越来越广泛,行政规则失去了往日的意义。只有在不违反法律保留原则的范围内,

---

[1] George Winterton, "The Lmits and Use of Executive Power by Government", *Federal Law Review*, Vol. 31: 3, pp. 421~444 (2003).

[2] 韩锦霞:《论行政公权的软化与私权的硬化》,载《河北法学》2013年第7期,第190页。

[3] 谢晖:《法律至上与国家治理》,载《比较法研究》2020年第1期,第47页、第48页。

行政规则才具有适法性。"[1]其次,就行政执法权而言,法律保留原则反映的是法律与行政管理行为的关系。如果某项行政执法权只得由法律设定但法律未予设定,行政机关就不得以行政权的名义行为,尤其是行侵犯私权利之实,否则构成超越职权,违反法律保留原则的基本精神。典型的例子是,《行政强制法》等法律并未赋予县级政府对征收范围内合法建筑的强制拆除权,在国有土地上房屋征收过程中,如果被征收人在补偿决定规定的期限内不搬迁,县级政府自行强制拆除房屋的行为属于超越职权。[2]最后,就行政司法权而言,法律保留原则反映的是法律与行政司法行为的关系。行政裁决权是典型的行政司法权,学界趋于一致的认识是,行政裁决只能由法律设定,行政法规规章等行政立法均无权为行政机关创设行政裁决权。[3]因此,行政机关不得在法律规定的裁决权以外行使行政裁决权,介入民事纠纷的处理并作出裁决决定。

(二) 法律保留原则对涉私行政权的具体要求

从行政法学的视角来看,哪里有行政权的运作,哪里就应当有行政法的规范。[4]行政权介入民事关系仍以行政权的行使为核心内容,因而同样需要因循法律保留原则。具体而言,行政权介入民事关系以法律明确规定为前提,且介入范围和程度限于法律规定的范围。

1. 法律框架内的介入

行政权介入民事关系的必要性不可否认,但其过度介入的

---

[1] [德] 哈特穆特·毛雷尔:《行政法学总论》,高家伟译,法律出版社2000年版,第595页。

[2] 参见最高人民法院 [2018] 最高法行申字第5594号行政裁定书。

[3] 参见叶必丰、徐键、虞青松:《行政裁决:地方政府的制度推力》,载《上海交通大学学报(哲学社会科学版)》2012年第2期,第7页。

[4] 应松年:《行政权与物权之关系研究——主要以〈物权法〉文本为分析对象》,载《中国法学》2007年第5期,第66页。

第六章 行政权作用于民事关系的制度困境与破解

后果之严重性也是显而易见的,因而必须寻找一种合适的机制将其框定在合理的范围之内。国家治理现代化归根结底是国家治理的法治化,即运用法治思维、法治方式和法治手段处置矛盾纠纷。[1]法治化同时也是规制行政权介入民事关系界限的最佳路径,其首要要求即是行政权只得在法律框架内介入民事关系。正如易军教授所言,政府的创造力不是不应得到激发,但它依然只能在法律的框架内发挥。[2]具体来说:

首先,行政机关不得自行创设涉私行政权。在行政法上,设定与规定不同,前者是立法创设行政权力的活动,后者则是对上位法已经设定的行政权力作具体规定。[3]法律保留意味着,除非具有法律的明确授权,否则行政立法不得涉足保留事项。涉私行政权不同于一般的行政权,其涉及对民事关系之侵扰,应当将其列入法律保留事项,而不允许行政机关通过行政立法自我增设。换言之,涉私行政权不仅须遵循一般意义上的职权法定与"法无授权不可为",而且应当奉行法律保留原则,即只有法律(狭义的法律)才有权创设涉私行政权。这其实反映的是"行政权越强制,设定制度越严格"的朴素法理,以行政强制权、行政处罚权、行政许可权为例,行政强制措施的设定限于法律和法规,行政处罚扩大于规章,行政许可则允许国务院的规范性文件设定。其次,行政权介入民事关系以法律明确规定为前提。即只有在法律明确规定行政机关享有涉私行政权的情况之下,行政权对民事关系的介入才是合法的。对于法律未

---

[1] 参见宋才发:《国家治理现代化的法治保障及其路径》,载《东方法学》2020年第5期,第80页。

[2] 易军:《"法不禁止皆自由"的私法精义》,载《中国社会科学》2014年第4期,第124页。

[3] 参见王克稳:《行政审批(许可)权力清单建构中的法律问题》,载《中国法学》2017年第1期,第92页。

规定行政机关可以干预的民事关系，行政机关不得妄自动用行政权力横加干涉。如在"金某骥诉北京市东城区政府行政复议案"中，法院指出，职工大会是集体所有制企业内部治理体系的一部分，是否召开职工大会是企业内部民主管理和经营决策事项，行政机关不能干涉。法律法规并未赋予相关指导部门或其他行政机关责令或要求集体所有制企业召开职工大会的行政职权。[1]最后，行政权干预和介入民事关系的方式、内容和限度亦取决于法律的具体规定。造成行政权滥用的一个重要原因即行政机关的自由裁量权过大，加之部分工作人员专业素质不高，不仅为腐败提供了空间，亦提升了私权利遭受侵害的可能。[2]因此，如果法律限定了行政权介入民事关系的方式、内容和限度，就能对行政权的裁量权部分形成有效的限制，避免行政权溢出形成对私权利的过度干预。当然，受制于法律的滞后性等因素，法律并非总是或者大部分时候都不能对介入范围与限度问题做到面面俱到。但对于行政权而言，恪守法律对涉私行政权的界限是落实法律保留原则的必然要求。"只有法律才能剥夺人的生命、自由或财产"，[3]涉私行政权绝对不可随意为之，谨遵法律规定并于法律框架内活动才是不越界不违法之良方。

2. 不能推定介入

在法律保留原则的作用之下，涉私行政权不仅应当将其范围、方式和内容严格置于法律的框架之中，且不允许推定性的涉私行政权存在。在私法领域，法不禁止即自由，凡是法律未明确禁止的，即可推定私主体享有从事某项行为的自由权利。公法领

---

[1] 参见北京市高级人民法院［2021］京行终字第1213号行政判决书。
[2] 参见甄子昊、李耕坤、刘道远：《国家治理现代化视阈下私法调整制度体系完善路径》，载《海南大学学报（人文社会科学版）》2020年第4期，第158页。
[3] Kate Stith, "The role of Government Under the Bill of Rights", *Harvard Journal of Law and Public Policy*, Vol. 15: 1, pp. 129~137 (1992).

域则不然,"政府主体出面的公权国家治理,其权力根据必须法定,不能推定。凡法律未规定者不得以权力之名推进"。[1]这正是法律保留原则与"法无授权即禁止"之核心精义之体现。如此一来,合法的涉私行政权实际上非常有限,从法理上来讲,行政权过度介入民事关系的现象可凭借法律保留原则之作用从根本上得到大幅消解。相反,如若允许推定性的涉私行政权存在,只要法律不禁止,行政权介入民事关系便是正当的。依托于行政权天然的扩张属性与侵害属性,不难想象,私权利受到侵蚀不可避免,自由与自治归于具文,继而私法被公法所吞噬,高权政治重新回归历史舞台。以行政征收为例,《民法典》将行政征收权的适用前提限定于"公共利益的需要",[2]万不能推定行政机关可以为了房地产开发商的利益等非公共利益的需要征收不动产,这是违反法律保留原则的。再如,在法律未明确赋予行政机关行政裁决权的情形下,不得推定行政机关有权就相关民事纠纷进行行政裁决尤其是主动进行的强制性裁决,否则即突破了依法行政原则的限制,也容易制造新的矛盾纠纷。

3. 过度介入要担责

在权力法定原则下,一份权力,意味着一份责任,权力和责任的关系是"一体两面"的。[3]如果权力的行使超出了法律规定的必要限度,行使主体应当承担一定的法律责任作为惩罚机制。同理,如果涉私行政权逾越法律框架构成对民事关系的过度干预,行政机关必将面临追责机制的讨檄。追责机制是法律保留原则的效果延伸,也是其得以发挥作用的保障机制。如

---

[1] 谢晖:《法律至上与国家治理》,载《比较法研究》2020年第1期,第47页。
[2] 参见《民法典》第117条。
[3] 参见谢晖:《法学范畴的矛盾辨思》,山东人民出版社1999年版,第235页。

果没有追责机制作为威慑,很难想象行政机关会自觉遵守法律保留原则,并严格按照法律保留原则的要求执行介入民事关系的范围、内容、方式与限度等要求而不越界。因此,在迫使行政机关按照法律保留原则的要求介入民事关系的过程中,追责机制发挥的是"大棒"作用,以法律责任作为震慑机制,迫使行政机关不敢自我创造和滥用涉私行政权,尤其是擅自介入民事关系。

如果行政机关构成对民事关系的过度介入,可能面临以下几个方面的法律责任:一是涉私行政权承载的行政行为构成违法甚至无效。行政行为违反法律保留原则首先违反了依法行政原则,属于违法行为;另一方面,从其法律效力来看,构成过度介入的涉私行政权意味着,行政机关过度介入民事关系的行为必然超越职权,可能被法院判决撤销或者确认违法。如果法律未赋予行政机关此项涉私行政权,行政机关便自作主张对民事关系加以干预,同时属于没有法律依据的违法行为,面临确认无效之后果。[1]二是相关行政机关可能会被上级行政机关责令改正、通报批评,影响绩效考核、评奖评优等工作。三是具体行使涉私行政权的工作人员可能面临政务处分乃至刑事法律责任的追究。行政权过度介入民事关系往往涉及以权谋私和行政权滥用,并根据不同的情节可能面临警告、记过、记大过、降级、撤职、开除等处分类型,构成犯罪的还可能被追究刑事责任。[2]

三、合比例性原则审查

如果说法律保留原则解决了涉私行政权的合法性问题,那

---

[1] 参见《行政诉讼法》第70条、第74条、第75条。
[2] 参见《公务员法》《公职人员政务处分法》。

第六章　行政权作用于民事关系的制度困境与破解

么接受比例原则的指导与审查则是确保涉私行政权合理性的必要路径。凡是经得起比例原则审查的涉私行政权,都实现了行政权与意思自治的统一,同时也实现了公私法的接轨、体系化与相互工具化。[1]

(一)比例原则对行政权的约束作用

行政法上的比例原则见诸很多思想家的论述,是某个特定时代许多法学家的共同创造,而且是法律思想和法律实践互动的结果。[2]比例原则立足于约束和限制行政权的理念,通过把行政机关进牢笼来实现保护私权利的制度功能。

1. 工具：比例原则四阶论

比例原则滥觞于德国,起初只应用于警察法领域,后拓展到整个行政法场域并作为行政法的基本原则获得了学界的广泛认可。比例原则成为行政法的基本原则之初,学者们一致认为,比例原则包含三个子原则：适当性原则、必要性原则与均衡性原则。根据比例原则,行政手段和措施必须是必要的、适当的且能准确致力于公共利益之实现,而不至于对受影响的个人产生不合理的负担。[3]适当性原则是指,行政机关所采取的手段应当有助于行政目的的达成,而不应采用对实现行政目的没有任何正向效果的手段。以下两种情形并不违反适当性原则：一是某手段无助于某行政目的的积极实现,但能够消除违法状态；二是利用某手段达成某行政目的的同时造成了更为严重的负面效果。因此,适当性仅要求手段"部分有助于"行政目的的实

---

[1] 参见熊剑波：《物权法领域公私法接轨的场域及实现路径——基于立法论的视域》,载《广东社会科学》2015年第3期,第251页。

[2] 蔡宏伟：《作为限制公权力滥用的比例原则》,载《法制与社会发展》2019年第6期,第133页。

[3] Filippo Borriello, "Principle of Proportionality and The Principle of Reasonableness", *Review of European administrative law*, Vol. 13：2, pp. 155~174 (2020).

现，显然更偏向于公共利益。[1]必要性原则是指，当有多种手段可供选择时，在所有有助于行政目的达成的手段之中，都必须选择损害最小的手段，又称最小损害原则。如果某手段有助于行政目的之实现但不如其他手段温和，则有悖于必要性原则。换言之，必要性原则要求在多种能够同样有效实现行政目的的手段中选择能够最大限度保护相对人合法权益、对相对人侵害最小的措施和手段。因此，相较于适当性原则而言，必要性原则更注重保护个人利益。均衡性原则是指，某手段达成行政目的所增进的公共利益与其造成的损害必须成比例而不能明显失衡，又称狭义比例原则。这就意味着，在采用严厉的制约手段时，通过该手段意欲达到的目的应具有使该手段正当化的充分的重要性。制约手段越严厉，使该手段正当化的目的就应当越重要。[2]均衡性原则所防范的，是"大炮打小鸟""杀鸡用牛刀"现象，即行政活动让行政相对人付出巨大代价，但为此所得到的公共利益却显著不值得。[3]比例原则意味着复杂的三阶段评价：一是测试充分性，要求行政措施必须适合于实现一个既定的目标；二是测试必要性，即使用最不具压迫性的措施；三是严格限制比例，防止对牺牲者个人利益施加不合理负担的措施。因此，比例原则直接比较了私人利益所遭受的成本以及所追求的公众利益。[4]

但近年来，越来越多的学者注意到传统比例原则三阶论的

---

[1] 参见谢世宪：《论公法上之比例原则》，载城仲模主编：《行政法之一般法律原则（一）》，三民书局1994年版，第123页。

[2] 孙鹏：《私法自治与公法强制——日本强制性法规违反行为效力论之展开》，载《环球法律评论》2007年第2期，第75页。

[3] 参见翁岳生主编：《行政法》（上册），中国法制出版社2002年版，第84页。

[4] Filippo Borriello, "Principle of Proportionality and The Principle of Reasonableness", *Review of European Administrative Law*, Vol. 13: 2, pp. 155~174 (2020).

第六章　行政权作用于民事关系的制度困境与破解

局限，认为它们都是对行政手段所作的评价，而未关注也不关心行政行为本身的目的是否正当，比例原则的四阶论——在适当性、必要性与均衡性之外，增加目的正当性原则呼之欲出。所谓目的正当性，即任何公权力行为尤其是行政行为必须出于正当目的。其逻辑出发点在于，任何不追求正当目的的行政行为都是不合理的，[1]只有行政行为本身是正当的，所谓行政措施和手段的选择才具有合法性基础。而传统的比例原则三阶论则是对比例原则的应然完备逻辑体系进行了"截流"，并使得目的正当性成了比例原则审查的"绝迹之地"。[2]有学者梳理了目的正当性原则长期缺失的历史缘由，即自由法治国背景下倡导形式法治与法律至上，行政机关很难有自己的目的。进入实质法治国阶段以来，行政机关的目的不再完全由立法机关决定，取而代之的是行政机关的目的自主设定权，由此产生了目的审查的必要。[3]早在2004年，《全面推进依法行政实施纲要》即规定，行使自由裁量权应当符合法律目的。因此，完整的比例原则或合比例性审查包含正当/合法目的、适当性、必要性、狭义合比例性四个方面应该是理论共识。[4]国外有学者同样持四阶论的看法。[5]至于有学者主张的"目的正当性属于合法性审

---

[1] Julian Rivers, "Proportionality And Variable Intensity of Review", *Cambridge Law Journal*, Vol. 65: 1, pp. 174~207 (2006).

[2] 参见蒋红珍：《论比例原则——政府规制工具选择的司法评价》，法律出版社2010年版，第111页。

[3] 参见刘权：《目的正当性与比例原则的重构》，载《中国法学》2014年第4期，第137~138页。

[4] 蔡宏伟：《作为限制公权力滥用的比例原则》，载《法制与社会发展》2019年第6期，第134页。

[5] Julian Rivers, "Proportionality and Variable Intensity of Review", *Cambridge Law Journal*, Vol. 65: 1, pp. 174~207 (2006).

查，不在比例原则的射程范围内",[1]实际上是对合法性审查的误读，目的正当性既不可归入职权法定原则，也与法律优先原则、法律保留原则无涉。

2. 比例原则的功能定位：防范行政权滥用

比例原则作用于环境、卫生、食药、交通等诸多领域，并以行政活动为主要规制对象。而行政活动以行政权的行使为核心要素，因此就功能而言，比例原则归根结底是为约束和限制行政权而来，其以防范行政权的滥用为出发点和落脚点，以"以权利对抗权力"为主要手段，通过审查行政权的合理性来达成保护权利之根本目的。行政权的不作为和乱作为是私权利最大的危害源，比例原则的逻辑起点是人权保障，本质是对基于公共利益需要而限制公民权利的国家权力的限制。[2]有学者将其简称为"权利限制的限制"[3]。比例原则产生之初，主要功能便被定位于保障防御性权利尤其是自由权，抵御行政权对私权利的过度侵犯是比例原则的宗旨所在。其实现机制与作用机理在于，当个人利益与公共利益发生冲突时，引入比例原则作为权衡机制，防止行政权不当侵害私权利尤其是自由权，实现公共利益与私人利益的平衡。因而比例原则是一个"利益平衡措施"，[4]权衡不同的权利和利益无疑是比例原则最复杂和最具

---

[1] 参见梅扬：《比例原则的适用范围与限度》，载《法学研究》2020年第2期，第61~62页。

[2] 梅扬：《比例原则的适用范围与限度》，载《法学研究》2020年第2期，第58~59页。

[3] 参见赵宏：《限制的限制：德国基本权利限制模式的内在机理》，载《法学家》2011年第2期，第161页。

[4] Filippo Borriello, "Principle of Proportionality and The Principle of Reasonableness", *Review of European Administrative Law*, Vol. 13: 2, pp. 155~174 (2020).

第六章　行政权作用于民事关系的制度困境与破解

争议的部分。[1]对于法官而言,比例原则则是审查和判断行政权是否合理行使的重要基准和裁判工具。

比例原则是规范行政权行为与评价行政权行为正当性的基本准则,如果说传统的三阶论重在通过行政手段的规制来防范行政权的滥用,四阶论则在手段之外额外引入了事前的目的性审查,并与行政手段的规制形成了制度合力。具体而言,目的正当性原则要求行政权的设定与行使均要合乎正当的目的,而不能为了谋求私利等非正当的目的动用行政权。适当性原则属于目的导向范畴,要求行政权的设定与行使能够促进行政目的的实现,而不能无益于行政目的甚至对行政目的之实现起负面作用。必要性原则属于后果导向范畴,要求行政权的设定与行使在满足适当性要求的基础上,必须选择对相对人伤害最小的手段,而不能在多种手段中选择对相对人伤害较大的手段。均衡性原则属于利益衡量范畴,要求行政权的设定与行使在满足适当性与必要性的基础上,所增进的公共利益还必须大于其对相对人造成的损害,而不能出现公共利益小于或者等于损害后果的现象。如在"高某明诉余家镇政府履行职责案"中,法院指出,行政机关规划及设置"公安社区"监控器具有社会公共管理和社会公共服务的功能,其设置与否及设置地点是否适当,行政机关对此享有行政自由裁量权,该规划设置裁量纵有错误仅为公益上不当,不发生违法损害权利的问题。[2]这实际上意味着,并非任何目的,只要手段损害最小就一定要实现。[3]因而均衡性原则较之于适当性原则与必要性原则对行政权的约束

---

[1] Julian Rivers, "Proportionality and Variable Intensity of Review", *Cambridge Law Journal*, Vol. 65: 1, pp. 174~207 (2006).

[2] 参见重庆市高级人民法院[2020]渝行申字第232号行政裁定书。

[3] 刘权:《目的正当性与比例原则的重构》,载《中国法学》2014年第4期,第138页。

力更上一层楼,要求行政机关从成本-收益的角度衡量比较正当目的是否有必要实现并作出决断。原因主要在于,即便目的确实是正当的,但可能价值并不大,不值得也没必要消耗行政权加以实现。一言以蔽之,目的正当性、适当性、必要性与均衡性四个子原则分别从不同的角度为行政权设定了要求,并借此成了限制行政权滥用、保护公民权利的重要武器。当然,比例原则的功能并不局限于"限制公权力滥用"与"权利-权力"这一结构,而是同时拓展到权力配置功能的复合形态,[1]甚至在私法领域也取得了广阔的适用空间。[2]

需要注意的是,比例原则对行政权的约束既体现在实体方面,也体现在程序方面,后者称为"程序比例原则"。即便在紧急状态之中,行政机关使用的紧急程序也必须与处置紧急状态的需要相适应,[3]而"不得超出克服该特定危机的绝对必需之外"。[4]

(二)比例原则对涉私行政权的具体要求

比例原则是一种检验公权力行使正当性的价值理念。要言之,公权力的行使必须符合一定的比例要求,否则就缺乏正当性。[5]规制行政权是比例原则的主要功能,凡是行政权能够触及的领域,都能找到比例原则的适用空间。涉私行政权同样需

---

[1] 参见蒋红珍:《比例原则适用的范式转型》,载《中国社会科学》2021年第4期,第112~113页。

[2] 参见刘权:《权利滥用、权利边界与比例原则——从〈民法典〉第132条切入》,载《法制与社会发展》2021年第3期,第52~53页。

[3] 谢晖:《论紧急状态中的国家治理》,载《法律科学(西北政法大学学报)》2020年第5期,第38页。

[4] [美]罗斯托:《宪法专政——现代民主国家中的危机政府》,孟涛译,华夏出版社2015年版,第330页。

[5] 蓝学友:《规制抽象危险犯的新路径:双层法益与比例原则的融合》,载《法学研究》2019年第6期,第139页。

第六章　行政权作用于民事关系的制度困境与破解

要遵从比例原则的刚性约束，且其正当与否直接取决于是否合乎比例原则，以实现行政权与私权利配置的结构性均衡与整体平衡。

1. 同时适用于两种涉私行政权

如前所述，涉私行政权在内容上呈现为限制性干预与保护性干预两种不同的类型。相应地，涉私行政权也包括限制性涉私行政权和保护性涉私行政权两种形式。尽管两种涉私行政权的作用机理完全不同，比例原则对两种涉私行政权同样适用。

限制性涉私行政权是指，行政权对民事关系的介入在结果上体现为对私权利的限制和约束，并使得私权利在"质""量"两个方面都得以削减，而与此同时，公共利益则获得了显著增量。典型的例子是行政征收权。《民法典》第243条规定，行政机关为了公共利益的需要可以征收集体所有的土地和组织、个人的房屋以及其他不动产。行政征收权的行使必然导致私主体不动产所有权的消灭，土地规划、城乡建设等公共利益则因征收权之行使得以实现。因此，限制性涉私行政权具有鲜明的侵益与负担属性，并多体现为行政征收、行政许可等行政行为类型。如若限制性涉私行政权乱作为，势必会进一步对私权利造成损害。因此，对限制性涉私行政权进行比例审查非常必要：首先，限制性涉私行政权应当符合目的正当性原则，倘若非出自正当的公共利益目的，限制性涉私行政权就不得对民事关系横加干涉。其次，比例原则对限制性涉私行政权的核心要求是损害最小，即行政机关应当在诸多手段中选择对私权利侵害最小的手段。最后，如果限制性干涉私行政权行使导致的私权利损害后果远超成就的公共利益本身，那么限制性涉私行政权因违反均衡性原则而不具备正当性。

保护性涉私行政权是指，行政权对民事关系的介入在内容上体现为对私权利的保护和促进，行政权作为私权利的保护和服务机制而存在，私权利也因行政权的介入而得以更优化实现。典型的例子是高空抛坠物侵权案件中的调查权。公安机关行使调查权有助于高效、准确地锁定责任人，从而为受害人向责任人精准寻求救济提供便宜。因此，保护性涉私行政权的核心特征是授益性，并多体现为行政登记、行政裁决、行政确认等行政行为类型。保护性涉私行政权的实质是对公共资源的再调节和再分配，体现了行政机关的服务者角色。[1]但是，即使国家在为个人提供救济和帮助时，也不能毫无必要地剥夺个人的自由。[2]随着时代的发展，比例原则不应局限于侵益行政行为领域的适用，而应扩大适用于授益行政行为。[3]这主要是因为：其一，保护性涉私行政权的服务属性使得其对私权利的负面效应常被忽略，从而助长了行政机关在行使保护性涉私行政权过程中对裁量权的滥用，客观上需要比例原则加以规制，接受比例原则的审查成为必然之举。其二，保护性涉私行政权的授益性是相对的，其在造福部分私主体的同时往往对其他私主体产生不利益，因而需要引入比例原则尤其是均衡性原则加以权衡。基于这两点缘由，比例原则对保护性涉私行政权的审查应集中于以下两个方面：一方面，在诸多可以实现保护私权利目的的保护性涉私行政权手段之中，行政机关应当选择对私主体授益最大的手段，防止行政机关滥用裁量权。《江苏省行政程序规定》第5条即规定，行政机关实施行政管理可以采用多种措施

---

〔1〕参见梅扬：《比例原则的适用范围与限度》，载《法学研究》2020年第2期，第66页。

〔2〕喻少如：《论行政给付中的国家辅助性原则》，载《暨南学报（哲学社会科学版）》2010年第6期，第58页。

〔3〕参见黄学贤、杨红：《我国行政法中比例原则的理论研究与实践发展》，载《财经法学》2017年第5期，第18页。

第六章 行政权作用于民事关系的制度困境与破解

实现行政目的的,应当选择有利于最大限度地保护公民、法人或者其他组织权益的措施。另一方面,行政机关还应当对行使保护性涉私行政权的收益与可能导致的危害后果相比较,如果保护性涉私行政权之行使会对部分私主体产生大于保护效益的侵害或者超出国家财政的承受能力,就违反了比例原则中的均衡性原则,需要摈弃之。当然,保护性涉私行政权亦应经得起目的正当性原则的审查,即行政机关应当将此种行政权定位于保护私权利的工具,并以保护私权利作为国家与社会发展的终极目标。[1]

2. 对涉私行政权进行比例审查的步骤

不管是限制性涉私行政权还是保护性涉私行政权,其本质都是对民事关系予以干涉和介入的公权力,形式上背离了私法优位与自治优先原则。即便出于公共利益的保护与私权利的补强保护考虑,有时行政权对民事关系的强势介入在所难免,但仍然需要接受比例原则的审查。只有在符合比例原则的条件之下,行政权对民事关系的干预才是正当的、合理的。具体而言,涉私行政权的合比例性审查应当遵循以下步骤:

首先,查明涉私行政权的真实目的,以便进行目的正当性审查。如前所述,直接维护公共利益与补强保护私权利是行政权突破私法自治原则、介入民事关系的正当性缘由。如果行政机关介入民事关系所追求的既不是公共利益也不是私权利保护,那么涉私行政权就是不符合目的正当性原则的。需要注意的是,此处要查明的是行政机关的"真实"目的而非行政机关"宣称"的目的,现实中行政机关所宣称的目的几乎没有不正当的,

---

[1] 参见章剑生:《作为介入和扩展私法自治领域的行政法》,载《当代法学》2021年第3期,第53页。

但却经常以所谓的"正当目的"掩盖"不正当目的"。[1]加之行政机关的主观意图并不似客观标准那般容易确定,查明行政机关的真实目的并非易事。但可以肯定的是,必须综合考量宣传目的、实际行为等多种因素综合加以推断。

其次,在查明真实目的的基础上,对涉私行政权进行目的正当性审查。目的正当是手段合比例的前提要件,如果涉私行政权的目的不正当,即可径行认定其不符合比例原则,而无需逐一展开适当性、必要性与均衡性原则的审查分析,自然也不允许行政权介入民事关系,即便这种介入和干涉微不足道。另一方面,如果涉私行政权满足目的正当性要件,则需分别通过适当性、必要性与均衡性原则的检验,以确定其手段是否合理。因此,在四个子原则当中,目的正当性审查应当是对涉私行政权进行比例审查的首要审查原则。而目的正当性审查的监督效果亦非常显著,可以从源头上避免行政机关随意设定不正当目的、行侵犯私权自治之实。对于目的正当性的审查,首先可以明确,所谓正当的目的就是宪法要求的目的,从而排除宪法明确或者默示地反对的目的或者承认其是违宪的目的。[2]还需要注意的是,目的是否正当与是否有净收益无关。即便行政权介入民事关系客观上能够带来较大收益,但如果目的是不正当的,就必然意味着这种涉私行政权因违反比例原则而令人无法接受。[3]典型的例子是,行政机关为了开发商的利益而征收私人房屋进行新楼盘开发,其收益固然可观,但目的显然不正当。

---

[1] 参见刘权:《目的正当性与比例原则的重构》,载《中国法学》2014年第4期,第146页。

[2] 参王锴:《合宪性、合法性、适当性审查的区别与联系》,载《中国法学》2019年第1期,第17页。

[3] 参见刘权:《比例原则的精确化及其限度——以成本收益分析的引入为视角》,载《法商研究》2021年第4期,第109页。

第六章 行政权作用于民事关系的制度困境与破解

再次，如果涉私行政权确是以直接维护公共利益或补强保护私权利为目的，即在满足目的正当性要求的前提下，则需进一步进行适当性审查。如前所述，适当性审查的重点是手段是否有助于目的的实现即手段与目的之间是否存在实质性关联。具体到涉私行政权的审查，适当性审查的主要作用即判断涉私行政权是否有助于公共利益的实现或者促进私权利的保护。如果涉私行政权对这两个目的的实现并无裨益，那么行政权介入民事关系就是不正当的。反之，则需进一步开展必要性审查。因此，适当性审查对于涉私行政权的合理性判断有其必要性，并不像有学者认为的那样"形同虚设"。[1]

复次，如若涉私行政权能够经得起适当性原则的审查，则需进行必要性判断。必要性原则的实质是最小损害，即在所有可以达成目的的手段之中选择对个人损害最小的一个。例如，"柔性"管制工具可以根据对当事人权益的限制程度分为两类：一是需要当事人同意或者与管制部门形成合意才能实施的管制方法（如行政指导、行政合同）；二是基于特定的管制目标，要求当事人向管制机关或公众提供信息的管制方法（如备案制、信息披露等）。[2]对于涉私行政权的必要性审查：一方面，应该从整体主义的视角出发，对比私权自治与行政权介入两种手段何者对于私权利的损害更小。即便涉私行政权能够带来比私权自治更大的收益，但如果与此同时也对私权利造成了更大的损害，那么涉私行政权也是不符合必要性原则的。换言之，保障权利应该是必要性原则的核心关注点，效率相对而言则是处于

---

[1] 参见戴昕、张永健：《比例原则还是成本收益分析：法学方法的批判性重构》，《中外法学》2018年第6期，第1528-页。
[2] 朱新力、余军：《行政法视域下权力清单制度的重构》，载《中国社会科学》2018年第4期，第128页。

第二顺位的法律价值。另一方面，即便涉私行政权相较于私权自治而言收益与成本的比例更佳，仍需进一步考察不同的行政权行为之间何者损害更小。

最后，在依次审查了涉私行政权的目的正当性、适当性与必要性之后，合比例审查最后的任务是确定涉私行政权是否符合均衡性原则。均衡性原则是对手段成本与目的收益所做的权衡分析，要求最小损害手段产生的收益远大于其所消耗的成本。而如果最小损害手段耗费的成本很多、带来的收益却很少，该手段就不足取。主要原因在于，政府对公共财政的支出实际上是在消耗公民托付给国家的财产，必须合理使用。[1]对于涉私行政权而言，必须对其成本与收益进行权衡，只有涉私行政权对公共利益或私权保护的增量远远超出其所耗费的财政成本以及私权消耗成本，其才彻底经得起比例原则的考验。均衡性原则同时意味着，涉私行政权的设定与行使既不能片面追求公共利益与社会公平，也不能过分强调私权自治的价值而放弃行政权干预，努力寻求平衡才是科学的解决之道。

人类文明的进化史，就是官民关系亦即权力和权利关系的博弈史。就常规情形而言，权力和权利的关系在资源总量既定的前提下呈反比例关系，即权力越大，则权利越小。反之，权利越大，则权力越小。[2]强调比例原则在判断行政权介入民事关系正当界限中的作用，正是基于比例原则对行政权的制约作用。恰如有学者所言，针对公权力是否侵害基本权利的审查已经在很大程度上成为适用比例原则的审查，针对行政活动而适

---

[1] 参见王学辉、邓华平：《行政立法成本分析与实证研究》，法律出版社2008年版，第16页。

[2] 谢晖：《论紧急状态中的国家治理》，载《法律科学（西北政法大学学报）》2020年第5期，第39页。

用的法律保留原则也已演变成为成比例的法律保留原则。[1]

四、正当程序原则

在强调私人自治、私益保护的民法领域,个体自由而全面的发展乃是其追求的终极目的。国家意志过度介入私人生活尤其是特殊群体的利益所在,其最终导向的结果往往可能适得其反。[2]因此,对于涉私行政权必须持慎重态度,谨防其对私权利造成过度戕害。如果说自治优先、法律保留与比例原则都属于实体方面的控制策略,那么遵循正当程序原则便是从程序层面对涉私行政权加以规制,不管是涉私行政权的设定还是行使都离不开正当程序的刚性约束。

(一)设定涉私行政权的程序保障

程序是约束权力的天然边界,也是抵抗权力侵犯的安全屏障。[3]现代行政程序不再是行政管理的附庸和工具,它相对独立于行政管理之外,成为对行政权实施监控的有力武器。[4]正当程序原则对涉私行政权发挥约束作用的机制可以概括为刚柔并济。其核心理念有二:一是强化行政机关的程序义务,此为"刚";二是增加私主体的程序义务,此为"柔"。正当程序原则对涉私行政权的约束作用首先体现于静态层面,即控制涉私行政权的设定。

---

[1] 陈征:《论比例原则对立法权的约束及其界限》,载《中国法学》2020年第3期,第164页。

[2] 姚建龙、申长征:《私法公法化的边界:主要以〈民法典〉涉未成年人条款为例》,载《时代法学》2020年第6期,第10页。

[3] 万里鹏:《行政权的边界界定及其规制研究》,载《宁夏社会科学》2019年第1期,第90页。

[4] 张庆福、冯军:《现代行政程序在法治行政中的作用》,载《法学研究》1996年第4期,第118页。

1. 听取公众意见

如上所述，涉私行政权应当属于法律保留范畴，原则上只有法律有权设立，在少数情形下法律可以授权行政法规予以设立。不管是法律还是行政法规设立涉私行政权，都不能脱离公众监督，否则草率立法的结果是涉私行政权获得了生存合法性，行政机关则可以在后续行使行政权的过程中"兴风作浪"，"合法"地干涉民事关系，不仅有戕害私权利之虞，也加剧了行政权的实质违法乱象，可谓贻害无穷。"统治者认为官员的角色是为公民服务，并尽一切努力来满足人民的需要。这就是为什么公民的咨询或参与成为现代行政的指导性原则之一。"〔1〕法律与行政法规拟设立涉私行政权的，必须通过听证会、论证会、问卷调查、电话访谈等形式充分听取公众意见，尤其是与民事关系直接相关的私主体的意见，为他们提供发表意见、沟通协调的参与平台，并对这些意见进行综合分析论证，结合公众意见深层次考察设立涉私行政权的必要性以及可能产生的负面影响。换言之，起草单位与立法机关应当全面衡量设立涉私行政权的成本与收益，在成本收益分析的基础上作出最终决断。《行政强制法》第14条即规定："起草法律草案、法规草案，拟设定行政强制的，起草单位应当采取听证会、论证会等形式听取意见，……"而为了避免听取意见"走过场式"的形式主义，保证听取意见制度的实效性即能够对涉私行政权的设定产生实质性影响，起草单位和立法机关应当负担公众意见反馈义务，及时回应公众的各类质疑。"听取意见有助'兼听则明'，防止'偏信则暗'；想到必须进行理由说明，可以让行政机关在进行方案或手段选

---

〔1〕 Emil Balan & Iulia Cospanaru, "Whistleblowing-a Mechanism for Collecting Data on Non-Compliance with the Principles of Administrative Law in Order to Mitigate Risks", *Acta Universitatis Danubius. Juridica*, Vol. 13: 1, pp. 5~23 (2017).

第六章　行政权作用于民事关系的制度困境与破解

择时更加理性。"[1]

听取公众意见的形式有很多,既可以口头也可以书面,既可以线上也可以线下,既可以会议也可以电话,既可以一对一也可以一对多……起草单位和立法机关可以根据不同的情形和阶段选择不同的方式,但万变不离其宗,目标都在于让社会公众尤其是直接受此涉私行政权影响的私主体"有机会表达他们的意见"[2]。其背后的价值考量在于,保障私主体的立法参与权与主体性,承认和尊重私主体作为人的基本尊严。[3]

2. 立法后评估

即便涉私行政权在设立之时是合法的、正当的、必要的,但并非一贯如此。尤其是随着经济社会的发展,原先设立的涉私行政权可能不再符合比例原则的要求,交由私主体自治反而能够取得更强的社会效益。近年来浩浩荡荡开展的行政审批制度改革即是最明显的例子,即致力于取消不必要的审批,督促政府还权于民、还权于市场、还权于社会。事实上,不光是行政审批,所有的涉私行政权都当开展事后评估与审查,及时清理不必要的涉私行政权,从根本上防范涉私行政权之滥用。限制行政权的任意滥用是正当程序的本来意图,[4]对于涉私行政权的设定而言,立法中听取公众意见与立法后评估清理是正当程序原则的最佳也是必然落实路径,二者形成完整闭环,共同

---

[1] 沈岿:《论行政法上的效能原则》,载《清华法学》2019年第4期,第24页。

[2] Michael Asimow, "Five Models of Administrative Adjudication", *The American Journal of Comparative Law*, Vol. 63: 1, pp. 3~31 (2015).

[3] 参见韩锦霞:《论行政公权的软化与私权的硬化》,载《河北法学》2013年第7期,第192页。

[4] Rosalie Berger Levinson, "Kingsley Breathes New Life Into Substantive Due Process as a Check on Abuse of Government Power", *The Notre Dame Law Review*, Vol. 93: 1, pp. 357~392 (2017).

助力于涉私行政权数量上的控制。

立法后评估制度近年来也广受青睐,《行政许可法》即在"行政许可的设定"章确立了行政许可定期评价制度。《行政许可法》第20条第1款规定:"行政许可的设定机关应当定期对其设定的行政许可进行评价;对已设定的行政许可,认为通过本法第十三条所列方式能够解决的,应当对设定该行政许可的规定及时予以修改或者废止。"参考行政许可的立法后评估制度,可以将涉私行政权的立法后评估程序设置如下:首先,在启动方式上,既可以经涉私行政权的实施主体即各类行政机关申请启动,也可以由涉私行政权的设定机关,即全国人民代表大会法制工作委员会或者司法部依职权主动启动,甚至公民、法人或其他组织也可以向涉私行政权的设定机关和实施机关提出意见和建议。其次,就评估主体而言,应当区分法律设定的涉私行政权与个别情况下行政法规设定的涉私行政权,分别交由全国人民代表大会与国务院开展具体的评估工作。再次,评估内容是涉私行政权是否合乎比例原则,即是否具备目的正当性、适当性、必要性与均衡性。例如,有学者调研了车辆年检制度发现,车辆年检并没有起到减少交通安全事故的效果,因而应当取消。[1]最后,评估的结果是决定是否取缔涉私行政权,仍有必要的予以保留,不符合比例原则的则通过修法程序加以取消,减少涉私行政权的存量。

(二) 涉私行政权运行的程序保障

传统的实体法控制和事后救济机制均无法满足行政控权的新需要,行政程序作为一种事前事中规范机制,能够更有效地

---

[1] 参见王克稳:《行政审批(许可)权力清单建构中的法律问题》,载《中国法学》2017年第1期,第105~106页。

第六章　行政权作用于民事关系的制度困境与破解

规范和监督行政权力的公正合理运行，其重要性逐渐显现。[1] 正当程序原则对涉私行政权的约束还体现于动态层面，即对涉私行政权的运行过程实施控制。

1. 事先评估

鉴于涉私行政权尤其是限制性涉私行政权会对私权利形成威胁，行政机关在启动涉私行政权之前有必要引入事先评估程序，对行使涉私行政权的背景、合法性与合理性、成本与收益等进行全面评估，并在评估的基础上作出是否介入民事关系的决定。有学者即提出，建议各级执法机关成立公民权利保障和执法伦理评估委员会，在实施行动前要由这个委员会评估一切细节。[2] 事先评估的内容应当主要包括：

其一，干预民事关系是否确有必要。[3] 如果依靠私权自治完全可以实现既有目的或者行使涉私行政权消耗的成本远高于收益，那么行政权就没有必要干预民事关系，放任私权自治显然更具经济效益。反之，若针对某一事项，私权自治的弊端与无能为力凸显，涉私行政权则有必要发挥"救世主"之积极作用，拯救私主体于水深火热之中。即便其消耗的成本可能大于收益，也是公共利益维护与私权利保护不得不承受之重。其二，涉私行政权选择何种行使手段最为合理。经评估确认了某涉私行政权的必要性之后，尚需评估何种手段最为温和，既能实现维护公共利益或者保障公平（补强保护私权利）之目的，同时

---

[1] 王万华：《我国行政法法典编纂的程序主义进路选择》，载《中国法学》2021年第4期，第109页。

[2] 夏学銮：《莫让公权异化成霸权》，载《人民论坛》2006年第16期，第37页。

[3] 这里的"必要"与比例原则中作为子原则的"必要性"原则不同，后者指向手段损害最小，前者则是对"必要"通俗的一般意义的理解，即是否非这样不可。

又能对私权自治的破坏与干预最小,对私权利的损害也最小。以不动产登记为例,登记机关是采取实质审查还是形式审查模式就是涉私行政权手段合理性评估的重要对象。其三,涉私行政权之行使会对私权利产生何种负面影响以及应当采取什么样的应对机制才能最小化这种负面影响。不管是限制性涉私行政权还是保护性涉私行政权,其本质上都是对民事关系的干预与介入,都必然对私权利产生反向效果。行政机关在动用涉私行政权之前,应当对这种副作用进行事先评估并积极采取合适的预防与应对机制,努力将这种负面影响降到最低。典型的例子是行政征收,合理的征收补偿机制即是行政机关行使征收权之前必须做的工作规划。

2. 事中参与

"程序通过促进意见疏通,加强理性思考,扩大选择范围,排除外部干扰来保障决定的成立和正确性。"[1]为了避免行政权过度介入民事关系,对涉私行政权尤其是限制性涉私行政权的过程性监督必不可少。而私主体"最低限度的参与"[2]无疑是确保过程性监督有效性的最佳"利器",保障私主体的参与权是正当程序对涉私行政权行使最重要最核心的要求。这种事中参与权主要体现在如下三个层面:

一是行政权干预民事关系目的判定过程中的参与权。如前所述,涉私行政权的目的应当被严格限定于公共利益维护与社会公平保障,在具体的情形当中,行政机关是否基于这两种目的行使涉私行政权需要进行判断,私主体应有权参与这种判断过程。以征收为例,行政征收以公共利益需要为前提与内容要

---

[1] 季卫东:《程序比较论》,载《比较法研究》1993年第1期,第6页。

[2] Michael Xun Liu, "Patent Policy Through Administrative Adjudication", *Baylor Law Review*, Vol. 70:1, pp. 43~90 (2018).

第六章 行政权作用于民事关系的制度困境与破解

件,在公共利益判定过程中,被征收人享有参与权。具体而言,被征收人不仅应当享有知情权、陈述权与申辩权,并有权就公共利益成立与否请求听证。[1]二是行政处理决定作出之前的参与权。涉私行政权的行使必然以行政处理决定的形式呈现,在正式的行政处理决定作出之前,相关私主体仍应有权"发声",就行政处理决定提出不同的意见。行政机关则应慎重对待并对拟作出的行政处理决定进行调整,努力使私主体的损失降到最低。仍以征收为例,在具体的征收决定做出之前,一方面要事先告知被征收人征收的依据、理由以及具体的补偿方案,另一方面要通过听证等形式听取被征收人的意见,并结合被征收人的意见对补偿方案进行适度修改。三是听证权。鉴于限制性涉私行政权对私权利的影响之大,依法主动举行听证应当是行政机关作出行政处理决定之前的必经程序,确保行政处理决定"公平、快速、准确、透明"[2]。此外,涉私行政权有依职权与依申请之分,对于依申请的涉私行政权,原则上行政机关不可未经申请主动启动行政权。

总之,涉私行政权的设立与行使都须遵循正当程序原则的基本要求,程序通常能够在行政活动中起到平衡个人利益和公共利益冲突之作用。[3]但需要注意的是,本书研究的正当程序原则是作为行政权介入民事关系的界限设定原则,即聚焦于行政权"能不能"介入民事关系,而不涉及"如何"介入的问题。因此,诸如回避、时效、送达等行政程序的基本制度在本

---

[1] 参见赵万一、叶艳:《从公权与私权关系的角度解读国家征收征用制度》,载《华东政法学院学报》2007年第2期,第22页。

[2] Christopher J. Walker, "Charting the New Landscape of Administrative Adjudication", *Duke Law Journal*, Vol. 69: 8, pp. 1687~1694 (2020).

[3] William F. West, *Controlling the Bureaucracy*, Armonk, N.Y.: M. E. Sharpe, 1995, pp. 26~27.

书并无适用空间。对于行政机关而言,则既要防止单纯追求公共利益或社会公平而忽视自治与自由,又须避免因片面保护私权利而忽略社会整体发展。

第三节　行政权作用于民事关系的具体限度：负面清单管理模式

如上所述,行政权对民事关系的介入在实体上必须奉行自治优先与忍无可忍原则、法律保留原则以及合比例性原则,程序上则应以正当程序原则作为基本遵循。具体而言,对于涉私行政权的规制可采负面清单管理模式:首先,从国家治理体系层面来看,贯彻私法自治理念最为重要的是实行负面清单管理模式。[1]其次,负面清单管理模式亦遵循职权法定、比例原则与正当程序原则。

清单即详细登记有关项目的单子。[2]2015年,在第十二届全国人民代表大会第三次会议上,李克强总理创造性地提出权力清单、责任清单与负面清单三种清单制度来锁定权力的边界。自此,有机结合了权力清单、责任清单与负面清单并以负面清单为核心、辅以权力清单和责任清单的清单管理制度(又称"负面清单管理模式")成为简政放权与国家治理现代化的的重要抓手,清单式治理成为行政机关时兴的治理方式,并在防范行政权滥用、推动法治政府与服务型政府建设发挥了相当作用。有学者指出,清单管理制度既是厘清政府与市场、社会边界的

---

〔1〕 王利明:《民法典:国家治理体系现代化的保障》,载《中外法学》2020年第4期,第849页。

〔2〕 中国社会科学院语言研究所词典编辑室编:《现代汉语词典(第7版)》,商务印书馆2016年版,第1065页。

第六章　行政权作用于民事关系的制度困境与破解

有效途径和实现公共权力运行"可视化"的基础性工程，[1]也是规范和约束公共行政权的一种有效机制。[2]对于涉私行政权的规制而言，负面清单管理模式亦发挥着不可替代的重要作用。

一、权力清单下的限制性涉私行政权

"清单制度"是治理现代化的一个重要关注点，也是全面深化行政改革的一个焦点。[3]权力清单是负面清单管理模式的重要组成部分，奉行"法无授权不可为"原则，对于涉私行政权尤其是限制性涉私行政权而言，权力清单首先是一剂限制其滥设与滥用的良药。

（一）权力清单的限权功能

所谓权力清单，是行政职权的清单，是行政机关自身行政职权的内容、依据和流程的信息公开。[4]权力清单兼具内部自制效力与对外公开效果，但归根结底是为监督和防范行政权的滥用服务，并客观上起到了限制行政权滥用之效果。

1. 权力清单的提出与发展

通俗地说，权力清单就是将各级政府、各部门行使的行政职权及依据、主体、流程等以清单形式明确列举并向社会公开，对行政权实行目录式管理。权力清单是近年来限制行政权的一种手段，其运作逻辑在于，借助于社会公众的监督来达到否定

---

[1] 王湘军、李雪茹：《从"碎片化"到"整体化"：清单管理制度健全路径探论》，载《行政论坛》2019年第2期，第48页。

[2] 李珍刚、古桂琴：《清单式治理在中国公共领域的兴起与发展》，载《江西社会科学》2020年第8期，第183页

[3] 陈家付：《负面清单制度与治理的公平正义》，载《社会科学研究》2015年第6期，第55页。

[4] 陈斯彬：《权力清单的两个面向及其效力》，载《求索》2018年第5期，第102页。

"传统政府全能主义和秘密行政"[1]之目的。党中央、国务院近年来也非常重视权力清单在规范行政权运行、促进法治政府建设方面的积极作用，并在一系列文件中做了强调。2013年，十八届三中全会《中共中央关于全面深化改革若干重大问题的决定》（以下简称"十八届三中全会决定"）规定，推行地方各级政府及其工作部门权力清单制度，依法公开权力运行流程。2014年，十八届四中全会决定规定，推行政府权力清单制度，坚决消除权力设租寻租空间。各级政府及其工作部门依据权力清单，向社会全面公开政府职能、法律依据、实施主体、职责权限、管理流程、监督方式等事项。2015年，《关于推行地方各级政府工作部门权力清单制度的指导意见》（以下简称《指导意见》）提出，按照职权法定原则，对现有行政职权进行清理、调整，并要以清单形式将每项确认保留职权的名称、编码、类型、依据、行使主体、流程图和监督方式等，及时在政府网站等载体公布。2021年，《法治中国建设规划（2020-2025年）》提出，大力推行清单制度并实行动态管理，国务院部门权责清单于2022年上半年前编制完成并公布。2021年，《法治政府建设实施纲要（2021-2025年）》进一步提出，全面实行政府权责清单制度，推动各级政府高效履职尽责。2022年上半年编制完成国务院部门权责清单，建立公开、动态调整、考核评估、衔接规范等配套机制和办法。调整完善地方各级政府部门权责清单，加强标准化建设，实现同一事项的规范统一。从实践来看，权力清单制度得到了广泛落实，各级政府各部门纷纷公布本级政府、本部门的权力清单，湖北、宁波、杭州等地还制定

---

[1] 喻少如：《负面清单管理模式与行政审批制度改革》，载《哈尔滨工业大学学报（社会科学版）》2016年第2期，第10页。

第六章 行政权作用于民事关系的制度困境与破解

了专门的权力清单管理办法,[1]形成了较为完善的权力清单动态运作机制。

2. 权力清单的思维基础与限权导向

近年来,围绕控制与约束行政权,党中央、国务院开发了一系列改革举措,权力清单即是其中之一。权力清单是"法无授权即禁止"的产物,主张对现有的行政权进行归纳梳理并以清单的形式公之于众。基于对行政权滥用之畏惧,统治者、政治家、法律专家等一致认为,各级政府各部门应当将行政权事项(包括名称、类型、依据、行使主体、权力范围、程序、办理期限、运行流程图等要素)以列表清单的形式列示以明确行政权的边界,消除行政权的模糊性。

当前,学界对权力清单性质的研究形成了信息公开说、自制规范说与规范性文件说三种代表性观点:信息公开说主张,权力清单应当定性为行政公开行为,属于对现有行政权的梳理和归纳。[2]自制规范说主张,权力清单编制的目的在于行政机关的自我控制,只作用于行政系统内部而无对外约束力;另一方面可以普遍、反复适用。[3]规范性文件说认为,权力清单是行政机关制定的规范性法律文件,其编制是行政机关以行政权配置为内容的(准)立法活动,具有普遍、反复适用的效力。[4]三种观点看似互不相容,实际上都围绕权力清单与法律的关系问

---

[1] 代表性的地方权力清单管理办法如,《湖北省行政权力清单管理办法》《宁波市政府部门权力清单管理办法》《德州市行政权力清单管理办法》《杭州市政府部门权力清单管理实施办法》等。

[2] 参见刘启川:《独立型责任清单的构造与实践基于31个省级政府部门责任清单实践的观察》,载《中外法学》2018年第2期,第444页。

[3] 参见喻少如、张运昊:《权力清单宜定性为行政自制规范》,载《法学》2016年第7期,第115~117页。

[4] 参见林孝文:《地方政府权力清单法律效力研究》,载《政治与法律》2015年第7期,第65~66页。

题展开，并集中反映了权力清单两个面向的效力：从外部效力来看，权力清单反映的是行政机关与相对人的关系即信息公开；从内部效力来看，权力清单反映的是行政机关上下级之间的关系即权力配置。[1]二者不可偏废。一方面，"权力清单的设置初衷在于公开权力事项，保障民众知悉和监督行政权力"，[2]从相关文件中亦可见端倪。十八届三中全会决定将权力清单制度作为公开制度的重要一环；十八届四中全会决定明确，推行权力清单制度的目的在于"消除权力设租寻租空间"；《指导意见》规定，通过权力清单制度来推动简政放权；《安徽省政府信息公开办法》甚至直接将"权力清单"列为行政机关应主动公开的政府信息[3]……因此，作为一种信息公开机制让行政权在阳光下运行并借助公众的监督防范行政权的滥用是权力清单的功能之一。实现了公民权对政府权力的监督之后，才能有效地防止权力的腐败和公职人员的专断。[4]另一方面，权力清单亦作为行政系统内部的一种自我约束机制而存在，是行政机关自我挖掘的一种司法审查之外的内部控权进路和"面向简政放权改革实践需要的'自我革命'"。[5]权力清单制度产生的原初目的，就是要通过行政机关自我"清权晒权"，掌握"权力底数"，摸清权力边界，实现对行政权的自我约束。[6]需要注意的是，权

---

[1] 参见陈斯彬：《权力清单的两个面向及其效力》，载《求索》2018年第5期，第97页。

[2] 刘启川：《独立型责任清单的构造与实践基于31个省级政府部门责任清单实践的观察》，载《中外法学》2018年第2期，第444页。

[3] 参见《安徽省政府信息公开办法》第10条。

[4] 《列宁选集》（第3卷），人民出版社1972年版，第326~327页。

[5] 王太高：《合法性审查之补充：权力清单制度的功能主义解读》，载《政治与法律》2019年第6期，第8页。

[6] 喻少如、张运昊：《权力清单宜定性为行政自制规范》，载《法学》2016年第7期，第115页。

第六章 行政权作用于民事关系的制度困境与破解

力清单是对各级政府各部门现有行政权即对法律规范中有关行政权规定的梳理，编制权力清单的过程中既不可擅自为行政机关增加行政权亦不可减少行政权。

之所以权力清单近年来广受青睐，也正是源于其实践运行确实起到了规范和控制行政权的积极作用。权力清单实际上衍生于"法无授权不可为"，主张职权法定，即行政权必须具有法律[1]依据。当然，职权法定并非意味着权力清单是法律的简单投影，即便是法律、法规、规章未授权的，行政机关也仍有权通过规范性文件自行创设行政权，但前提是不与法律、法规、规章相冲突。这样一来，行政机关自我增权的空间便被无限压缩乃至压缩为零。

（二）权力清单对限制性涉私行政权的要求

权力清单的编制过程也是对各类行政权进行合法性审查的过程，因而可以把法律之外设定的涉私行政权尤其是行政机关自行创设的涉私行政权剔除出去。另一方面，在权力清单的约束之下，行政机关不得在没有法律依据的情形下自行介入民事关系，增加私主体义务或减损私主体合法权益。可以预见，以权力清单作为规制工具，不仅行政机关自行创设涉私行政权的机会将大大减少，行政机关行使涉私行政权也会被严格限定于法律的框架之中，从而在数量上减少行政权对民事关系的介入。

1. 权力清单中的限制性涉私行政权均源于法律

如上所述，行政权介入民事关系必须遵循法律保留原则，即不允许法律以外的立法设定涉私行政权。而现实中关于权力清单编制的一个典型问题是，很多权力清单编制机关并不是根据法律规范来编制权力清单，而是简单罗列本部门实际行使的

---

[1] 这里的"法律"是广义的法律，包括法律、法规、规章和规范性文件。

行政权力。在实践中,行政机关可能会借助于权力清单"藏私货",通过大量的行政规范性文件自设行政权力,然后将之列入权力清单。[1]也就是说,合法性审查的缺失是现行权力清单编制中的一个突出问题,权力清单制度应当发挥"合法性审查"的附随效果。[2]对于设定权应当严格限定于法律的涉私行政权,在编入权力清单之前经受合法性审查便成了防范涉私行政权滥用的重中之重。例如,《公路法》第20条规定:"县级以上人民政府交通主管部门应当依据职责维护公路建设秩序,加强对公路建设的监督管理。"《公路建设市场管理办法》第12条则规定,收费公路建设项目可行性研究报告须经批准或依法核准,实际上超越了《公路法》的范畴,不具有列入权力清单的合法性。根本原因则在于,权力清单的建构本身是一个法律活动,或者更准确地说,属于行政法律活动。"无论我们如何对权力清单进行规范和调整,都不能够否认权力清单本身就是一个行政法上的问题是一个行政法治问题,即便我们要通过权力清单对行政权的行使进行有效规范,也必须用行政法的相关理念和制度对其进行构造。"[3]有学者在研究行政审批权力清单时就指出,建构权力清单的目的之一就是要阻止不合法的审批进入权力清单。因此,权力清单的构建过程也应是对所有审批权力进行合法性审查的过程。[4]而当权力清单中所有的涉私行政权都源于法律即经得起合法性审查时,行政权对民事关系的介入便

---

[1] 喻少如、张运昊:《权力清单宜定性为行政自制规范》,载《法学》2016年第7期,第120页。

[2] 参见王太高:《合法性审查之补充:权力清单制度的功能主义解读》,载《政治与法律》2019年第6期,第8页。

[3] 关保英:《权力清单的行政法构造》,载《郑州大学学报(哲学社会科学版)》2014年第6期,第64页。

[4] 王克稳:《行政审批(许可)权力清单建构中的法律问题》,载《中国法学》2017年第1期,第94页。

是具有法律依据也是符合职权法定原则的。

2. 权力清单下限制性涉私行政权的行使限度

大多数具有法律效力的行为准则并不能自动执行而是需要借助司法或行政手段,[1]权力清单即是执行法律规范的行政手段之一。将限制性涉私行政权纳入权力清单进行统一管理首先意味着"法无授权不可为","权力清单的本质在于让行政系统或者行政主体所行使的权力能够清清楚楚、明明白白",[2]凡是不在权力清单上的限制性涉私行政权,行政机关一律不得以行政权之名介入民事关系,否则便是未经授权行使行政权,概属违法。即便根据权力清单,行政机关确实享有限制性涉私行政权,行政机关也不得越权行使权力,而是必须严格遵循权力清单关于限制性涉私行政权的行使主体、对象、程序等内容的具体规定。同样,如果限制性涉私行政权的行使超出了权力清单规定的主体、对象、程序等事项范围,也要接受法律责任的正当规制。这也对相关权力清单提出了更高的要求,即对行政机关能够介入的民事关系、限制性涉私行政权的行使主体、程序要求等作出详细规定,并使任何限制性涉私行政权都能与具体的私权自治事项、主体与程序相对应。诚如有学者所言:"在公权力监督力量(尤其是法院)比较有限的国家和地区,明确和细化公权力的行使边界和规则是减轻公权力滥用风险的一个比较可行的办法。"[3]可以预见,在权力清单的作用与约束之下,

---

[1] Shiv Narayan Persaud, "Deconstructing the Bill of Rights in Administrative Adjudication-enfranchising Constitutional Principles in the Process", *Shiv Narayan Persaud*, Vol. 51: 2, pp. 369~412 (2009).

[2] 关保英:《权力清单的行政法构造》,载《郑州大学学报》(哲学社会科学版)2014年第6期,第67页。

[3] Richard A. Posner, "Creating a Legal Framework for Economic Development", *The World Bank Research Observer*, Vol. 13: 1, pp. 1~11 (1998).

介入和干预民事关系的行政权将受到严格的规范,乃至于实现涉私行政权的"可视化"。[1]对于私主体而言,自治行为的后果与效力能够具有较强的可预期性;对于政府本身的建设而言,有限政府替代无限政府也不再遥不可及,并为政府治理现代化的建构添砖加瓦。

3. 权力清单下限制性涉私行政权的动态调整

权力清单并非一成不变亦不可一劳永逸。随着经济社会的发展,即便是法律设定的涉私行政权也可能丧失必要性与合理性。因此,对权力清单中的限制性涉私行政权进行定期评估并及时清理不必要的限制性涉私行政权就成了维护私权自治与私权利的必要举措。从法治政府建设的角度而言,这种动态调整机制实际上反映的是管理型政府到服务型政府的蜕变与演进。在评估标准与内容构建方面,应以比例原则为指导,并具体包括必要性、适当性与合比例性三个方面的内容:一是必要性评估。限制性涉私行政权应当服务于公共利益,如果实践中行政权介入民事关系并不会增进公共利益,将其列入权力清单便是没有必要的。二是适当性评估。行政权对民事关系的介入应当奉行自治优先原则,凡是私主体依靠自治机制能够自主应对的事项,行政权就不应介入。典型的例子就是行政审批,如果依托于市场竞争机制、行业组织或中介机构的自律管理等手段即可规范,或者事后监督等行政手段足以解决,再行设置事前行政审批便是不适当的。三是合比例性评估。科学合理的限制性涉私行政权必须能够保证,其介入民事关系所产生的收益明显高于涉私行政权行使所支出的成本,如若不然,便是得不偿失的失败选择,将其列入权力清单并遵照行使亦没有意义和效益

---

[1] 李珍刚、古桂琴:《清单式治理在中国公共领域的兴起与发展》,载《江西社会科学》2020年第8期,第183页。

可言。因此，限制性涉私行政权的动态调整一方面践行了"过程性"审查的观念，另一方面也发挥了"回头看"的功能。[1]限制性涉私行政权需要动态调整同时意味着，权力清单的建构注定是一项长期艰难复杂的工程，不可一蹴而就，追求短期效应或轰动效应，否则难免在行政机关的有意曲解和肆意变通下流于形式。[2]

二、责任清单下的保护性涉私行政权

"责任清单"以政府职责为内容，遵从"法定职责必须为"的原则，旨在告诉政府如何对市场和社会进行管理。[3]而将保护性涉私行政权纳入责任清单，亦有助于避免行政机关逃逸保护职责，切实发挥保护性涉私行政权对社会公平正义之促进作用。

（一）责任清单的服务导向

尽管实践中权力清单常与责任清单混同在一张表格当中，但责任清单并非依附于权力清单的非独立性存在，责任清单与权力清单相互独立且奉行完全不同的价值理念。"法定职责必须为"是责任清单的法理基础，其目的在于敦促行政机关依法、及时履行法定职责，为公民、法人和其他组织的合法权益保驾护航。

1. 责任清单独立于权力清单

"责任"在现代汉语词典中具有两个含义：一是指分内应做

---

[1] 参见王太高：《合法性审查之补充：权力清单制度的功能主义解读》，载《政治与法律》2019年第6期，第11~12页。

[2] 参见王克稳：《行政审批（许可）权力清单建构中的法律问题》，载《中国法学》2017年第1期，第108页。

[3] 参见陈家付：《负面清单制度与治理的公平正义》，载《社会科学研究》2015年第6期，第60页。

的事;二是指没有做好分内的事,因而应当承担的过失。[1]对应地,行政机关的责任由职责与追责两部分组成,[2]责任清单也包括职责清单与追责清单两部分,"是行政机关将需要承担的行政职责情形以及不履行或不正确履行行政职责需要承担的追责情形,按照一定的次序组合而成的清单形态"。[3]职责清单意在明确行政机关的具体职责,应列明职责事项、内容、主体、依据等;追责清单意在明确行政机关应当承担不利后果的事项与对应的责任,应列明追责情形、主体、依据、责任内容等。《指导意见》在全面规定权力清单制度的同时指出,积极推进责任清单工作。在建立权力清单的同时,要按照权责一致的原则,逐一厘清与行政职权相对应的责任事项,建立责任清单,明确责任主体,健全问责机制。由此可见,《指导意见》所谓的责任清单实际上仅指追责清单。很多地方在制定权力清单与责任清单的时候也秉持这一思路,将权力清单与责任清单一起梳理、一起建立,在梳理权力清单的同时列出责任事项、形成责任清单。[4]由此,非独立型责任清单成了责任清单的主要生态样态。责任清单的这种非独立性主要表现为,责任清单并非一个独立于权力清单之外的表格,而是嵌于权力清单的表格之中,对应权力事项分别设置追责情形与追责依据,并与权力事项、权力依据、行使主体等要素相并列,呈现权力清单与责任清单合二为一的状态。典型的如《重庆市政府部门和有关单位行政权力

---

[1] 中国社会科学院语言研究所词典编辑室编:《现代汉语词典》(第7版),商务印书馆2016年版,第1574页。

[2] 参见周永坤:《法理学——全球视野》(第4版),法律出版社2016年版,第238页。

[3] 刘启川:《共通性:权责清单与机构编制法定化关系解读》,载《内蒙古社会科学(汉文版)》2019年第5期,第100页。

[4] 孙彩红:《权力清单制定与实施的逻辑分析与发展路径》,载《中国行政管理》2020年第4期,第90页。

清单和责任清单（2015年版）》。

但是，非独立型责任清单忽略了职责清单的独立性，或者说片面主张权力与职责相统一。责任清单是相对于权力清单而言的概念，二者具有完全不同的法理基础与价值功能。如果说权力清单衍生于"法无授权不可为"，并以对行政权尤其是侵益性、限制性行政权的约束为鹄的；责任清单则衍生于"法定职责必须为"，并主要面向授益性、服务性的行政权力，要求行政机关积极全面履行法定职责，推动服务型政府建设。换言之，权力清单侧重对行政机关单方管理行为的全方位规制，责任清单则强调以行政机关的义务为支点，致力于增进社会福祉。因此，独立型责任清单应当是责任清单的应然型态，以与权力清单彻底区分开，并各自发挥其不同的作用。进一步来说，尽管从理论上来讲，职权与职责是一体两面的关系，由此导致权力清单与责任清单存在大幅重合。但在清单管制制度的现实运作当中，应当对权力清单与责任清单对应的职权与职责加以明确区分，即前者指向侵益性的行政权，后者指向授益性的行政权。由此，限制性涉私行政权应当置于权力清单之中，保护性涉私行政权则置于责任清单之中。此外，需要注意的是，权力清单的构成要素亦包括追责部分，以体现对行政权的追责性，保持权责统一，"以全方位闭环责任体系建构完整责任运行流程，在清单落地时应明确责任主体、问责依据、追责和免责情形的功能和具体责任条目"。[1]

2. 责任清单的服务功能

就责任清单的功能而言，其目的在于监督行政机关积极作为与服务行政，"激活给付行政与福利行政蕴含的协商、说理、

---

[1] 刘桂芝、崔子傲：《地方政府权责清单中的交叉职责及其边界勘定》，载《理论探讨》2019年第5期，第175页。

服务等柔性元素,推进行政机关履职的积极性和主动性",[1]增进公共利益。如果说,权力清单制度是建立有限政府的有效举措,责任清单制度则是有为政府建设的应然之举。有学者即指出,随着法治政府和服务政府的建设,政府负责任的积极作为成为当前政府治理的新常态,而权力清单似乎并不能全面涵盖和有效反映行政责任和作为义务的所有内容。[2]

责任清单的服务功能是由其内部构造所决定的。理想的责任清单的内部构造应当为部门职责、职责边界、部门职责对应的权力事项、公共服务事项、事中事后监管、职责行使流程图、追责情形和追责依据,[3]现有的责任清单也均由这些元素中的几个排列组合而成。例如,《吉林省人民政府工作部门责任清单》包括部门主要职责、与相关部门职责边界、行政职权对应的责任事项和问责依据、事中事后监管制度以及公共服务事项五部分。具体而言:首先,公共服务事项是责任清单服务功能的最直接体现。公共服务事项包括事项名称、主要内容、承办主体、联系电话等,既明确了行政机关公共服务的内容,也让社会公众知悉了公共服务的主体和联系方式,因而是行政机关履行服务职责的主要组成部分。其次,相较于权力清单而言,责任清单更注重从事中事后监管而非事前审批的视角界定行政机关的职责,减轻了对私主体的侵益性。另一方面,责任清单要求事中事后监管要素涵盖监管对象、监管内容、监管流程、监管方式等内容,具有较强的操作性。再次,部门职责、职责

---

〔1〕 刘启川:《独立型责任清单的构造与实践基于31个省级政府部门责任清单实践的观察》,载《中外法学》2018年第2期,第449页。

〔2〕 刘启川:《共通性:权力清单与机构编制法定化关系解读》,载《内蒙古社会科学(汉文版)》2019年第5期,第100页。

〔3〕 刘启川:《独立型责任清单的构造与实践基于31个省级政府部门责任清单实践的观察》,载《中外法学》2018年第2期,第453页。

边界、职责行使流程图反映了行政机关基于服务观念而自发规范约束行政权的努力，从而成功将行政权约束在合理的范围之内。最后，责任清单中的追责清单对行政机关推诿法定职责与不作为乱象起到了有效的预防作用。因此，责任清单是服务性质的，本质则是行政自制，即行政机关对自身行为的自我控制与调整，通过自我预防、自我发现、自我遏止、自我纠纷等内设机制实现健康良好充满活力的行政生态。[1]

(二) 责任清单对保护性涉私行政权的要求

如果说权力清单主要是规制限制性涉私行政权，责任清单则主要作用于保护性涉私行政权。在责任清单的约束之下，保护性涉私行政权万万不可不为，否则便要承担相应的法律责任。

1. 责任清单仅纳入保护性涉私行政权

如上所述，责任清单是因应服务型政府建设的产物。涉私行政权有限制性涉私行政权与保护性涉私行政权之分，前者是对私权利的纯粹限制，为了避免行政权的过分滥用而造成对私权利的过度侵害，应当遵循"法无授权不可为"原则，纳入权力清单进行管理；后者是解决私主体自治不能的一种保护机制，意在维护公平正义，因而行政机关的不作为才是重点要防范的，以让保护性涉私行政权切实发挥保护之效。换言之，保护性涉私行政权须遵循"法定职责必须为"的原则，这一点与责任清单相互契合，将其纳入责任清单管理具有合理性。具体而言：

首先，保护性涉私行政权应当受到职责清单的规制。保护性涉私行政权既是为实现公平正义的目的而设，其自当属于公共服务事项，相应行政机关的责任清单中应当明确每一类保护

---

[1] 参见崔卓兰、于立深：《行政自制与中国行政法治发展》，载《法学研究》2010年第1期，第35页。

性涉私行政权的承担主体、职责依据、程序要求等内容。其次，保护性涉私行政权亦应当受到追责清单的规制。权力与责任的对应是权力规范行使的前提，无责任的权力必然导致权力滥用，并进一步腐蚀权力行使的民意基础。[1]既然保护性涉私行政权是维护社会公平正义的应然之举，行政机关不作为或者其他行使保护性涉私行政权过程中的违法行为都会损及公平正义之实现。例如，就高空抛坠物侵权案件中公安机关的侵权调查权而言，拒绝履行调查义务、拖延履行调查义务与不完全履行调查义务构成公安机关不作为的主要情形。[2]当保护性涉私行政权的行使构成违法时，行政机关也应承担不利后果。需要注意的是，很多地方的责任清单只明确了问责依据但关于问责主体、问责对象、问责方式等具体内容则语焉未详，导致具体惩治问责并无操作性可言。[3]这是保护性涉私行政权纳入责任清单管理需要竭力避免的现象。

2. 责任清单对保护性涉私行政权的约束效力

与此同时，将保护性涉私行政权列入行政机关的责任清单之中也对行政机关提出了如下要求：首先，对于保护性涉私行政权，行政机关没有说不的权利，而只能被动选择履行。也就是说，在责任清单制度的规制之下，行政机关不能以涉私行政权之行使会有损私权自治乃至戕害私权利为借口不予行使本该行使的涉私行政权，否则便要接受追责清单之讨伐。以高空抛坠物侵权案件中的调查权为例，发生高空抛坠物侵权事件的，

---

〔1〕喻少如、张运昊：《权力清单宜定性为行政自制规范》，载《法学》2016年第7期，第118页。

〔2〕参见张莹莹：《论高空抛坠物侵权案件中公安机关的调查权》，载《政治与法律》2021年第4期，第161页。

〔3〕参见刘桂芝、崔子傲：《地方政府权责清单中的交叉职责及其边界勘定》，载《理论探讨》2019年第5期，第175页。

依法及时调查责任人是公安机关的法定职责,任何推诿或延迟履行调查职责的行为都属于违法行为,应当承担法律责任。如此可有效防范行政推诿现象即"一个权力本该由一个机关行使而发生了两个行政机关推诿的情形"。[1]其次,保护性涉私行政权列入责任清单还意味着,行政机关应当严格按照责任清单列示的主体、依据、内容等介入民事关系,对市场和社会进行管理,裁量权则被大幅压缩。如此一来,可保证行政机关在利用保护性涉私行政权之行使达致维护社会公平正义之目的的同时实现对私权利侵扰的最小化。例如,《民法典》虽然为公安机关增设了调查职责,但是其具体如何行使则有赖于责任清单的具体要求。而公安机关在编制责任清单的过程中为公安机关的调查职责丰盈具体程序、流程图等内容则体现了公安机关在自制进路上所做的努力。

三、负面清单下的涉私行政权

通过以上权力清单与责任清单的分析可知,二者都以行政机关为规制对象,且以正向规制为手段,共同作用于行政权的边界划定。负面清单则以市场和社会为规制对象,通过明确市场和社会的禁入领域来反向界定行政权的范围,即不得随意介入禁入领域以外的领域。以负面清单对涉私行政权实施管制,同样可以起到为涉私行政权划定具体限度之作用。

(一)负面清单的放权效果

负面清单是指仅列举法律法规禁止的事项,对于法律没有

---

〔1〕 关保英:《权力清单的行政法构造》,载《郑州大学学报(哲学社会科学版)》2014年第6期,第66页。

明确禁止的事项,都属于法律允许的事项。[1]负面清单虽直接以市场和社会作为规制对象,强调"法不禁止即自由"之理念,但同时反作用于政府及其行政权,并与"法无授权即禁止"理念不谋而合,从而客观上起到了放权之效。

1. 负面清单的源起与特征

负面清单开始仅应用于投资管理领域,指以清单的形式列明禁止企业进入的领域、行业和事项,所有未列入负面清单的领域、行业和事项则都属于企业的自由范围。[2]因此,负面清单是与正面清单相对的治理思路,后者主要是列明开放的领域、行业和事项。[3]2013年,《中国(上海)自由贸易试验区总体方案》将"探索建立负面清单管理模式"作为九项任务之一,并出台了《中国(上海)自由贸易试验区外商投资准入特别管理措施(负面清单)》,标志着负面清单制度正式在我国试点运行。2015年,《国务院关于实行市场准入负面清单制度的意见》系统分析了市场准入负面清单制度的重大意义、总体要求和适用条件、制定、实施和调整程序等内容。《法治中国建设规划(2020-2025年)》提出,持续营造法治化营商环境,实施统一的市场准入负面清单制度,清理破除隐性准入壁垒,普遍落实"非禁即入"。《法治政府建设实施纲要(2021-2025年)》重申,严格执行市场准入负面清单,普遍落实"非禁即入"。近年

---

[1] 王利明:《负面清单管理模式与私法自治》,载《中国法学》2014年第5期,第26页。

[2] 《国务院关于实行市场准入负面清单制度的意见》提出,市场准入负面清单制度,是指国务院以清单方式明确列出在中华人民共和国境内禁止和限制投资经营的行业、领域、业务等,各级政府依法采取相应管理措施的一系列制度安排。市场准入负面清单以外的行业、领域、业务等,各类市场主体皆可依法平等进入。

[3] 陈家付:《负面清单制度与治理的公平正义》,载《社会科学研究》2015年第6期,第55页。

第六章 行政权作用于民事关系的制度困境与破解

来,负面清单制度逐渐突破了传统的投资管理领域,而是越来越多地被应用于国家治理,成了简政放权的一种重要手段和武器。例如,很多学者提倡将负面清单嵌入行政审批制度改革,并以负面清单作为行政审批制度改革的必然选择。[1]

负面清单的特征有三:一是指向市场和社会。权力清单和责任清单以行政机关为规制对象,是"行政机关"的权力清单和责任清单。负面清单并不是指"行政机关"的负面清单,而是"市场和社会"的负面清单。进一步而言,对于市场和社会来说,只有负面清单上的领域、行业和事项不可涉足,其他则都属于自由场域。因此,负面清单也称"否定清单"。二是以"法无禁止即自由"为核心理念。权力清单和责任清单分别以"法无授权不可为"和"法定职责必须为"为指导理念,并分别指向有限政府与有为政府建设。"负面清单是以'黑名单'列明企业不能投资的领域和产业,只要未列入名单,企业和个人都有权进入。其实质是要在产业投资领域实行'法不禁止皆自由'。"[2]因此,负面清单秉持的是一种"放权"思维,以"法无禁止即自由"为核心理念,主张清单以外皆自由。三是作用于行政权边界之厘定。负面清单虽然以市场和社会为直接调整对象,并直接体现为对市场和社会的刚性约束,但市场和社会是与政府相对的主体概念,市场和社会禁入的领域、行业和事项为政府行政权的自由之所,市场和社会自由之所则为行政权之所止。因此,负面清单在为市场和社会划定禁入范围的同时亦为行政权框定了边界,或者说"很大程度上降低了边界划定

---

[1] 参见余华:《负面清单嵌入行政审批制度改革研究》,载《甘肃社会科学》2015年第5期,第249~251页;喻少如:《负面清单管理模式与行政审批制度改革》,载《哈尔滨工业大学学报(社会科学版)》2016年第2期,第10~12页。

[2] 易军:《"法不禁止皆自由"的私法精义》,载《中国社会科学》2014年第4期,第142页。

的难度,因为从逻辑上讲,确实难以甚至无法为行政权划定一个'正面清单'"。[1]

2. 负面清单的放权功能与治理意义

由以上有关负面清单源起与特征的分析可知,负面清单的本质在于,"替政府'减负',给市场松绑,为社会添力",[2]最大限度地赋予私主体自由与自治空间与权利,并让市场在资源配置中发挥决定性作用。从其功能与意义来看:首先,负面清单与权力清单、责任清单相互配合,共同作用,为行政权划出了相对确定的运作空间,对于避免行政权滥用与推诿扯皮意义重大;其次,负面清单也"改变了过去由政府垄断全部行政管理权的局面",[3]推动了治理方式的变革。

第一,放权效果。负面清单与正面清单相对立。正面清单即仅列入清单的领域、行业和事项才属于私主体的自由范围,清单以外的领域、行业和事项均须行政机关审批和管理。换言之,只有法律规范明确规定的领域、行业和事项,私主体才享有行为自由;而对于大量法律规范未能列举和规定的领域、行业和事项,私主体并无自由可言,而必须经行政机关逐一审批和决定。近年来,面对层出不穷的新行业、新业态,法律的滞后性决定了正面清单能涵盖的私主体自由范围十分有限,行政机关则对这些法律的空白地带与沉默空间享有管理权甚至变相设定审批权,还可能附带设置许多监管权,妨碍私主体的行为自由。[4]

---

[1] 万里鹏:《行政权的边界界定及其规制研究》,载《宁夏社会科学》2019年第1期,第86页。

[2] 王太高:《权力清单:"政府法治论"的一个实践》,载《法学论坛》2017年第2期,第20页。

[3] 朱最新、王丹:《法治视野下负面清单管理模式研究及广东的路径选择》,载《岭南学刊》2014年第3期,第85页。

[4] 参见王利明:《民法典:国家治理体系现代化的保障》,载《中外法学》2020年第4期,第38页。

第六章 行政权作用于民事关系的制度困境与破解

因此,正面清单影射的是政府的"集权"理念,并于无形之中拓展和扩大了行政机关的裁量权。负面清单则意味着,清单以外的领域、行业和事项均属于私主体的自由空间。相反,政府的"权力仅限于保证那些被列入清单的领域切实得到规范或禁止"[1],因而行政权不可随意,亦不可任意行使。进言之,负面清单反映的是政府的"放权"思维并实际上起到了"放权"之效,可以有效压缩政府的"剩余决定权"。[2]具体而言:一方面,除非法律明确限制或者禁止,否则私主体享有充分的行为自由,而无需行政机关介入进行审批和管理,因而负面清单"是一种真正放权于市场、还权于社会、还权于民的简政放权的新尝试"[3],有利于充分保障私主体的行为自由。另一方面,对于行政机关而言,负面清单反向明确了行政机关的权限范围,即行政权仅可作用于负面清单上的领域、行业和事项,实际上与权力清单奉行的"法无授权即禁止"异曲同工。因此,负面清单在为私主体赋权的同时也起到了限制和约束行政权尤其是裁量权、减少行政干预尤其是随意干预市场和社会之效果。

第二,治理模式变革。负面清单从集权向放权的转变首先意味着,政府单方强制的"命令型"管理模式转向政府与私主体协商合作共治的治理模式。在传统正面清单引领的单向度"集权"模式之下,政府一支独大,并依靠单方性、强制性的行政权手段垄断市场、控制社会,私主体多处于被管理者、被控制者、服从者的被动角色,遑论作为治理主体参与国家治理。

---

[1] 王利明:《负面清单管理模式与私法自治》,载《中国法学》2014年第5期,第31页。

[2] 参见郭冠男、谢海燕:《制定和实施负面清单制度必须理清的重大关系》,载《中国行政管理》2015年第10期,第31页。

[3] 喻少如:《负面清单管理模式与行政审批制度改革》,载《哈尔滨工业大学学报(社会科学版)》2016年第2期,第11页。

负面清单遵循"法无禁止即自由"原则，赋予私主体充分的自由与自治空间，因而打破了政府权威与"集权、单向、固化的治理生态"，[1]开启了政府与市场、社会多元主体协同共治与良性互动模式，促使治理由传统的"行政治理"真正转向现代的"社会治理"。[2]这种政府社会协同共治模式的优势在于：一方面，政府放松了对私主体的管制，从而可以充分发挥私主体的自治能力与自治优势，激发市场活力，促进财富增长；另一方面，政府也因放权获得了解放尤其是从繁复的事前审批事项中解放出来，转向事中、事后监管。其次，负面清单有助于推动公平治理之实现。第一，负面清单有助于私主体之间的平等化。在负面清单之下，所有的私主体遵循统一的规则体系，享有相同的权利和机会。第二，负面清单有助于限制行政权滥用，防范权力腐败。

负面清单意味着，政府须循"法无授权即禁止"理念，对于负面清单以外的事项须充当"无为之手"[3]而不能任意干预。如此一来：一方面，政府的行政权尤其是涉私行政权得到抑制，转而赋予私主体更多的权利，"打破权力垄断、资源垄断、财富垄断等不公平行为，消除妨碍公平的各种壁垒，创设公平的环境"；[4]另一方面，政府可以从私主体自治事项中解放出来，从而可以把更多的精力和资源投入到提供公共服务上来，推动服务型政府之建设。

---

[1] 陈家付：《负面清单制度与治理的公平正义》，载《社会科学研究》2015年第6期，第56页。

[2] 参见陈家付：《负面清单制度与治理的公平正义》，载《社会科学研究》2015年第6期，第56页。

[3] 余华：《负面清单嵌入行政审批制度改革研究》，载《甘肃社会科学》2015年第5期，第249页。

[4] 陈家付：《负面清单制度与治理的公平正义》，载《社会科学研究》2015年第6期，第57页。

第六章　行政权作用于民事关系的制度困境与破解

(二) 负面清单对涉私行政权的要求

如上所述，负面清单对政府提出的要求是"管得越少越好"，对私主体则是"自由最大化"。负面清单可谓私法自治的集中体现，奉行自治优先的涉私行政权纳入负面清单管理亦在情理之中。与此同时，涉私行政权也只能就负面清单上规定的事项发挥作用，而不能溢出负面清单之外。

1. 负面清单与私法自治相契合

在私法领域，私法自治原则既是核心也是重心，它是"私法的特质"也是"私法区分于公法的标杆"。[1]私法自治强调私主体在法律允许范围内的完全自由，其可依照自己的意志自主决定民事法律关系的产生、变更和消灭，并承担相应法律后果，对此任何组织和个人均不得非法干预，尤指公权力不得随意干预。[2]私法自治优先是行政权介入民事关系应当奉行的基本原则也是首要原则，负面清单则在理念、目标与效果上均与私法自治相契合，从而为涉私行政权纳入负面清单管理提供了可能。

第一，理念契合。不管是私法自治，还是负面清单，都以"法不禁止皆自由"为基本理念。私人自治原则意谓每个人的自由应在事实条件与法律条件可能的范围内求取最大程度的实现，此即自由的最佳化命令。[3]负面清单意味着，清单以外的事项皆属私主体自由领域，即便是在法律空白地带与沉默空间，私主体也享有充分的行为自由。"负面清单"实际上是原则的例

---

[1] 易军：《"法不禁止皆自由"的私法精义》，载《中国社会科学》2014年第4期，第122页。

[2] 周华：《民法现代化进程中的私法自治及其限制》，载《学术探索》2020年第4期，第87页。

[3] [德] 罗伯特·阿列克西：《法　理性　商谈：法哲学研究》，朱光、雷磊译，中国法制出版社2011年版，第197页。

外，体现的是"法无禁止即可为"的法律理念，遵循的是"除非法律禁止的，否则就是法律允许的"解释逻辑。[1]因此，负面清单有助于私法自治的实现，从法治的层面上看，负面清单模式体现了"法无禁止即自由"这一私法自治的基本价值，体现了保障私权和尊重自由。[2]进一步而言，负面清单与私法自治都主张保护和扩大私主体的行为自由与私权利保障，因而对行政权持抵制和防御态度，尤其不容许行政权对民事关系的过度介入。

第二，目标契合。私法自治与负面清单的契合还体现为二者同以防范行政权滥用尤其是过度干预民事关系为功能导向。私法自治既以私主体的行为自由为追求，防范公权力尤其是行政权对民事关系的干预和限制就自然而然地成为私法自治的目标和任务之一。负面清单是指"市场和社会"的负面清单，即明确列举禁止市场和社会行为的事项范围，对私主体采"法不禁止皆自由"原则，对于行政机关而言则意蕴"法无授权即禁止"。负面清单视野下的"法无授权即禁止"主要指向政府对市场和社会的干预，因而必然有助于划定政府干预私法活动即行政权干预民事关系的边界，有效规范行政权尤其是涉私行政权，涤除行政权对民事关系的不当干预和限制。

第三，效果契合。负面清单创始于投资管理领域，初始目的即是为市场和社会的自由与自治开辟空间、提供机会。而事实上，负面清单制度的运行也确实激发了市场和社会的活力，其赋予市场主体更多的主动权，有助于鼓励各类市场主体创新

---

[1] 龚柏华：《"法无禁止即可为"的法理与上海自贸区"负面清单"模式》，载《东方法学》2013年第6期，第138页。
[2] 王利明：《市场主体法律制度的改革与完善》，载《中国高校社会科学》2014年第4期，第137页。

创业,促进了社会财富的创造。这主要是因为,负面清单制度之下,对于法律规范未作规定的空白领域,私主体同样享有行为自由,尤其是合同的效力不会动辄因为未经审批、许可等公法手续而无效,从而降低投资损失风险与提高交易效率。与之形成鲜明对比的是正面清单,"在正面清单管理模式下,由于公法规范大量干预民事关系,许多合同的效力具有不确定性,随时可能因与政府的审批、许可等不符而无效,这极大地形成了法律行为效力的风险,影响交易安全和交易效率"。[1]私法自治既以自由自治最大化为倡导,排除各方干预就是私法自治的常规手段,并借助于干预势力的排除来实现私主体的独立自由自主。

2. 涉私行政权限于负面清单

如上所述,行政权对民事关系的介入需遵循私法自治优先原则,即凡是私主体依托自身力量能够自主完成的事务,行政机关就不应擅自介入和横加干涉。负面清单则与私法自治异曲同工,从某种意义上讲,负面清单就是私法自治理念在制度上的直观体现。因此,在负面清单制度的框架之下,涉私行政权只得存在于负面清单之中,而对于负面清单以外的事项,涉私行政权没有存在的空间,即行政权一律不得干预,私主体享有完全的自治自由。需要注意的是,并非负面清单中的所有事项都属于涉私行政权的可适用范围。这是因为,负面清单只是纯粹私法自治事项以外的事项,既包括纯粹的公法管制事项也包括涉私行政权活动事项。涉私行政权只是指行政权介入民事关系,但并不排斥私法自治之作用;纯粹的公法管制事项则是指,法律不允许私主体自治。换言之,所谓行政权介入民事关系,

---

[1] 王利明:《负面清单管理模式与私法自治》,载《中国法学》2014年第5期,第39页。

可以说是需要依靠行政机关与私主体的合力才能完成既定目标,纯粹的私法自治并不足取。典型的例子是不动产登记,根据《民法典》的规定,不动产物权要发生变更效力,一方面需要私主体之间的签订买卖合同等民事法律行为,另一方面则需要登记机关予以登记,二者缺一不可。此外,负面清单应当保持动态调整。随着时代的发展,如果依靠私主体自身如借助市场竞争机制、中介组织自律机制等足以解决问题,涉私行政权就不再有存在的必要,自然也无需存在于负面清单之中,而需要及时将其移除到负面清单之外。

综上所述,(负面)清单管理模式清晰体现了权力在政府、市场和社会之间的分配,既打破了政府垄断行政权的局面,核销不必要的行政权;也督促政府积极履行必要的行政权,防止懒政、惰政。对于涉私行政权而言,权力清单、责任清单与负面清单的任务分配如下:权力清单侧重于对限制性涉私行政权的管制和控制,行政机关既不可自行设定限制性涉私行政权又必须严格按照权力清单的要求行使限制性涉私行政权;责任清单仅纳入保护性涉私行政权且辅以严格的追责路径;负面清单则从反向规制的角度为涉私行政权廓定外部边界,谨防涉私行政权溢出负面清单的管理范围。三者共同作用,为行政权介入民事关系的具体限度提供重要参考。

第四节 因应涉私行政权困局破解的政府转型

为了保证行政权介入民事关系不失合法性又能发挥积极效用,除了遵循以上诸项原则与要求,作为行政权行使主体的政府还应当对其内在功能与结构、外在职能与角色进行重新塑造,以中政府规模定位与担保者和服务者角色划定为依托,实现有

第六章 行政权作用于民事关系的制度困境与破解

限政府与有为政府的有机统一。

一、政府规模：中政府

涉私行政权困局破解的关键在于"该介入民事关系的必须介入，不该介入民事关系的坚决不介入"，由此对应的政府规模应当是介于大政府与小政府之间的中政府，既不是无所不包、无所不管的全能政府，亦不是什么都不管的小政府。中政府一方面要承担秩序维护的职能，另一方面也要致力于提供公共服务。

（一）中政府的基本认知

因应涉私行政权困局破解的政府首先不是无所不包的全能大政府，也不是仅充当"守夜人"的小政府，"而是与国家的职能状况相适应的规模适度的政府"，[1]即中政府。中政府定位意味着，政府一方面应当自觉放权给私主体允许其自治，另一方面也要在私主体自治不能时主动介入。

1. 非大（全）政府

"不该介入民事关系的坚决不介入"意味着，政府不是大包大揽式的存在，不会干涉所有的民事关系，也不会干涉所有的私主体。相反，私主体被赋予了自治权利，能够独立解决与应对很多民事活动。而所谓"大包大揽"则属于典型的大政府或者说全政府特征，对应"行政国家"[2]与"能动型国家"[3]，

---

[1] 刘莘、张迎涛：《辅助性原则与中国行政体制改革》，载《行政法学研究》2006年第4期，第15页。

[2] Richard A. Posner, "The rise and Fall of Administrative Law", *Chicago-Kent Law Review*, Vol. 72: 4, pp. 953~963 (1997).

[3] 参见［美］米尔伊安·R.达玛什卡：《司法和国家权力的多种面孔——比较视野中的法律程序》（修订版），郑戈译，中国政法大学出版社2015年版，第14~15页。

政府追求"管得越多越好"。相应地,私主体拥有的自治空间则极为有限,可以说处处受制于政府的管控。在我国计划经济时代,政府扮演的即是大政府角色,在大政府定位下,政府被视为社会总管,对私主体的工作生活无孔不入,给予私主体无微不至的"关怀",可称之为"保姆政府(nanny government)"[1]。例如,在经济领域,大政府集中体现为政府以追求经济发展为首要目的,扮演的是行使经济发展权力的"经济人"角色,不仅直接从事市场经营活动,而且积极主动地与民争利、与商争富。[2]德国历史学家李斯特认为,政府应当是植林者而非守夜人,如果把自由经济比作"风"、把经济比作"森林",依靠植林者播种树木形成森林远比单靠风力传播种子再形成森林快得多。[3]的确,为应对层出不穷的治理问题,赋予政府介入民事关系的行政权具有必要性与必然性。但如若将所有的社会问题都一股脑地交由政府:一则政府不堪重负,即不具备独立应对所有社会问题的人力、物力、财力资源;二则政府对很多问题和事项并不具备治理优势,不见得比私主体更有效益,故而"大政府""全政府"的定位既不可能实现也没有实现的意义,有必要推动政府"由数量型管理向质量型管理、由政策管理向战略管理、由短期管理向中长期管理、由管微观向管宏观、由审批管理向监管管理的转变"。[4]仍以经济领域为例,政府应逐步撤出微观的经济活动,仅负责宏观调控、政策制定等服务类活动,通过

---

[1] Robert E. Lane, "Quality of Life and Quality of Persons: A New Role for Government?", *Political Theory*, Vol. 22: 2, pp. 219~252 (1994).

[2] 参见李旭东:《营商环境建设中的政府角色转变》,载《黑龙江社会科学》2019年第3期,第2~5页。

[3] 参见[德]弗里德里希·李斯特:《政治经济学的国民体系》,陈万煦译,商务印书馆1961年版,第100~101页。

[4] 王焕祥:《新常态下政府有为与市场有效的协同演进》,载《开放导报》2015年第2期,第20页。

第六章　行政权作用于民事关系的制度困境与破解

市场秩序的维持、消除市场的负外部性等举措防范与弥补市场失灵。这也给行政权敲响了警钟，行政权切不可越俎代庖、过度介入民事关系，甚至以政府管制完全取代私权自治，完全否定私主体的力量与作用。面临形形色色的治理难题，政府不是"一枝独秀"，更不是唯一的解决主体；私主体也不是尽数被压制并不得不屈从于政府的强制力，而是与政府处于平等法律地位的主体，既有权自主解决亦能够与政府合作。

2. 非小（零）政府

"该介入民事关系的必须介入"意味着，政府不是放任所有的事项不管，尽数交由私主体承担。"仅充当秩序维护的守夜人"属于典型的小政府或者说零政府特征，奉行"管得最少的政府是最好的政府"理念，政府的权力和职责相当有限，对应仅负责维持社会平衡的"回应型国家"。[1]相应地，私主体拥有广阔的自治空间，有权利有资格自主治理和应对很多社会问题，甚至于公共服务的提供也与政府无关。亚当·斯密与哈耶克都是自由经济的拥护者，主张建立自由的经济制度，政府仅需扮演"守夜人"角色，"只须采用宽厚的法令和谨慎的监督"[2]，反对政府对经济生活的过度干预。西方早期的宪政理论亦将"小政府，大社会"奉为圭臬，并将有限政府理论推向极致。[3]例如，在德国的自由法治国家时代，政府扮演的就是小政府角色，奉行"管得越少越好"的理念，私主体则拥有大量的自治权。

---

[1] 参见[美]米尔伊安·R. 达玛什卡：《司法和国家权力的多种面孔——比较视野中的法律程序》（修订版），郑戈译，中国政法大学出版社2015年版，第14~15页。

[2] [古希腊]色诺芬：《经济论　雅典的收入》，张伯健、陆大年译，商务印书馆2009年版，第77页。

[3] 参见姜明安：《中国依宪治国和法治政府建设的主要特色》，载《政治与法律》2019年第8期，第9页。

可以说，在小政府定位下，政府的基本角色是充当市民的"夜警"和"仲裁人"，主要职能在于维护社会最低程度的秩序与安全，同时对人们在实现自由、行使权利过程中发生的冲突进行调停和裁断。[1]

小政府定位是极端控权理论的产物，对应的行政法发展阶段是自由防御型行政法，旨在防御政府对私主体的侵害，政府则主要对私主体承担消极性的不侵害义务。小政府定位看似美好，私主体所受束缚甚少。与此同时，私主体亦无从指望从政府一方获取物质性或者精神性的帮助，即私主体"能够靠自己且只能靠自己"。但问题恰在于，仅靠私主体自治、片面追求市场在资源配置中的高效率对于经济社会的全面、健康、可持续发展来说可能具有潜在负外部性，[2]私主体仅靠自治亦无法满足日益增长的物质文化精神需求，而必须或不得不有求于政府。换言之，小政府理论并不能适应治理的现实需要，放弃小政府定位才是更为理性的选择与出路。"该介入民事关系的必须介入"要求行政权在必要时介入民事关系予以限制或者保护，为私主体提供优质的公共服务，促进私主体权益正向增长。

3. 政府与私主体的关系重构

从规模来看，因应涉私行政权困局破解的政府既非全能型大政府亦非无能型小政府，而系介于大政府与小政府之间的中政府，具体则体现在政府与公民、市场与社会之间的关系。总的来说，政府应当取消或者转移一部分职能，将公民、市场与社会能够自主决定、自主调节、自律管理的事项都交由公民、

---

[1] 参见李东方：《近代法律体系的局限性与经济法的生成》，载《现代法学》1999年第4期，第17页。
[2] 参见张继亮、朱明仕：《经济生活中政府角色的演变：基于经济学说史的考察》，载《社会科学战线》2020年第2期，第211页。

第六章　行政权作用于民事关系的制度困境与破解

市场与社会承担，同时把权力、财力、人力等资源下沉赋予公民、市场与社会，把以往由行政力量推动的"输血型"被动发展模式转变为由社会内源生长机制支撑的"造血型"主动发展模式。[1]

首先，就政府与公民的关系而言：一方面，二者在法律地位上平等而不存在大政府视阈下的支配-服从关系；另一方面，二者还是相互信赖、彼此尊重的合作伙伴关系，通过协商、沟通、谈判等方式开展合作。[2]其次，就政府与市场的关系而言，新中国成立以来，政府与市场的关系大致可以分为三个阶段，即从1949年到1978年的"强政府弱市场"时期、1978年到1992年的"强政府活市场"时期、1992年至今的"强政府强市场"时期。[3]中政府定位意味着：一方面，市场并不似大政府定位下处处受制于政府，而是可以自主进行资源配置，并有权参与公共事务；另一方面，市场也不似小政府定位下那般绝对自由，政府有权基于公共利益等因素的考量对市场的自治行为加以干涉和介入。此外，政府负有向市场提供公共产品和服务的法律义务，尤其是在资本无法以自己的力量自由运动时，政府须充当市场的"拐杖"，消除市场障碍、创造发展条件、推进市场化改革。[4]最后，就政府与社会的关系而言，政府与社会关系的变迁也可以被分为三个阶段，即1949年至1978年的政社统合时期、1978年至21世纪初的政社分离与严密控制时期、21

---

[1] 参见金太军、鹿斌：《社会治理新常态下的地方政府角色转型》，载《中国行政管理》2016年第10期，第14页。

[2] 参见杨海坤、章志远：《中国特色政府法治论研究》，法律出版社2008年版，第139页。

[3] 陈天祥：《治理现代化进程中政府角色定位的变迁》，载《国家治理》2020年第4期，第39页。

[4] 参见曹沛霖：《制度纵横谈》，人民出版社2005年版，第160页。

世纪初至今的政社有限合作与甄别性吸纳时期。[1]中政府定位意味着,政府与社会应当是互动与合作伙伴的关系,政府应当减少强制、多用社会性力量,实现政府与社会的分工、配合与制约并存。政府不应当拘泥于传统的制衡或者领导社会模式,社会也不是次于政府的边缘性治理主体,而是形成了"你中有我、我中有你"的互嵌模式,[2]并具体"取决于双方的互动认知以及对彼此间行为协同和利益互惠的预期"。[3]典型的例子即是行政权频繁介入民事关系,《民法典》即设计了大量的行政权介入条款。

(二) 中政府的主要职能和优势

从外部规模来看,因应涉私行政权困局破解的政府应当定位为既非大包大揽亦非只负责秩序的中等规模政府。体现在职能分配上,维护社会秩序与提供公共服务同为中政府的基本职能,即中政府一方面要做社会秩序的维系者,另一方面也要做公共服务的供给者。

1. 中政府的主要职能

过去几百年来,哲学、经济学等领域的学者均未停止对政府角色问题的争论,并一致认为政府需承担"保护个人财产不受侵犯""提供市场不易提供的物品"两个职能。[4]二者实际上分别对应宪法上国家保护义务的消极层面与积极层面,消极

---

[1] 陈天祥:《治理现代化进程中政府角色定位的变迁》,载《国家治理》2020年第4期,第43页。

[2] 参见谢鸿飞:《中国民法典的生活世界、价值体系与立法表达》,载《清华法学》2014年第6期,第23页。

[3] 李慧凤:《公共治理视域下的社会管理行为优化》,载《中国人民大学学报》2014年第2期,第29页。

[4] 参见[美]卢瑟尔·S.索贝尔、詹姆斯·D.格瓦特尼、理查德·L.斯特鲁普、大卫·A.麦克弗森:《经济学——私人与公共选择》,王茂斌、吴宏、夏冰等译,机械工业出版社2009年版,第47页。

第六章 行政权作用于民事关系的制度困境与破解

义务即防御国家干预和侵害,积极义务包括保护基本权利不受非法侵害的保护义务与积极促进基本权利实现与受益的给付义务。[1]具体到中政府的主要职能,一则体现为秩序维护,二则体现为服务提供。

第一,因应涉私行政权困局破解的政府应当以秩序维护为己任。秩序的重要性已如前所述,行政权介入民事关系之运行亦需良善的秩序作为环境保障。私主体缺乏维护秩序的动力与能力,政府承担维护秩序之职能责无旁贷。具体而言,政府应当致力于维护社会稳定,维护国家安全、公共安全、社会主义市场经济秩序与社会管理秩序,尤其是确保不发生大规模事故。尤为重要的是,政府必须负担起维护法治秩序职责,合理分配各方主体的治理权力,确保多方治理主体在法治框架下合作参与治理,共同致力于公民基本权利的保障,为中国特色社会主义法治建设保驾护航。政府此种职能之实现主要借助于监管手段,我国是一个监管大国,为了应对层出不穷的治理问题,政府往往需要选择不同的政策工具来实现有效监管,[2]并多体现为对民事关系的介入与对私权利的限制。

第二,在秩序维护之外,政府还要与时俱进,借助对民事关系的介入提供公共服务,增进公共福祉。政府应当树立起努力提高个人生活品质的意识,[3]负担起提供公共服务重任,积极能动地承担公共事务,为公众提供社会保障。其一,促进社会公正。社会公正是和谐社会的本质和基石,是新时代社会主

---

[1] 参见谢鸿飞:《〈民法典〉中的"国家"》,载《法学评论》2020年第5期,第13页。

[2] 参见蒋红珍:《政府规制政策评价中的成本收益分析》,载《浙江学刊》2011年第6期,第136页。

[3] Robert E. Lane, "Quality of Life and Quality of Persons: A New Role for Government?", *Political Theory*, Vol. 22: 2, pp. 219~252 (1994).

义制度的核心价值,是国家社会治理现代化目标实现的重要标准。[1]政府应当切实承担起促进社会公正的职能,一方面确保公民的权利义务平等,另一方面保证资源分配公平。例如,在高空抛坠物侵权案件中,为了避免受害人陷入"调查能力不足—责任人难以确定—起诉全楼业主—业主拒绝执行—受害人救济无门"的怪圈循环困境,《民法典》赋予公安机关调查权以替代受害人的调查义务,既能够迅速、准确地定位责任人方便受害人寻求救济,亦把责任人以外的建筑物所有人从不公平的补偿责任中解放出来。其二,促进公共服务增量。政府有义务、有责任为所有社会群体和阶层提供普遍的、公平的服务。[2]例如,《民法典》规定的不动产登记制度即是政府为私主体提供的一项公共服务,既有助于确认不动产物权归属又能实现不动产的安全流转。再如,《民法典》为行政机关新设了担任监护人义务、性骚扰保护义务等,即是政府通过为弱势群体提供特殊保护来承担给付义务、提供公共服务之体现。

2. 中政府的核心优势

"中政府"的规模定位意味着,一方面要制约政府手中的涉私行政权,把涉私行政权关进制度的笼子;另一方面又要激励政府充分行使涉私行政权,发挥治国理政、为民办事的积极作用。[3]因此,政府既不能随意干预民事关系,又不能彻底放弃监管职责,既要"管的最少"又要"监管和服务最好",既不

---

[1] 蒋飞:《论社会治理下政府法治建设中的角色定位与原则要求》,载《北方法学》2019年第5期,第124~125页。

[2] 李旭东:《营商环境建设中的政府角色转变》,载《黑龙江社会科学》2019年第3期,第6页。

[3] 参见姜明安:《中国依宪治国和法治政府建设的主要特色》,载《政治与法律》2019年第8期,第2页。

第六章　行政权作用于民事关系的制度困境与破解

能"越位"也不能"缺位"。[1]抽象地说，中政府定位不仅能够让政府从过去包揽一切的琐碎事务中解放出来，确保其集中力量防御秩序破坏和增进公共福祉，也能为公民个人和社会释放出更多的自由发展空间，最大限度地发挥社会蕴藏的巨大能量。[2]一方面，政府在行政权面前保持必要的克制，将很多领域的权力尤其是经济发展的权力交还公民、市场和社会；另一方面，政府应当致力于良好公共秩序与营商环境的打造，为私主体从事私权自治行为创造良好的宏观环境。再一方面，当私主体客观上需要政府的扶助、支持和帮助时，政府应当毫不犹豫地为私主体提供保护。这就意味着，政府既要做行政权的行使者，也要做私权利的守护者。

具象来讲，中政府的优势主要表现为以下三个方面：其一，有助于解决社会现实问题。"大中国的治理离不开强有力的政府，尤其是应对社会转型期新的危机和问题时。"[3]经济飞速发展的同时也带来了诸如交通拥堵、环境污染、消费者保护等一系列问题，尽管小政府定位下私主体可以依托协商和解、民事诉讼等自治类途径加以应对，但囿于自治能力不足等缺陷，并不足以从根本上解决这些公共性问题，需要发挥政府在资金、技术、权力、信息等方面的资源优势，积极介入这些问题，收取"先下手为强"之效。[4]其二，有助于及时有效化解纠纷，实现资源合理分配与利害关系调整。相较于小政府，中政府可

---

[1] 参见喻少如：《负面清单管理模式与行政审批制度改革》，载《哈尔滨工业大学学报（社会科学版）》2016年第2期，第11页。

[2] 蒋飞：《论社会治理下政府法治建设中的角色定位与原则要求》，载《北方法学》2019年第5期，第123页。

[3] 王秀哲：《大数据背景下社会信用体系建构中的政府角色重新定位》，载《财经法学》2021年第4期，第37页。

[4] 参见王贵松：《作为利害调整法的行政法》，载《中国法学》2019年第2期，第92页。

以凭借其掌握的公共资源、行政管理中形成的专业优势、对社情民意的深入了解以及积极主动形塑社会生活的特性，及时有效解决各类专业性、技术性、即时性事件与纠纷，避免社会秩序失范。[1]其三，中政府不追求大政府的"管得更多"而是讲究"服务更优"，有助于强化政府的服务职能，助推服务型政府建设，为人民群众提供更好、更多的义务教育、基本医疗、社会保障等基本公共产品和服务，并不断提高公共服务的质量，推进公共服务均等化。[2]

二、政府定位：既有限又有为的有效政府

为响应"该介入民事关系的必须介入，不该介入民事关系的坚决不介入"这一涉私行政权的困局破解之道，政府应当追求有限政府与有为政府相平衡的中庸之道：一方面作权力有限的政府，不能万事冲在第一位；另一方面也要作"该出手时就出手"的有为政府。最终的目的则在于成为有限政府与有为政府相平衡、统一的有效政府，让政府明确自己到底要干什么，以更好地发挥作用。

（一）有限政府与有为政府的分歧

破解涉私行政权的困局首先要求"不该介入民事关系的坚决不介入"，指向政府权力的有限性，即有限政府。其次还要求"该介入民事关系的必须介入"，强调政府有所作为，即有为政府。有限政府与有为政府是一组相对的概念，二者的关注点迥异：有限政府强调"法无授权不可为"，不该管的不能管；有为

---

[1] 参见赵银翠、杨建顺：《行政过程中的民事纠纷解决机制研究》，载《法学家》2009年第3期，第148页。
[2] 江国华：《行政转型与行政法学的回应型变迁》，载《中国社会科学》2016年第11期，第132页。

第六章 行政权作用于民事关系的制度困境与破解

政府则奉行"法定职责必须为",该管的不能不管。

1. "不该为不为"的有限政府

所谓有限政府,即政府的权力有限,不能凡事皆靠政府。有限政府与全能政府相对应,法律赋予政府的权力有限,政府的权力受到法律的严格限制与约束,政府应遵循职权法定原则,只做法律授权它做的事情,而非想做什么就做什么。有限政府理念主要指向政府与私主体的关系,主张政府尽可能多地放权给公民、市场和社会,发挥社会力量在微观事项上的自我调适与自我调节功能,不与公民、市场和社会争权夺利;政府则主要在宏观调控方面施展效力,且多以事前治理规则替代事中、事后干预。[1]有学者直言,有限政府指的是,只要是市场能做的,就应让市场发挥作用,只有在市场不能做或失灵时,政府才应发挥作用,从而导致好的市场经济和有效市场。[2]即便囿于公民、市场与社会的局限,政府非得干预不可,也应尽量选择对私权利干涉最小的方式。也就是说,具体到行政权对民事关系之介入,政府介入的正当性在于私权自治不能,而只要私主体依托自治行为能够实现目标,政府就应主动退居二线,不宜强加干预。近年来,各地如火如荼推行的负面清单制度即是有限政府的重要突破。

具体而言:首先,有限政府要求政府不介入个人的私生活,而需充分尊重个人理性,发挥个人能力。2002年,延安夫妻因在家看"黄片"被拘留事件即是典型的行政权过度行使,违背了有限政府的基本要求。其次,对经济生活与市场领域,政府

---

[1] 参见周佑勇:《法治视野下政府与市场、社会的关系定位——以"市场在资源配置中起决定性作用"为中心的考察》,载《吉林大学社会科学学报》2016年第2期,第29~30页。

[2] 张维迎、林毅夫:《政府的边界》,民主与建设出版社2017年版,第291页。

应尽量减少干预,让市场在资源配置中发挥决定性作用,尤其是放弃经济活动参与者与经济利益追求者的"经济人"身份,逐步成为中立、消极的"公共权威"。[1]最后,社会组织的自治消解政府的权力,"扼制国家权力职能和范围的扩张"。[2]根据民政部的统计数据:截至2020年底,我国共有社会组织89.4万个,涉及教育、文化、科研等众多领域。一方面,对于社会组织能够自律解决的事项,政府不能强加干预;另一方面,对于社会组织有能力承担的公共职能,政府亦不宜强抓不放。因此,政府绝对不是无所不能的全能角色,而仅拥有有限的行政权力,超出此限度和范围的权力行使不具备合法性与正当性。此外,需要注意的是,有限政府绝对不是"拒绝政府的任何作用或'去功能化'"[3],要避免把有限政府理解为极端的权力虚无化。有限政府以政府享有行政权为前提,如果政府彻底失去行政权力,也就无所谓"有限"了。有限政府所要规避的,只是政府超出授权范围行使行政权力。

若追根溯源,之所以把政府的权力限定在有限的范围之内,还在于防范政府对行政权的滥用,导致对私权利的不必要限制与不当干涉。第一,权力或者说掌握权力的政府具有负外部性。不管是民主制政府还是独裁制政府,其负外部性都是不可否认的。[4]政府的权力是天生危险的,而那些珍视自由的人必须时

---

〔1〕 参见李旭东:《营商环境建设中的政府角色转变》,载《黑龙江社会科学》2019年第3期,第3页。

〔2〕 汪渊智:《理性思考公权力与私权利的关系》,载《山西大学学报(哲学社会科学版)》2006年第4期,第66页。

〔3〕 石杰琳、秦民民:《经济发展方式转变与政府转型:角色转变和制度创新》,载《中国行政管理》2014年第11期,第46页。

〔4〕 Michael Reksulak & William F. Shughart II, "What Should Government Do? Problems of Social Cost, Externalities and All That", *Public Choice*, Vol. 152: 1, pp. 103~114 (2012).

第六章 行政权作用于民事关系的制度困境与破解

刻警惕它的颠覆。[1]在世界范围内,繁文缛节和过多的政府监管在扼杀企业和对国家经济强加不必要的成本,世界银行和经济合作发展组织都支持减少监管与繁文缛节。[2]第二,就政府与私主体的关系而言,政府的权力来源于公民权利的让渡[3]与法律授权,如果私主体未通过法律授予政府某项权力,政府即无权行使。且政府的权力只得针对行政事务与公共任务,而不能无端涉足民事关系,减损公民权利或增设公民义务。[4]即便是出于公共利益目的,政府获得了介入民事关系的正当理由,也必须严守涉私行政权的基本界限,不得对私主体形成过度的限制。

2."当为必为"的有为政府

与有限政府强调限制政府的权力即要求政府"不为"截然不同,有为政府则要求政府必须"为",强调政府积极全面履行法定职责尤其是公共服务供给职责,并保证私主体得到普遍、公平的服务,而不能仅扮演消极被动的警察角色。有为政府与给付行政相对应,即"行政机关所采取照顾社会成员的生存机会与改善其生活的行动,而透过给付行政给予的保障,直接有助于社会成员追寻其利益"[5],并集中体现为给付精神这一新的时代精神。[6]具体而言,政府负有使用其手中的权力来组织

---

[1] A. E. Dick Howard, "The Constitution and the Role of Government", *Charleston Law Review*, Vol. 6: 3, pp. 449~510 (2012).

[2] Vivienne Bath, "Reducing the Role of Government-The Chinese Experiment", *Asian Journal of Comparative Law*, Vol. 3: 1, pp. 1~37 (2008).

[3] Guillermo O'Donnell, "Why the Rule of Law Matters", *Journal of Democracy*, Vol. 15: 4, pp. 32~46 (2004).

[4] 参见杨解君:《政府治理体系的构建:特色、过程与角色》,载《现代法学》2020年第1期,第24页。

[5] [德]施密特·阿斯曼:《行政法总论作为秩序理念——行政法体系建构的基础与任务》,林明锵等译,元照出版有限公司2009年版,第183页。

[6] 参见关保英:《治理体系与治理能力现代化中的公法给付精神论》,载《法律科学(西北政法大学学报)》2020年第5期,第17页。

公共服务，并保障和支配公共服务进行的义务，[1]不得无故推卸法定职责或者完全转移给私主体执行，该管的不能不管。具体到行政权对民事关系之介入，政府应当积极主动地行使保护性涉私行政权，为私主体提供保护与服务。

有为政府的具体要求有三：第一，从宏观面向与整体视角来看，政府必须积极作为，主动为各类民事活动提供环境和政策支持，并积极辅助解决各类私主体在民事活动中遭遇到的问题与困境。例如，被监护人因监护人无法履行监护职责无人照料时，民政部门有义务为被监护人安排必要的临时照料措施。第二，政府提供公共服务的过程应当实现私主体成本最小化。一方面，政府应根据私主体的意愿、选择与要求提供公共服务，避免提供私主体需求以外的无效服务；另一方面，政府在提供公共服务过程中应当强化对私主体权利之保障，通过简化相关程序来减少私主体享受服务的时间成本和经济成本，为私主体享受服务提供便利的渠道和平台。[2]例如，积极创建"一站式在线政府（online one-stop government）"，使私主体可以通过某个站点享受不同行政机关提供的所有服务。[3]第三，"政府有义务、有责任为所有社会群体和阶层提供普遍的、公平的服务政府"，[4]即保证公共服务实效。要求政府提供公共服务并不局限于形式上的供给义务之履行，还必须确保私主体最终在结果上

---

[1] 参见[法]莱昂·狄骥：《公法的变迁　法律与国家》，郑戈、冷静译，辽海出版社、春风文艺出版社1999年版，第9~10页、第13~15页。

[2] 参见杨解君：《政府治理体系的构建：特色、过程与角色》，载《现代法学》2020年第1期，第28页。

[3] Francesco Amoretti & Fortunato Musella, "Toward the European Administrative Space: the Role of E-government Policy", *European Political Science Review*, Vol.3: 1, pp. 35~51 (2011).

[4] 李旭东：《营商环境建设中的政府角色转变》，载《黑龙江社会科学》2019年第3期，第6页。

第六章　行政权作用于民事关系的制度困境与破解

实质性地享受到公共服务,且须保证私主体不因个体差异而无法获得均等化的服务,[1]如偏远山区的群众无法享受高铁出行。

要求政府有为主要是基于时代的发展与人民日益增长的多元化需求之现实考量。第一,随着经济社会的发展,私主体的需求变得更为复杂多元,不仅超脱于原始的公共安全与秩序稳定功能,对教育、医疗、交通等方面的福利需求更是呈现日益增长之势。对应地,政府的时代机能与权力内容必须做相应调整,聚焦于扩大公共服务、增进公共福祉的目标,通过积极"作为"即提供公共服务满足私主体的多样化需求。[2]第二,私主体对"分享权"之依赖唯有以政府的行政权为媒介方可实现其功能。[3]诸如社会秩序的维持、公共安全之保障、社会纠纷之解决无法纯粹仰仗私主体的力量。以信息安全为例,单纯依靠私法上的"知情-同意"规则与事后侵权责任既无助于个人信息安全风险之防范,亦不能减轻信息安全损害。此外,政府的有为属性也是由政府手中的资源决定的。本着物尽其用、人尽其力的基本原则,为了满足私主体日益增长的物质文化精神需求,政府应当充分利用手中的资源,既要着眼于公共秩序之创造,也要致力于人民群众生活质量之提升。有学者直言,作为公共服务的提供者,行政机关既要直接促进社会物质财富的增加,也要借助于提供各式各样的公共服务来间接促进社会物质财富的增加。[4]

---

[1] 参见蒋飞:《论社会治理下政府法治建设中的角色定位与原则要求》,载《北方法学》2019年第5期,第127页。

[2] 参见蒋飞:《论社会治理下政府法治建设中的角色定位与原则要求》,载《北方法学》2019年第5期,第126页。

[3] 参见陈新民:《公法学札记》(增订新版),法律出版社2010年版,第41~46页。

[4] 应松年:《行政权与物权之关系研究——主要以〈物权法〉文本为分析对象》,载《中国法学》2007年第5期,第71页。

(二) 有限政府与有为政府的统一

如上所述,有限政府与有为政府是一对相悖的概念,有限政府强调政府不为,有为政府则强调政府为,要求政府既有不为又有为,似乎是对政府的为难之举。但事实上,有为以有限为前提,且有限的权力集中体现为有为,二者存在内容的交叉与逻辑融合。强调有限政府与有为政府统一意味着,政府应当"在其有限的权力范围内有效地行使其权力",[1]即权力有限又有所作为的有效政府。

1. 为什么统一

有限政府与有为政府看似反向而行、并无交集,实则互相关联、相辅相成,二者完全可以共存于政府一身,并共同成为政府在履行职能时追求的目标。第一,有限政府的主要职责就是维护和提供公共服务,即有限政府以有为为核心内容。有限政府指的是,只要市场能做的,就应让市场发挥作用,只有市场不能做或失灵时,政府才应发挥作用,从而导致好的市场经济和有效市场。[2]也就是说,政府行使公权力的场域限于公民个人、市场机制与社会组织无能为力之处。公共服务之提供即属此类。因此,可以说,有限政府虽最终落脚于限制政府的权力恣意,但同时亦隐含了要求政府积极行使有限权力之意,只不过这种对行政权行使的鼓励多体现为提供公共服务式的作为行列,而非对私主体权利施加种种限制,后者虽然亦客观存在但并不受到鼓励。"行政法是社会的法律,在将来社会主义的福利国家中,如我们所料,民法可能会完全融合在行政法之中。"[3]第

---

[1] 杨解君:《政府治理体系的构建:特色、过程与角色》,载《现代法学》2020年第1期,第24页。

[2] 张维迎、林毅夫:《政府的边界》,民主与建设出版社2017年版,第291页。

[3] [德]拉德布鲁赫:《法学导论》,米健、朱林译,中国大百科全书出版社1997年版,第137页。

第六章 行政权作用于民事关系的制度困境与破解

二,有为政府以有限为前提,即有限政府为有为政府划定了边界。有为政府的立论基础在于,尽管政府不是无所不能的,但确实能够做一些事情,为私主体提供帮助和支持。[1]这就意味着,主张政府有为并非要求政府为"一切",而是在有限权力范围之内的"为",即"在有限的政府权能空间内,充分发挥服务行政与福利行政的功能"。[2]进言之,主张政府有为但绝不应当陷入"乱为"境地,政府应"为"的范围和空间并非漫无边际。

而当追溯至理论源头,有限政府与有为政府的统一则主要基于依宪治国与公益至上考量。首先,我国的宪制和法治一方面强调把公权力关进制度的笼子,另一方面又注重完善和激励公权力,调动公权力的积极性,促使其敢作为、敢担当。[3]因此,单方强调"管得最少的政府是最好的政府"的有限政府理论并不足取,亦不可过度追求政府作为以至于超越了法律所赋予的权限范围。例如,《民法典》虽赋予了登记机关在不动产物权变更登记申请中的审查与登记权限,但如果登记机关动辄对不动产物权变动的原因行为作实质性审查,就超越了"有为"的合法性限度,为法律所不容许。其次,有限政府与有为政府相统一也是由公益至上理念决定的。从经济利益或者其他利益角度来看,公共利益是治理的唯一利益或核心利益,如果行政治理偏离了公共利益,就违背了治理的本质属性。[4]一方面,

---

[1] Jeffrey Robinson, "Addressing the Gap: Some Thoughts on the Government's Role", *Harvard Journal of Law and Public Policy*, Vol.14: 1, pp.53~57 (1991).

[2] 周佑勇:《法治视野下政府与市场、社会的关系定位——"以市场在资源配置中起决定性作用"为中心的考察》,载《吉林大学社会科学学报》2016年第2期,第29~30页。

[3] 参见姜明安:《中国依宪治国和法治政府建设的主要特色》,载《政治与法律》2019年第8期,第9页。

[4] 关保英:《论行政合作治理中公共利益的维护》,载《政治与法律》2016年第8期,第9页。

公益至上理念要求政府不能局限于作有限政府。资本主义国家早期的宪政理论以自由主义为思想基础,将有限政府奉为圭臬,认为政府是魑魅魍魉般恶的存在,因而必须想方设法防御、牵制政府的权力。然时至今日,增进社会公共福祉、谋求社会整体效益最大化演变为政府新的时代机能,政府必须遵循公益至上的理念。[1]只要是基于公益性考量,政府就必须积极行使行政权力,即便可能构成对私权自治之侵扰与私权利之干预。另一方面,公益至上理念亦呼唤政府在有限的权力范围内有为。完全不受节制的追求有为政府必然导致政府行为的恣意,尤其是假"有为"之名恣意侵入民事关系、戕害私主体的私权利,这种后果很多时候远超"不作为"。因此,政府必须以公益至上理念为旗帜引领,灵活斡旋于"有限""有为"之间,追求有限政府与有为政府的有机统一。

2. 如何统一:以有效政府为平台

国家处于一个困境之中,既不能"给付不足"又不能"给付过剩",在"过"与"不及"两端寻求一个合理的平衡点就成了国家唯一的选择。[2]对此,既不能片面追求控权而导致极端的有限政府,也不能无限扩大政府的权力导致政府对民事关系的过度干预,而必须寻找一个恰如其分的平衡点,在有限的行动范围内发挥积极效能,努力追求行政绩效,[3]争作有效政府。

有效政府即有效率、有效益的政府,用最少的权力投入取得最多的效果产出。有效政府倡导政府在有限的权能范围内,

---

[1] 参见蒋飞:《论社会治理下政府法治建设中的角色定位与原则要求》,载《北方法学》2019年第5期,第126~127页。

[2] 喻少如:《论行政给付中的国家辅助性原则》,载《暨南学报(哲学社会科学版)》2010年第6期,第59页。

[3] 李旭东:《营商环境建设中的政府角色转变》,载《黑龙江社会科学》2019年第3期,第3页。

第六章 行政权作用于民事关系的制度困境与破解

提供最为优质、最为高效的服务。[1]一方面,政府应为有限政府即权力有限,公民、市场与社会均发挥相当大的治理功能,因而政府无需掌握过多的不必要权力。另一方面,政府应为有为政府即充分履行其法定职责,扮演服务者的角色,致力于扩大与增进社会福祉。可以说,有效政府的核心精义在于,政府仅应当做"由它做效果更好"的事情。[2]"政府的正当目标就是为人民做他们需要做而单独又无法做或无法做好的所有事情,就人民自己同样能够做到的事情,政府就不应当干预。"[3]对于市民社会来说,问题不是要不要国家干预,而是要确定国家干预的具体方式、内容和限度。同样,对于国家来说,问题不在于是否保留市民社会诸要素的独立性,而是要为它们的独立性确定一个合理的限度。[4]例如,反映到经济领域,政府的有限主要体现为从微观与具体的经济活动上撤出,有为则体现为把原本消耗于前者的资源投入到服务供给与秩序维护上来。

有效政府可谓有限政府与有为政府完美结合的产物,统一了有限政府与有为政府的有效政府意味着,政府既不越位也不缺位。有效政府的基本原则有二:一是权力有限,政府应积极向私主体让渡权力且不能无端侵入民事关系;二是依托有限的权力积极作为,不能简单地理解为政府对私主体的权力单向让

---

[1] 周佑勇:《法治视野下政府与市场、社会的关系定位——以"市场在资源配置中起决定性作用"为中心的考察》,载《吉林大学社会科学学报》2016年第2期,第30页。

[2] Michael Reksulak & William F. Shughart Ⅱ, "What Should Government Do? Problems of Social Cost, Externalities and all That", *Public Choice*, Vol.152:1, pp.103~114 (2012).

[3] 毕洪海:《国家与社会的限度:基于辅助原则的视角》,载《中国法律评论》2014年第1期,第157页。

[4] 何增科:《市民社会概念的历史演变》,载《中国社会科学》1994年第5期,第81页。

渡与政府的彻底退出。具体而言,第一,防止政府越位即不该为而为。长期以来,政府担负了很多不该担负的事情,"越权"行为屡见不鲜,严重损害了政府的公信力甚至恶化了政府与私主体之间的关系。伴随着信息技术的发展、社会力量的壮大以及行政环境的复杂多变,政府没有必要亦没有能力"事必躬亲",简政放权成了有效的解决途径。[1]政府相较于公民、市场与社会应处于备位地位,以促进私权自治优先。政府超越法律授予的权限范围行使行政权的,往往会涉及对私主体的不法干预乃至构成对民事关系之不当侵入,导致私主体额外承担不必要的法律义务或者合法权益遭受减损。因此,必须防范政府打着公共利益的幌子行超越职权之实,苦果却要无辜的私主体承担的情形发生。第二,防止政府缺位即该为而不为。政府既要积极全面履行微观的法定职责,又要致力于从宏观层面为私主体创造发挥潜力的机会,如调整经济政策、完善知识产权保护制度等。[2]特别需要注意的是,在很多情境之下,政府之所以不为,是因为"作为"更容易出错也更容易面临法律责任之承担。针对此,为了促成有为政府之实现,就必须建立完善容错纠错机制,区分推进改革发展中的无心失误与故意违纪违法行为,为敢做敢为的工作人员提供有力保障,免却后顾之忧。[3]也就是说,为了激励政府积极作为,有必要通过各类保障机制之创设为政府营造敢为愿为的良好环境,最大限度地激发政府的服务热情,转化为公共福祉之增拓。

〔1〕参见崔卓兰、丁伟峰:《治理理念与行政自制》,载《社会科学战线》2016年第3期,第217页。

〔2〕参见王焕祥:《新常态下政府有为与市场有效的协同演进》,载《开放导报》2015年第2期,第21~22页。

〔3〕参见姜明安:《中国依宪治国和法治政府建设的主要特色》,载《政治与法律》2019年第8期,第9页。

三、政府角色：担保者+服务者

角色即政府基于其身份所折射出来的能够感知的特质和定位，[1]"政府的角色塑造就是要回答政府应当做什么或者不应当做什么的问题"。[2]一方面，控制政府的强制力锋芒，鼓励政府发挥担保人与备位者作用，落实"不该介入民事关系的坚决不介入"；另一方面，落实"该介入民事关系的必须介入"，突破传统的管理者定位，逐步向服务者的角色蜕变。

（一）政府的备位性与担保者角色

为了防范行政权滥用侵犯私权利乃至破坏民事法律秩序，政府应当注重发挥公民、市场与社会的先行先试作用，让私主体承担更多的治理任务，政府则仅在私主体无法胜任时予以介入和提供帮助，并负责担保治理任务的现实效果。政府相较于私主体而言应当处于备位地位，并主要扮演担保者与兜底人角色。

1. 政府的备位特性

备位即非主导、居于二线之意，主张优先由政府以外的公民、市场、社会等私主体自主解决问题或事项。只要私主体能够自助，政府就无需干预；政府仅在私主体无法自助时予以干预，且干预目的并非全面取代，而是旨在帮助私主体实现自助。[3]首先，对于纯粹自治事项，私主体有能力自己解决且相较于政府往往更具有治理优势，政府万万不可插手干涉。已经不当干涉如设计事前许可制度的，则应通过诉诸行政许可制度改革等措

---

[1] 江国华：《行政转型与行政法学的回应型变迁》，载《中国社会科学》2016年第11期，第132页。

[2] 张峥、郝宇青：《耦合驱动：国家治理现代化与服务型法治政府角色重塑》，载《社会科学家》2018年第10期，第51页。

[3] 参见毕洪海：《国家与社会的限度：基于辅助原则的视角》，载《中国法律评论》2014年第1期，第158页。

施简政放权、还权于民。其次,对于纯粹管制事项,也要尽量通过对社会主体治理行动的促进来开展治理活动,探索在服务中实施治理,在治理中体现服务,寓治理于服务之中,以服务促进治理。[1]最后,对于需要政府介入的非纯粹自治事项,即便政府出于公共利益或社会公平正义之考量而须介入民事关系,亦应遵循自治优先与忍无可忍原则以及比例原则的限制,既要从"量"上减少行政权对民事关系之介入,也要从"质"的角度予以克制。以经济领域为例,政府既不应充当经济建设主体与投资主体,也不应直接配置资源和干预微观经济活动,更不应寻求部门利益、集团利益,而是集中精力、合理配置财力,为公众和社会提供均等化的公共服务和产品,保证公民需求在公共管理中的支配性地位。[2]树立和坚持政府的备位地位对于"确保国家的有限参与和社会的自治优位"[3]意义重大。但与此同时,政府的备位性还意味着政府需在私主体自治不能时积极履行担保职能,为私主体提供必要的辅助支持乃至直接接管,并具体体现为公共服务之提供,与有为政府理念不谋而合。

2. 政府的担保者角色

集合统一了有限政府与有为政府的所谓有效政府在治理活动中首先扮演的是担保者角色。强调政府的备位特性并非意味着无限缩小和限制政府的行政权力乃至滑至"小政府"局面,而是强调政府作为担保者或者说"兜底人"角色存在。尤其是无论如何放权给私主体,政府都必须以"备位"状态最终确保

---

[1] 江必新、王红霞:《论现代社会治理格局——共建共治共享的意蕴、基础与关键》,载《法学杂志》2019年第2期,第58页。

[2] 石杰琳、秦国民:《经济发展方式转变与政府转型:角色转变和制度创新》,载《中国行政管理》2014年第11期,第45页。

[3] 江必新、王红霞:《法治社会建设论纲》,载《中国社会科学》2014年第1期,第152页。

第六章 行政权作用于民事关系的制度困境与破解

治理成效不受损。原因主要在于,政府不仅与公民、市场、社会为平行的同一层级的治理主体,而且还是"同辈中的长者",当出现治理失灵现象时,政府要扮演"元治理者"的角色,协调或者平衡不同治理主体的不同利益和价值偏好,维系多元治理主体之间的互动合作以实现共同目标。[1]对于私权自治领域与私权自治事项,如果私主体能够依靠私权自治保障社会公平公正又不损害公共利益,政府就无需插手,而是积极放权、彻底交由私主体负责。对于纯粹国家管制事项,既然私主体无能为力,就成了政府应尽的职责,而不可随意推卸之。对于自治与管制之间的事项,政府一方面要力推尽可能发挥私主体的力量,另一方面也要切实担当起担保人的角色,随时准备介入乃至从私主体手中接手此类事项,确保公共利益不受损害、基本权利亦受保障。而从整体视角出发,政府还应积极通过立法、政策制定等措施为私权自治创造便利的环境,确保私主体的自治行为不受不必要的束缚。一言以蔽之,政府仅承担非得政府承担不可的事务,强行交由私主体承担要么效果不彰、不能实现治理目的,要么成本过高、不符合效益原则。政府作为担保者与兜底人意味着,政府手中的行政权力以及政府的规模都不可避免地遭遇缩减,政府的作用将更多体现为调解人或中间人(确保适当的第三方有效参与),而不是直接参与,[2]因而能够有效预防政府乱作为。有学者直言,政府"担保者"的角色定位不仅可以正当化政府行为,同时也可以约束政府行为。[3]此

---

[1] 参见崔卓兰、丁伟峰:《治理理念与行政自制》,载《社会科学战线》2016年第3期,第216页。

[2] Neil Gunningham & Joseph Rees, "Industry Self-Regulation: An Institutional Perspective", *Law & Policy*, Vol. 19: 4, pp. 363~414 (1997).

[3] 杨彬权:《PPP模式下政府的角色定位——兼论担保行政法学模式的兴起》,载《财经法学》2021年第1期,第123页。

外，需要注意的是，作为行政法上担保者的政府与私法中的担保者具有显著不同，前者除了包括后者所指的排除与确保无瑕疵以及在瑕疵出现后承担一定责任，尚需预防瑕疵之出现。[1]

(二) 政府的服务性与服务者角色

如上所述，涉私行政权积极效用之发挥还要求政府有为。对此，政府应当立基于服务性与服务者的基本角色，以提供公共服务、增进公共福祉为己任，致力于盘活既有公共服务存量、拓展未来公共服务增量。

1. 政府的服务性

政府职能转变是我国行政体制改革的中枢问题，服务政府的构建，是现代行政体制改革的基本方向和关键环节。[2]传统行政是管理行政、统治行政，政府以管理者、统治者的身份自居且是唯一的管理主体，并以权力为手段垄断资源，用于维护统治阶级的利益。在管理行政背景下，政府倾向于运用国家强制力压制私主体并让私主体无从反抗，对于民事关系的介入与干预也非常恣意，私主体则很难对政府的权威提出质疑和挑战。其核心问题在于，剥夺了私主体的主体特性，私主体只有被压制侵害之理而无参与治理之机，不利于社会的长治久安。正如哈耶克所言："强制是一种恶，它阻止了一个人充分运用他的思考能力，从而也阻止了他为社会作出他所可能作出的最大贡献。"[3]经过40年的行政改革，传统的以行政管制为主体的政府管理方式已经发生了根本性改变，开始向构建以服务型政府为核心内

---

[1] 参见李霞：《行政合同研究——以公私合作为背景》，社会科学文献出版社2015年版，第174页。

[2] 杨解君：《政府治理体系的构建：特色、过程与角色》，载《现代法学》2020年第1期，第27页。

[3] [英]弗里德利希·冯·哈耶克：《自由秩序原理》（上册），邓正来译，生活·读书·新知三联书店1997年版，第165页。

第六章　行政权作用于民事关系的制度困境与破解

涵的政府管理模式转变。[1]2003年，十六届三中全会通过的《中共中央关于完善社会主义市场经济体制若干问题的决定》首次提出"增强政府服务职能"。十八大将建设"人民满意的服务型政府"设为深化行政体制改革的重要目标，十九届四中全会决定将"建设人民满意的服务型政府"列为政府治理与国家治理的目标之一，《法治政府建设实施纲要（2021-2025年）》进一步提出"加快建设服务型政府"。

　　服务行政是近年来备受提倡和关注的一种行政法理念，现代行政亦强调政府的服务色彩，认为提供公共服务、增进社会福祉才是设立政府并赋予政府行政权的根本性宗旨，也是政府依权施政的主要任务。[2]服务型政府意味着，政府应当负担"生存照顾"责任，政府权力应只为"公共福利"行使，[3]满足人民日益增长的物质精神需要。[4]强调政府的服务性实际上与有为政府的定位不谋而合，具体到涉私行政权的行使，二者的关注焦点都是保护性涉私行政权，如高空抛坠物侵权案件中的调查权、收养关系中的评估权等。对于这部分涉私行政权，政府必须行使而不得放弃，原因在于，只有借助于这些涉私行政权的行使，政府才能对私主体提供帮助和服务，帮助私主体免受不公正待遇之苦。在组织法视野下观察，政府的服务性还体现为大部制改革、行政审批制度改革、行政服务中心建设等

---

〔1〕　俞可平：《中国的治理改革（1978-2018）》，载《武汉大学学报（哲学社会科学版）》2018年第3期，第53页。

〔2〕　参见蒋银华：《政府角色型塑与公共法律服务体系构建——从"统治行政"到"服务行政"》，载《法学评论》2016年第3期，第21页。

〔3〕　[英]约翰·洛克：《政府论两篇》，赵伯英译，陕西人民出版社2004年版，第219页。

〔4〕　参见王聪：《作为诉源治理机制的行政调解：价值重塑与路径优化》，载《行政法学研究》2021年第5期，第65页。

"以服务为导向的集权模式"[1]。需要注意的是,强调政府的服务性并不是取消管制、排斥管制。任何政府都有管制,保护性涉私行政权的本质其实就是对部分私主体的管制。为了保障社会公平和发展,服务于广大人民群众的正当权益保护,对破坏分子予以管制是必然举措。[2]

2. 政府的服务者角色

集合统一了有限政府与有为政府的所谓有效政府在治理活动中还扮演服务者角色。根据狄骥的社会连带关系理论,国家是为了履行特定功能而设置的机器,设置国家的目的不是让其行使公权力而是组织和提供公共服务。[3]服务者是相对于管理者而言的,近三十年来的中国行政改革过程,本质上正是中国政府由管理者角色向服务者角色蜕变的过程,[4]"管制在逐步放松,自治在渐续扩大,政府公权力在市场经济中演进为服务与维护的角色"。[5]《2020年营商环境报告》显示中国的营商环境排名世界第31位,即是政府从管理者转向服务者的有力佐证。近两年暴发的新冠疫情更印证了服务型政府建设对人民群众生产生活的重要性。

作为服务者,政府应多从事授益性的行政行为,对公共资源

---

[1] 周佑勇:《法治视野下政府与市场、社会的关系定位——以"市场在资源配置中起决定性作用"为中心的考察》,载《吉林大学社会科学学报》2016年第2期,第33页。

[2] 参见刘熙瑞:《服务型政府——经济全球化背景下中国政府改革的目标选择》,载《中国行政管理》2002年第7期,第3页。

[3] 参见曹治国:《公法与私法划分否认说及其评价——兼论公私法划分的必要》,载《法治研究》2007年第4期,第75页。

[4] 江国华:《行政转型与行政法学的回应型变迁》,载《中国社会科学》2016年第11期,第132页。

[5] 陈小君:《中国〈民法典〉编纂与国家治理现代化的关联逻辑》,载《探索与争鸣》2020年第5期,第39页。

进行合理调节和分配,保障人民群众的生存、生活和发展。[1]典型的例子是,为保护消费者而对商品质量进行检测,为劳动者提供就业中介服务,对设立业主大会和选举业主委员会给予指导和协助等。具体而言:第一,政府应当通过立法确认私主体的各类公共服务权利,全面扩大公共服务的范围,涉及医疗、教育、就业、交通、环保等方方面面。第二,政府应在执法过程中强化公众参与与公私协作、简化行政程序、多采柔性执法手段、扩大给付行政行为的受众范围,为私主体提供优质、高效、快捷的公共服务。第三,政府应积极通过调解、裁决、复议等措施为私主体提供多元化的权利救济渠道,及时有效化解社会矛盾,维护社会秩序稳定。第四,应当强化公共服务责任追究,坚决摈弃"行政管理有责任,行政法服务无过错"[2]的观点,对于政府拒绝提供公共服务、提供公共服务质量不达标等违法行为,应当依法追究相关行政机关的法律责任,并赋予私主体相应的救济渠道。

---

[1] 参见梅扬:《比例原则的适用范围与限度》,载《法学研究》2020年第2期,第66页。

[2] 蒋银华:《政府角色型塑与公共法律服务体系构建——从"统治行政"到"服务行政"》,载《法学评论》2016年第3期,第23页。

结 论

行政权作用于民事关系在实践中非常普遍，并具体体现为行政许可、行政登记、行政征收等行政行为型式。作用于民事关系中的行政权具有多种样态，既有行政立法权、行政执法权与行政司法权之分，也有限制性行政权与保护性行政权之分。《民法典》文本中即设计了为数不少的行政权介入条款，涵盖行政许可权、行政登记权、侵权调查权、行政评估权、行政征收权等多种涉私行政权样态。行政权作用于民事关系涉及行政权与私权利的关系，行政权的扩张与私权利的萎缩相伴相随，涉私行政权的行使难免对私权自治形成某种干预和一定程度的阻断，在承认行政权作用于民事关系的正当性的同时也必须对涉私行政权划定合理的界限。

从宏观角度考量，行政权作用于民事关系的正当性基础体现在以下三个层次：首先，私法公法化是行政权作用于民事关系的上位概念与基本前提，行政权作用于民事关系归根结底是私法公法化这种法律现象的现实反映；其次，行政权作用于民事关系的理论支撑一是在于法律价值的多元化追求，二是在于整体治理观；最后，行政权作用于民事关系亦具有相当的必要性，并具体体现为理论层面的辅助原则、实践层面的风险应对与意义层面的私权利更优保障。从现状来看，作用于民事关系

结　论

中的行政权可以类型化为行政立法权、行政执法权与行政司法权。民事关系中的行政立法权源起于将私法自治限于法律框架，并通过作为私主体的义务来源与民事活动的评价尺度发挥作用。民事关系中的行政执法权表现形式最为多样，并以行政登记权、侵权调查权、行政征收权为典型，它们或是体现为对私权利的限制，或是体现为对私主体的保护和服务。民事关系中的行政司法权集中体现为行政裁决权，为了防范行政裁决权滥用，应当从事前的适用范围限制、事中的程序控制与事后的合理救济三个方面予以规制。从后果来看，作用于民事关系中的行政权普遍存在滥用问题，由此引致的后果不可谓不严重：于私主体而言，私权利难免被行政权所吞噬，所谓自由自治也遁于无形；于行政权的行使主体而言，政府失灵成为必然，并伴随公共利益的偏离与法律约束的逸出；而整体看来，当前行政权对民事关系的介入面临过度行政化之危险，可谓后患无穷。

因此，必须从防范行政权滥用的视角出发，为作用于民事关系中的行政权设定界限、套上枷锁。具体而言，行政权介入民事关系首先应当遵循实体与程序层面的原则控制：一是忍无可忍原则，即以私权自治为先；二是法律保留原则，即行使涉私行政权以法律授权为前提；三是比例原则，即合理行使裁量权限、严格控制干预程度；四是正当程序原则，即让私主体充分参与。其次，以负面清单管理模式构建涉私行政权的具体限度，包括将限制性涉私行政权纳入权力清单管理、将保护性涉私行政权纳入责任清单管理，并以负面清单反向划定涉私行政权的外部边界。最后，作为行政权行使主体的政府应当从角色定位与功能转型的角度致力于适应涉私性行政权的合法合理限度要求，切实担当起服务者与担保者的中政府角色，实现有限政府与有为政府的有机衡平。

法治社会是权利社会,行政权必须受到限制。作用于民事关系中的行政权相较于纯粹公法关系中的行政权直击私法自治这一民法的灵魂要义,其设置与行使都必须慎之又慎,努力谋求私法自治与国家管制之间的平衡。

参考文献

一、中文著作

1. 苏永钦：《寻找新民法》，北京大学出版社 2012 年版。
2. 王泽鉴：《民法总则》，中国政法大学出版社 2001 年版。
3. 习近平：《决胜全面建成小康社会夺取新时代中国特色社会主义伟大胜利——在中国共产党第十九次全国代表大会上的报告》，人民出版社 2017 年版。
4. 苏永钦：《走入新世纪的私法自治》，中国政法大学出版社 2002 年版。
5. 苏永钦、方流芳：《寻找新民法——苏永钦、方流芳对话中国民法法典化》，元照出版有限公司 2019 年版。
6. 杨立新主编：《民商法理论争议问题——精神损害赔偿》，中国人民大学出版社 2004 年版。
7. 梁慧星主编：《从近代民法到现代民法》，中国法制出版社 2000 年版。
8. 最高人民法院民法典贯彻实施工作领导小组主编：《中华人民共和国民法典总则编理解与适用》，人民法院出版社 2020 年版。
9. 王泽鉴：《侵权行为法》，中国政法大学出版社 2001 年版。
10. 王利明：《中华人民共和国民法总则详解》，中国法制出版社 2017 年版。
11. 张文显：《法哲学范畴研究》，中国政法大学出版社 2001 年版。
12. 郑玉波：《民法总则》，中国政法大学出版社 2003 年版。

13. 吕忠梅：《环境损害赔偿法的理论与实践》，中国政法大学出版社 2013 年版。
14. 王利明等：《民法学》，法律出版社 2015 年版。
15. 唐士其：《国家与社会的关系——社会主义国家的理论与实践比较研究》，北京大学出版社 1998 年版。
16. 袁祖社：《权利与自由》，中国社会科学出版社 2003 年版。
17. 夏勇主编：《公法》，法律出版社 1999 年版。
18. 陶鹤山：《市民群体和制度创新——对中国现代化主体的研究》，南京大学出版社 2001 年版。
19. 周永坤：《法理学——全球视野》，法律出版社 2016 年版。
20. 苏永钦：《私法自治中的国家强制》，中国法制出版社 2005 年版。
21. 江平、米健：《罗马法基础》，中国政法大学出版社 1991 年版。
22. 谢瑞智主编：《法律百科全书》，三民书局 2008 年版。
23. 沈宗灵：《比较法研究》，北京大学出版社 1998 年版。
24. 王利明、郭明瑞、方流芳：《民法新论》，中国政法大学出版社 1988 年版。
25. 苏永钦：《民事立法与公私法的接轨》，北京大学出版社 2005 年版。
26. 朱景文、韩大元主编：《中国特色社会主义法律体系研究报告》，中国人民大学出版社 2010 年版。
27. 张千帆：《宪法学导论：原理与应用》（第 2 版），法律出版社 2008 年版。
28. 叶秋华、王云霞：《21 世纪法学系列教材大陆法系研究》，中国人民大学出版社 2008 年版。
29. 姜明安：《法治思维与新行政法》，北京大学出版社 2013 年版。
30. 王利明等：《民法学》，法律出版社 2017 年版。
31. 董保华等：《社会法原论》，中国政法大学出版社 2001 年版。
32. 王希：《原则与妥协：美国宪法的精神与实践》，北京大学出版社 2000 年版。
33. 王俊豪：《政府管制经济学导论》，商务印书馆 2001 年版，第 350 页。
34. 叶必丰：《行政法的人文精神》，北京大学出版社 2005 年版。

35. 严存生：《论法与正义》，陕西人民出版社1997年版。
36. 杨建顺：《行政规制与权利保障》，中国人民大学出版社2007年版。
37. 张文显：《二十世纪西方法哲学思潮研究》，法律出版社2006年版。
38. 葛克昌：《税法基本问题》（财政宪法篇），北京大学出版社2004年版。
39. 刘刚：《风险规制：德国的理论与实践》，法律出版社2012年版。
40. 陈征：《国家权力与公民权利的宪法界限》，清华大学出版社2015年版。
41. 张斌：《利益衡量论——以个体主义方法论为视角的现代立法研究》，海天出版社2015年版。
42. 梁上上：《利益衡量论》，法律出版社2016年版。
43. 詹镇荣：《民营化与管制革新》，元照出版公司2005年版。
44. 张守文：《当代中国经济法理论的新视域》，中国人民大学出版社2018年版。
45. 金自宁：《风险中的行政法》，法律出版社2014年版。
46. 陈慈阳：《环境法总论》，中国政法大学出版社2003年版。
47. 王亦白：《不动产登记审查的法理与构造》，中国政法大学出版社2018年版。
48. 李永军：《民法总则》，中国法制出版社2018年版。
49. 张荣顺主编：《中华人民共和国民法总则解读》，中国法制出版社2017年版。
50. 孙笑侠：《法的现象与观念》，群众出版社1995年版。
51. 陈甦主编：《民法总则评注》，法律出版社2017年版。
52. 最高人民法院民法典贯彻实施工作领导小组主编：《中华人民共和国民法典合同编理解与适用（一）》，人民法院出版社2020年版。
53. 史尚宽：《民法总论》，中国政法大学出版社2000年版。
54. 姜明安主编：《行政法与行政诉讼法》（第5版），北京大学出版社、高等教育出版社2011年版。
55. 孙宪忠：《德国当代物权法》，法律出版社1997年版。
56. 孙鹏：《物权公示论——以物权变动为中心》，法律出版社2004年版。
57. 刘燕萍、张富刚主编：《不动产登记制度理论探究》，北京大学出版社

2016年版。

58. 顾功耘主编：《公私合作（PPP）的法律调整与制度保障》，北京大学出版社2016年版。

59. 王利明：《物权法研究》（修订版），中国人民大学出版社2007年版。

60. 熊秉元：《正义的成本：当法律遇上经济学》，东方出版社2014年版。

61. 苏力：《制度是如何形成的》（增订版），北京大学出版社2007年版。

62. 邹焕聪：《公私合作（PPP）法律问题研究》，人民出版社2017年版。

63. 汪习根主编：《发展、人权与法治研究——法治国家、法治政府与法治社会一体化建设研究》，武汉大学出版社2014年版。

64. 周佑勇：《行政法原论》（第3版），北京大学出版社2018年版。

65. 最高人民法院民法典贯彻实施工作领导小组主编：《中华人民共和国民法典侵权责任编理解与适用》，人民法院出版社2020年版。

66. 张新宝：《侵权责任法立法研究》，中国人民大学出版社2009年版。

67. 袁文峰：《公私合作在我国的实践及其行政法难题研究》，中国政法大学出版社2018年版。

68. 梁君瑜：《行政诉权研究》，中国社会科学出版社2019年版。

69. 孙笑侠：《法律对行政的控制》，光明日报出版社2018年版。

70. 全国人大常委会法制工作委员会编，王胜明主编：《中华人民共和国侵权责任法释义》，法律出版社2010年版。

71. 王竹：《侵权责任法疑难问题专题研究》，中国人民大学出版社2018年版。

72. 由嵘等编：《外国法制史参考资料汇编》，北京大学出版社2004年版。

73. 胡建淼：《行政法学》，法律出版社2003年版。

74. 罗豪才、湛中乐主编：《行政法学》（第3版），北京大学出版社2012年版。

75. 王小红：《行政裁决制度研究》，知识产权出版社2011年版。

76. 胡建淼主编：《公权力研究——立法权行政权司法权》，浙江大学出版社2005年版。

77. 应松年：《行政法学教程》，中国政法大学出版社1988年版。

78. 应松年主编：《行政法学新论》，中国方正出版社1999年版。

79. 张树义主编：《纠纷的行政解决机制研究——以行政裁决为中心》，中国政法大学出版社 2006 年版。
80. 范愉：《纠纷解决的理论与实践》，清华大学出版社 2007 年版。
81. 齐树洁：《纠纷解决与和谐社会》，厦门大学出版社 2010 年版。
82. 诚仲模：《行政法之基本理论》，三民书局 1980 年版。
83. 陈新民：《公法学札记》（增订新版），法律出版社 2010 年版。
84. 范愉等：《多元化纠纷解决机制与和谐社会的构建》，经济科学出版社 2011 年版。
85. 王名扬：《英国行政法》，北京大学出版社 2007 年版。
86. 王克稳等：《城市拆迁法律问题研究》，中国法制出版社 2007 年版。
87. 最高人民法院行政审判庭编：《行政执法与行政审判》，中国法制出版社 2010 年版。
88. 方世荣：《行政法与行政诉讼法》，中国政法大学出版社 1999 年版。
89. 包万超：《行政法与社会科学》，商务印书馆 2011 年版。
90. 张峰振：《违法行政行为治愈论》，中国社会科学出版社 2015 年版。
91. 周佑勇：《行政裁量基准研究》，中国人民大学出版社 2015 年版。
92. 王锡锌：《公众参与和行政过程——一个理念和制度分析的框架》，中国民主法制出版社 2007 年版。
93. 茅铭晨：《行政行为可诉性研究——理论重构与制度重构的对接》，北京大学出版社 2014 年版。
94. 章剑生：《现代行政法基本理论》，法律出版社 2014 年版。
95. 应松年主编：《当代中国行政法》（第 4 卷），人民出版社 2018 年版。
96. 金伟峰：《无效行政行为研究》，法律出版社 2005 年版。
97. 陈新民：《德国公法学基础理论》，法律出版社 2010 年版。
98. 张红凤：《西方规制经济学的变迁》，经济科学出版社 2005 年版。
99. 周佑勇：《行政法基本原则研究》，武汉大学出版社 2005 年版。
100. 张维迎、林毅夫：《政府的边界》，民主与建设出版社 2017 年版。
101. 张一雄：《公私合作行政行为形式选择之理论与实践》，东南大学出版社 2018 年版。
102. 黄薇主编：《中华人民共和国民法典总则编解读》，中国法制出版社

2020 年版。

103. 王涌：《私权的分析与重构民法的分析法学基础》，北京大学出版社 2020 年版。

104. 霍振宇：《行政登记与司法审查》，法律出版社 2010 年版。

105. 谢晖：《法学范畴的矛盾辨思》，法律出版社 1997 年版。

106. 城仲模编：《行政法之一般法律原则》，台湾三民书局股份有限公司 1994 年版。

107. 翁岳生主编：《行政法》，中国法制出版社 2002 年版。

108. 蒋红珍：《论比例原则——政府规制工具选择的司法评价》，法律出版社 2010 年版。

109. 王学辉、邓华平：《行政立法成本分析与实证研究》，法律出版社 2008 年版。

110. 中国社会科学院语言研究所词典编辑室：《现代汉语词典》，商务印书馆 2016 年版。

111. 俞可平：《治理与善治》，社会科学文献出版社 2000 年版。

112. 赵成根：《民主与公共决策研究》，黑龙江人民出版社 2000 年版。

113. 曹沛霖：《制度纵横谈》，人民出版社 2005 年版。

114. 杨海坤、章志远：《中国特色政府法治论研究》，法律出版社 2008 年版。

115. 杨立新：《侵权法论》，人民法院出版社 2005 年版。

116. 李霞：《行政合同研究——以公私合作为背景》，社会科学文献出版社 2015 年版。

二、中文译著

1. ［日］穗积陈重：《法典论》，李求轶译，商务印书馆 2014 年版。

2. ［英］梅因：《古代法》，沈景一译，商务印书馆 1959 年版。

3. ［德］卡尔·拉伦茨：《德国民法通论》，王晓晔等译，法律出版社 2013 年版。

4. ［德］弗朗茨·维亚克尔：《近代私法史》，陈爱娥、黄建辉译，上海三联书店 2006 年版。

5. [德] 迪特尔·施瓦布：《民法导论》，郑冲译，法律出版社 2006 年版。

6. [德] 黑格尔：《法哲学原理》，范扬、张企泰译，商务印书馆 1961 年版。

7. [美] E·博登海默：《法理学、法律哲学与法律方法》，邓正来译，中国政法大学出版社 1999 年版。

8. [德] 康德：《法的形而上学原理—权利的科学》，沈叔平译，商务印书馆 2012 年版。

9. [英] A·J·M·米尔恩：《人的权利与人的多样性—人权哲学》，夏勇、张志铭译，中国大百科全书出版社 1995 年版。

10. [德] 海因里希·罗门：《自然法的观念史和哲学》，三联书店 2007 年版。

11. [日] 山本敬三：《民法讲义 I》，解亘译，北京大学出版社 2012 年版。

12. [德] 康德：《法的形而上学原理—权利的科学》，沈叔平译，商务印书馆 1991 年版。

13. [德] 罗伯特·霍恩、海因·科茨、汉斯·莱塞：《德国民商法导论》，楚建译，中国大百科全书出版社 1996 年版。

14. [德] 迪特尔·梅迪库斯：《德国民法总论》，邵建东译，法律出版社 2001 年版。

15. [日] 星野英一：《私法中的人》，王闯译，中国法制出版社 2004 年版。

16. [日] 美浓部达吉：《公法与私法》，黄冯明译，周旋勘校，中国政法大学出版社 2003 年版。

17. [日] 富井政章：《民法原论》，陈海瀛等译，中国政法大学出版社 2003 年版。

18. [法] 莱昂·狄骥：《公法的变迁》，郑戈译，辽海出版社 1999 年版。

19. [英] 洛克：《政府论》，叶启芳、瞿菊农译，商务印书馆 1964 年版，第 5 页。

20. [美] 路易斯·亨金主编：《宪政与民主》，邓正来译，生活·读书·新知三联书店 1997 年版。

21. ［法］孟德斯鸠：《论法的精神》，许明龙译，商务印书馆2009年版。
22. ［德］马克斯·韦伯：《经济与社会》，［德］约翰内斯·温克尔曼整理，林远荣译，商务印书馆1997年版。
23. ［意］彼得罗·彭梵得：《罗马法教科书》，黄风译，中国政法大学出版社2005年版。
24. ［法］勒内·达维德：《当代主要法律体系》，漆竹生译，上海译文出版社1984年版。
25. ［美］约翰·亨利·梅利曼：《大陆法系》（第2版），顾培东、禄正平译，李浩校，法律出版社2004年版。
26. ［奥］凯尔森：《法与国家的一般理论》，沈宗灵译，中国大百科全书出版社2003年版。
27. ［法］勒内·达维：《英国法与法国法：一种实质性比较》，潘华仿、高鸿钧、贺卫方译，清华大学出版社2002年版。
28. ［法］莱昂·狄骥：《宪法学教程》，王文利等译，郑戈校，辽海出版社、春风文艺出版社1999年版。
29. ［德］曼弗雷德·沃尔沃：《物权法》，吴越、李大雪译，法律出版社2002年版。
30. ［美］伯尔曼：《法律与革命》，贺卫方等译，中国大百科全书出版社1993年版。
31. ［美］塞缪尔·弗莱施哈克尔：《分配正义简史》，吴万伟译，译林出版社2010年版。
32. ［美］詹姆斯·M.布坎南：《宪法秩序的经济学与伦理学》，朱泱、毕洪海、李广乾译，商务印书馆2008年版。
33. ［美］小奥利弗·温德尔·霍姆斯：《普通法》，冉昊、姚中秋译，中国政法大学出版社2006年版。
34. ［美］格兰特·吉尔莫：《契约的死亡》，曹士兵、姚建宗、吴巍译，中国法制出版社2005年版。
35. ［德］哈贝马斯：《现代性的地平线：哈贝马斯访谈录》，李安东、段怀清译，上海人民出版社1997年版。
36. ［德］曼弗里德·诺依曼：《竞争政策——历史、理论及实践》，谷爱俊译,北京大学出版社 2003 年版。

37. [德] 古斯塔夫·拉德布鲁赫:《法律中的人》,舒国滢译,法律出版社 2012 年版。

38. [英] 彼得·斯坦、约翰·香德:《西方社会的法律价值》,王献平译,郑成思校,中国法制出版社 2004 年版。

39. [英] 弗里德利希·冯·哈耶克:《法律、立法与自由》,邓正来等译,中国大百科全书出版社 2000 年版。

40. [美] 约翰·罗尔斯:《正义论》,何怀宏、何包钢、廖申白译,中国社会科学出版社 2009 年版。

41. [英] 斯蒂文·卢科斯:《西方人看个人主义》,李光远译,红旗出版社 2002 年版。

42. [美] 伯纳德·施瓦茨:《美国法律史》,王军、洪德、杨静辉译,法律出版社 2018 年版。

43. [美] 汉密尔顿、杰伊·麦迪逊:《联邦党人文集》,程逢如、在汉、舒逊译,商务印书馆 1980 年版。

44. [德] 罗尔夫·斯特博:《德国经济行政法》,苏颖霞、陈少康译,中国政法大学出版社 1999 年版。

45. [意] 罗西:《行政法原理》,李修琼译,法律出版社 2013 年版。

46. [德] 阿图尔·考夫曼:《法律哲学》,刘幸义等译,法律出版社 2011 年版。

47. [德] 乌尔里希·贝克:《风险社会:新的现代性之路》,张文杰、何博闻译,译林出版社 2018 年版。

48. [德] 尼克拉斯·卢曼:《法社会学》,宾凯、赵春燕译,上海人民出版社 2013 年版。

49. [德] 施密特·阿斯曼:《秩序理念下的行政法体系建构》,林明锵等译,北京大学出版社 2012 年版。

50. [德] 格奥格·耶利内克:《主观公法权利体系》,曾韬、赵天书译,中国政法大学出版社 2012 年版。

51. [美] 本杰明·N. 卡多佐:《法律的成长——法律科学的悖论》,董炯、彭冰等译,中国法制出版社 2002 年版。

52. [德] 维尔纳·弗卢梅：《法律行为论》，迟颖译，法律出版社 2013 年版。

53. [英] 安东尼·奥格斯：《规制：法律形式与经济学理论》，骆梅英译，苏苗罕校，中国人民大学出版社 2008 年版。

54. [美] E. S. 萨瓦斯：《民营化与 PPP 模式：推动政府与社会资本合作》，周志忍等译，中国人民大学出版社 2015 年版。

54. [美] 朱迪·弗里曼：《合作治理与新行政法》，毕洪海、陈标冲译，商务印书馆 2010 年版。

56. [英] 约翰·奥斯丁：《法理学的范围》，刘星译，中国法制出版社 2003 年版。

57. [德] 汉斯·J·沃尔夫、奥托·巴霍夫、罗尔夫·施托贝尔：《行政法》，高家伟译，商务印书馆 2002 年版。

58. [德] 奥托·迈耶：《德国行政法》，刘飞译，商务印书馆 2013 年版。

59. [英] 威廉·韦德：《行政法》，徐炳等译，中国大百科全书出版社 1997 年版。

60. [英] 伯纳德·施瓦茨：《行政法》，群众出版社 1986 年版。

61. [英] M. J. C. 维尔：《宪政与分权》，苏力译，生活·读书·新知三联书店 1997 年版。

62. [日] 盐野宏：《行政法》，杨建顺译，法律出版社 1999 年版。

63. [日] 棚濑孝雄：《纠纷的解决与审判制度》王亚新译，中国政法大学出版社 1994 年版。

64. [美] 理查德·J. 皮尔斯：《行政法》，苏苗罕译，中国人民大学出版社 2016 年版。

65. [日] 室井力主编：《日本现代行政法》，吴微译，中国政法大学出版社 1995 年版。

66. [日] 盐野宏：《行政法总论》，杨建顺译，北京大学出版社 2008 年版。

67. [美] 查尔斯·沃尔夫：《市场或政府：权衡两种不完善的选择》，谢旭译，中国发展出版社 1994 年版。

68. [法] 卢梭：《社会契约论》，何兆武译，商务印书馆 1982 年版。

69. ［美］保罗·A. 萨缪尔森、威廉·D. 诺德豪斯：《经济学》，高鸿业等译，中国发展出版社1992年版。

70. ［美］戴维·奥斯本、特勒·盖布勒：《改革政府——企业精神如何改革着公营部门》，上海译文出版社1996年版。

71. ［英］弗里德里希·冯·哈耶克：《经济、科学与政治——哈耶克论文演讲集》，冯克利译，江苏人民出版社2003年版。

72. ［英］戴维·米勒、韦农·波格丹诺编：《布莱克维尔政治学百科全书》，邓正来译，中国政法大学出版社2002年版。

73. ［美］罗斯托：《宪法专政——现代民主国家中的危机政府》，孟涛译，华夏出版社2015年版。

74. ［德］鲁道夫·冯·耶林：《为权利而斗争》，郑永流译，法律出版社2007年版。

75. ［日］原田尚彦：《诉的利益》，石龙潭译，中国政法大学出版社2014年版。

76. ［美］塞缪尔·亨廷顿：《变革社会中的政治秩序》，李盛平等译，华夏出版社1988年版。

77. ［德］罗尔夫·克尼佩尔：《法律与历史——论〈德国民法典〉的形成与变迁》，朱岩译，法律出版社2003年版。

78. ［德］哈特穆特·毛雷尔：《行政法学总论》，高家伟译，法律出版社2000年版。

79. ［德］罗伯特·阿列克西：《法理性、商谈：法哲学研究》，朱光、雷磊译，中国法制出版社2011年版。

80. ［美］罗斯科·庞德：《法理学》，廖德宇译，法律出版社2007年版。

81. ［美］米尔伊安·R. 达玛什卡：《司法和国家权力的多种面孔——比较视野中的法律程序》，郑戈译，中国政法大学出版社2015年版。

82. ［德］弗里德里希·李斯特：《政治经济学的国民体系》，陈万熙译，商务印书馆1961年版。

83. ［古希腊］色诺芬：《经济论雅典的收入》，张伯健等译，商务印书馆2009年版。

84. ［美］卢瑟尔·S. 索贝尔、詹姆斯·D. 格瓦特尼、理查德·L. 斯特鲁普、大卫·A.麦克弗森：《经济学——私人与公共选择》，王茂斌、吴宏、夏冰等译，机械工业出版社2009年版。

85. ［英］约翰·洛克：《政府论两篇》，赵伯英译，陕西人民出版社2004年版。

86. ［英］弗里德利希·奥古斯特·冯·哈耶克：《自由秩序原理》，邓正来译，生活·读书·新知三联书店1997年版。

87. ［德］施密特·阿斯曼：《行政法总论作为秩序理念——行政法体系建构的基础与任务》，林明锵等译，元照出版有限公司2009年版。

88. ［德］拉德布鲁赫：《法学导论》，米健等译，中国大百科全书出版社1997年版。

三、中文论文

1. 吴飞飞：《论中国民法典的公共精神向度》，载《法商研究》2018年第4期。

2. 陈甦：《民法典促进国家治理机制优化增效》，载《社会治理》2020年第7期。

3. 郭志京：《中国民法典的历史使命与总则编体系建构》，载《法学论坛》2018年第1期。

4. 王轶：《民法典之"变"》，载《东方法学》2020年第4期。

5. 孙宪忠：《民法典是对国家治理体系和治理能力现代化的重要提升》，载《中国法律评论》2020年第3期。

6. 刘承韪：《民法典的字源解读与重要影响》，载《人民检察》2020年第16期。

7. 丁南：《中国民法典与社会本位》，载《政法论丛》2020年第4期。

8. 陈小君：《中国〈民法典〉编纂与国家治理现代化的关联逻辑》，载《探索与争鸣》2020年第5期。

9. 王利明：《彰显时代性：中国民法典的鲜明特色》，载《东方法学》2020年第4期。

10. 易继明：《历史视域中的私法统一与民法典的未来》，载《中国社会科学》2014 年第 5 期。

11. 张文显：《中国民法典的历史方位和时代精神》，载《经贸法律评论》2018 年第 1 期。
12. 张新宝：《民法典的时代使命》，载《法学论坛》2003 年第 2 期。
13. 张鸣起：《民法典分编的编纂》，载《中国法学》2020 年第 3 期。
14. 杨立新：《人格权编草案二审稿的最新进展及存在的问题》，载《河南社会科学》2019 年第 7 期。
15. 李忠夏：《风险社会治理中的宪法功能转型》，载《国家检察官学院学报》2020 年第 6 期。
16. 于海涌、郭嵘：《中国民法典的立法特色和时代亮点》，载《地方立法研究》2020 年第 6 期。
17. 江国华：《习近平全面依法治国新理念新思想新战略的学理阐释》，载《武汉大学学报（哲学社会科学版）》2021 年第 1 期。
18. 邱本、崔建远：《论私法制度与社会发展》，载《天津社会科学》1995 年第 3 期。
19. 王家福：《21 世纪与中国民法的发展》，载《法学家》2003 年第 4 期。
20. 甄子昊、李耕坤、刘道远：《国家治理现代化视阈下私法调整制度体系完善路径》，载《海南大学学报（人文社会科学版）》2020 年第 4 期。
21. 许章润：《法的概念：规则及其意义——梁漱溟法律思想研究之一》，载《华东政法学院学报》2004 年第 1 期。
22. 习近平：《加快建设社会主义法治国家》，载《求是》2015 年第 1 期。
23. 刘士国：《编纂民法典的时代背景与指导思想》，载《法治研究》2016 年第 3 期。
24. 王博勋：《民法典：开启权利保护新时代》，载《中国人大》2021 年第 2 期。
25. 王轶：《编纂实施民法典是习近平法治思想的生动实践》，载《中国法学》2021 年第 3 期。
26. 王利明：《民法典的时代意义》，载《人民检察》2020 年第 15 期。
27. 谢鸿飞：《民法典与特别民法关系的建构》，载《中国社会科学》2013 年第 2 期。

28. 孙宪忠：《民法典何以为"典"》，载《新西藏》2020年第6期。
29. 袁曙宏：《论建立统一的公法学》，载《中国法学》2003年第5期。
30. 张文显：《新时代中国社会治理的理论、制度和实践创新》，载《法商研究》2020年第2期。
31. 张文显：《国家制度建设和国家治理现代化的五个核心命题》，载《法制与社会发展》2020年第1期。
32. 谢晖：《法律至上与国家治理》，载《比较法研究》2020年第1期。
33. 王利明：《民法典：国家治理体系现代化的保障》，载《中外法学》2020年第4期。
34. 张力：《民法典"现实宪法"功能的丧失与宪法实施法功能的展开》，载《法制与社会发展》2019年第1期。
35. 习近平：《充分认识颁布实施民法典重大意义 依法更好保障人民合法权益》，载《求是》2020年第12期。
36. 薛军：《人的保护：中国民法典编撰的价值基础》，载《中国社会科学》2006年第4期。
37. 王利明：《人格尊严：民法典人格权编的首要价值》，载《当代法学》2021年第1期。
38. 方乐：《法律实践如何面对"家庭"?》，载《法制与社会发展》2011年第4期。
39. 李拥军：《民法典时代的婚姻家庭立法的突破与局限》，载《法制与社会发展》2020年第4期。
40. 张友连：《论指导性案例中的公共政策因素——以弱者保护为例》，载《法学论坛》2018年第5期。
41. 王利明：《体系创新：中国民法典的特色与贡献》，载《比较法研究》2020年第4期。
42. 周华：《民法现代化进程中的私法自治及其限制》，载《学术探索》2020年第4期。
43. 齐恩平：《私法自治与民事政策的互动及检视》，载《政法论坛》2021年第1期。
44. 田岱月：《〈民法典〉中的公法规范》，载《福州党校学报》2020年第

4期。

45. 袁雪石：《民法典对行政执法的新要求》，载《中国司法》2020年第8期。

46. 李永军：《民法典编纂中的行政法因素》，载《行政法学研究》2019年第5期

47. 齐恩平：《"民事政策"的困境与反思》，载《中国法学》2009年第2期。

48. 樊勇：《私人自治的绿色边界——〈民法总则〉》第9条的理解与落实》，载《华东政法大学学报》2019年第2期。

49. 潘萍、徐强胜：《公私法关系论纲》，载《河北法学》2003年第4期。

50. 韩克芳：《法治在国家治理现代化中的地位、作用及其实现路径》，载《江西社会科学》2019年第12期。

51. 张峰铭：《论权利作为要求——超越利益论与选择论之争》，载《法制与社会发展》2021年第2期。

52. 陈景辉：《权利的规范力：一个对利益论的批判》，载《中外法学》2019年第3期。

53. 张文显：《论法学范畴体系》，载《江西社会科学》2004年第4期。

54. 孙国华、孟强：《权力与权利辨析》，载《法学杂志》2016年第7期。

55. 杨立新：《私法保护个人信息存在的问题及对策》，载《社会科学战线》2021年第1期。

56. 姜明安：《公法学研究的几个基本问题》，载《法商研究》2005年第3期。

57. 张文显：《"权利本位"之语义和意义分析——兼论社会主义法史新型的权利本位法》，载《中国法学》1990年第4期。

58. 郑成良：《权利本位论——兼与封日贤同志商榷》，载《中国法学》1991年第1期。

59. 黄文艺：《权利本位新解——以中西比较为视角》，载《法律科学》2014年第5期。

60. 卓泽渊：《国家治理现代化的法治解读》，载《现代法学》2020年第1期。

61. 陈金钊、吴冬兴：《〈民法典〉阐释的"体系"依据及其限度》，载《上海师范大学学报（哲学社会科学版）》2021年第2期。

62. 田喜清：《私法公法化问题研究》，载《政治与法律》2011年第11期。

63. 王新喜、张棣：《权利与权力博弈的理论透视》，载《江汉论坛》2007年第11期。

64. 谢晖：《论紧急状态中的国家治理》，载《法律科学（西北政法大学学报）》2020年第5期。

65. 刘启川：《独立型责任清单的构造与实践基于31个省级政府部门责任清单实践的观察》，载《中外法学》2018年第2期。

66. 王利民、李生俊：《论民法精神的社会主义法治文化属性》，载《郑州大学学报（哲学社会科学版）》2021年第3期。

67. 黄玉顺：《中国哲学"内在超越"的两个教条——关于人本主义的反思》，载《学术界》2020年第2期。

68. 黄文艺：《民法典与社会治理现代化》，载《法制与社会发展》2020年第5期。

69. 王利明：《中国民法学七十年：回顾与展望》，载《政法论坛》2020年第1期。

70. 汪习根：《论民法典的人权精神：以人格权编为重点》，载《法学家》2021年第2期。

71. 刘凯湘：《民法典中的公权力与私权利界限及其意义》，载《社会治理》2020年第7期。

72. 周林彬、王睿：《〈民法典〉的中国之问与解决方案》，载《地方立法研究》2021年第2期。

73. 袁祖社：《"公共精神"：培育当代民族精神的核心理论维度》，载《北京师范大学学报（社会科学版）》2006年第1期。

74. 戚建刚：《论我国知识产权行政保护模式之变革》，载《武汉大学学报（哲学社会科学版）》2020年第2期。

75. 章志远：《行政法治视野中的民法典》，载《行政法学研究》2021年第1期。

76. 章志远：《作为行政处罚总则的〈行政处罚法〉》，载《国家检察官学院学报》2020 年第 5 期。

77. 张莹莹：《论高空抛坠物侵权案件中公安机关的调查权》，载《政治与法律》2021 年第 4 期。

78. 谢鸿飞：《〈民法典〉中的国家》，载《法学评论》2020 年第 5 期。

79. 王春业：《公权私法化、私权公法化及行政法学内容的完善》，载《内蒙古社会科学》2008 年第 1 期。

80. 江平、张楚：《民法的本质特征是私法》，载《中国法学》1998 年第 6 期。

81. 茅少伟：《寻找新民法典："三思"而后行 民法典的价值、格局与体系再思考》，载《中外法学》2013 年第 6 期。

82. 杨解君：《物权法不应被笼统地视为私法》，载《法学》2007 年第 7 期。

83. 钟瑞栋：《民法中的强制性规范——兼论公法与私法"接轨"的立法途径与规范配置技术》，载《法律科学（西北政法大学学报）》2009 年第 2 期。

84. 章剑生：《作为介入和扩展私法自治领域的行政法》，载《当代法学》2021 年第 3 期。

85. 霍新宾：《探寻历史的新视野——近代中国市民社会问题研究述评》，载《天津社会科学》2000 年第 4 期。

86. 汪渊智：《理性思考公权力与私权利的关系》，载《山西大学学报（哲学社会科学版）》2006 年第 4 期。

87. 金自宁：《"公法私法化"诸观念反思—以公共行政改革为背景》，载《浙江学刊》2007 年第 5 期。

88. 谢桂生：《市场经济与公法、私法的划分——一个需要重新认识的问题》，载《法学》1994 年第 5 期。

89. 张永志：《公法私法划分与我国构建社会主义市场经济法律体系的关系》，载《法学杂志》1997 年第 5 期。

90. 李传良：《现阶段我国公权与私权的冲突及调适》，载《山东社会科学》2009 年第 8 期。

91. 刘旺洪：《国家与社会：法哲学研究范式的批判与重建》，载《法学研究》2002 年第 6 期。

92. 赵万一、叶艳:《从公权与私权关系的角度解读国家征收征用制度》,载《华东政法大学学报》2007 年第 2 期。

93. 夏学銮:《莫让公权异化成霸权》,载《人民论坛》2006 年第 16 期。

94. 韩锦霞:《论行政公权的软化与私权的硬化》,载《河北法学》2013 年第 7 期。

95. 徐继敏:《行政裁决证据规则初论》,载《河北法学》2006 年第 4 期。

96. 高文英:《和谐社会警察权配置的利益考量——尊重和协助保护私权的视角》,载《中国人民公安大学学报(社会科学版)》2011 年第 3 期。

97. 万里鹏:《行政权的边界界定及其规制研究》,载《宁夏社会科学》2019 年第 1 期。

98. 应松年:《行政权与物权之关系研究——主要以〈物权法〉文本为分析对象》,载《中国法学》2007 年第 5 期。

99. 苗梅华:《智慧治理的时代面向与挑战》,载《国家检察官学院学报》2020 年第 1 期。

100. 张改清、白洪涛:《中国语境下公权与私权的博弈——兼论我国征地与拆迁制度的完善》,载《河北法学》2006 年第 4 期。

101. 孙国华主编:《中国特色社会主义法律体系研究——概念、理论、结构》,中国民主法制出版社 2009 年版。

102. 李东方:《近代法律体系的局限性与经济法的生成》,载《现代法学》1999 年第 4 期。

103. 宋亚辉:《风险立法的公私法融合与体系化构造》,载《法商研究》2021 年第 3 期。

104. 孙国华、杨思斌:《公私法的划分与法的内在结构》,载《法制与社会发展》2004 年第 4 期。

105. 叶秋华、洪荞:《论公法与私法划分理论的历史发展》,载《辽宁大学学报(哲学社会科学版)》2008 年第 1 期。

106. 郭道晖等:《市场经济与法制现代化——座谈会发言摘要》,载《法学研究》1992 年第 6 期。

107. 金自宁:《"公法私法化"诸观念反思——以公共行政改革为背景》,

载《浙江学刊》2007 年第 5 期。

108. 易军:《"法不禁止皆自由"的私法精义》,载《中国社会科学》2014 年第 4 期。

109. 董文军、刘芳:《私法公法化视野中的消费者权利保护》,载《当代法学》2007 年第 3 期。

110. 黄忠:《民法如何面对公法:公、私法关系的观念更新与制度构建》,载《浙江社会科学》2017 年第 9 期。

111. 台红:《关于公法与私法划分的理论思考》,载《学术界》2010 年第 10 期。

112. 曹治国:《公法与私法划分否认说及其评价——兼论公私法划分的必要》,载《法治研究》2007 年第 4 期。

113. 张锐智:《罗马法学家关于公法私法划分的意义与启示》,载《辽宁大学学报(哲学社会科学版)》2013 年第 1 期。

114. 张正文、张先昌:《公法、私法的界分与私权保护——以权利为中心》,载《江汉论坛》2010 年第 7 期。

115. 谢鸿飞:《〈民法典〉制度革新的三个维度:世界、中国和时代》,载《法制与社会发展》2020 年第 4 期。

116. 王利明:《负面清单管理模式与私法自治》,载《中国法学》2014 年第 5 期。

117. 易军:《私人自治与私法品性》,载《法学研究》2012 年第 3 期。

118. 张翔:《财产权的社会义务》,载《中国社会科学》2012 年第 9 期。

119. 杨阳:《论私法公法化的逻辑本位及其限度》,载《河北学刊》2018 年第 6 期。

120. 梁慧星:《从近代民法到现代民法——二十世纪民法回顾》,载《中外法学》1997 年第 2 期。

121. 沈宗灵:《法律分类的历史回顾》,载《法学》1985 年第 6 期。

122. 侯佳儒:《近代民法的现代性危机及其后现代转向——兼论当代民法的使命》,载《中国政法大学学报》2009 年第 2 期。

123. 刘权:《权利滥用、权利边界与比例原则——从〈民法典〉第 132 条切入》,载《法制与社会发展》2021 年第 3 期。

124. 金善明：《私人自治的困境及其出路》，载《首都师范大学学报（社会科学版）》2016年第5期。

125. 周佑勇：《推进国家治理现代化的法治逻辑》，载《法商研究》2020年第4期。

126. 贺小荣：《权利是权力的价值归属——论公法秩序与私法自治》，载《中国法律评论》2016年第4期。

127. 李军：《私法自治的基本内涵》，载《法学论坛》2004年第6期。

128. 郭明瑞、于宏伟：《论公法与私法的划分及其对我国民法的启示》，载《环球法律评论》2006年第4期。

129. 薛刚凌：《行政法法典化之基本问题研究——以行政法体系建构为视角》，载《现代法学》2020年第6期。

130. 李建华：《权利本位文化反思与我国民法典编纂》，载《法学家》2016年第1期。

131. 郑贤君：《宪法的社会学观》，载《法律科学》2002年第3期。

132. 戴昕：《威慑补充与"赔偿减刑"》，载《中国社会科学》2010年第3期。

133. 蔡立东：《法人分类模式的立法选择》，载《法律科学（西北政法大学学报）》2012年第1期。

134. 潘小娟：《法国国家治理改革及其启示》，载《中共中央党校（国家行政学院）学报》2019年第1期。

135. 龚廷泰：《"整体性法治"视域下市域社会治理的功能定位和实践机制》，载《法学》2020年第11期。

136. 赵娟：《"楚河汉界"与"貌离神合"——对公法与私法之间关系的基本认识》，载《江苏社会科学》2007年第6期。

137. 郑玉双：《自我损害行为的惩罚——基于法律家长主义的辩护与实践》，载《法制与社会发展》2016年第3期。

138. 姚建龙、申长征：《私法公法化的边界：主要以〈民法典〉涉未成年人条款为例》，载《时代法学》2020年第6期。

139. 江必新：《〈民法典〉的颁行营商环境的优化改善》，载《求索》2020年第6期。

140. 冯结语：《公私法协动视野下生态环境损害赔偿的理论构成》，载《法学研究》2020 年第 2 期。

141. 江国华：《PPP 模式中的公共利益保护》，载《政法论丛》2018 年第 6 期。

142. 余少祥：《论公共利益的行政保护——法律原理与法律方法》，载《环球法律评论》2008 年第 3 期。

143. 熊剑波：《物权法领域公私法接轨的场域及实现路径—基于立法论的视域》，载《广东社会科学》2015 年第 3 期。

144. 张东华、潘志瀛：《公法与私法的区分——哈耶克的进路》，载《河北法学》2005 年第 4 期。

145. 宋才发：《国家治理现代化的法治保障及其路径》，载《东方法学》2020 年第 5 期。

146. 孙鹏：《私法自治与公法强制——日本强制性法规违反行为效力论之展开》，载《环球法律评论》2007 年第 2 期。

147. 苏永钦：《大民法典的理念与蓝图》，载《中外法学》2021 年第 1 期。

148. 沈广明：《分享经济的规制策略——以辅助性原则为基点》，载《当代法学》2018 年第 3 期。

149. 苏宇：《区块链治理的政府责任》，载《法商研究》2020 年第 4 期。

150. 章志远：《法治政府建设的三重根基——〈法治政府建设实施纲要（2015-2020 年）〉精神解读》，载《法治研究》2016 年第 2 期。

151. 熊光清：《从辅助原则看个人、社会、国家、超国家之间的关系》，载《中国人民大学学报》2012 年第 5 期。

152. 刘莘、张迎涛：《辅助性原则与中国行政体制改革》，载《行政法学研究》2006 年第 4 期。

153. 杨彬权：《论国家担保责任——担保内容、理论基础与类型化》，载《行政法学研究》2017 年第 1 期。

154. 喻少如：《论行政给付中的国家辅助性原则》，载《暨南学报（哲学社会科学版）》2010 年第 6 期。

155. 章志远：《迈向公私合作型行政法》，载《法学研究》2019 年第 2 期。

156. 章剑生：《行政不动产登记行为的性质及其效力》，载《行政法学研究》2019 年第 5 期。

157. 梁亚荣、王崇敏：《不动产登记机构设置探析》，载《法学论坛》2009 年第 1 期。

158. 王本存：《行政法律关系的功能与体系结构》，载《现代法学》2020 年第 6 期。

159. 金自宁：《风险规制与行政法治》，载《法制与社会发展》2012 年第 4 期。

160. 张海涛：《"风险社会"的宪法结构分析》，载《湖北社会科学》2021 年第 4 期。

161. 余成峰：《法律的"死亡"：人工智能时代的法律功能危机》，载《华东政法大学学报》2018 年第 2 期。

162. 王旭：《论国家在宪法上的风险预防义务》，载《法商研究》2019 年第 5 期。

163. 李忠夏：《宪法学的系统论基础：是否以及如何可能》，载《华东政法大学学报》2019 年第 3 期。

164. 石佑启、邓搴：《论政府公共服务外包的风险及其法律规制》，载《广东社会科学》2016 年第 3 期。

165. 关博豪：《论民营化中行政权的保留》，载《法律科学（西北政法大学学报）》2019 年第 3 期。

166. 汪燕：《行政许可制度对国家治理现代化的回应》，载《法学评论》2020 年第 4 期。

167. 石佳友：《论侵权责任法的预防职能——兼评我国〈侵权责任法（草案）〉（二次审议稿）》，载《中州学刊》2009 年第 4 期。

168. 高秦伟：《论欧盟行政法上的风险预防原则》，载《比较法研究》2010 年第 3 期。

169. 秦天宝：《论风险预防原则在环境法中的展开——结合〈生物安全法〉的考察》，载《中国法律评论》2021 年第 2 期。

170. 高凛：《我国食品安全社会共治的困境与对策》，载《法学论坛》2019 年第 5 期。

171. 张运昊：《行政一体原则的功能主义重塑及其限度》，载《财经法学》

2020 年第 1 期。

172. 谭冰霖：《环境行政处罚规制功能之补强》，载《法学研究》2018 年第 4 期。

173. 孙莹：《大规模侵害个人信息高额罚款研究》，载《中国法学》2020 年第 5 期。

174. 吴泓：《信赖理念下的个人信息使用与保护》，载《华东政法大学学报》2018 年第 1 期，。

175. 杨寅、罗文廷：《我国城市不动产登记制度的行政法分析》，载《法学评论》2008 年第 1 期。

176. 章志远：《〈民法典〉时代行政诉讼制度的新发展》，载《法学》2021 年第 8 期。

177. 耿玉基：《超越权力分工：行政司法化的证成与规制》，载《法制与社会发展》2015 年第 3 期。

178. 周海源：《"民法典时代"行政法规创设民事制度的正当性及其限度》，载《行政法学研究》2021 年第 3 期。

179. 常鹏翱：《行政许可与合同效力——以商品房预售为对象的分析》，载《武汉大学学报（哲学社会科学版）》2020 年第 4 期。

180. 陈国栋：《我国不必建立行政附带民事诉讼制度——以行政权对民事争议的介入程度为切入点的反思》，载《政治与法律》2013 年第 8 期。

181. 申惠文：《论〈民法总则〉中的行政权》，载《新疆大学学报（哲学社会科学版）》2018 年第 6 期。

182. 关保英：《治理体系与治理能力现代化中的公法给付精神论》，载《法律科学（西北政法大学学报）》2020 年第 5 期。

183. 董娟：《预防、控制与补救：国外政府的行政监督方式——基于成因与实践的探析》，载《湖南社会科学》2020 年第 4 期。

184. 刘长秋：《代孕的行政规制模式研究》，载《行政法学研究》2013 年第 4 期。

185. 周仁标：《公民参与行政立法研究——以正当性、制约因素及实施路径为视角》，载《法学杂志》2020 年第 8 期。

186. 谢鸿飞:《中国民法典的生活世界、价值体系与立法表达》,载《清华法学》2014年第6期。

187. 黄先雄:《论〈民法典〉财产权规范中的政府行为边界》,载《行政法学研究》2021年第3期。

188. 万江:《政府管制的私法效应:强制性规定和司法认定的实证研究》,载《当代法学》2020年第2期。

189. 张弘:《作为私权担保性质的行政法——兼及对行政法理论基础的反思与重构》,载《北方法学》2015年第1期。

190. 苏永钦:《现代民法典的体系定位与建构规则——为中国大陆的民法典工程进一言》,载《交大法学》2011年第1期。

191. 王轶:《行政许可的民法意义》,载《中国社会科学》2020年第5期。

192. 王贵松:《行政协议无效的认定》,载《北京航空航天大学学报(社会科学版)》2018年第5期。

193. 王轶:《民法典物权编规范配置的新思考》,载《法学杂志》2019年第7期,第19页。

194. 王亦白:《论不动产登记的私法和公法双重属性》,载《行政法学研究》2018年第1期。

195. 成协中:《行政民事交叉争议的处理》,载《国家检察官学院学报》2014年第6期。

196. 王利明:《试论我国不动产登记制度的完善(上)》,载《求索》2001年第5期。

197. 尹飞:《不动产登记行为的性质及其展开——兼论民法典编纂中不动产登记制度的完善》,载《清华法学》2018年第2期。

198. 孙森森:《不动产登记错误的行政判决方式——以欺诈导致登记错误的行政案件为中心》,载《行政法学研究》2018年第2期。

199. 吴光荣:《行政审批对合同效力的影响:理论与实践》,载《法学家》2013年第1期。

200. 王克稳:《我国不动产登记中的行政法问题》,载《法学》2008年第1期。

201. 程啸:《论我国不动产登记机构的统一》,载《中国房地产》2011年第 13 期。
202. 宋华琳：《行政调查程序的法治建构》，载《吉林大学社会科学学报》2019 年第 3 期。
203. 吴兆祥：《论不动产物权登记机构的审查义务及其责任》，载《人民司法》2007 年第 7 期。
204. 王亦白：《不动产登记审查的模式选择和标准确立》，载《中国土地科学》2018 年第 11 期。
205. 朱晓将：《不动产登记机构赔偿责任若干问题探讨——析〈物权法〉第 21 条第 2 款》，载《法治研究》2011 年第 1 期。
206. 江必新、梁凤云：《物权法中的若干行政法问题》，载《中国法学》2007 年第 3 期。
207. 李鹿野：《比较法视域下中国不动产登记制度之建构》，载《学习与实践》2016 年第 1 期。
208. 朱岩：《形式审查抑或实质审查——论不动产登记机关的审查义务》，载《法学杂志》2006 年第 6 期。
209. 于海涌：《论实质审查与登记机关谨慎义务的边界——以〈房屋登记办法〉为中心》，载《暨南学报（哲学社会科学版）》2009 年第 1 期。
210. 吴春岐：《论不动产登记机构登记错误侵权行为》，载《烟台大学学报（哲学社会科学版）》2015 年第 2 期。
211. 邵亚萍：《行政法视野下的不动产登记审查标准——以房产登记为例》，载《浙江学刊》2009 年第 4 期。
212. 宋华琳：《论政府规制中的合作治理》，载《政治与法律》2016 年第 8 期。
213. 梁宇菲：《实践进路与争议解决：不动产登记纠纷民、行交叉的司法对策——以司法个案为视角》，载《行政法学研究》2014 年第 2 期。
214. 梁慧星：《〈物权法司法解释（一）〉解读》，载《法治研究》2017 年第 1 期。
215. 徐靖：《论法律视域下社会公权力的内涵、构成及价值》，载《中国法学》2014 年第 1 期。

216. 叶涛：《论高空抛坠物侵权案件中的公安机关调查权》，载《中国人民公安大学学报（社会科学版）》2020年第5期。

217. 柳经纬：《中国民法典编纂若干问题探讨》，载《中国高校社会科学》2015年第2期。

218. 毕洪海：《国家与社会的限度：基于辅助原则的视角》，载《中国法律评论》2014年第1期。

219. 鲁晓明：《论民事侵权行为的推定及类型化——从抛物行为展开》，载《法律科学（西北政法大学学报）》2008年第4期。

220. 齐建辉：《我国民法典编纂的现代性及其限度》，载《行政管理改革》2020年第2期。

221. 赵宏：《保护规范理论的误解澄清与本土适用》，载《中国法学》2020年第4期，第169页。

222. 石冠彬：《民法典侵权责任：体系解读与立法评析》，载《中国人民大学学报》2020年第4期。

223. 曹险峰：《侵权法之法理与高空抛物规则》，载《法制与社会发展》2020年第1期。

224. 李冷烨：《论不履行法定职责案件中的判断基准时》，载《当代法学》2018年第5期。

225. 章志远：《司法判决中的行政不作为》，载《法学研究》2010年第5期。

226. 黄学贤：《形式作为而实质不作为行政行为探讨——行政不作为的新视角》，载《中国法学》2009年第5期。

227. 赵宏：《〈民法典〉时代个人信息权的国家保护义务》，载《经贸法律评论》2021年第1期。

228. 王锴：《基本权利保护范围的界定》，载《法学研究》2020年第5期。

229. 房绍坤：《土地征收制度的立法完善——以〈土地管理法修正案草案〉为分析对象》，载《法学杂志》2019年第4期。

230. 李先伟：《多元化纠纷解决机制中的行政裁决权》，载《北京科技大学学报（社会科学版）》2010年第2期。

231. 莫家齐、张尚清：《城市房屋拆迁补偿、安置纠纷法律救济手段研究》,载《行政法学研究》1998年第4期。

232. 付大学、段杰:《PPP合同争议解决之行政裁决路径》,载《天津法学》2020年第4期。

233. 刘善春、刘雪梅:《行政司法主体制度之比较研究》,载《行政法学研究》2001年第4期。

234. 赵德铸:《论行政居间裁决案件的司法救济》,载《山东师范大学学报(人文社会科学版)》2005年第1期。

235. 吴传毅:《征地补偿安置争议裁决与相关法律制度的关系》,载《行政论坛》2009年第5期。

236. 郑太福、唐双娥:《论司法变更范围的扩大与行政裁决之诉中的司法变更——兼析〈解释〉第六十一条的完善》,载《湖南社会科学》2006年第2期。

237. 余德厚、蒋文玉:《论行政诉讼司法审查的强度》,载《西南民族大学学报(人文社科版)》2020年第6期。

238. 沈开举:《论行政机关裁决民事纠纷的性质》,载《昆明理工大学学报(社会科学版)》2009年第5期。

239. 孔繁华:《行政与司法之间:行政裁决范围的厘定与反思》,载《甘肃政法大学学报》2021年第1期。

240. 马佳:《论我国行政处理民事纠纷机制的完善》,载《湖北行政学院学报》2007年第1期。

241. 卢护锋:《我国行政裁决制度陷入困境的成因分析》,载《东北师大学报(哲学社会科学版)》2011年第4期。

242. 韩波:《民事、行政交叉司法机制的困局与出路》,载《河南社会科学》2013年第3期。

243. 胡建淼、吴恩玉:《行政主体责令承担民事责任的法律属性》,载《中国法学》2009年第1期。

244. 曹雯艳:《论医疗纠纷的非诉讼纠纷解决机制》,载《法治论丛(上海政法学院学报)》2009年第5期。

245. 陆平辉:《行政裁决诉讼的不确定性及其解决》,载《现代法学》2005年第6期。

246. 王聪:《作为诉源治理机制的行政调解:价值重塑与路径优化》,载《行政法学研究》2021年第5期。

247. 林莉红:《关于行政机关居间裁决诉讼性质的研讨》,载《法商研究》1997年第4期。

248. 应松年:《构建行政纠纷解决制度体系》,载《国家行政学院学报》2007年第3期。

249. 吴汉全:《论行政裁决社会公信力的提升》,载《江苏行政学院学报》2005年第5期。

250. 杨伟东:《行政附带民事诉讼探略》,载《行政法学研究》1998年第1期。

251. 李华菊、侯慧娟:《试论行政裁决的司法审查程序——兼谈行政附带民事诉讼案件的审理》,载《行政论坛》2002年第2期。

252. 侯茜、宋宗宇:《环境纠纷行政处理的国际实践与借鉴》,载《社会科学家》2005年第5期。

253. 韩思阳:《行政裁决纠纷的诉讼选择》,载《政法论丛》2014年第4期。

254. 王天华:《行政行为公定力概念的源流——兼议我国公定力理论的发展进路》,载《当代法学》2010年第3期。

255. 何炼红:《论中国知识产权纠纷行政调解》,载《法律科学(西北政法大学学报)》2014年第1期。

256. 严垠章:《论我国不服行政裁决民事争议司法审查模式的选择》,载《温州大学学报(社会科学版)》2018年第1期。

257. 张韶华:《我国行政司法理论之批判与重构》,载《行政法学研究》1999年第3期。

258. 周小明、孙海涛:《论民事权利的行政裁决救济——以我国的征地及城市房屋拆迁行政裁决为例》,载《广西社会科学》2010年第1期。

259. 朱宏文、王健:《从"两权合一"走向"三权合一"——我国反垄断执法机关导入准司法权的理论、路径和内容》,载《法学评论》2012年第5期。

260. 郭修江:《一并审理民行争议案件的审判规则——对修改后的〈行政

诉讼法〉第六十一条的理解》，载《法律适用》2016 年第 1 期。

261. 魏玮：《知识产权侵权纠纷行政裁决若干问题研究》，载《华东政法大学学报》2007 年第 4 期。

262. 谢卫华：《论赋予法院对行政裁决司法变更权的必要性》，载《行政法学研究》2003 年第 3 期。

263. 游振辉：《论行政机关对民事纠纷的主管》，载《中国法学》1992 年第 4 期。

264. 彭情宝：《论司法审查行政裁决的强度——基于商标行政裁决"循环诉讼"的分析》，载《学术论坛》2014 年第 9 期。

265. 刘琼豪：《行政司法的正义追求及其实现的伦理思考》，载《齐鲁学刊》2018 年第 1 期。

266. 周佑勇、尹建国：《我国行政裁决制度的改革和完善》，载《上海政法学院学报》2006 年第 5 期。

267. 陈锦波：《我国行政裁决制度之批判——兼论以有权社会机构裁决替代行政裁决》，载《行政法学研究》2015 年第 6 期。

268. 王小红：《和谐社会建设需要行政裁决制度》，载《北方法学》2008 年第 4 期。

269. 段守万：《行政调解和裁决的强化及法律控制的完善》，载《云南行政学院学报》2007 年第 6 期。

270. 沈开举：《委任司法初探——从行政机关解决纠纷行为的性质谈起》，载《郑州大学学报（哲学社会科学版）》2007 年第 1 期。

271. 熊琦、朱若含：《论著作权法中的"行政介入"条款》，载《山东大学学报（哲学社会科学版）》2020 年第 1 期。

272. 陆伟明：《服务型政府的行政裁决职能及其规制》，载《西南政法大学学报》2009 年第 2 期。

273. 刘熙瑞：《服务型政府——经济全球化背景下中国政府改革的目标选择》，载《中国行政管理》2002 年第 7 期。

274. 赵银翠、杨建顺：《行政过程中的民事纠纷解决机制研究》，载《法学家》2009 年第 3 期。

275. 崔卓兰、卢护锋：《非强制行政的价值分析》，载《社会科学战线》

2006 年第 3 期。

276. 董妍、赵天翼：《行政裁决制度的地方立法安排——以避免行政法律风险为视角》，载《辽宁行政学院学报》2021 年第 2 期。

277. 叶必丰、徐键、虞青松：《行政裁决：地方政府的制度推力》，载《上海交通大学学报（哲学社会科学版）》2012 年第 2 期。

278. 肖泽晟：《行政裁决及法律救济》，载《行政法学研究》1998 年第 3 期。

279. 文正邦：《论行政司法行为》，载《政法论丛》1997 年第 1 期。

280. 闫志开、高正文、田原：《行政裁决制度的功能检视与完善路径》，载《中国司法》2021 年第 3 期。

281. 马怀德：《行政裁决辨析》，载《法学研究》1990 年第 6 期。

282. 叶亚杰：《宅基地纠纷处理的法律程序问题》，载《中国土地》2015 年第 9 期。

283. 唐明良：《行政裁决及其司法审查中的"证据规则"——"路华诉吉利"案的思考》，载《浙江工商大学学报》2011 年第 5 期。

284. 齐树洁、丁启明：《完善我国行政裁决制度的思考》，载《河南财经政法大学学报》2015 年第 6 期。

285. 肖爱、梁志文：《论专利行政机关"责令停止侵权"的法律属性》，载《政治与法律》2011 年第 8 期。

286. 李丽峰：《城市房屋拆迁运作方式的法律经济学评价及矫治》，载《河北法学》2008 年第 5 期。

287. 茅铭晨、李春燕：《行政裁决法治化研究》，载《行政论坛》2003 年第 3 期。

288. 官继慧：《论美国行政裁决中的行政法官制度》，载《大连海事大学学报（社会科学版）》2012 年第 2 期。

289. 杜国明、杨建广：《我国征地纠纷解决机制的构建》，载《求索》2007 年第 6 期。

290. 龙飞：《论多元化纠纷解决机制的衔接问题》，载《中国应用法学》2019 年第 6 期。

291. 王文惠：《行政裁决法律制度主要问题探究》，载《法学杂志》2010

年第 2 期。

292. 翟晓红、吕利秋：《行政诉讼不应附带民事诉讼》，载《行政法学研究》1998 年第 2 期。

293. 金光明：《论治安赔偿裁决的废止——基于行政权和司法权分立的法理分析》，载《四川师范大学学报（社会科学版）》2005 年第 3 期。

294. 安丽娜、胡洪玉：《台湾地区行政解纷机制研究及其借鉴——以行政调解与行政裁决为视角》，载《海峡法学》2014 年第 4 期。

295. 吕艳滨：《我国民事纠纷的行政介入机制研究》，载《公法研究》2009 年卷。

296. 宋智敏：《论政府社会管理创新的法治化路径——由"法治湖南"引发的思考》，载《湖南科技大学学报（社会科学版）》2012 年第 1 期。

297. 张晓永、耿智霞：《论食品安全纠纷解决机制的完善》，载《法学杂志》2009 年第 8 期。

298. 于立深：《现代行政法的行政自制理论——以内部行政法为视角》，载《当代法学》2009 年第 6 期。

299. 康贞花：《试论城市房屋拆迁中政府职能的错位及其对策》，载《延边大学学报（社会科学版）》2009 年第 4 期。

300. 徐继敏：《行政裁决证据规则初论》，载《河北法学》2006 年第 4 期。

301. 何海波：《司法判决中的正当程序原则》，载《法学研究》2009 年第 1 期。

302. 鲜智凯：《论我国民间争议解决机制之重构》，载《四川行政学院学报》2005 年第 2 期。

303. 朱辉：《行政附带民事诉讼程序整合问题探讨》，载《甘肃政法学院学报》2014 年第 6 期。

304. 江雪：《行政机关居间裁决的性质》，载《法学杂志》1988 年第 3 期。

305. 严惠仁：《民事侵权赔偿行政裁决案不宜纳入行政诉讼受案范围》，载《行政法学研究》1994 年第 2 期。

306. 章志远：《行政争议实质性解决的法理解读》，载《中国法学》2020 年第 6 期。

307. 廖永安:《诉讼内外纠纷解决机制的协调与整合》,载《云南大学学报(法学版)》2004年第3期。

308. 张康之:《限制政府规模的理念》,载《行政论坛》2000年第4期。

309. 曾楠:《公权力与私权利之间:政治认同的张力与流变》,载《理论与改革》2014年第1期。

310. 崔卓兰、于立深:《行政自制与中国行政法治发展》,载《法学研究》2010年第1期。

311. 王万华:《我国行政法法典编纂的程序主义进路选择》,载《中国法学》2021年第4期。

312. 唐清利:《公权与私权共治的法律机制》,载《中国社会科学》2016年第11期。

313. 周佑勇:《法治视野下政府与市场、社会的关系定位》,载《吉林大学社会科学学报》2016年第2期。

314. 刘桂芝、崔子傲:《地方政府权责清单中的交叉职责及其边界勘定》,载《理论探讨》2019年第5期。

315. 余华:《负面清单嵌入行政审批制度改革研究》,载《甘肃社会科学》2015年第5期。

316. 李健:《规制俘获跨学科研究进展评述》,载《经济评论》2012年第1期。

317. 沈志荣、沈荣华:《公共服务市场化:政府与市场关系再思考》,载《中国行政管理》2016年第3期。

318. 周佑勇:《行政法总则中基本原则体系的立法构建》,载《行政法学研究》2021年第1期。

319. 周发源:《官僚主义的内涵、源流、形态与防治研究——以社会分工为视角》,载《船山学刊》2014年第3期。

320. 张继成:《价值判断是法律推理的灵魂》,载《北京科技大学学报(社会科学版)》2001年第3期。

321. 曹相见:《物质性人格权的尊严构成与效果》,载《法治研究》2020年第4期。

322. 王利明:《市场主体法律制度的改革与完善》,载《中国高校社会科学》2014 年第 4 期。

323. 郝铁川:《物权法（草案）"违宪"问题之我见》，载《法学》2006 年第 8 期。

324. 曾祥生:《不动产物权登记之公信力问题研究》，载《法学论坛》2015 年第 4 期。

325. 王利明:《试论我国不动产登记制度的完善（下）》，载《求索》2001 年第 6 期。

326. 解亘:《论管制规范在侵权行为法上的意义》，载《中国法学》2009 年第 2 期。

327. 张清:《基层自治制度的理论阐述与路径选择》，载《法律科学（西北政法大学学报）》2020 年第 2 期。

328. 沈岿:《论行政法上的效能原则》，载《清华法学》2019 年第 4 期。

329. 费安玲:《对不动产征收的私法思考》，载《政法论坛》2003 年第 2 期。

330. 梅扬:《比例原则的适用范围与限度》，载《法学研究》2020 年第 2 期。

331. 石佑启、陈可翔:《论互联网公共领域的软法治理》，载《行政法学研究》2018 年第 4 期。

332. 王留一:《论行政行为的明确性》，载《法商研究》2019 年第 4 期。

333. 魏琼:《简政放权背景下的行政审批改革》，载《政治与法律》2013 年第 9 期。

334. 王贵松:《论行政法上的法律优位》，载《法学评论》2019 年第 1 期。

335. 陈斯彬:《权力清单的两个面向及其效力》，载《求索》2018 年第 5 期。

336. 王锴:《论组织性法律保留》，载《中外法学》2020 年第 5 期。

337. 王克稳:《行政审批（许可）权力清单建构中的法律问题》，载《中国法学》2017 年第 1 期。

338. 蔡宏伟:《作为限制公权力滥用的比例原则》，载《法制与社会发展》2019 年第 6 期。

339. 刘权:《目的正当性与比例原则的重构》，载《中国法学》2014 年第

4 期。

340. 赵宏：《限制的限制：德国基本权利限制模式的内在机理》，载《法学家》2011 年第 2 期。

341. 蓝学友：《规制抽象危险犯的新路径：双层法益与比例原则的融合》，载《法学研究》2019 年第 6 期。

342. 黄学贤、杨红：《我国行政法中比例原则的理论研究与实践发展》，载《财经法学》2017 年第 5 期。

343. 王锴：《合宪性、合法性、适当性审查的区别与联系》，载《中国法学》2019 年第 1 期。

344. 刘权：《比例原则的精确化及其限度——以成本收益分析的引入为视角》，载《法商研究》2021 年第 4 期。

345. 戴昕、张永健：《比例原则还是成本收益分析：法学方法的批判性重构》，载《中外法学》2018 年第 6 期。

346. 朱新力、余军：《行政法视域下权力清单制度的重构》，载《中国社会科学》2018 年第 4 期。

347. 陈征：《论比例原则对立法权的约束及其界限》，载《中国法学》2020 年第 3 期。

348. 张庆福、冯军：《现代行政程序在法治行政中的作用》，载《法学研究》1996 年第 4 期。

349. 王万华：《我国行政法法典编纂的程序主义进路选择》，载《中国法学》2021 年第 4 期。

350. 季卫东：《程序比较论》，载《比较法研究》1993 年第 1 期。

351. 王湘军、李雪茹：《从"碎片化"到"整体化"：清单管理制度健全路径探论》，载《行政论坛》2019 年第 2 期。

352. 李珍刚、古桂琴：《清单式治理在中国公共领域的兴起与发展》，载《浙江社会科学》2020 年第 8 期。

353. 陈家付：《负面清单制度与治理的公平正义》，载《社会科学研究》2015 年第 6 期。

354. 喻少如：《负面清单管理模式与行政审批制度改革》，载《哈尔滨工业大学学报（社会科学版）》2016 年第 2 期。

355. 喻少如、张运昊：《权力清单宜定性为行政自制规范》，载《法学》2016年第7期。

356. 林孝文：《地方政府权力清单法律效力研究》，载《政治与法律》2015年第7期。

357. 王太高：《合法性审查之补充：权力清单制度的功能主义解读》，载《政治与法律》2019年第6期。

358. 关保英：《权力清单的行政法构造》，载《郑州大学学报》（哲学社会科学版）2014年第6期。

359. 刘启川：《共通性：权责清单与机构编制法定化关系解读》，载《内蒙古社会科学（汉文版）》2019年第5期。

360. 孙彩红：《权力清单制定与实施的逻辑分析与发展路径》，载《中国行政管理》2020年第4期。

361. 刘桂芝、崔子傲：《地方政府权责清单中的交叉职责及其边界勘定》，载《理论探讨》2019年第5期。

362. 朱最新、王丹：《法治视野下负面清单管理模式研究及广东的路径选择》，载《岭南学刊》2014年第3期。

363. 郭冠男、谢海燕：《制定和实施负面清单制度必须理清的重大关系》，载《中国行政管理》2015年第10期。

364. 龚柏华：《"法无禁止即可为"的法理与上海自贸区"负面清单"模式》，载《东方法学》2013年第6期。

365. 蒋飞：《论社会治理下政府法治建设中的角色定位与原则要求》，载《北方法学》2019年第5期。

366. 石佳友：《治理体系的完善与民法典的时代精神》，载《法学研究》2016年第1期。

367. 潘静：《从政府中心规制到社会共治：互联网金融治理的新视野》，载《法律科学（西北政法大学学报）》2018年第1期。

368. 卢超：《事中事后监管改革：理论、实践及反思》，载《中外法学》2020年第3期。

369. 江必新、王红霞：《论现代社会治理格局——共建共治共享的意蕴、基础与关键》，载《法学杂志》2019年第2期。

370. 乔亚南：《社会组织权利的人权面向及其内涵探析》，载《内蒙古社会科学（汉文版）》2018 年第 4 期。

371. 陈朋：《大数据时代政府治理何以转型》，载《中共中央党校（国家行政学院）学报》2019 年第 6 期。

372. 刘佳丽、谢地：《公私合作：后民营化时代城市公用事业改革的新议题》，载《学习与探索》2017 年第 8 期。

373. 周军：《空间、思维与组织：探寻政府角色重构之路》，载《西北大学学报（哲学社会科学版）》2019 年第 3 期。

374. 何源：《德国行政形式选择自由理论与实践》，载《行政法学研究》2015 年第 4 期。

375. 杨解君：《政府治理体系的构建：特色、过程与角色》，载《现代法学》2020 年第 1 期。

376. 崔卓兰、丁伟峰：《治理理念与行政自制》，载《社会科学战线》2016 年第 3 期。

377. 杨彬权：《PPP 模式下政府的角色定位——兼论担保行政法学模式的兴起》，载《财经法学》2021 年第 4 期。

378. 蒋银华：《政府角色型塑与公共法律服务体系构建——从"统治行政"到"服务行政"》，载《法学评论》2016 年第 3 期。

379. 关保英：《论行政合作治理中公共利益的维护》，载《政治与法律》2016 年第 8 期。

380. 江国华：《行政转型与行政法学回应型变迁》，载《中国社会科学》2016 年第 11 期。

381. 张峥、郝宇青：《耦合驱动：国家治理现代化与服务型法治政府角色重塑》，载《社会科学家》2018 年第 10 期。

382. 李旭东：《营商环境建设中的政府角色转变》，载《黑龙江社会科学》2019 年第 3 期。

383. 王焕祥：《新常态下政府有为与市场有效的协同演进》，载《开放导报》2015 年第 2 期。

384. 姜明安：《中国依宪治国和法治政府建设的主要特色》，载《政治与法律》2019 年第 8 期。

385. 张继亮、朱明仕：《经济生活中政府角色的演变：基于经济学说史的考察》，载《社会科学战线》2020 年第 2 期。

386. 金太军、鹿斌：《社会治理新常态下的地方政府角色转型》，载《中国行政管理》2016 年第 10 期。

387. 陈天祥：《治理现代化进程中政府角色定位的变迁》，载《国家治理》2020 年第 4 期。

388. 李慧凤：《公共治理视域下的社会管理行为优化》，载《中国人民大学学报》2014 年第 2 期。

389. 蒋红珍：《政府规制政策评价中的成本收益分析》，载《浙江学刊》2011 年第 6 期。

390. 王秀哲：《大数据背景下社会信用体系建构中的政府角色重新定位》，载《财经法学》2021 年第 4 期。

391. 王贵松：《作为利害调整法的行政法》，载《中国法学》2019 年第 2 期。

392. 江必新、王红霞：《法治社会建设论纲》，载《中国社会科学》2014 年第 1 期。

393. 石杰琳、秦国民：《经济发展方式转变与政府转型：角色转变和制度创新》，载《中国行政管理》2014 年第 11 期。

394. 俞可平：《中国的治理改革（1978-2018）》，载《武汉大学学报（哲学社会科学版）》2018 年第 3 期。

395. 袁康：《营商环境优化中的地方政府角色——以地方〈优化营商环境条例〉为视角》，载《经贸法律评论》2020 年第 3 期。

396. 汪锦军、李悟：《走向"回应-赋权"型政府：改革开放以来浙江地方政府的角色演进》，载《浙江社会科学》2018 年第 11 期。

397. 何增科：《市民社会概念的历史演变》，载《中国社会科学》1994 年第 5 期。

398. 陈科霖、张演锋：《政社关系的理顺与法治化塑造——社会组织参与社区治理的空间与进路》，载《北京行政学院学报》2020 年第 1 期。

四、报纸

1. 王利明：《深刻把握民法典的基础性法律地位》，载《郑州日报》2020

年 7 月 10 日。

2. 高艳东:《经同意买卖个人信息也属违法犯罪》,载《检察日报》2018 年 8 月 15 日。

3. 周佑勇:《面对民法典时代的行政法变革》,载《法制日报》2020 年 6 月 17 日。

4. 成协中:《通过修法建立更加完善的政府采购行政裁决制度》,载《中国政府采购报》2021 年 3 月 2 日。

五、外文文献

1. Emil Balan & Iulia Cospanaru, "Whistleblowing-a Mechanism for Collecting Data on Non-Compliance with the Principles of Administrative Law in Order to Mitigate Risks", *Acta Universitatis Danubius*, Juridica, Vol. 13: 1, (2017).

2. Omri Ben-Shahar & Ariel Porat, "The Restoration Remedy in Private Law", *Columbia Law Review*, Vol. 118: 6 (2018).

3. Lawrence M. Friedman & Grant M. Hayden, *American Law: An Introduction*, Oxford University Press, 2017.

4. Olivia Newman, "The Right to Know Your Rights", *Polity*, Vol. 49: 4 (2017).

5. Daniel Tagliarina, "Power, Privilege and Rights: How the Powerful and Powerless Create a Vernacular of Rights", *Third World Quarterly*, Vol. 36: 6 (2015).

6. John Rawls, *A Theory of Justice*, Harvard University Press, 1971.

7. Johannes Giesinger, "Children, Rights, and Powers", *The International Journal of Children's Rights*, Vol. 27: 1 (2019).

8. Atina Krajewska, "Transnational Health Law Beyond the Private/Public Divide: The Case of Reproductive Rights", *Journal of Law and Society*, Vol. 45: S1 (2018).

9. Poul F. Kjaer, "From the Private to the Public to the Private? Historicizing the Evolution of Public and Private Authority", *Indiana Journal of Global Legal Studies*, Vol. 25: 1 (2018).

10. Guillermo O'Donnell, "Why the Rule of Law Matters", *Journal of Democra-

cy, Vol. 15: 4 (2004).

11. Dominique Custos & John Reitz, "Public-Private Partnerships", *The American Journal of Comparative Law*, Vol. 58: 1 (2010).
12. Amitai Etzioni, "The Fusion of the Private and Public Sectors", *Contemporary Politics*, Vol. 23: 1,
13. Pavel Ondřejek, "A Structural Approach to the Effects of Fundamental Rights on Legal Transactions in Private Law", *European Constitutional Law Review*, Vol. 13: 2 (2017).
14. Rafat Szczepaniak, "The Nature of the Division into Public and Private Law, with Particular Emphasis on the Polish Experiences", *Comparative Law Review*, Vol. 20 (2016).
15. Hanoch Dagan, "Between Regulatory and Autonomy-Based Private Law", *European Law Journal: Review of European Law in Context*, Vol. 22: 5 (2016).
16. Poul F. Kjaer, "From the Private to the Public to the Private? Historicizing the Evolution of Public and Private Authority", *Indiana Journal of Global Legal Studies*, Vol. 25: 1 (2018).
17. Jennifer A. Parks, "Care Ethics and the Global Practice of Commercial Surrogacy", *Bioethics*, Vol. 24: 7 (2010).
18. Katharina Pistor, "The Value of Law", *Theory and Society*, Vol. 49: 2 (2020).
19. R. George Wright, "Legal Paternalism and the Eclipse of Principle", *University of Miami Law Review*, Vol. 71: 1 (2016).
20. Markus Jachtenfuchs & Nico Krisch, "Subsidiarity in Global Governance: Subsidiarity in Global Governance", *Law and Contemporary Problems*, Vol. 79: 2 (2016).
21. Benjamen F. Gussen, "Subsidiarity as a Constitutional Principle in New Zealand", *New Zealand Journal of Public and International Law*, Vol. 12: 1 (2014).
22. William P. Barr, "The Role of the Executive", *Harvard Journal of Law and Public Policy*, Vol. 43: 3 (2020).
23. Aiva Zuzeviciute et al., "Protecting State Border: Risk and Prevention. Eco-

nomic Dimension", *Montenegrin Journal of Economics*, Vol. 13: 3 (2017).
24. Hans Jonas, "The Imperative of Responsibility: In Search of an Ethics for the Technological Age", *Human Studies*, Vol. 11: 4 (1988).
25. Emil Balan & Iulia Cospanaru, "Whistleblowing-a Mechanism for Collecting Data on Non-Compliance with the Principles of Administrative Law in Order to Mitigate Risks", *Acta Universitatis Danubius*, Juridica, Vol. 13: 1 (2017).
26. Noah M. Sachs, "Rescuing the Strong Precautionary Principle from Its Critics", *University of Illinois Law Review*, Vol. 2011: 4 (2011).
27. Edward R. Morrison, "Judicial Review of Discount Rates Used in Regulatory Cost-Benefit Analysis", *The University of Chicago Law Review*, Vol. 65: 4 (1998).
28. Paul N. Balchin and Jeffrey L. Kieve, *Urban Land Economics*, The Macmi Ilan Press Ltd, Second Edition (1982).
29. Richard B. Stewart, "Administrative Law in the Twenty-first Century", *New York University Law Review*, Vol. 78 (2003).
30. H. L. A. Hart, *The Concept of Law*, Oxford: Clarendon (1994).
31. Dominique Custos & John Reitz, "Public-Private Partnerships", *The American Journal of Comparative Law*, Vol. 58: 1 (2010).
32. Nathan S. Chapman & Michael W. McConnell, "Due Process as Separation of Powers", *The Yale Law Journal*, Vol. 121: 7 (2012).
33. Evan D. Bernick, "Faithful Execution Where Administrative Law Meets the Constitution", *The Georgetown Law Journal*, Vol. 108: 1 (2019).
34. Michael Asimow, "Five Models of Administrative Adjudication", *The American Journal of Comparative Law*, Vol. 63: 1 (2015).
35. Michael Xun Liu, "Patent Policy Through Administrative Adjudication", *Baylor Law Review*, Vol. 70: 1 (2018).
36. Mark Aronson, "Private bodies, public power and soft law in the High Court", *Federal Law Review*, Vol. 35: 1 (2007).
37. Peter S. Menell, "Economic Analysis of Copyright Notice: Tracing and Scope in the Digital Age", *Boston University Law Review*, Vol. 96: 3 (2016).

参考文献

38. Joseph E. Stiglitz, "Markets, Market Failures, and Development", *The American Economic Review*, Vol. 79: 2 (1989).
39. Katie R. Eyer, "Administrative Adjudication and the Rule of Law", *Administrative Law Review*, Vol. 60: 3 (2008).
40. Zachary S. Price, "Enforcement Discretion and Executive Duty", *Vanderbilt Law Review*, Vol. 67: 3 (2014).
41. Vivienne Bath, "Reducing the Role of Government – The Chinese Experiment", *Asian Journal of Comparative Law*, Vol. 3: 1 (2008).
42. Michael Reksulak & William F. Shughart Ⅱ, "What should Government Do? Problems of Social Cost, Externalities and All That", *Public Choice*, Vol. 152: 1 (2012).
43. Joseph E. Stiglitz, "Markets, Market Failures, and Development", *The American Economic Review*, Vol. 79: 2 (1989).
44. David H. Rosenbloom, "Reflections on 'Public Administrative Theory and the Separation of Powers'", *American Review of Public Administration*, Vol. 43: 4 (2013).
45. Namkje Koudenburg, Jolanda Jetten & Genevieve A. Dingle, "Personal Autonomy in Group-based Interventions", *Contemporary Politics*, Vol. 47: 5 (2017).
46. Hanoch Dagan, "Between Regulatory and Autonomy-Based Private Law", *European Law Journal: Review of European Law in Context*, Vol. 22: 5 (2016).
47. Poul F. Kjaer, "From the Private to the Public to the Private? Historicizing the Evolution of Public and Private Authority", *Indiana Journal of Global Legal Studies*, Vol. 25: 1 (2018).
48. Lisa Guntram & Nicola Jane Williams, "Positioning Uterus Transplantation as a 'More Ethical' Alternative to Surrogacy: Exploring Symmetries Between Uterus Transplantation and Surrogacy Through Analysis of a Swedish Government White Paper", *Bioethics*, Vol. 32: 8 (2018).
49. Cass R. Sunstein, "Beyond Marbury: The Executive's Power to Say What the Law Is", *The Yale Law Journal*, Vol. 115: 9 (2006).

50. George Winterton, "The Limits and Use of Executive Power by Government", *Federal Law Review*, Vol. 31: 3 (2003).
51. Kate Stith, "The Role of Government Under the Bill of Rights", *Harvard Journal of Law And Public Policy*, Vol. 15: 1 (1992).
52. Filippo Borriello, "Principle of Proportionality and The Principle of Reasonableness", *Review of European Administrative Law*, Vol. 13: 2 (2020).
53. Julian Rivers, "Proportionality and Variable Intensity of Review", *Cambridge Law Journal*, Vol. 65: 1 (2006).
54. Rosalie Berger Levinson, "Kingsley Breathes New Life Into Substantive Due Process as a Check on Abuse of Government Power", *The Notre Dame Law Review*, Vol. 93: 1 (2017).
55. Christopher J. Walker, "Charting the new Landscape of Administrative Adjudication", *Duke Law Journal*, Vol. 69: 8 (2020).
56. William F. West, *Controlling the Bureaucracy*, Armonk, N. Y. : M. E. Sharpe, (1995).
57. Shiv Narayan Persaud, "Deconstructing the Bill of Rights in Administrative Adjudication-enfranchising Constitutional Principles in the Process", *Shiv Narayan Persaud*, Vol. 51: 2 (2009).
58. Richard A. Posner, "Creating a Legal Framework for Economic Development", *The World Bank Research Observer*, Vol. 13: 1 (1998).
59. The Commission on Global Governance, *Our Global Neighbourhood: the Report of the Commission on Global Governance*, Oxford: Oxford University Press (1995).
60. Neil Gunningham & Joseph Rees, "Industry Self-Regulation: An Institutional Perspective", *Law & Policy*, Vol. 19: 4 (1997).
61. Robert E. Lane, "Quality of Life and Quality of Persons: A New Role for Government?", *Political Theory*, Vol. 22: 2 (1994).
62. A. E. Dick Howard, "The Constitution and the Role of Government", *Charleston Law Review*, Vol. 6: 3 (2012).
63. Vivienne Bath, "Reducing the Role of Government-The Chinese Experiment",

Asian Journal of Comparative Law, Vol. 3: 1 (2008).
64. Guillermo O'Donnell, "Why the Rule of Law Matters", *Journal of Democracy*, Vol. 15: 4 (2004).
65. Francesco Amoretti & Fortunato Musella, "Toward the European Administrative Space: the Role of E-government Policy", *European Political Science Review*, Vol. 3: 1 (2011).
66. Jeffrey Robinson, "Addressing the Gap: Some Thoughts on the Government's Role", *Harvard Journal of Law and Public Policy*, Vol. 14: 1 (1991).
67. N. W Barber & Richard Ekins, "Situating Subsidiarity", *The American Journal of Jurisprudence*, Vol. 61: 1 (2016).